OBRAS *escogidas*
de
JUSTINO MÁRTIR

· APOLOGÍAS Y SU DIÁLOGO
CON EL JUDÍO TRIFÓN ·

EDITOR:
Alfonso Ropero

editorial clie

EDITORIAL CLIE
Ferrocarril, 8
08232 VILADECAVALLS
(Barcelona) ESPAÑA
E-mail: clie@clie.es
www.clie.es

Editado por: Alfonso Ropero Berzosa

OBRAS ESCOGIDAS DE JUSTINO MÁRTIR
ISBN: 978-84-945561-7-3
Depósito Legal: B 16832-2016
Teología cristiana
Historia
Referencia: 225006

Impreso en USA / *Printed in USA*

ÍNDICE GENERAL

6

Prólogo
a la Colección
PATRÍSTICA

A la Iglesia del siglo XXI se le plantea un reto complejo y difícil: compaginar la inmutabilidad de su mensaje, sus raíces históricas y su proyección de futuro con las tendencias contemporáneas, las nuevas tecnologías y el relativismo del pensamiento actual. El hombre postmoderno presenta unas carencias morales y espirituales concretas que a la Iglesia corresponde llenar. No es casualidad que, en los inicios del tercer milenio, uno de los mayores *best-sellers* a nivel mundial, escrito por el filósofo neoyorquino Lou Marinoff, tenga un título tan significativo como *Más Platón y menos Prozac*; esto debería decirnos algo...

Si queremos que nuestro mensaje cristiano impacte en el entorno social del siglo XXI, necesitamos construir un puente entre los dos milenios que la turbulenta historia del pensamiento cristiano abarca. Urge recuperar las raíces históricas de nuestra fe y exponerlas en el entorno actual como garantía de un futuro esperanzador.

"La Iglesia cristiana –afirma el teólogo José Grau en su prólogo al libro *Historia, fe y Dios*– siempre ha fomentado y protegido su herencia histórica; porque ha encontrado en ella su más importante aliado, el apoyo científico a la autenticidad de su mensaje". Un solo documento del siglo II que haga referencia a los orígenes del cristianismo tiene más valor que cien mil páginas de apologética escritas en el siglo XXI. Un fragmento del Evangelio de Mateo garabateado sobre un pedacito de papiro da más credibilidad a la Escritura que todos los comentarios publicados a lo largo de los últimos cien años. Nuestra herencia histórica es fundamental a la hora de apoyar la credibilidad de la fe que predicamos y demostrar su impacto positivo en la sociedad.

Sucede, sin embargo –y es muy de lamentar– que en algunos círculos evangélicos parece como si el valioso patrimonio que la Iglesia cristiana tiene en su historia haya quedado en el olvido o incluso sea visto con cierto rechazo. Y con este falso concepto en mente, algunos tienden a prescindir de la herencia histórica común y, dando un «salto acrobático», se obstinan en querer demostrar un vínculo directo entre su grupo, iglesia o denominación y la Iglesia de los apóstoles...

¡Como si la actividad de Dios en este mundo, la obra del Espíritu Santo, se hubiera paralizado tras la muerte del último apóstol, hubiera permanecido inactiva durante casi dos mil años y regresara ahora con su grupo! Al contrario, el Espíritu de Dios, que obró poderosamente en el nacimiento de la Iglesia, ha continuado haciéndolo desde entonces, ininterrumpidamente, a través de grandes hombres de fe que mantuvieron siempre en alto, encendida y activa, la antorcha de la Luz verdadera.

Quienes deliberadamente hacen caso omiso a todo lo acaecido en la comunidad cristiana a lo largo de casi veinte siglos pasan por alto un hecho lógico y de sentido común: que si la Iglesia parte de Jesucristo como personaje histórico, ha de ser forzosamente, en sí misma, un organismo histórico. *Iglesia* e *Historia* van, pues, juntas y son inseparables por su propio carácter.

En definitiva, cualquier grupo religioso que se aferra a la idea de que entronca directamente con la Iglesia apostólica y no forma parte de la historia de la Iglesia, en vez de favorecer la imagen de su iglesia en particular ante la sociedad secular, y la imagen de la verdadera Iglesia en general, lo que hace es perjudicarla, pues toda colectividad que pierde sus raíces está en trance de perder su identidad y de ser considerada como una secta.

Nuestro deber como cristianos es, por tanto, asumir nuestra identidad histórica consciente y responsablemente. Sólo en la medida en que seamos capaces de asumir y establecer nuestra identidad histórica común, seremos capaces de progresar en el camino de una mayor unidad y cooperación entre las distintas iglesias, denominaciones y grupos de creyentes. Es preciso evitar la mutua descalificación de unos para con otros que tanto perjudica a la cohesión del Cuerpo de Cristo y el testimonio del Evangelio ante el mundo. Para ello, necesitamos conocer y valorar lo que fueron, hicieron y escribieron nuestros antepasados en la fe; descubrir la riqueza de nuestras fuentes comunes y beber en ellas, tanto en lo que respecta a doctrina cristiana como en el seguimiento práctico de Cristo.

La colección PATRÍSTICA nace como un intento para suplir esta necesidad. Pone al alcance de los cristianos del siglo XXI, lo mejor de la herencia histórica escrita del pensamiento cristiano desde mediados del siglo I.

La tarea no ha sido sencilla. Una de las dificultades que hemos enfrentado al poner en marcha el proyecto es que la mayor parte de las obras escritas por los grandes autores cristianos son obras extensas y densas, poco digeribles en el entorno actual del hombre postmoderno, corto de tiempo, poco dado a la reflexión filosófica y acostumbrado a la asimilación de conocimientos con un mínimo esfuerzo. Conscientes de esta realidad, hemos dispuesto los textos de manera innovadora para que, además de resultar asequibles, cumplan tres funciones prácticas:

1. Lectura rápida. Dos columnas paralelas al texto completo hacen posible que todos aquellos que no disponen de tiempo suficiente puedan, cuanto menos, conocer al autor, hacerse una idea clara de su línea de pensamiento y leer un resumen de sus mejores frases en pocos minutos.

2. Textos completos. El cuerpo central del libro incluye una versión del texto completo de cada autor, en un lenguaje actualizado, pero con absoluta fidelidad al original. Ello da acceso a la lectura seria y a la investigación profunda.

3. Índice de conceptos teológicos. Un completo índice temático de conceptos teológicos permite consultar con facilidad lo que cada autor opinaba sobre las principales cuestiones de la fe.

Nuestra oración es que el arduo esfuerzo realizado en la recopilación y publicación de estos tesoros de nuestra herencia histórica, teológica y espiritual se transforme, por la acción del Espíritu Santo, en un alimento sólido que contribuya a la madurez del discípulo de Cristo; que esta colección constituya un instrumento útil para la formación teológica, la pastoral y el crecimiento de la Iglesia.

Editorial CLIE

Eliseo Vila
Presidente

Introducción: "La verdad es de los cristianos"

San Juan, por Zurbarán (Museo Povincial de Bellas Artes, Cádiz)
El Evangelio de Juan fue para muchos cristianos un puente natural
entre la fe cristiana y la cultura pagana

El Logos era un término favorito de las clases cultas. No tiene nada de extraño que el cristianismo, en su afán misionero, emplease un vocablo que le sirviera de punto de contacto para presentar su mensaje.

Estaba en el aire de los primeros siglos del cristianismo la especulación sobre un Logos mediador entre Dios y la creación, a veces inmanente, a veces trascendente; a veces personal, a veces abstracto, que el cristianismo tomó como algo propio, aplicable a la figura de su fundador. También las ideas tienen su peculiar medio ambiente y se propagan por misteriosos canales de contagio intelectual, sin que pueda señalarse con claridad quién ha tomado en préstamo de quién. Juan abre su Evangelio diciendo que el Logos existía en el principio con Dios y era Dios, que ilumina a todo hombre que viene a este mundo (Jn. 1:1-4), nunca tan pocas palabras han significado tanto para la teología cristiana. Parafraseando al autor de Hebreos, utilizando la terminología joánica, Dios habiendo hablando en otros tiempos a los padres, profetas y filósofos por el Logos, en los últimos días habló por el Hijo, el Logos eterno hecho carne, heredero de todo y creador del universo.

El Logos era un término favorito de las clases cultas, siempre que se lo mencionara se aseguraba de inmediato la atención e interés de todos. No tiene nada de extraño, pues, que el cristianismo, en su afán misionero, emplease un vocablo que le sirviera de punto de contacto para presentar su mensaje de un modo adecuado a su auditorio. Esto no significaba, como algunos maliciosos puedan imaginar, una traición o perversión de la verdad original de Jesús, que algunos, de tanto enfatizar su matriz hebrea, lo presentan al modo judaico, pasando por alto la novedad radical del Evangelio como mensaje universal en el tiempo y en el pensamiento. Como bien hizo notar el historiador de los dogmas Reinhold Seeberg, la elección del término *Logos* indica cuán completamente centrado en el Cristo exaltado estaba el pensamiento de la Iglesia. "Si hubieran tenido su atención centrada en el hombre Jesús, fácilmente podrían haberlo caracterizado como un segundo Sócrates, pero pensaban de Él como Dios, en Dios y con Dios y por ello escogieron un término como *Logos*, a fin de mostrar claramente a los paganos su posición" (*Manual de historia de las doctrinas*, III, 13,4).

Así, un término que era originalmente objeto de la especulación filosófico vino a ser tema de la doctrina cristiana, adquiriendo un significado nuevo y fecundo, objeto a su vez de filosofía. Pues el cristianismo, aunque no es una filosofía, sino estrictamente un camino de salvación centrado en Cristo, desde el momento que tampoco es un mito explicativo de los principios, ni una fábula que interpretar alegóricamente: "No hablamos de tal manera que no podamos demostrar lo que decimos, como hacen los que inventan fábulas" (Justino, *Apol.* I, 53), sino una creencia que se refiere a la existencia, a la realidad última –Dios– y al destino humano, el conjunto de sus proposiciones se convierte en objeto de la reflexión filosófica. Pero lo más sorprendente es que, desde sus orígenes, el cristianismo se entendió a sí mismo como una verdad absoluta y universal, y esto por una simple cuestión de lógica. Dios es uno y es verdad, luego la verdad es una como Dios es uno; los cristianos son seguidores del Dios verdadero, luego ellos tienen la verdad en la medida que siguen a ese Dios verdadero, y a la vez, toda verdad que se encuentra más allá de sus fronteras, también es suya, pues no puede haber verdad, sino de parte de Dios. Pero, ¿como puede el no cristiano, el que ignora al Dios verdadero, hablar verdad?

El Mesías, el Ungido de Dios, es más que la imagen de la espera hebrea pudiera significar; es la Palabra creativa, la Sabiduría racional de Dios, el Logos eterno.

Este problema debió rondar por la cabeza de Justino y otras almas pensantes como él. La solución la encontró en las mismas Escrituras, especialmente en el Evangelio de Juan, que apuntan al Cristo preexistente, "que alumbra a todo hombre que viene a este mundo" (Jn. 1:4). El Mesías, el Ungido de Dios, es más que la imagen de la espera hebrea pudiera significar; es la Palabra creativa, la Sabiduría racional de Dios, el Logos eterno que está en Dios, con Dios y es Dios mismo; y por cuanto es Dios soberano del universo, y no de un reducido espacio geográfico y mental, sus "salidas" son desde el principio en todos los hombres.

"Sabemos y declaramos que Cristo es el primogénito de Dios y la razón (*logos*) o idea de la cual participa todo el linaje humano", ya tiene Justino la primera parte de la solución a su problema. La segunda, original y de alcance imprevisible, viene tomada de la mano. "Cuantos vivieron según la razón (*logos*), son cristianos, aun cuando fueron tenidos por ateos, como entre los griegos fueron Sócrates, y Heráclito; entre los bárbaros, Abraham, Ananías, Azarías, Misael y Elías y muchos otros, cuyos nombres y acciones renunciamos a mencionar porque resultaría muy largo. Igualmente los que en la antigüedad vivieron contra la razón fueron enemigos de Cristo y homicidas de

Justino
aclara que
las verdades
de los
filósofos no
son idénticas
a la verdad
de Cristo,
en cuanto
cada cual
habló
desde la
perspectiva
de su espacio
y situación,
hasta donde
le era posible
ver y dado
a entender.

aquellos que vivían con arreglo a la razón. Mas los que según la razón vivieron y viven, son cristianos que viven sin miedo y en paz" (*Apología* I, 46). No hay celos de la verdad ajena, ni contienda parroquial, la verdad es una y pertenece a los cristianos porque "la semilla de la razón (*logos*) está íntimamente plantada en todo el género humano" (*Apol.* II, 8), y aquel que ha plantado esa semilla al treinta, cuarenta o sesenta por ciento en ciertos hombres, la ha plantado cien por cien en la buena tierra de los que le reciben y creen en Él.

Por eso, las doctrinas de Platón, por ejemplo, no son extrañas a Cristo, pero tampoco son del todo semejantes, ni las de los estoicos, por más que dijeran cosas adecuadas y "de buen nombre" que un cristiano podría adoptar para convertir en objeto de su pensamiento (cf. Fil. 4:8). Adelantando, a su manera, la filosofía perspectivista moderna, Justino aclara que las verdades de los filósofos no son idénticas a la verdad de Cristo, en cuanto cada cual habló desde la perspectiva de su espacio y situación, hasta donde le era posible ver y dado a entender. "Cada uno habló bien cuando veía una parte del Logos seminal (*logos spermatikós*) de Dios, con la cual se compenetraban perfectamente" (*Apol.* II, 13). Otros, dejándose llevar por la natural arrogancia y vanagloria humana, tanto más ciega cuanto más narcisista, no han dicho sino cosas contradictorias en un afán de originalidad artificiosa. "Es evidente –escribe Clemente de Alejandría– que la educación preparatoria griega, juntamente con su filosofía, ha venido hasta los hombres por decreto divino, no como guía, sino a modo de lluvias que irrumpen sobre la tierra fértil, sobre el estiércol y encima de los edificios. Pero hace germinar igualmente hierba y trigo; hace brotar también la higuera silvestre junto a los sepulcros" (*Stromata*, I, 7,37.1). Pero dejando a un lado los errores atribuibles a la miseria humana, "todo lo que han dicho correctamente nos pertenece a nosotros, cristianos, ya que nosotros adoramos y amamos después de Dios al Logos de Dios inengendrado e inexpresable, pues por nosotros se hizo hombre, para que participando de nuestras miserias les pusiera remedio. Porque todos los escritores pudieron ver por la semilla del Logos, íntimamente inherente a los mismos, la verdad, pero con alguna oscuridad. Porque una cosa es la semilla o la imitación de una cosa que se da según los límites de lo posible, y otra la realidad misma por referencia a la cual sea aquella participación o imitación" (*Apol.* II, 13).

"La filosofía es en realidad el mayor de los bienes, y el más honorable, que nos conduce y recomienda a Dios" (Justino, *Dial.* 2), pero no es un absoluto, es una ayuda al servicio de la verdad, en cuanto mediante el proceso reflexivo participa del Logos, que es la plenitud de la verdad, el *pleroma*, el Verbo que está con Dios y es Dios encarnado en la persona de Jesús. Por eso la Escritura, inspirada por el Espíritu Santo, que registra la manifestación de Dios-Logos entre los hombres, desde la creación hasta el nacimiento de Jesús, su muerte y ascensión al cielo, es guía segura y sin error, pues viene del Logos y remite al Logos. La filosofía cumplió un papel *precursor* para los griegos, como el Antiguo Testamento para los judíos, y ahora, en la economía cristiana, tiene carácter *propedéutico* para los creyentes, de la que se sirven para sus estudios. "Antes de la venida del Señor, la filosofía era necesaria para la justificación de los griegos; ahora, sin embargo, es provechosa para la religión, y constituye una propedéutica para quienes pretenden conseguir la fe mediante demostración racional... Ciertamente, Dios es la causa de todos los bienes, de unos lo es principalmente, como del Antiguo y del Nuevo Testamento, de otros consecuentemente, como de la filosofía. Quizás también la filosofía haya sido dada primitivamente a los griegos antes de llamarles a ellos mismos el Señor, ya que también la filosofía educaba a los griegos, al igual que la Ley a los hebreos, hacia Cristo" (Clemente, *Stromata*, I, 5, 28.1).

Es digno de observar la distinta interpretación de los mismos hechos, las contradicciones de los filósofos, en temperamentos tan distintos como Justino y Taciano; Clemente y Tertuliano, resultado no sólo de un análisis intelectual, sino básicamente de una opción personal dispuesta a salvar o condenar lo que está más allá de uno mismo. Mientras que para Justino los errores de los filósofos son una prueba de que no poseen la verdad plena, sino sólo gérmenes, semillas de ella, lo que no impide descubrir en sus escritos muchas cosas que son verdad y provechosas, en virtud del mismo *Logos* que hay en los cristianos, para Hermias el Filósofo, por ejemplo, son una prueba de la completa *inutilidad* de la filosofía. "He expuesto todo ampliamente para demostrar la contradicción que existe

Antes de la venida del Señor, la filosofía era necesaria para la justificación de los griegos; ahora, sin embargo, es provechosa para la religión.

Para Justino los errores de los filósofos son una prueba de que no poseen la verdad plena, sino sólo gérmenes, semillas de ella.

en las doctrinas de los filósofos y cómo la investigación de las cosas les llevan hasta lo infinito e indeterminado, y su objeto es incomprobable e inútil, pues no se confirma por hecho alguno evidente ni por razonamiento alguno claro" (*Escarnio de los filósofos paganos*, 19). Es un viejo problema que ha venido enfrentando a los cristianos a lo largo de los siglos (cf. A. Ropero, *Filosofía y cristianismo*, I parte. CLIE, Terrassa 1997).

Sócrates es para Justino el ejemplo típico de los
"cristianos antes de Cristo", que denunció el culto idolátrico
y enseñó la adoración del Dios único,
por lo que tuvo que morir como mártir de la verdad

Universalidad del cristianismo

"Cristianos antes de Cristo" de Justino (*Apol.* I, 46); y "el alma naturalmente cristiana" de Tertuliano (*Apol.* 17), vienen a expresar la misma convicción universal del cristianismo de, por otra parte, pensadores tan dispares. Precisamente la permanencia de ese artículo del credo tan extraño, "el descenso de Cristo a los infiernos", racionalizado por algunos como experiencia por parte de Cristo de la separación de Dios, testifica desde el principio el amplio sentido universal del cristianismo primitivo, que no se concibe a sí mismo como una verdad recientemente descubierta, sino como la verdad que siempre ha sido. La obra de Cristo no se limita a los que creen en Él en su día, ni a los que habrán de creer por medio de la predicación de sus apóstoles, sino que se extiende al pasado, a vivos y muertos, sin olvidar ninguno.

Cristo, el Verbo de Dios, es siempre el que salva, el único mediador entre Dios y los hombres, en todos los tiempos. Él sacó a Israel de la esclavitud y lo introdujo en la tierra prometida; se relacionó con los padres en forma de Ángel del Señor; plantó semillas de verdad entre los paganos; predicó a los difuntos. De esta manera se respondía a una objeción teológica de primer orden: ¿Cómo puede ser Cristo la única fuente de salvación para la humanidad entera, si muchos habían muerto antes que Él y otros le ignoraban? Dios "no se dejó a sí mismo sin testimonio" (Hch. 14:17), sino que en todo lugar y momento se manifestó a los hombres mediante su Verbo. Todo esto lo tiene en cuenta Justino en sus obras. Tanto que sus discípulos no siempre pudieron seguir al maestro, "el muy admirable Justino", al decir de su alumno Taciano (*Discurso contra los griegos*, 12).

Ya que todos los grandes filósofos y hombres de virtud de la antigüedad son cristianos antes de Cristo, y las verdades que expresaron lo hicieron por iluminación del Verbo, a quien los cristianos dan culto, nada impide que éstos se apropien de las riquezas de los paganos como una herencia propia; del mismo modo que se apropiaron de las promesas hechas a los judíos como dirigidas a ellos mediante la fe. "Las naciones que han creído en Él y se han arrepentido de sus pecados, recibirán la herencia junto con

Cristo, el Verbo de Dios, es siempre el que salva, el único mediador entre Dios y los hombres, en todos los tiempos.

El encuentro entre la predicación evangélica y la sabiduría expresada por las culturas viene dado por la comunión en la verdad, que en última instancia es Dios.

los patriarcas y profetas, y con los justos todos que vienen de Jacob, y aun cuando no observen el sábado ni se circunciden ni guarden las fiestas, heredarán la herencia santa de Dios" (*Dial.* 26; 119; 122, 130).

Las implicaciones de esta verdad son tremendas. Entre otras cosas, significa que no puede haber contradicción entre la razón y la fe, porque ésta completa las especulaciones de aquélla y a la vez se sirve de sus métodos. De modo que, como será la convicción posterior, el cristianismo no ha venido a destruir nada que sea verdadero, bueno y justo, sino a engrandecer, realizar y perfeccionar todo. La revelación divina no destruye el edificio intelectual levantado por los amantes de la verdad. Al contrario, consolida sus logros y ofrece un proyecto a alcanzar: el reino del cielo y de la verdad en los corazones de los hombres. Esta ha sido siempre la gran tradición epistemológica del cristianismo, que revela la universalidad de sus miras.

Tomás de Aquino, en continuidad con esta línea marcada por sus predecesores, puede afirmar sin titubeos que ningún espíritu es tan tenebroso, que no participe en nada de la luz divina. En efecto, toda verdad conocida por cualquiera se debe totalmente a esa "Luz que brilla en las tinieblas", pues "toda verdad, la diga quien la diga, viene del Espíritu Santo" (T. Aquino, *Super Ioannem*, 1,5, lect. 3, n. 103).

Por este motivo, la Iglesia cristiana tiene que apreciar toda auténtica búsqueda del pensamiento humano y estimar sinceramente el patrimonio de sabiduría elaborado y transmitido por las diversas culturas. En él se encuentra la expresión, la inagotable creatividad del espíritu humano, dirigido por el Espíritu de Dios hacia la plenitud de la verdad, que es Cristo. El encuentro entre la predicación evangélica y la sabiduría expresada por las culturas viene dado por la comunión en la verdad, que en última instancia es Dios. Es en el encuentro que exige fe en Dios y confianza en la presencia y en la acción del Espíritu de Dios más allá de los muros de las iglesias, que, a veces, más que ayudar estorban, impiden los dones del Espíritu y no dejan a Dios ser Dios.

Justino, como tantos cristianos durante tantos siglos, tenía que ganarse la confianza de la cultura de su época.

Moisés, por Miguel Ángel (Basílica de San Pedro de Roma)
Según una curiosa teoría de Aristóbulo y Filón de Alejandria,
aceptada por los apologetas cristianos,
Moisés fue el primero de los filósofos

La prueba de la antigüedad

Claro que la situación de Justino no era ni mucho menos la nuestra; él, como tantos cristianos durante tantos siglos, tenía que ganarse la confianza de la cultura de su época. El cristianismo era entonces una fe en avance, joven, sin poder ni prestigio social, confiado sólo en sus fuerzas espirituales y en el carácter moral de sus hombres,

Echando mano de una tesis del judío alejandrino Aristóbulo, los apologetas cristianos explicaron que Moisés existió antes que los filósofos griegos, y que éstos copiaron sus verdades de él y sus escritos.

abierto a todos para demostrar su legitimidad, mientras que el cristianismo actual es en muchas ocasiones no *soñador*, sino *añorador* de tiempos pasados de privilegio, de aceptación y dominio social, obsesionado no por las nuevas fronteras que se le abren, sino por conservar mezquinamente privilegios y reparar grietas que en lugar de cerrarse se ensanchan. Entonces la fe cristiana no estaba a la defensiva, puesto que hasta sus defensas son sus mejores cartas de presentación.

Los primeros cristianos tuvieron que enfrentarse al grave problema, uno entre tantos, de la antigüedad de su religión, que garantizara sus pretensiones de universalidad, pues ¿cómo podía proclamarse sin contradicción verdad eterna y universal siendo de reciente aparición? Echando mano de una tesis del judío alejandrino Aristóbulo, los apologetas cristianos explicaron que Moisés existió antes que los filósofos griegos, y que éstos copiaron sus verdades de él y sus escritos. Así lo creyeron con toda seriedad Justino, Ireneo, Clemente, Orígenes, aunque sabemos que no estaban en lo cierto. "Moisés es más antiguo que todos los escritores de los griegos. Y cuantas cosas escribieron tanto los filósofos como los poetas sobre la inmortalidad del alma, las penas después de la muerte o la contemplación de las cosas celestiales a otros asuntos semejantes pudieron entenderlo, y lo expusieron, tomando la doctrina de los profetas" (Justino, *Apol.* I, 44, 59-60). Los profetas, inspirados por el Espíritu Santo, fueron los verdaderos maestros de los filósofos y sabios de la antigüedad, por eso las Sagradas Escrituras por ellos compuestas son la mejor introducción a la filosofía verdadera. "Con mucho, el pueblo más antiguo de todos es el judío, y su filosofía, manifestada en la Escritura, es anterior a la filosofía griega, como lo demostró sobradamente Filón el pitagórico, Aristóbulo el peripatético y otros muchos nombres" (Clemente de Alejandría, *Strom*ata, I, 72,4).

Buena parte de la *Oratoria contra los griegos* atribuida a Justino, se dedica a demostrar la antigüedad y precedencia de Moisés respecto a los filósofos griegos. Aceptaran o rechazaran la filosofía, todos los apologistas hicieron cuanto pudieron para reclamar para el cristianismo "prestigio de antigüedad", sin el cual toda doctrina parecía quedar en el aire, desprovista de fundamento. La raíces históricas y literarias de su antigüedad las tenían en el

Antiguo Testamento, aceptado desde el principio como un libro cristiano, pues en él se halla Cristo anunciado y tipificado de muchas formas y maneras por sus profetas y su historia.

Taciano, alumno de Ireneo, y tan distinto a él en su apreciación de la filosofía, no puede menos de buscar para la doctrina cristiana la prueba de la antigüedad, que precisamente le llevó a él a la conversión cuando inquieto se preguntaba si sería posible encontrar la verdad. "En medio de mis graves reflexiones vinieron casualmente a mis manos unas escrituras bárbaras, más antiguas que las doctrinas de los griegos y, si a los errores de éstos se mira, realmente divinas... Y enseñada mi alma por Dios mismo, comprendí que la doctrina helénica me llevaba a la condenación; la bárbara, en cambio, me libraba de la esclavitud del mundo y me apartaba de muchos señores y de tiranos infinitos. Ella nos da, no lo que no habíamos recibido, sino lo que, una vez recibido, el error nos impedía poseer" (*Discurso*, 29). Entonces procede a demostrar que la filosofía cristiana es más antigua que las instituciones griegas. Toma para ella a Moisés y Homero, uno y otro anteriores a los filósofos y poetas. Conforme a la cronología que le proporcionan los mismos historiadores griegos hace ver que Moisés es anterior incluso a la invención del alfabeto, pasando después a otras fuentes, fenicias y egipcias, continúa con el mismo tema en capítulos sucesivos hasta el final, poniendo en evidencia la importancia del punto en cuestión: la antigüedad de las doctrinas hebreas (*Diálogo*, 31-42). Aunque no llega a decir que los filósofos griegos tomaron prestadas sus verdades de Moisés, toda vez que tiene un concepto muy negativo de la filosofía en virtud de la vida poco ejemplar de los filósofos. Otro tanto le ocurre a Tertuliano, cuyo rechazo de la filosofía no es tanto de sus ideas como de sus *ideadores*, que son acusados por ambos de vanagloriosos, codiciosos e inmorales, que les lleva a la multiplicidad de doctrinas por la ambición de gloria y dinero. Si no se entiende el carácter moral del rechazo de la filosofía por parte de algún apologista cristiano, no se entiende nada y se tergiversan y confunden los datos, con el consiguiente perjuicio para el sano desarrollo del pensamiento cristiano y de su mismo carácter.

Justino no tiene duda, el cristianismo es tan antiguo como la creación misma y "nuestras creencias son mucho

Si no se entiende el carácter moral del rechazo de la filosofía por parte de algún apologista cristiano, no se entiende nada y se tergiversan y confunden los datos.

Los cristianos fueron los más firmes e indubitables defensores de la libertad humana, pese a su creencia en el pecado que afecta por igual a toda la humanidad desde su nacimiento.

más sublimes que toda doctrina humana, porque todo lo que pertenece al Verbo, todo eso es Cristo, que apareció por nosotros, a saber: cuerpo, Verbo y alma. Porque todas las cosas que en todo tiempo pensaron o dijeron los filósofos y los legisladores, todas estas cosas las conocieron porque de alguna manera descubrieron y consideraron al Verbo. Pero como no conocieron todas las cosas que son del Verbo, es decir, de Cristo, frecuentemente dijeron cosas contradictorias" (*Apol.* II, 10).

La Sibila de Eritrea, por Miguel Ángel (Capilla Sixtina, Roma)
Los *Oráculos Sibilinos* jugaron un papel importante
en hacer creíble el cristianismo a los paganos

La perenne libertad

Los cristianos, como ya hicimos notar en nuestra introducción al *Tratado de los principios* de Orígenes, fueron los más firmes e indubitables defensores de la libertad humana, pese a su creencia en el pecado que afecta por igual a toda la humanidad desde su nacimiento, consecuencia de la desobediencia de los primeros padres. Por mucho que el hombre perdió en el Edén, a raíz de su pecado, nunca perdió su libertad. Por más grave que sea la corrupción humana, su libertad permanece incuestionable. Esto hay que entenderlo en el contexto de un mundo obsesionado con el hado y destino, popularizado en la astrología y los horóscopos, que estaba convencido de tener escrito sus destino en las estrellas y predeterminada su libertad debido a anteriores existencias en otros cuerpos y otros tiempos. Desde hacía unos siglos, como hace ver E. R. Dodds, los individuos habían dado la espalda a la libertad y se encerraban en el rígido determinismo del Hado astrológico para descargarse de la aterradora responsabilidad diaria (*Los griegos y lo irracional*. Alianza Editorial, Madrid 2001).

El lenguaje cristiano tiene todos los tintes del espíritu nuevo, seguro de sus fuerzas y privilegios, que reclama para sí una libertad que le iguala a los emperadores.

Así el cristianismo fue un desafío arrollador que perturbó a los judíos que vivían confiados en la Ley y su cumplimiento rutinario y a los gentiles que achacaban todo al hado y se entregaban a prácticas ocultistas. El lenguaje cristiano tiene todos los tintes del espíritu nuevo, seguro de sus fuerzas y privilegios, que reclama para sí una libertad que le iguala a los emperadores y le sitúa por encima de la ley humana gracias a la ley superior de Dios vivificada por el Espíritu. Una libertad que no puede perder, aunque sí hacerle perder su destino final, que es la felicidad eterna. "Soy yo quien quiero ser rey, soy yo quien no busco la riqueza; el manto miliar lo rechazo; la fornicación la aborrezco; no me dedico a la navegación llevado por codicia insaciable; no soy atleta para ser coronado; huyo de la vanagloria, desprecio la muerte, me pongo por encima de toda enfermedad, no dejo que la tristeza consuma mi alma. Si soy esclavo, soporto la esclavitud; si soy libre, no me enorgullezco de mi nobleza. Veo que uno solo es el sol de todos para todos, una sola también la muerte, ya a través del placer, ya de la indigencia. El rico siembra, el pobre participa de la misma cosecha. Mueren los ricos, y el mismo término de la vida tienen los mendigos. De muchas cosas necesitan los ricos y los que por su aparente gravedad alcanzan los honores; pero el pobre y modesto, que no desea más que lo que está a su alcance, más fácilmente lo consigue. ¿A qué te me pasas la noche en vela, cumpliendo tu hado, llevado de la avaricia? ¿Por qué, por cumplir tu hado, mil veces presa de tus instintos, mil veces te me mueres? Muere al mundo, desechando su locura. Vive para Dios, rechazando por medio de su conocimiento tu viejo horóscopo" (Taciano, *Discurso contra los griegos*, 11). "Nosotros –dice en otro lugar– somos superiores al hado y, en vez de démones errantes, hemos conocido a un solo Dueño inefable" (*op. cit.*, 9).

Los llamados *deaemones* **(demonios) eran comunes al pensamiento griego desde hacía siglos.**

Monumento al Ángel Caído en el Parque del Retiro, Madrid.
La demonología ocupa un papel de primer oden
en las obras de la época

Los demonios y los dioses paganos

Qué duda cabe que los demonios, su inquina contra los cristianos, su imitación de las verdades reveladas y su falsificación de los milagros, juegan un papel muy importante en el pensamiento de Justino, y en especial en su concepción de los dioses paganos. "Trabajaron mucho los demonios y lograron a veces, como ya hemos demostrado, que los que de cualquier manera procuraban vivir según la razón, del vicio fuesen aborrecidos. No debe, por consiguiente, extrañar que los que intentan acomodar su vida no a una parte de la verdad diseminada, si no a la verdad plena que se desprende del conocimiento y de la contemplación de todo el Verbo, es decir, de Cristo, sean objeto de odios mucho mayores, odios concitados por los demonios" (*Apol.* II, 8).

Los llamados *deaemones* (demonios) eran comunes al pensamiento griego desde hacía siglos. Fueron cobrando importancia como mediadores y mensajeros entre Dios y los hombres a medida que se insistía en el carácter trascendente del Dios supremo. No nos dejemos engañar por la terminología y el sentido que adquirió en el cristianismo, estos *demones* no eran necesariamente malos, todo lo contrario, los había buenos, en cuanto mensajeros de los dioses (a manera de ángeles), pero también se reconocía la existencia de demones maléficos, demonios auténticos según la acepción cristiana, que participaban en ritos crueles y obscenos. Plinio creía que los espíritus impuros saboreaban la sangre de los sacrificios (Plinio, *Historia naturalis*, XXVIII, 27). Otro tanto enseñaba Porfirio, que en su obra *Sobre la abstinencia de lo que está animado*, dice que los demones malos encuentran agrado en la grasa, la sangre y el humo de los sacrificios de animales (*De abstinentia*, II, 38-42). De ahí que la idolatría se identificase con el culto a los demonios. Lo dice el apóstol Pablo: "Lo que los gentiles sacrifican, a los demonios lo sacrifican, y no a Dios" (1ª Co. 10:20); pero también el Deuteronomio: "Ofrecieron sacrificios a los demonios, no a Dios; a dioses que no habían conocido, a dioses nuevos, llegados de cerca, a los cuales vuestros padres no temieron" (Dt. 32:17). Los traductores griegos de la Biblia sistematizaron esta interpretación demoníaca de la idolatría, identificando formalmente con los demonios a los dioses paganos. "Porque todos los dioses de los pueblos son *demonios*" (Sal. 96:5), se lee en la versión de los Setenta citada por Justino. Se sentaban así las bases de lo que se ha llamado la *demonización* del paganismo (cf. C. Daxelmüller, *Historia social de la magia*. Herder, Barcelona 1997).

El mundo antiguo, cristiano y pagano, vivió obsesionado con la actividad de los demonios. No vamos a entrar en este tema ahora, sólo señalar que en este contexto tuvo mucha relevancia cultural y religiosa la presentación de la obra de Jesús como una victoria sobre los demonios, que se perpetúa en la Iglesia mediante la manifestación de los carismas del Espíritu y la expulsión de los malos espíritus (Justino, *Apol.* I, 8; *Dial.* 131). Cristo, el poder divino, la *dynamis* de Dios, ha venido a dispersar las tinieblas de los poderes y potestades espirituales de este mundo. A partir de la demonología ambiente, los cristianos "intentaron resolver dos cuestiones absolutamente vitales para ellos: el motivo de fondo del odio que mostraba la sociedad romana contra el cristianismo y la realidad de la idolatría"

Vivió obsesionado con la actividad de los demonios. En este contexto tuvo mucha relevancia cultural y religiosa la presentación de la obra de Jesús como una victoria sobre los demonios.

Los malos demonios, que son enemigos nuestros y que tienen a los jueces bajo su poder y adictos a su culto, incitan a los magistrados.

(B. Studer, *Dios Salvador en los Padres de la Iglesia*, p. 84. Secretariado Trinitario, Salamanca 1993). Por eso Justino explica una y otra vez las persecuciones de los cristianos debidas a la actividad de los demonios, que aborrecen a Cristo y a los que en Él creen. "Los malos demonios, que son enemigos nuestros y que tienen a los jueces bajo su poder y adictos a su culto, incitan a los magistrados, como agitados por los demonios, a darnos la muerte" (*Apol.* II, 1). Junto al apóstol Pablo, Justino puede suscribir literalmente: "El dios de esta edad presente ha cegado el entendimiento de los incrédulos, para que no les ilumine el resplandor del evangelio de la gloria de Cristo, quien es la imagen de Dios" (2ª Co. 4:4).

Siquem, entre los montes Ebal y Gerizim, en un grabado del siglo XIX. Lugar de nacimiento de Justino

Vida de Justino

Poco sabemos de él más allá de los escuetos rasgos autobiográficos que nos ha dejado en sus obras, y aun con todo, es quizá el autor del siglo II de quien tenemos más información.

Nació a comienzos del siglo II en Flavia Neápolis (*Apol.* I, 1), colonia fundada en el año 72 d.C., por Vespasiano en el lugar de la bíblica Siquem, hoy Naplus, en la ribera occidental palestina. Samaritano por el lugar de nacimiento –"mis paisanos los samaritanos" (*Dial*. 120)–, romano de origen, de acuerdo con su nombre y el de su padre, Prisco (*Apol*. I, 1), quizá un soldado veterano establecido en la nueva colonia. Escribiendo a los judíos hace referencia su incircuncisión en la carne, aunque no en el espíritu, gracias a la fe en Cristo (*Dial*. 28).

Con un alto concepto de la filosofía, a la que considera "el mayor de los bienes, y el más honorable, que nos conduce y recomienda a Dios; y santos, a la verdad, son aquellos que a la filosofía consagran su inteligencia" (*Dial*. 2), él mismo estudió con estoicos, aristotélicos, pitagóricos y platónicos, buscando siempre el ideal de la verdad del conocimiento divino. En este sentido siente una especial admiración por el platonismo, matriz de un buen número de filósofos cristianos. Un día, de una manera sorpresiva, se encontró, o mejor, fue encontrado por un anciano que le introdujo en la fe cristiana. Al terminar su larga conversación con él sobre la naturaleza del alma, el conocimiento de Dios, los profetas y la salvación en Cristo, "inmediatamente sentí que se encendía un fuego en mi alma y se apoderaba de mí el amor a los profetas y a aquellos hombres que son amigos de Cristo, y reflexionando conmigo mismo sobre los razonamientos del anciano, hallé que esta sola es la filosofía segura y provechosa" (*Dial*. 8). A partir de entonces va a dedicar su vida a extender la verdad que le ha cautivado: "De este modo y por estos motivos soy yo filósofo, y quisiera que todos los hombres, poniendo el mismo fervor que yo, siguieran las doctrinas del Salvador, pues hay en ellas un no sé qué de temible y son capaces de conmover a los que se apartan del recto camino, a la vez que, para quienes las meditan, se convierten en dulcísimo descanso" (*íd*).

Con el *tribón*, *pallium* o manto de filósofo al hombro, Justino pone sus conocimientos filosóficos al servicio de la fe cristiana, predicando a tiempo y destiempo. "Por más malicia que mostréis, yo continuaré respondiendo a cuanto objetéis y contradigáis, cosa que, por otra parte, hago con todos absolutamente, de cualquier nación que sean, que quieren discutir conmigo o informarse de estas cuestiones" (*Dial*. 64).

Establecido en Roma en tiempo de Marco Aurelio (138-161), abrió la primera escuela de filosofía cristiana que se conoce, dedicada a exponer la verdad evangélica

Con el manto de filósofo al hombro, Justino pone sus conocimientos filosóficos al servicio de la fe cristiana, predicando a tiempo y destiempo.

A sus notables dotes intelectuales, Justino unió la palma del martirio, no buscado, pero sí esperado, debido a las maquinaciones de la maldad y testimonio de la verdad.

según las Escrituras y conforme al testimonio de la razón. Buen número de sus alumnos procedían de un trasfondo cristiano, interesados en profundizar en su fe guiados por la maestría teológico-filosófica de Justino. Algunos de estos alumnos terminaron juntamente con el maestro dando testimonio de su fe mediante el martirio, entregando su vida en honor de la verdad cristiana.

Pues Justino fue víctima de las maquinaciones de un despechado Crescente, a quien Justino había derrotado en repetidas ocasiones en debates públicos. Justino lo vio venir, nada hay peor que el orgullo herido de una persona amante del favor y de la gloria del pueblo. "La vanagloria acechante es una fiera salvaje, que atrapa y destroza a los que caen en sus manos" (Filón de Alejandría, *Sobre José*, 35). "Espero –confiesa Justino– ser víctima de una trama de Crescente, aquel amante no de la sabiduría, sino de la jactancia" (*Apol.* II, 8). Taciano, discípulo de Justino, dice que "Crescente, que instaló su madriguera en la gran ciudad, sobrepasó a todos en pederastia y avaricia. Aconsejaba a otros a menospreciar la muerte, pero la temía tanto él mismo que tramó infligirla a Justino, y lo mismo también a mí, como si fuera un gran mal, porque Justino demostraba, predicando la verdad, que los filósofos eran unos glotones e hipócritas" (Taciano, *Discurso contra los griegos*, 19).

Hay que corregir a Taciano en su última frase. En ningún momento condenó Justino a los filósofos como glotones y embusteros, sino a aquellos hombres, a quienes se negaba a concederles el honroso título de filósofos, que no eran amantes de la verdad, sino de la vanagloria.

Martirio de Justino y sus compañeros

A sus notables dotes intelectuales, Justino unió la palma del martirio, no buscado, pero sí esperado, debido a las maquinaciones de la maldad y testimonio de la verdad. "Filósofo y mártir", se gana la admiración y respecto de Tertuliano (*Adversus Valentinianos*, 5,1), que no sentía la mayor atracción por los filósofos. Denunciado por el ya mencionado filósofo cínico Crescente, fue llamado ante el prefecto Junio Rústico, probablemente en el año 165, con el fin de obligarle a sacrificar a los dioses de Roma. En aquel tiempo Marco Aurelio gobernaba el Imperio, hombre de indudable talento y bondad. Por eso, extrañados y deseando librarle de la responsabilidad de la muerte de Justino, algún que otro intelectual como Ernesto Renán, han intentado anticipar la fecha del martirio y atribuirlo así a Antonino Pío. Recurso inútil. Pues precisamente la seriedad filosófica y religiosa de Marco Aurelio le llevaba a enfrentarse a la fe cristiana con mayor rigor que otros. Marco Aurelio se propuso restablecer el culto a los dioses del Imperio, y castigar severamente a todo el que faltara al mismo, renovando el decreto de muerte contra los cristianos, firmes en su determinación de no dar culto a los demonios, que a eso se reducían los dioses paganos para ellos, cualquiera que fuera la forma que adoptasen.

Se conservan las actas del martirio de Justino (*Martyrium Iustini et Sociarum*) escritas en griego, la misma lengua en que se celebró el juicio, basadas en actas oficiales del tribunal que le condenó. Ofrecen, pues, un relato auténtico de su proceso y muerte.

Según este, Justino, en compañía de Caritón, Caridad, Evelpisto, Hierax, Peón y Liberto, fueron presentados al tribunal del prefecto de Roma, Junio Rústico, amigo de Marco Aurelio y "filósofo" como él, que dijo a Justino:

–En primer lugar, cree en los dioses y obedece a los emperadores.

Justino respondió:

–Lo irreprochable y lo que no admite condenación, es obedecer a los mandatos de nuestro Salvador Jesucristo.

El prefecto preguntó:

–¿Qué doctrina profesas?

–He procurado tener noticia de todo linaje de doctrinas; pero sólo me he adherido a las doctrinas de los cristianos, que son las verdaderas, por más que no sean gratas a quienes siguen falsas opiniones.

El prefecto Rústico:

–¿Conque semejantes doctrinas te son gratas, miserable?

–Sí, puesto que las sigo conforme a dogma recto.

–¿Qué dogma es este?

–El dogma que nos enseña a dar culto al Dios de los cristianos, al que tenemos por Dios único, el que desde el principio es hacedor y artífice de toda creación, visible e invisible; y al Señor Jesucristo, por Hijo de Dios, al que de antemano predicaron los profetas que había de venir al

Se conservan las actas del martirio de Justino escritas en griego, la misma lengua en que se celebró el juicio, basadas en actas oficiales del tribunal que le condenó. Ofrecen, pues, un relato auténtico de su proceso y muerte.

El Dios de los cristianos no está circunscrito a lugar alguno, sino que, siendo invisible, llena el cielo y la tierra, y en todas partes es adorado y glorificado por sus fieles.

género humano, como pregonero de salvación y maestro de bellas enseñanzas. Y yo, pobre criatura que soy, pienso que digo bien poca cosas para lo que merece la divinidad infinita, confesando que para hablar de ella fuera necesario virtud profética, pues proféticamente fue predicho acerca de éste de quien acabo de decirte, que es Hijo de Dios. Porque has de saber que los profetas, divinamente inspirados, hablaron anticipadamente de la venida de Él entre los hombres.

–¿Dónde os reunís?

Pregunta comprometedora para sus hermanos, a la que Justino supo contestar con prudencia.

–Donde cada uno prefiere y puede, pues sin duda te imaginas que todos nosotros nos juntamos en un mismo lugar. Pero no es así, pues el Dios de los cristianos no está circunscrito a lugar alguno, sino que, siendo invisible, llena el cielo y la tierra, y en todas partes es adorado y glorificado por sus fieles.

–Dime dónde os reunís, quiero decir, en qué lugar juntas a tus discípulos.

Planteada así la cuestión, en su justo alcance, Justino contestó concretamente.

–Yo he vivido hasta ahora cerca de la casa de un tal Martín, al lado de las termas de Timoteo. Es la segunda vez que yo he venido a Roma. No conozco otro lugar de reuniones, sino ese. Allí, si alguien quiere venir a verme, yo le comunicaba las palabras de la verdad.

Es evidente que Rústico, sintiéndose molesto con esta evangelización indirecta, le pregunta directamente para zanjar el juicio de una vez, conforme al procedimiento seguido contra los cristianos, que sólo bastaba sacar de sus labios la confesión del nombre de cristiano.

–Luego, en definitiva, ¿eres cristiano?

–Sí, soy cristiano.

El asunto estaba concluido en cuanto a Justino. Dirigiéndose entonces a Caritón le hizo la misma pregunta, ya sin ningún interés ni curiosidad por informarse más detalladamente de las creencias y prácticas de sus procesados, a quienes de ninguna manera creería, pues como sectarios dirían todo tipo de respuestas halagüeñas para encubrir sus crímenes.

–Di tú ahora, Caritón, ¿también eres cristiano?

–Soy cristiano por impulso de Dios.

Siguiendo el procedimiento rutinario, preguntó a Caridad:

–¿Tú qué dices, Caridad?

–Soy cristiana por don de Dios.

En el instante había sellado su futuro, uniendo su destino al de sus compañeros.

–¿Y tú qué eres, Evelpisto?

Esclavo de la casa del César, respondió con la misma seguridad y fortaleza que sus compañeros libres, declarando abiertamente su fe, sin hacer referencia a su condición civil.

–También yo soy cristiano, libertado por Cristo y, por la gracia de Cristo, participo en la misma enseñanza que éstos.

Difícilmente habría escuchado antes Rústico una reivindicación tan clara de libertad y dignidad humana de parte de un esclavo; hizo poco caso de las palabras de Evelpisto y se volvió en seguida a Hierax para preguntarle:

–¿También tú eres cristiano?

–Sí, también yo soy cristiano, pues doy culto y adoro al mismo Dios que éstos.

Conociendo la formación filosófica de Justino, al que sin duda creyó el cabecilla, trató el prefecto de conseguir una respuesta inculpatoria del filósofo cristiano y permitir que se salvasen así los demás.

–¿Ha sido Justino quien os ha hecho cristianos?

–Yo soy antiguo cristiano, y cristiano seguiré siendo, respondió Hierax.

Entonces, Peón, poniéndose en pie, dijo:

–También yo soy cristiano.

–¿Quién te ha instruido?

–Esta hermosa confesión la recibimos de nuestros padres, respondió.

–¿Dónde están tus padres?

–En Capadocia.

–Y los tuyos, ¿de qué país son, Hierax?

–Nuestro verdadero padre es Cristo y nuestra madre, la fe, por la cual creemos en Él. Mis padres terrenos han muerto ya. Por lo demás, yo he sido traído aquí de Iconio, en Frigia.

Posiblemente también Hierax era un esclavo. Como el siguiente, a juzgar por su nombre, Liberiano, a quien preguntó el prefecto:

Difícilmente habría escuchado antes Rústico una reivindicación tan clara de libertad y dignidad humana de parte de un esclavo.

Nuestro más ardiente deseo es sufrir por amor de nuestro Señor Jesucristo para salvarnos, pues este sufrimiento se nos convertirá en motivo de salvación y confianza ante el tremendo y universal tribunal de nuestro Señor y Salvador.

–¿Eres tú también cristiano e impío respecto a los dioses?

–También yo soy cristiano; amo y adoro al único verdadero Dios.

Ya no quedaba nada por averiguar, todos eran reos de muerte por su propia declaración. Pero antes de dar el juicio por zanjado, Rústico hizo una nueva tentativa de lograr la apostasía de Justino, creyendo sin duda que a ésta seguiría la de los demás.

–Escucha tú, que pasas por hombre culto y crees conocer las verdaderas doctrinas. Si después de azotado te mando cortar la cabeza, ¿estás cierto de que has de subir al cielo?

Pregunta trascendental para un filósofo estoico, tan preocupado con el tema de la inmortalidad del alma.

–Si sufro eso que tú dices, espero alcanzar los dones de Dios; y sé, además que a todos los que hayan vivido rectamente les espera la dádiva divina hasta la conflagración de todo el mundo.

–Así, pues, en resumidas cuentas, te imaginas que han de subir a los cielos a recibir allí no sé qué buenas recompensas.

–No me lo imagino, sino que lo sé a ciencia cierta, y de ello tengo plena certeza.

Esta confianza, que quizá Rústico atribuyó a fanatismo y obstinación, acabó con la paciencia y el interés del prefecto.

–Vengamos ya al asunto propuesto, a la cuestión necesaria y urgente. Poneos, pues juntos y, unánimemente sacrificad a los dioses.

Es evidente que en el proceso no había animosidad personal del juez contra los procesados, sino un evidente deseo de salvarles la vida, toda vez que desde el punto de vista criminal, aquellos hombres eran inocentes, excepto de atentar contra los dioses tutelares de Roma.

–Nadie que esté en su cabal juicio se pasa de la piedad a la impiedad.

–Si no obedecéis seréis inexorablemente castigados.

–Nuestro más ardiente deseo es sufrir por amor de nuestro Señor Jesucristo para salvarnos, pues este sufrimiento se nos convertirá en motivo de salvación y confianza ante el tremendo y universal tribunal de nuestro Señor y Salvador.

El resto de los mártires se expresó en el mismo sentido:

–Haz lo que tú quieras, porque nosotros somos cristianos y no sacrificamos a los ídolos.

Entonces el prefecto Rústico pronunció la sentencia diciendo:

–Los que no han querido sacrificar a los dioses ni obedecer al mandato del emperador, sean, después de azotados, conducidos al suplicio, sufriendo la pena capital conforme a las leyes.

La sentencia fue ejecutada inmediatamente. "Los santos mártires, glorificando a Dios, salieron al lugar acostumbrado y cortándoles allí las cabezas, consumaron el martirio en la confesión de nuestro Salvador. Mas algunos de los fieles tomaron a escondidas los cuerpos de ellos y los depositaron en lugar conveniente, cooperando con ellos la gracia de nuestro Señor Jesucristo, a quien sea gloria por los siglos de los siglos. Amén."

Petición de justicia

Algunos han llegado a imaginar que los cristianos provocaron al Estado y buscaron el martirio como una cosa loable. Nada más lejos, aparte de algunos casos en momentos de mucha opresión, cuando el espíritu humano no puede soportar más y elige el camino del irreprimible despecho ante la justicia injusta y los valores de una sociedad en la que no se cree.

Pero, en condiciones normales, no hay resignación ante el juicio y la condenación, de otro modo no hubieran habido los hoy llamados apologetas, los que cada uno a su manera, pero todos al unísono reclaman justicia frente a la injusticia de una condenación absurda, sin motivos criminales que la justifiquen, como los mismos jueces demuestran al evitar por todos los medios la muerte de los acusados, lo que en ningún caso se puede aplicar a un malhechor. Al mismo tiempo protestaban sus buenas intenciones con el Estado y con la sociedad en general. La persistencia de las persecuciones llegaron incluso a crearles problemas de fe. "¿Es posible que tantos mártires hayan muerto para nada?", se pregunta Tertuliano (*De praescr.* 29). Es evidente que las persecuciones causaron problemas de todo tipo a los creyentes, limitaron el cre-

Los cristianos se saben inocentes y por eso se mantienen firmes en su confesión. Para los más reflexivos, como Justino, la acusación parecía una locura que sólo podía entender como una instigación demoníaca.

cimiento y expansión de la Iglesia, así como la expresión normal de su fe y práctica. La continua desaparición de sus personajes más eminentes significaba pérdidas constantes e irreparables.

Pese a todo los cristianos se saben inocentes y por eso se mantienen firmes en su confesión. También, de algún modo, presienten que su causa triunfará tarde o temprano. Por eso en los escritos de los primeros apologetas encontramos el emocionante sentimiento de seguridad y victoria propio de quienes están convencidos de la razón de su causa. No imploran piedad, exigen justicia conforme a las leyes y la razón, a la vez que se atreven a pedir la conversión de sus jueces de un mal juicio a un juicio mejor. "Ojala hoy clamase alguno con voz trágica desde un lugar superior: Avergonzaos de atribuir a hombres inocentes las cosas que vosotros hacéis públicamente y de reprochar las cosas que están íntimamente unidas a vosotros y a vuestros dioses a hombres a los cuales esas cosas no alcanzan en modo alguno. Convertíos, arrepentíos" (*Apol.* II, 12).

"Cada cristiano –escribe Justino doloridamente, reflejando una situación inaudita– es expulsado no solamente de sus propias posesiones, sino del mundo entero, pues a ninguno le consentís el derecho a la vida" (*Dial.* 110). Y todo en virtud de llamarse cristianos, de llevar el nombre de Cristo, que enseñó el amor hasta a los enemigos. Para los más reflexivos, como Justino, la acusación parecía una locura que sólo podía entender como una instigación demoníaca. "Por el solo nombre ninguna cosa puede juzgarse buena ni mala, si se prescinde de los actos que bajo ese nombre se encierran. Por el nombre con el cual somos conocidos, somos buenos. Pero, así como no consideramos justo pedir por el nombre la absolución, en el caso de ser encontrados criminales, de igual modo, si nada hacemos, ni por razón del nombre con que se nos designa ni por razón de nuestra conducta, a vosotros toca evitar el que, por castigar injustamente a hombres a quienes no se ha probado delito alguno, incurráis en las penas de la justicia" (*Apol.* I, 4).

El mismo sentimiento de agravio y exigencia de justicia expresa Atenágoras de Atenas, en su *Legatio* o *Súplica*, dirigida a Marco Aurelio y a su hijo Cómodo. "No os preocupáis absolutamente nada de nosotros, a quienes llamáis cristianos y, aunque no cometemos injusticias y nos portamos de la forma más piadosa y justa permitís que se nos persiga, que se nos secuestre y que se nos expulse; que la mayoría nos ataque únicamente por nuestro nombre. Nos atrevemos, sin embargo, a manifestaros lo que nos concierne: Nuestro razonamiento os probará que sufrimos injustamente contra toda ley contra toda razón, y os pedimos que examinéis a favor nuestro de que no seamos más víctimas de los delatores" (*Súplica a propósito de los cristianos*, 1).

Los apologetas se esfuerzan valientemente en algo tan sencillo pero difícil de conseguir por parte de las minorías sometidas a sospecha, marginadas, despreciadas y tratadas con el rigor de una ley adversa, tanto más culpables cuanto más protestan su inocencia: el derecho a ser escuchados, a que se atiendan sus razones, sin que eso signifique un privilegio. "Tened estas cosas en la debida estimación si os parecen conformes con la razón y la verdad; pero si os parecen charlatanería despreciadlas como bagatelas, pero no decretéis la muerte contra hombres inocentes como contra enemigos y criminales" (Justino, *Apol.* I, 68).

Si otras doctrinas, todavía más extrañas, y es posible que más nefastas para la sociedad, tienen un lugar en la enseñanza y oídos de la gente, ¿por qué no la cristiana que enseña el amor universal y el respeto a las autoridades? "Los que no desdeñáis ni al escita Anarcasis, tampoco nos desdeñéis ahora de ser instruidos por quienes profesan una religión bárbara. Haced de nuestra doctrina siquiera el uso que hacéis de la mántica babilonia; escuchadnos a nosotros por lo menos como escucháis a la encina fatídica, si bien todo eso son invenciones de démones extraviados; mas las doctrinas de nuestra ciencia están por encima de la comprensión mundana" (Taciano, *Discurso contra los griegos*, 12).

"Recibidnos, pues –concluye Justino–, a nosotros de igual manera que a ellos, que creemos en Dios no menos que aquellos o, mejor dicho, creemos más, ya que esperamos que nuestros cuerpos, aun muertos y arrojados a la tierra, los hemos de recibir de nuevo, afirmando como afirmamos que para Dios no hay cosa imposible" (*Apol.* I, 18).

Si otras doctrinas, todavía más extrañas, tienen un lugar en la enseñanza y oídos de la gente, ¿por qué no la cristiana que enseña el amor universal y el respeto a las autoridades?

Rómulo y Remo, fundadores de Roma, amamantados por una loba

Base jurídica de las persecuciones y la *Pax Deorum*

"¿Cómo fue que el estado romano se creyera obligado a adoptar ante los cristianos una actitud tan hostil?", se preguntan los historiadores. Conocemos a la perfección la elaboradísima construcción jurídica que es el derecho romano civil y administrativo. Sabemos que el Imperio romano observó desde siempre la más tolerante actitud frente a todas las clases de cultos y convicciones religiosas. Dentro de sus límites se podía venerar a Júpiter o a la Isis egipcia. A nadie se molestaba, excepto a los cristianos. ¿Cómo se explica esto?

No se trataba de *delito de lesa majestad*, o lo que hoy llamamos alta traición, rebelión o sedición contra la autoridad constituida. "En todos los procesos de cristianos que conocemos, y conocemos bastantes, jamás se habla de delitos de lesa majestad" (Ludwing Hertling, *Historia de la Iglesia*, p. 66. Herder, Barcelona 1979, 6ª ed.). En lo que respecta al *culto al emperador*, claro está que una negativa a prestarlo podía ser considerada como un delito de lesa majestad. Pero también es cierto que "quien no estuviera obligado en virtud de su cargo a realizar un acto de culto, podía durante toda su vida abstenerse de tomar parte en ninguno, sin conculcar con ello ley alguna. El individuo particular se encontraba frente al culto oficial romano en una situación parecida a la del moderno ciudadano con respecto a muchas ceremonias civiles, por ejemplo, los honores rendidos al soldado desconocido o el saludo a la bandera. Quien no quiera comprometerse en semejantes ceremonias no tiene más que quedarse en casa o torcer por otra calle" (L. Hertling, *op. cit.*, p. 67).

¿Cómo se explica que durante siglos se fueran dictando nuevas leyes contra los cristianos, y leyes además totalmente distintas entre sí por su estructura jurídica? "Esta incredulidad obedece a que los historiadores tienen una opinión exageradamente elevada del Imperio romano como estado de derecho; lo explica sus vanos y reiterados empeños por encontrar una base jurídica a las persecuciones. Lo que sí estaba altamente perfeccionado era el derecho civil, por cuya escuela han pasado todos los pueblos civilizados. En cambio, el derecho penal era muy deficiente, y más imperfectas eran aún las leyes de enjuiciamiento criminal. Por consiguiente, no hay razón para extrañarse demasiado de que en este estado de derecho, tan bien ordenado en apariencia, ocurrieran en materia penal arbitrariedades e incluso actos de inhumana crueldad" (L. Hertling, *op. cit.*, p. 68).

"Los cristianos fueron reprimidos por la autoridad imperial por el simple hecho de declararse secuaces de un cabecilla subversivo juzgado, condenado y ajusticiado. Es decir, en la terminología de la época, por el simple nombre de cristianos" (José Montserrat Torrents, *El desafío cristiano, las razones del perseguidor*, p. 44. Anaya & Mario Muchnik, Madrid 1992). Ningún lector moderno puede leer las actas de los mártires sin percibir el horror que suponía ser juzgado por cristiano, sin posibilidad de defensa, entregado al verdugo sin causa. Tanta ceguera y tanta crueldad, aun admitiendo las razones del Estado perseguidor, desacreditan al Imperio romano y nos llevan a cuestionar una y otra vez la racionalidad del ser humano.

El único motivo que explica tanto el principio como el desarrollo de las persecuciones, a juicio de historiadores como Hertling, es sólo el odio. Sin embargo hay otro motivo más acorde a la historia y a la realidad de los hechos.

¿Cómo se explica que durante siglos se fueran dictando nuevas leyes contra los cristianos, y leyes además totalmente distintas entre sí por su estructura jurídica?

Los romanos creían en una gran alianza entre los dioses y Roma, y la sentían como necesidad absoluta. La grandeza y señorío de Roma daba crdibilidad a esta Pax Deorum.

Un motivo extrañamente ausente en los historiadores cristianos, me refiero a la *Pax Deorum* (la paz con los dioses), que se puede entender a la luz del concepto hebreo de *Alianza* entre Dios y su pueblo. Los romanos creían en una gran alianza entre los dioses y Roma, y la sentían como necesidad absoluta. Era el origen de su confianza en la relación con los dioses, distinta de los griegos, más pesimistas y más trágicos. La incertidumbre respecto el capricho de los dioses quedaba eliminada gracias a la alianza con ellos que garantizaba la duración de Roma. La grandeza y señorío de Roma daba credibilidad a esta *Pax Deorum*. A la vez, la *Pax Deorum* otorgaba confianza a los romanos al emprender sus conquistas y expandirse por el mundo. La paz o pacto con los dioses de Roma no los hacía intolerantes en materia religiosa, sino todo lo contrario. Los extranjeros, e incluso los mismos enemigos una vez vencidos, pueden formar parte del mundo romano, llegando a ser ciudadanos. Sólo una cosa no podían tolerar: la impiedad, el "ateísmo", es decir, el no respeto en público a los dioses de Roma. Los cristianos eran precisamente acusados de ateos e impíos, por ello mismo. Asombra un poco que los mismos apologetas no advirtieran esto, mentalizados como estaban en una determinada intelectualidad que hacía tiempo había dejado de creer en los dioses mitológicos, pero que sin embargo seguía actuando como si creyesen. El Senado mismo no era una corte secular de justicia. Los senadores estaban estrechamente implicados en la religión pública. Los miembros del Senado eran simultáneamente los sacerdotes de la ciudad de Roma; eran portadores de un culto religioso conscientemente tradicionalista, y precisamente por ello los argumentos de los apologetas debían resultarles doblemente ofensivos en cuanto todos procedían a manifestar el carácter fabuloso e increíble de los dioses por ellos venerados. Los cristianos se extrañaban de la inverosímil acusación de "ateísmo", ignorando el fondo del asunto, de matiz social. Cualquiera que fuera el grado de religiosidad de los cristianos, eran considerados ateos recalcitrantes por el rechazo y menosprecio de la religión grecorromana y su negativa a tomar parte en el culto pagano, negativa que ponía en peligro la *Pax Deorum*, las buenas relaciones de los dioses con los hombres, y amenazaba con provocar la ira de aquéllos contra toda la sociedad, siendo así que la prosperidad del

Estado dependía del favor dispensado por las divinidades
(G. E. M. de Ste. Croix, "Las persecuciones", en *Historia de
las civilizaciones*, tomo 4, dirigido por Arnold Toynbee.
Alianza, Madrid 1988).

Muro de las lamentaciones de Jerusalén
La destrucción del templo de Jerusalén, en el año 70,
marca la separación definitiva del cristianismo de sus orígenes judíos

Judíos y cristianos

Los escritos de Justino revelan la enemistad que debía regir en las relaciones de los judíos con los cristianos. Aunque en el año 70, con la destrucción del templo, se inició el proceso definitivo de separación de la sinagoga y la Iglesia, todavía un poco antes de esa fecha el ala judeocristiana de la Iglesia constituía la mayoría, y el cristianismo gentil de Pablo permanecía aislado. La guerra judía y la caída de Jerusalén en el año 70 cambiaron por completo la situación, el cristianismo gentil se separó social y políticamente del judaísmo. La separación final de sus orígenes judíos y su definitiva unión en un diálogo con la cultura helenística, datan de los reinados de Antonino Pío, Marco Aurelio y Cómodo, precisamente los años de actividad de Justino, que da testimonio del odio judío a los cristianos, la persecución del Israel según la carne contra el Israel según el espíritu. "Nos dan muerte y suplicios cuando consiguen poder para ello, como fácilmente se os

La guerra judía y la caída de Jerusalén en el año 70 cambiaron por completo la situación, el cristianismo gentil se separó social y políticamente del judaísmo.

No hay duda de que la sinagoga utilizó todos sus recursos para borrar del mapa a la naciente Iglesia.

puede demostrar", llega decir Justino (*Apol.* I, 31). No hay duda de que la sinagoga utilizó todos sus recursos para borrar del mapa a la naciente Iglesia.

En otro lugar, entre muchos, Justino llega a decir que los prosélitos del judaísmo no sólo no creen en la doctrina cristiana, "sino que blasfeman doblemente que vosotros el nombre de Jesús y quieren matar y atormentar a los que creemos en Él, porque en todo ponen empeño por asemejarse a vosotros" (*Dial.* 122). "Si vosotros quisierais decir la verdad, habríais de confesar que somos más fieles para Dios los que hemos sido llamados por Él por el despreciado y lleno de oprobio misterio de la cruz; por cuya confesión y obediencia y piedad somos condenados a tormentos hasta la muerte por los demonios y por el ejército del diablo, *gracias a la ayuda que vosotros les prestáis*" (*Dial.* 131).

Les acusa no sólo de haber dado muerte a Jesús, sino a todos los que llevan sus nombre: "Porque todavía está verdaderamente levantada vuestra mano para obrar el mal, pues ni aun después de matar a Cristo os habéis arrepentido, sino que nos odiáis a nosotros que por Él hemos creído en el Dios y Padre de todo y, *siempre que tenéis poder para ello, nos quitáis la vida*" (*Dial.*133). "Porque vosotros, ni soportáis que os llame, ni le oís cuando os habla, sino habéis obrado el mal delante del Señor. Y el colmo de vuestra maldad es que, después que le asesinasteis seguís odiando al Justo y a los que a Él le deben el ser lo que son: piadosos, justos y humanos" (*Dial.* 136).

La Biblia en Justino

Griego a los griegos, judío a los judíos, Justino se refiere a la Escritura como la corte de suprema autoridad en religión, pues en ella se ha manifestado el Espíritu profético sin error, por ello, en última instancia, todo lo refiere a las Escrituras (*Dial.* 56). En su *Diálogo con el judío Trifón* expone el curso a seguir. "Voy a citaros pasajes de las Escrituras, y no tengo interés en ofreceros discursos retóricamente preparados, pues carezco de semejante talento. Porque la gracia de Dios sólo me ha concedido gracia para entender las Escrituras, y de esta gracia os invito a participar, sin paga y sin envidia, a fin de que no tenga que dar yo cuenta de ello en el juicio, en que Dios,

Los Cuatro Evangelistas, por Jordaens (Museo del Louvre, París)
En la primera mital del siglo II los cuatro Evangelios ya eran conocidos universalmente
y gozaban de la máxima autoridad en las iglesias

Hacedor del universo, nos ha de juzgar por medio de mi Señor Jesucristo" (*Dial.* 58). En este proceso intentará centrarse en los textos admitidos por todos, para así evitar discusiones inútiles: "No voy a discutir con vosotros por una mera controversia verbal, así como tampoco he intentado fundar mi demostración de Jesucristo sobre Escrituras no reconocidas de vosotros, como los pasajes que os cité del profeta Jeremías, de Esdras y de David, sino sobre las que hasta ahora reconocéis" (*Dial.* 120). Es sabido que el Pentateuco gozaba de una autoridad especial entre los judíos. A él se remite Justino con frecuencia, especialmente Génesis, Éxodo y Deuteronomio. Los Salmos y los profetas, sobre todo Isaías, aparecen citados con más profusión.

Es sabido que el Pentateuco gozaba de una autoridad especial entre los judíos. A él se remite Justino con frecuencia.

Del Nuevo Testamento cita con frecuencia lo que Él llama las *Memorias de los Apóstoles*. Usa este término en parte por su formación griega y, en parte, porque se dirige a paganos.

También menciona algo de los libros sapienciales y de los libros históricos, pero muy poco. Por otra parte, cita algunos libros apócrifos, como el pseudo-Esdras y el pseudo-Jeremías (*Dial.* 72). Todo ello según la versión griega de la Septuaginta, que era tenida como una obra próxima a la inspiración divina por los primitivos cristianos, con una autoridad semejante a la que después adquiriría la Vulgata de Jerónimo en la Iglesia latina, mientras que la Iglesia oriental seguiría venerando la versión de los Setenta.

Del Nuevo Testamento cita con frecuencia lo que Él llama las *Memorias de los Apóstoles*, extraña forma de referirse a los Evangelios canónicos. Es posible que eligiera esa denominación en analogía con las clásicas *Memorabilia* o *Memorias* de Sócrates, escritas por Jenofonte, que cita en *Apol.* II, 11. Justino usa este término en parte por su formación griega y, en parte, porque se dirige a paganos, a los cuales nada decía el nombre de *Evangelios*. Con todo, los cita varias veces. Probablemente utilizaba una concordancia o armonía de los Evangelios sinópticos, del tipo de Taciano (alumno de Justino, por demás) que llegó a ser tan popular o bien recibida por las iglesias. De Juan cita el texto clave sobre la necesidad de nacer de nuevo (*Apol.* I, 61), pero extraña su silencio respecto al prólogo del Evangelio que describe a Cristo como Verbo de Dios encarnado, con el que concuerda en vocabulario y doctrina.

Justino mismo confirma que "las *Memorias de los Apóstoles* se llaman *Evangelios*" (*Apol.* I, 66), y eran leídos en las asambleas cristianas como nueva Escritura del nuevo Pueblo de Dios, con la misma autoridad que las antiguas Escrituras del Antiguo Pacto (*Apol.* I, 67). Los escritos apostólicos y proféticos son leídos en los cultos de la congregación, porque son narraciones de la vida y enseñanza de Cristo, compuestas por la pluma autorizada de los apóstoles o sus inmediatos discípulos (*Dial.* 103).

Según Lagrange, Justino cita mucho a Mateo, bastante a Lucas, mucho más a Juan y raramente a Marcos, pero de lo que no hay duda es que las *Memorias de los Apóstoles* son nuestros cuatro Evangelios, que forman un todo, son un único Evangelio, Cuadriforme, en frase de Ireneo (*Contra las herejías*, III, 11). Por eso Justino habla de las *Memorias* como de un todo único, un cuerpo apostólico (*San Justino*. París 1914).

El credo apostólico

Como hizo notar J. N. D. Kelly, las *Apologías* y el *Diálogo* de Justino constituyen una fuente preciosa para conocer la práctica litúrgica hacia mediados del siglo II y la apologética propia de ese período, pero donde el valor de ambos documentos es incalculable en la historia de los credos. A diferencia de los Padres Apostólicos, en los que sólo encontramos ciertos ecos de fórmulas de credos, en Justino hallamos por primera vez algo que probablemente representa citas de credos semioficiales. Así que sus obras son muy importantes para los estudiosos de los credos. "Con todo, es mera especulación, sin el menor apoyo en sus propias obras, decir que conoció un credo declaratorio de carácter oficial y usado en Roma o en alguna otra Iglesia. Pero sí que nos da la prueba más antigua de la existencia de preguntas bautismales sobre el credo con una terminología relativamente fija" (J.N.D. Kelly, *Primitivos credos cristianos*, p. 98. Secretariado Trinitario, Salamanca 1980).

La mayoría de las profesiones que aparecen en Justino obedecen a un esquema trinitario, como por ejemplo:

"Nosotros reverenciamos y adoramos al verdadero Dios,
   y al Hijo que vino de su parte…
   y al Espíritu profético" (*Apol.* I, 6. cf. 65; 67).

El bautismo es un baño en el agua
"en el nombre del Padre y Señor Dios del universo,
en el del Señor Jesucristo,
y en el del Espíritu Santo" (*Apol.* I, 61).

Al lado de esta fórmula trinitaria, desarrolla el *kerigma* sencillo típico que existió sin interrupción a partir de la predicación de los apóstoles:

"Afirmamos que el Verbo, que es el primogénito de Dios,
   fue engendrado sin comercio carnal
   y es Jesucristo nuestro maestro,
   y que fue crucificado,

En Justino hallamos por primera vez algo que probablemente representa citas de credos semioficiales. Así que sus obras son muy importantes para los estudiosos de los credos.

Justino fue
de los
primeros
en intentar
estructurar
una
explicación
intelectualmente
satisfactoria
de la
relación
de Cristo a
Dios Padre.

muerto
y resucitado,
y subió al cielo" (*Apol.* I, 21, cf. 31, 42, 46; *Dial.* 63, 85, 126, 132).

Textos que son eco de la enseñanza de la Iglesia, del *kerigma* primitivo, en una dirección inequívocamente trinitaria.

Teología trinitaria

Justino fue de los primeros en intentar estructurar una explicación intelectualmente satisfactoria de la relación de Cristo a Dios Padre.

La solución viene a decir esencialmente que Cristo, en cuanto preexistente, era el pensamiento o mente del Padre, y que en cuanto se manifestaba en la creación y en la revelación era su expresión; por ello recurren a la metáfora del Logos divino o Palabra, familiar a los judíos helenistas y los estoicos. La originalidad de Justino y los apologetas, como escribe J. N. D. Kelly, estriba en sacar las últimas consecuencias de la idea del Logos para hacer plausible el doble hecho de la unidad y del tiempo. Al hacerlo así, no dudaron en mezclar con ellas la distinción técnica estoica entre la palabra *inmanente* o interior (*logos endiathetós*) y la palabra *proferida* o externa (*logos prophorikós*). El Logos se encarna en Cristo, concebido aquí como la inteligencia o pensamiento racional del Padre, pero distinto a Él, no solamente en nombre, sino "numéricamente distinto también" (Justino, *Dial.* 128). Aparte de la encarnación, las funciones características del Logos son ser el agente del Padre en la creación y ordenación del universo (*Apol.* I 59, 64, *Apol.* II, 6); y revelar a los hombres la verdad (*Apol.* I, 54, 63).

El Logos no es creado, sino *engendrado*. Dios engendró de sí mismo un poder racional (*Apol.* II, 6). Con esta generación no se quiere indicar el origen último del Logos, sino el hecho de ser enviado para los fines de creación y revelación. Esta generación o emisión no lleva consigo ninguna separación entre el Padre y el Hijo, no implica partición alguna de la esencia del Padre. "Hijo, no al modo que poetas y mitógrafos dicen que nacen hijos de los dioses por unión carnal, sino como la verdad explica que el Verbo de Dios inmanente (*logos endiathetós*) siempre en el corazón de Dios. Porque antes de crear nada, a éste tenía por consejero, como mente y pensamiento suyo que era. Y cuando Dios quiso hacer cuanto había deliberado, engendró a este Verbo proferido (*logos prophorikós*), no vaciándose de su Verbo, sino engendrando al Verbo y conversando siempre con Él... Siendo, pues, Dios el Verbo y nacido de Dios, cuando el Padre del universo quiere, le envía a algún lugar, y Él, allí llegado, es oído y visto, enviado que es por Él y se halla en un lugar" (Teófilo de Antioquía, *A Autólico*, II, 22).

Para los escritores de este siglo, concretamente para los llamados apologetas, la descripción Dios Padre connotaba no la primera persona de la Trinidad, sino el único Dios considerado como autor de todo lo que existe; y todos ellos hacen remontar la generación del Logos, y lo mismo su cualificación para el título de Hijo, no a su origen en el seno de la divinidad, sino a su emisión para fines de creación, revelación y redención. A menos que captemos firmemente estos puntos y apreciemos su importancia, estamos expuestos a obtener una visión completamente desfigurada de la teología de los apologetas.

Dos tipos de críticas que se les han hecho, son la de no distinguir al Logos del Padre hasta que no fue necesario para la obra de la creación; y la de que, como corolario, son culpables de subordinar el Hijo al Padre; objeciones que carecen de sentido en el ambiente ideológico en que se movían. Es verdad que les faltaba un vocabulario técnico adecuado para describir las distinciones eternas dentro de la divinidad, pero no cabe duda de que ellos captaran estas distinciones.

Mucho antes de la creación, desde toda la eternidad, Dios tenía su Palabra o Logos, pues Dios es esencialmente racional; y si lo que la teología posterior reconoció como la personalidad de la Palabra, parece a sus ojos poco definido, es evidente que ellos lo consideraban como aquel con quien el Padre podía comunicarse y aconsejarse. La ortodoxia posterior iba a describir su relación eterna al Padre como generación, el hecho de que los apologetas acentuasen que su generación o emisión era efecto de la voluntad del Padre no significaba tanto subordinarle cuanto salvaguardar el monoteísmo que ellos consideraban indispensable. Los apologetas nunca se cansaron de

El hecho de que los apologetas acentuasen que su generación o emisión era efecto de la voluntad del Padre no significaba tanto subordinarle cuanto salvaguardar el monoteísmo.

En cuanto al Espíritu Santo escriben con menos profusión, sin embargo no dejan de proclamar su fe cristiana trinitaria. Justino abunda en referencias al Espíritu Santo.

repetir que el Logos era uno en esencia con el Padre, inseparable de Él en su ser fundamental tanto después de su generación como antes de ella.

En cuanto al Espíritu Santo escriben con menos profusión, sin embargo no dejan de proclamar su fe cristiana trinitaria. Justino abunda en referencias al Espíritu Santo o Espíritu profético, y aunque con frecuencia se expresaba con oscuridad respecto de la relación de sus funciones con las del Logos, consideraba a los dos como realmente distintos. El Espíritu es para Justino y los demás apologetas, el Espíritu de Dios, que comparte, como el Logos o Verbo, la naturaleza divina. "A la verdad, el mismo Espíritu Santo, que obra en los que hablan proféticamente, decimos que es una emanación o efluvio de Dios, emanando y volviendo, como un rayo del sol" (Atenágoras, *Legación en favor de los cristianos*, 4). Los apologetas operan con la imagen de un hombre emitiendo su pensamiento y su espíritu en actividad externa; la que les capacita, sin bien imperfectamente, para reconocer la pluralidad y unidad de la divinidad. "Admitimos a un Dios Padre, y a un Dios Hijo, y un Espíritu Santo, que muestran su potencia en la unidad y su distinción en el orden" (*Legación*, 10). Muestran así cómo el Verbo y el Espíritu, aunque realmente manifestado en el espacio y el tiempo, podían también habitar dentro del ser del Padre, sin romper por ello su unidad esencial con Él. Esta imagen es patente en Taciano cuando escribe: "Yo mismo estoy hablando y vosotros me escucháis y, ciertamente, no porque mi palabra pase a vosotros me quedo yo vacío de palabras al conversar con vosotros, sino que al emitir mi voz, me propongo ordenar la materia que está en vosotros desordenada... Así el Verbo no se produjo por división, sino por participación. Porque lo que se divide queda separado de lo primero; mas lo que se da por participación, tomando carácter de una dispensación, no deja falto a aquello de donde se toma. Porque a la manera que de una sola tea se encienden muchos fuegos, mas no por encenderse muchas teas se disminuye la luz de la primera, así también el Verbo, procediendo de la potencia del Padre, no dejó sin razón al que había engendrado" (*Discurso*, 5).

Teniendo en cuenta estas explicaciones del misterio del Dios cristiano, uno y trino, se puede comprender de qué manera los apologetas, en la nueva situación misional que había creado la fuerte difusión de la fe cristiana, no solamente consiguieron ensanchar terminológicamente la predicación cristiana, sino que también llegaron a tomar en consideración los problemas filosóficos que estaban implicados en ella (cf. J.N.D. Kelly, *Early Christian Doctrine*, Londres 1958; Basil Studer, *Dios Salvador en los Padres de la Iglesia*. Salamanca 1993).

Escatología y milenio

Una idea central recorre la mente de Justino, el sentido de justicia que, por necesidad, debe extenderse a la otra vida. Decir que las almas mueren, o se extinguen o aniquilan, dice, "sería una verdadera suerte para los malvados" (*Dial.* 5). Los justos, los que han creído en Cristo y limpiado sus pecados en la sangre de la cruz, a su muerte van a un lugar mejor; las almas de los injustos van a uno peor, en espera del tiempo del juicio" (*íd.*). Esta radical enseñanza de la condenación de los malvados, debió llamar la atención de los críticos del cristianismo, que menospreciaron como un ardid para meter miedo a los ignorantes y los simples. Justino les contesta con toda seriedad: "Para que nadie objete lo mismo que dicen los que se consideran filósofos, a saber, que no son más que ruidos y espantajos las cosas que decimos de los tormentos de los malos en el fuego eterno, y que nuestro fin es que los hombres sigan la verdad impulsados por el temor, y no por la hermosura de la misma virtud ni porque esta les resulte grata, contestaré, etc. etc." (*Apol.* II, 9).

Las advertencias sobre el juicio divino y el castigo eterno de los pecadores abundan conspicuamente en todas sus obras. Para Taciano, su discípulo, el castigo en el infierno es descrito de un modo gráfico como "la muerte en la inmortalidad" (*Discurso*, 13), correspondiente a la "segunda muerte" del Apocalipsis. El cristiano está dispuesto a sufrir los peores tormentos de los hombres, que tienen término y fin, antes que negar su fe y ser echado en fuego que nunca se apaga.

Respecto al final de los tiempos, Justino comparte con sus inmediatos predecesores y algunos contemporáneos, como Papías, discípulo del apóstol Juan, e Ireneo, alumno de aquél, la creencia en un reino milenario de Cristo en la tierra, que dé cumplida satisfacción a las profecías del

Las advertencias sobre el juicio divino y el castigo eterno de los pecadores abundan conspicuamente en todas sus obras. Para Taciano, su discípulo, el castigo en el infierno es descrito como "la muerte en la inmortalidad".

En la Iglesia ganó no el punto de vista de Justino, sino el de los que enseñaban que el milenio ya se había iniciado.

Antiguo Testamento acerca de la gloria del Mesías y la herencia de la tierra por parte de los justos. Pero inmediatamente aclara que esta creencia no es compartida por todos: "Yo y otros muchos sentimos de esta manera, y creemos que así ha de suceder pero también hay muchos cristianos de fe pura y piadosa, que piensan de otro modo" (*Dial.* 80). Lo cual indica que no era un dogma, sino que se trataba de una convicción sostenida por un buen número de hermanos, tolerantes y respetuosos con otros puntos de vista escatológicos. De hecho, en la Iglesia ganó no el punto de vista de Justino, Papías o Ireneo, sino el de los que enseñaban, en línea de continuidad asimismo con los enseñado por Justino, que el milenio ya se había iniciado en su sentido espiritual por Jesucristo, abriendo la puerta del reino de los cielos a los gentiles, inaugurando una paz y fraternidad entre las naciones nunca antes conocidas. Y todo a partir de Jerusalén, del Árbol de la Vida, que es Cristo muerto, resucitado, ascendido y derramando dones sobre los hombres, cumpliendo así las viejas profecías hebreas.

En la ciudad de Éfeso tuvo lugar el diálogo de Justino con el judío Trifón, según Eusebio de Cesarea

Obras de Justino

Las obras de Justino se consideraron desde el principio como un bien preciado, después del legado de los escritos apostólicos. Así dice Eusebio: "Justino, que fue para adorno de nuestra doctrina poco después de los apóstoles... Nos ha dejado muchos y útiles tratados, obra de un intelecto culto instruido en teología" (*Historia ecl.* IV, 13, 18). Sus escritos se cuentan entre los más importantes del siglo II. No fue el primero en escribir en defensa de los cristianos, pero sí uno de los mejores y más capacitados, culto y fervoroso a la vez. Muchos de sus escritos se han perdido y otros de los que llevan su nombre no fueron realmente escritos por él.

Se pueden dividir en tres clases:

1) Escritos genuinos, a saber, las dos *Apologías* y el *Diálogo con Trifón*, de los que hablaremos después.

2) Escritos de paternidad dudosa, que algunos críticos le atribuyen y otros le niegan.

Son los siguientes:

1. *Discurso contra los griegos*, donde entre otras cuestiones diserta sobre la naturaleza de los demonios.

2. *Oratoria* o *Refutación*, que es otra réplica a los griegos, señalando la antigüedad de Moisés, de quienes bebieron los filósofos.

3. *La soberanía de Dios*, compuesta de textos bíblicos y también de libros griegos.

4. *Sobre el alma*, donde se reflejan sus opiniones y las de los filósofos griegos.

5. *Sobre la resurrección*, de la que se conservan tres fragmentos.

6. *Cánticos para el alma*, o *Salterio*.

3) Escritos que le son atribuidos, pero que son muy posteriores en el tiempo, después del Concilio de Nicea:

1. *Monarquía divina*, donde se prueba el monoteísmo con citas de los más famosos poetas griegos.

2. *Preguntas y respuestas a los ortodoxos*, que habla de problemas históricos, dogmáticos, éticos y exegéticos.

3. *Preguntas cristianas a los gentiles*, propuesta de cinco cuestiones teológicas a los paganos.

Las obras de Justino se cuentan entre las más importantes del siglo II. No fue el primero en escribir en defensa de los cristianos, pero sí uno de los mejores.

Apologías.
En la primera
condena
la actitud
oficial
respecto a
los cristianos,
su absurdo
procedimiento
judicial,
la falsedad
de las
acusaciones.

4. *Preguntas griegas a los cristianos*, contiene quince preguntas de los paganos y otras tantas respuestas de los cristianos sobre la esencia de Dios, la resurrección de los muertos y otras doctrinas cristianas.

5. *Refutación de ciertas doctrinas de Aristóteles*, sobre Dios y el universo.

6. *Exposición de la fe verdadera sobre la Trinidad*, explicación de la misma, cuyo autor es Teodoreto de Ciro.

7. *Epístola a Zenas y Sereno*, guía detallada de la conducta ascética cristiana, con instrucciones sobre las virtudes de mansedumbre y serenidad.

Según Ireneo, Justino también escribió un libro contra su contemporáneo Marción y el resto de los herejes, inexistente en la actualidad, pero que está en línea con la preocupación de Justino: "Cierto Marción, natural del Ponto, que todavía vive y enseña a sus discípulos, afirma que conoce a un Dios mayor que el Creador del mundo. Este logró tanto, con la ayuda de los demonios, que muchos hombres de todos los linajes prorrumpieron en blasfemias, negando que Dios, Padre de Cristo, sea el Creador de todas las cosas y afirmando otro dios superior, al que atribuye obras mayores que a Aquél" (*Apol.* I, 26). Y dice a continuación: "Nosotros tenemos un libro compuesto contra todas las herejías que han existido; os lo entregaremos si queréis leerlo", que puede ser el libro mencionado por Ireneo.

a) *Apologías*. Dos en número, ambas dirigidas al emperador Antonino Pío, compuestas probablemente entre los años 18 a 161.

En la primera condena la actitud oficial respecto a los cristianos, su absurdo procedimiento judicial, la falsedad de las acusaciones y presenta de modo razonado una justificación de la religión cristiana, describiendo de forma detallada su doctrina y su culto, hecho este último sorprendente toda vez que los cristianos primitivos fueron muy celosos del "secreto" de sus misterios, pero que Justino describe para demostrar su carácter inofensivo y santo frente a las calumnias que circulaban respecto a los crímenes que los cristianos cometían a escondidas.

En la segunda defensa de la religión cristiana se refiere al odio que los demonios sienten por la verdad, los cuales utilizan a los magistrados para suprimir a los cristianos, que exponen sus mentiras. Justino demuestra que los mejores y más virtuosos, como Sócrates, también fueron perseguidos y condenados a muerte por enseñar la verdad. La persecución de los cristianos, aparte del sufrimiento que representa para éstos, sólo demuestra la superioridad de su religión sobre el paganismo.

c) *Diálogo con Trifón*. La más antigua apología cristiana contra los judíos que se conserva, tuvo lugar en Éfeso, según Eusebio (*Hist. ecl.* IV, 18). Es posterior a las *Apologías*, porque en el capítulo 120 se refiere a la primera de ellas. Durante dos días Justino disputó con Trifón, un sabio judío, quizá el Tarfón mencionado en la Mishna, y algunos de sus compañeros. La obra está dedicada a un tal Marco Pompeyo. Desgraciadamente se ha perdido la epístola dedicatoria y la probable introducción, así como gran parte del capítulo 74.

En esta obra se perfilan los puntos claves que después repetirán cuantos traten el tema de la relación entre judaísmo y cristianismo. Para Justino la Ley de Moisés tuvo validez sólo por cierto tiempo y ha sido reemplazada por la nueva y eterna Ley de Cristo, el cual es Dios, que en los tiempos del Antiguo Testamento se manifestó como el Dios que se aparece a los patriarcas. El Israel de la circuncisión es dejado a un lado por culpa de su incredulidad y corazón incircunciso. Dios elige un nuevo pueblo de entre todas las naciones gentiles, compuesto por los que mediante la fe en Cristo son circuncidados por el Espíritu divino. A éste pertenece la herencia de la tierra prometida y las bendiciones de la Jerusalén celestial. La nueva ley, la nueva alianza y la nueva congregación de Dios tienen cumplimiento en los cristianos, en la Iglesia.

Justino responde a las objeciones y críticas de su interlocutor mediante al recurso aceptado de la *tipología* de los palabras y narraciones del Antiguo Testamento, próximo y a veces sinónimo del método alegórico, siempre controlado por la vida y mensaje del hecho central de Cristo.

Al mismo tiempo, para resolver el problema de las profecías que hacían referencia a la gloria del Mesías, mientras que, innegablemente Jesús estaba rodeado de todas las marcas de la humillación, el dolor, la muerte y la maldición de la ley por su ajusticiamiento en el madero, Justino señala todos los textos que hablaban del sufrimien-

Dialógo con Trifón. En esta obra se perfilan los puntos claves que después repetirán cuantos traten el tema de la relación entre judaísmo y cristianismo.

Reconoce que también hay textos que hablan de una gloria futura. Como contestación a esta objeción, Justino responde mediante la explicación de dos venidas del Mesías.

to del Mesías y de las acciones que prefiguraban la cruz, como los brazos de Moisés levantados en oración (*Dial.* 90); la serpiente levantada sobre el madero (*Dial.* 92); el cordero pascual y el cordón rojo de Rahab (*Dial.* 111).

Pero reconoce que también hay textos que hablan de una gloria futura. Como contestación a esta objeción, Justino responde mediante la explicación de dos venidas (*parusías*) del Mesías.

Una, la primera, ya acontecida en Jesús, en humillación y dolor; otra, la segunda, aplazada para el futuro final de la consumación del siglo, en poder y gloria. "Los profetas predijeron dos advenimientos de Cristo: uno ciertamente, que ya se ha verificado, como de hombre despreciado y sujeto a dolores, y otro, cuando se anuncia que vendrá con gloria desde los cielos, juntamente con su ejército angélico, cuando resucitará los cuerpos de todos los hombres que han existido y revestirá de incorrupción los cuerpos de los que sean dignos y enviará los de los inicuos, con sentido para padecer eternamente, al fuego eterno juntamente con los perversos demonios" (*Apol.* I, 52). Armado con esta distinción clave el cristiano se encuentra en posición de hacer frente a las objeciones de los judíos. "Aprende ahora la clave de tu error sobre la cuestión que venimos considerando. Afirmamos, dos caracteres de Cristo demostrados por los profetas, así como dos advenimientos predichos: uno en humildad, el primero, desde luego; el segundo en excelencia de gloria" (Tertuliano, *Contra los judíos*, 14).

Nota bibliográfica

Para las *Apologías* y el *Diálogo* se poseen dos manuscritos griegos, uno terminado de copiar en París el 11 de septiembre de 1364, y otro en Claremont, copiado en 1571, actualmente en Cheltenham, en posesión de M. T. F. Fenwick. Éste es en realidad una copia del primero, por lo cual sólo aquél es nuestra única autoridad. Se trata de un manuscrito con bastantes imperfecciones y con algunas lagunas.

Se han editado importantes ediciones críticas en París y Tubinga. En castellano tenemos las siguientes:

Apologías. Diálogo con Trifón. Texto bilingüe grecocastellano. Tr. Daniel Ruiz Bueno, en Padres Apologetas Griegos. BAC, Madrid 1996, 3ª ed.

Apologías. Tr. Hilario Yabén. Ed. Apostolado Mariano, Sevilla 1990.

ALFONSO ROPERO

Apología I

1

Solicitud de justicia

1. Al emperador Tito Elio Adriano, Antonino Pío, Augusto César, y a su hijo Verísimo, filósofo, y a Lucio, hijo del César por nacimiento y de Pío por adopción, amante del conocimiento, y al sagrado Senado y a todo el pueblo romano, en defensa de aquellos de todas la razas que son injustamente aborrecidos y calumniados; yo Justino, uno de entre ellos, hijo de Prisco, que lo fue de Baquio, ciudadano de Flavia Neápolis en la Siria Palestina, he compuesto esta súplica y esta petición.

2. Manda la razón que los que son verdaderamente piadosos y filósofos honren y amen únicamente la verdad, negándose a aceptar las opiniones de los antiguos si no son buenas. Porque la sana razón no sólo ordena que no sigamos a los que injustamente obraron o enseñaron, sino que además el amante de la verdad debe en absoluto, por encima de su propia alma, y aunque la muerte le amenace, resolver firmemente hacer y decir lo que es justo. Y puesto que son llamados piadosos y filósofos y por todas partes se dice de vosotros que sois guardianes de la justicia y amantes de la instrucción, ya se verá si sois realmente así. Porque no venimos a adularos con el presente escrito o para hablaros cosas agradables, sino para pedir que ordenéis el juicio de los cristianos con arreglo a un procedimiento de exacto razonamiento y cuidadosa investigación, no sea que por un prejuicio, o impulsados por el deseo de agradar a hombres supersticiosos, o por un ímpetu contrario a la razón, o por resonar mucho tiempo en el ánimo un mal rumor, dictéis sentencia contra vosotros mismos.[1] Nosotros estamos plenamente convencidos de que nadie puede hacernos daño alguno si no se nos demuestra que hemos obrado mal ni somos encontrados culpables. Voso-

Manda la razón que los que son verdaderamente piadosos y filósofos honren y amen únicamente la verdad, negándose a aceptar las opiniones de los antiguos si no son buenas.

---

[1] El emperador Antonino Pío, quizá motivado por este escrito u otras quejas similares, se preocupó de que no se suscitaran tumultos populares contra los cristianos, y para ello envió varios rescriptos, de modo que si no se suprimieron todos los abuso, al menos se atenuaron. No se debían instruir procesos contra los cristianos, ni condenarlos, sino mediante una acusación formal, no por un tumulto popular.

Para que no piense alguno que este lenguaje es temerario y contrario a la razón, suplicamos que se investiguen cuidadosamente los crímenes que se imputan a los cristianos.

tros podéis ciertamente matarnos, pero no hacernos verdadero daño.[2]

3. Mas para que no piense alguno que este lenguaje es temerario y contrario a la razón, suplicamos que se investiguen cuidadosamente los crímenes que se imputan a los cristianos, y si se demuestra que esos crímenes son verdaderos se les castigue como sea justo. Pero si nadie puede demostrar semejante cosa, la recta razón no permite que por un mal rumor se haga injusticia a hombres inocentes o, mejor, que la hagáis a vosotros mismos, que consideráis justo que los asuntos se resuelven no por razón, sino por pasión. Toda persona sensata pronunciara que la solución buena, la única justa, es esta: que los súbditos den razón de su inculpada vida y doctrina y que a su vez los que mandan no den su sentencia movidos por la violencia y la tiranía, sino por la piedad y por la filosofía. De este modo los que mandan y los que obedecen pueden gozar de felicidad. Por eso dijo en cierto lugar uno de los antiguos:[3] "Mientras no obren como filósofos los gobernantes y los gobernados no se conseguirá que las ciudades sean dichosas". Nuestro deber es, por tanto, exponer al examen de todos nuestra vida y nuestra doctrina para que no hagamos nuestra la pena en que incurren, pecando por ignorancia o ceguera, aquellos que parecen ignorar nuestras cosas. Y vuestro deber es que, una vez oída debidamente la causa, como manda la razón, vengáis a ser buenos jueces. Porque, conocida la causa, no cabrá después excusa ante Dios si no procedierais con justicia.

---

[2] Según Clemente de Alejandría, este pensamiento es de Sócrates.
[3] Platón, en la *República*, V, 473.

2

El castigo del nombre

4. Por el solo nombre ninguna cosa puede juzgarse buena ni mala, si se prescinde de los actos que bajo ese nombre se encierran. Por el nombre con el cual somos conocidos, somos buenos.[4] Pero, así como no consideramos justo pedir por el nombre la absolución, en el caso de ser encontrados criminales, de igual modo, si nada hacemos, ni por razón del nombre con que se nos designa ni por razón de nuestra conducta, a vosotros toca evitar el que, por castigar injustamente a hombres a quienes no se ha probado delito alguno, incurráis en las penas de la justicia.[5]

Por el nombre, en efecto, no puede darse con razón ni alabanza ni castigo mientras no se pueda probar que se ha hecho algo excelente o algo malo.[6] Porque a cuantos son

A vosotros toca evitar el que, por castigar injustamente a hombres a quienes no se ha probado delito alguno, incurráis en las penas de la justicia.

---

[4] Justino juega con el vocablo *cristianos*, ungidos, equivalente a suaves, buenos, óptimos, tal como se observa en Tertuliano y Teófilo de Antioquía: "En cuanto a la manera de burlarte de mí llamándome cristiano, no sabes lo que dices. En primer lugar, lo ungido es agradable, bueno y no tiene nada de ridículo. ¿Puede un barco ser utilizado antes de ser bendecido? Una torre, una casa, ¿poseen apariencia bella y ofrecen buen uso antes de ser bendecidas? ¿No recibe el hombre que nace o que va a luchar la unción del óleo? ¿Qué obra de arte, qué adorno puede agradar a la vista sin antes haber sido abrillantado con óleo? ¿Y tú no quieres recibir la unción del aceite divino? Esta es la explicación para nosotros de nuestro nombre de cristianos: estamos ungidos por el óleo de Dios" (Teófilo de Antioquía, *A Autólico*, I, 12).

[5] "No os preocupáis absolutamente nada de nosotros, a quienes llamáis cristianos y, aunque no cometamos injusticias y nos portemos de la forma más piadosa y justa permitís que se nos persiga, que se nos secuestre y que se nos expulse; que la mayoría nos ataque únicamente por nuestro nombre. Nos atrevemos, sin embargo, a manifestaros lo que nos concierne: Nuestro razonamiento os probará que sufrimos injustamente contra toda ley contra toda razón, y os pedimos que examinéis a favor nuestro de que no seamos más víctimas de los delatores" (Atenágoras, *Súplica a propósito de los cristianos*, 1).

[6] "Si lo que se odia es el nombre, ¿qué culpa tienen los nombres? ¿De qué se puede acusar a los vocablos sino de que suena a bárbaro la voz de algún nombre, o a mal augurio, o a maldición, o a impurezas? El nombre cristiano, empero, en cuanto a su etimología se deriva de *unción*. Aun cuando vosotros malamente lo pronunciáis diciendo 'crestiano', que ni siquiera tenéis exacta noticia de este nombre, compuesto de suavidad y de bondad. Se odia, pues, en hombres inofensivos un nombre inofensivo" (Tertuliano, *Apología*, I, 4,5).

Tratándose de nosotros tomáis el nombre como prueba suficiente, si bien por lo que hace al mismo nombre debierais castigar a nuestros acusadores.

acusados ante vosotros no imponéis pena mientras no se pruebe su delito, pero tratándose de nosotros tomáis el nombre como prueba suficiente, si bien por lo que hace al mismo nombre debierais castigar a nuestros acusadores.

Porque se nos acusa de que somos cristianos, es decir, buenos, mas aborrecer lo que es bueno resulta contrario a la justicia. Por otra parte, si alguno reniega de ese nombre y afirma que no es cristiano, lo dejáis libre, como quien no tiene otro delito de que ser acusado. Pero si alguno confiesa le imponéis la pena por la sola confesión, siendo así que lo oportuno sería examinar la conducta del que confiesa y del que niega, para que por los actos pueda conocerse la calidad de cada uno. Porque así como algunos, a pesar de haber aprendido de su maestro Cristo a no negarle, son inducidos a ello al ser interrogados, así los que con su mala vida tal vez dan pie a quienes ya por otros motivos están dispuestos a atribuir impiedad e injusticia a todos los cristianos.

Mas ni en esto se procede rectamente, porque es sabido que algunos, llevando el nombre y el atuendo de la filosofía, no hacen cosa alguna digna de esta profesión. También sabéis que aquellos que antiguamente opinaron y enseñaron cosas contrarias, se llaman con el nombre único y común de filósofos. Y algunos de ellos enseñaron el ateísmo. También los poetas cantan al lascivo Júpiter juntamente con los hijos del mismo, y los que representan estas fábulas no son prohibidos por vosotros, antes al contrario, otorgáis premios y honores a los que con voz melódica injurian a vuestros dioses.

3

La maquinación de los demonios

5. ¿Qué misterio puede haber en esto? En lo que respecta a nosotros, que prometemos no cometer injusticia alguna ni enseñar semejantes impiedades, vosotros no examináis nuestros juicios, sino que, movidos de irracional pasión y agitados por el azote de los malos demonios, nos castigáis sin verdadero juicio y sin prudencia. Con esto vamos a decir la verdad. Antiguamente los malos demonios, cuando se hacían presentes, estupraban a las mujeres y corrompían a los niños y mostraban a los hombres cosas terribles, hasta tal punto que se llenaban de terror los que juzgaban de estas cosas no por la razón, antes al contrario, sobrecogidos por el miedo, e ignorando la existencia de malos demonios los llamaban dioses[7] y designaban a cada uno con el nombre que cada demonio se había puesto a sí mismo. Mas después que Sócrates se esforzó por sacar estas cosas a la luz con palabra verdadera y con toda diligencia y por apartar a los hombres de los demonios, estos mismos, gozosos con la maldad de los hombres, trabajaron para que fuese muerto como ateo e impío y dijeron que él introducía nuevos demonios. Y de igual manera maquinan esto contra nosotros. Y no solamente entre los griegos se dijeron estas cosas por el Verbo mediante Sócrates, sino que también entre los bárbaros por el mismo Verbo, que tomó forma, se hizo hombre y se llama Jesucristo. Y como nosotros creemos en Él, no sólo no decimos que son buenos los demonios que tales cosas han hecho, antes al contrario, les llamamos malos e impíos demonios, que ni siquiera se asemejan en sus acciones a los hombres amantes de la virtud.

¿Qué misterio puede haber en esto? Vosotros no examináis nuestros juicios, sino que, movidos de irracional pasión y agitados por el azote de los malos demonios, nos castigáis sin verdadero juicio.

---

[7] El demonio, del gr. *daimon*, era considerado un dios inferior, genio, alma de los muertos. Homero, como Platón en *Fedro*, consideraba equivalentes los términos *théos* y *daímon*. Unos demonios eran buenos y benéficos, otros malévolos y malvados. Revelaban el futuro y comunicaban al hombre conocimientos sobre los dioses.

4

Acusación de ateísmo

Reconocemos que somos ateos si se trata de estos demonios que falsamente son considerados como dioses, pero en modo alguno si se trata del Dios verdadero.

6. De ahí ha venido el que se nos llame ateos. Y reconocemos que somos ateos si se trata de estos demonios que falsamente son considerados como dioses,[8] pero en modo alguno si se trata del Dios verdaderísimo, padre de la justicia, de la templanza y de las demás virtudes, en quien no hay mezcla de maldad alguna. A Él y a su Hijo, que de Él vino y nos enseñó estas cosas, y al ejército de los ángeles buenos, que le siguen y le son semejantes y al Espíritu profético, adoramos y honramos. Los veneramos con razón y con verdad, fuera de toda envidia, porque, como cualquiera lo puede ver, esta es la doctrina que hemos aprendido y que transmitimos a quien quiera instruirse.

---

[8] El cristianismo contribuye a *demonizar* el paganismo –proceso iniciado con la traducción al griego de la Biblia– identificando el culto a los dioses-ídolos con el culto a los demonios (Cf. 1ª Co. 10:20), entendidos éstos en sentido negativo, como seres *malignos*, tenidos en un principio por algunas religiones como emparentados con los dioses. El monoteísmo cristiano dirá que los demonios no son dioses, sino espíritus malvados y engañadores, imitadores de Dios e instigadores del odio contra los cristianos y todo lo que hay de bueno en el mundo.

5

Impunidad de los acusadores

7. Pero alguien objetará que algunos, cuando apresados, han sido convictos como malhechores. Frecuentemente condenáis a muchos después de haber investigado la vida de los reos, pero no los condenáis porque antes hayáis demostrado el crimen de otros. Reconocemos plenamente que así como entre los griegos los que enseñaron doctrinas que eran de su agrado se llamaron con el nombre único y común de *filósofos*, aunque sus doctrinas fueran muy diversas, de igual manera a los que entre los bárbaros han sido sabios o se han considerado como tales se ha impuesto también un nombre común, pues todos se llaman *cristianos*.

Os pedimos, pues, que se investiguen los actos de todos aquellos que son acusados ante vosotros, para que el que fuera convencido de maldad sea castigado como perverso, pero de ningún modo como cristiano. Pero si se demuestra que alguno está exento de toda culpa, sea absuelto como cristiano inocente. Por lo demás no pedimos que procedáis contra los mismos delatores, bastante suplicio son para ellos la conciencia de su propia maldad y la ignorancia del bien.

No pedimos que procedáis contra los mismos delatores, bastante suplicio son para ellos la conciencia de su propia maldad y la ignorancia del bien.

6

Rechazo de la mentira

No queremos vivir en la mentira, pues deseando una vida eterna y pura, nos encaminamos hacia la vida de Dios.

8. Decimos estas cosas por vosotros, no por nosotros; podéis comprenderlo así, porque en nuestra mano está el negar cuando somos acusados e interrogados, pero no queremos vivir en la mentira, pues deseando una vida eterna y pura, nos encaminamos hacia la vida de Dios, Padre de todos y Artífice del universo, y nos apresuramos a confesar porque estamos convencidos y creemos que estos bienes pueden ser logrados por aquellos que con sus hechos probaron a Dios que le habían seguido y que habían amado la morada de Dios, en que no hay ninguna cosa mala que nos rechace. Porque, para decirlo brevemente, estas son las cosas que esperamos, las mismas que de Cristo aprendimos y nosotros enseñamos. También Platón, de modo semejante, dijo que Minos y Radamante han de castigar a los inicuos que se presentan ante ellos; pero nosotros decimos que esto mismo vendrá sobre ellos, pero por mano de Cristo, y que el castigo que recibirán en sus mismos cuerpos, unidos a sus almas, será eterno, y no solamente con un período de mil años, como él dijo.[9] Y si alguno dijere que esto es increíble y que no puede realizarse, a nosotros nos toca el engaño y no a otro, mientras no seamos convencidos de algún delito con nuestras obras.

---

[9] Platón, *Fedro*, 248-249; *República*, 613 y ss. Es decir, frente a la limitación del castigo a mil años enseñada por Platón, el cristianismo afirma su duración eterna.

7

Necedad de la idolatría

9. Tampoco honramos con abundantes víctimas ni con coronas de flores a aquellos a quienes los hombres, después que les dieron forma y los colocaron en los templos, llamaron dioses. Porque sabemos que estas cosas están muertas e inanimadas y que no tienen la forma divina, porque no juzgamos que Dios tenga semejante forma, que, según algunos dicen, fue imitada para tributarles culto; sino que esas imágenes representan los nombres y las figuras de aquellos malos demonios que se aparecieron. ¿Qué necesidad hay de exponer a vosotros, que lo sabéis perfectamente, los medios empleados por los artistas para hacer esas imágenes, ni cómo tratan la materia, puliendo, cortando, fundiendo y golpeando? Más aún: muchas veces, de vasos destinados a usos inmundos, después de haber cambiado con el arte la forma de los mismos e impreso en ellos la efigie deseada, hacen cosas que luego llaman dioses. Esto no solamente es contrario a la razón, sino que además es, a nuestro juicio, injurioso a Dios, porque Dios tiene una gloria y una naturaleza inefables y su nombre no puede imponerse a cosas que están sujetas a la corrupción y necesitan asiduo cuidado. También sabéis perfectamente que estos artistas están entregados a todos los vicios, que no voy a contar aquí por menudo. No faltan entre ellos quienes abusan de sus mismas esclavas que trabajan con ellos. ¿Quién no queda atónito al ver que se concede a hombres lujuriosos poder para hacer y reformar dioses, y que tales hombres vienen a ser guardianes de los templos en que esos dioses se colocan? No ven que es una impiedad pensar y el decir que los hombres son guardianes de los dioses.

Dios tiene una gloria y una naturaleza inefables y su nombre no puede imponerse a cosas que están sujetas a la corrupción y necesitan asiduo cuidado.

8

Imitadores de Dios

Así como al principio creó las cosas que no existían, del mismo modo creemos que en el futuro aquellos que elijan lo que a Él agrada serán juzgados dignos de la inmortalidad.

10. Sabemos, además, por divina tradición, que Dios no necesita de ofrenda material alguna por parte de los hombres; pues vemos que Él es el que da todas las cosas. Y se nos ha enseñado que únicamente son agradables a Él, y así lo creemos con firme persuasión, aquellos que imitan las cosas buenas que en Él abundan: la moderación, la justicia, la humanidad y todas las cualidades propias de Dios que no tienen nombre determinado. También se nos ha enseñado que, siendo como es bueno, hizo desde el principio de la materia informe todas las cosas por amor de los hombres. Y éstos, si por sus obras se muestran dignos de la voluntad de Aquél, serán juzgados dignos, según se nos ha enseñado, de permanecer con Él y de reinar juntamente con Él, careciendo de toda corrupción y de toda pasión. Porque, así como al principio creó las cosas que no existían, del mismo modo creemos que en el futuro aquellos que elijan lo que a Él agrada de esta misma elección serán juzgados dignos de la inmortalidad y la convivencia con el mismo Dios. Porque el que al principio fuéramos creados no dependía de nosotros; pero en cuanto a seguir aquellas cosas que a Él agradan, utilizando para la elección las potencias racionales que de Él hemos recibido, Él mismo nos persuade y a ello nos anima hasta el fin. Y juzgamos que estas cosas pertenecen a todos los hombres siempre que no se les ponga obstáculo para aprenderlas, antes al contrario, se les exhorte y estimule a recibirlas. Porque lo que no lograron las leyes humanas lo hubiera realizado el Verbo divino si los perversos demonios, tomando como ayuda la mala inclinación que hay en cada uno de nosotros, y que es muy variable por naturaleza, no hubiesen divulgado muchos crímenes falsos e impíos, de los cuales no tenemos nosotros conciencia alguna.

9

El reino cristiano no es de este mundo

11. Mas vosotros, apenas oís que un reino es esperado por nosotros, sospecháis que ese reino es humano, siendo así que nosotros decimos lo que es según Dios, como aparece por el mero hecho de que, preguntados por vosotros, confesamos que somos cristianos, aunque sabemos que semejante confesión lleva consigo la pena de muerte. Porque si esperásemos un reino humano lo negaríamos para evitar la muerte y nos esforzaríamos por ocultarnos, con el fin de conseguir las cosas que esperamos. Pero, como no tenemos la esperanza puesta en las cosas presentes, no nos preocupamos de los que nos matan, mucho menos teniendo en cuenta que la muerte en manera alguna se puede evitar.

Vosotros, apenas oís que un reino es esperado por nosotros, sospecháis que ese reino es humano, siendo así que nosotros decimos lo que es según Dios.

10

Colaboradores de la paz

Si tuvieran conocimiento y creyeran que a Dios no puede ocultarse nada, ni una sola acción, ni un solo pensamiento, siquiera por el castigo que les amenaza, se moderarían de todos modos.

12. Nosotros somos cooperadores y auxiliares vuestros para el mantenimiento de la paz; pues enseñamos doctrinas como que no es posible que se oculte a Dios el malvado, ni el avaro, ni el que pone asechanzas, ni el que está adornado de virtudes, y que cada uno se encamina a la eterna pena o a la eterna salvación, según los méritos de sus acciones. Porque, si estas cosas fueran conocidas por todos los hombres, ninguno elegiría el vicio por un momento sabiendo que con ello se encaminaba a la eterna condenación del fuego; muy al contrario, se contendría por completo y se adornaría de virtud, tanto para conseguir los bienes que son prometidos por Dios como para huir de los suplicios. Los que pecan no se esfuerzan en ocultarse por razón de las penas y de las leyes puestas por vosotros, pues como saben que pueden conseguir ocultarlos de vosotros, que sois meros hombres, obran la iniquidad. Pero si tuvieran conocimiento y creyeran que a Dios no puede ocultarse nada, ni una sola acción, ni un solo pensamiento, siquiera por el castigo que les amenaza, se moderarían de todos modos, como vosotros tendréis que estar de acuerdo. Con vuestra conducta no parece sino que teméis que los hombres obren rectamente, porque en tal caso no podréis castigar a nadie. Esto sería propio de verdugos, no de buenos príncipes. Estamos persuadidos de que estas cosas, como ya hemos dicho, proceden de la acción de los malos demonios, que piden víctimas y culto a los hombres que viven fuera del orden de la razón.

Pero de vosotros, que sois amantes de la piedad y de la filosofía, no podemos juzgar que hagáis algo contra razón. Pero si también vosotros, como hombres necios, anteponéis la costumbre a la verdad, haced lo que está dentro de vuestra potestad. Ni los mismos príncipes, si anteponen su opinión a la verdad, pueden hacer más que los ladrones en despoblado. Pero el Verbo declara que vosotros en manera alguna lograréis prósperos sucesos, y no hay príncipe más regio ni más justo que Él, según las ideas de Dios, su Padre. Porque así como nadie hay que no rehúya el recibir de sus padres pobreza, enfermedades o ignominia, tampoco un hombre de sano juicio elegirá las cosas que según la doctrina del Verbo no deben ser elegidas. Que todas estas cosas habían de suceder lo predijo Jesucristo, a la vez Hijo y apóstol de Dios, Padre y Señor de todas las cosas, del cual hemos recibido el nombre de cristianos.

Por lo mismo nos confirmamos en todas las cosas que Él enseñó, ya que vemos que suceden en realidad todas las cosas que Él anunció como futuras. Y ciertamente es obra de Dios el predecir las cosas antes que se realicen y que ellas se nos presenten hechas en el orden real de la misma manera que habían sido predichas. Podríamos, pues, terminar aquí y no añadir cosas alguna pensando que cuanto pedimos es justo y verdadero. Pero, como ya sabemos cuán difícil es que la mente dominada por la ignorancia cambie repentinamente, hemos determinado añadir algunas cosas más para persuadir a los amigos de la verdad, pues sabemos que es posible que puesta en evidencia la verdad huya el error.

Como ya sabemos cuán difícil es que la mente dominada por la ignorancia cambie repentinamente, hemos determinado añadir algunas cosas más para persuadir a los amigos de la verdad.

11

Confesión de fe trinitaria

13. Nosotros no somos ateos,[10] adoramos al Creador de todo este universo, el cual no necesita sangre, ni libaciones, ni perfumes, como afirmamos, repitiendo lo que se nos ha enseñado, que lo alabamos en todos nuestros sacrificios cuanto podemos con palabras llenas de plegarias y de acción de gracias, pues se nos ha enseñado que la única forma digna de honrarlo es no consumir con el fuego las cosas que por Él han sido creadas para alimentarnos, sino ofrecerlas para cubrir nuestras necesidades y las de los pobres, y, dándole gracias, ensalzarlo con sacrificios lógicos[11] y con himnos. El maestro de todas estas cosas, Jesucristo, que nació para cumplir esta misión y fue crucificado bajo Poncio Pilato, procurador de Judea en los tiempos de Tiberio César, es verdadero Hijo de Dios, según se nos ha enseñado, y demostraremos que Él es adorado con razón por nosotros, que le adjudicamos el segundo puesto, teniendo como tercero en orden al Espíritu profético.[12] Aquí se nos acusa de locura,[13] diciendo que después de haber afirmado a Dios inmutable, sempiterno y Padre de todos, adjudicamos un segundo puesto a un hombre que fue crucificado. Ignoran el misterio que hay en ello y queremos nosotros exponerlo, rogando que nos escuchen atentamente.

---

[10] "Que no seamos ateos, mucho me temo que no sea hasta ridículo pararse a contestar a quienes así nos acusan… Nosotros distinguimos a Dios de la materia y demostramos que una cosa es Dios y otra la materia y que la diferencia entre uno y otra es inmensa, ¿no es irracional, entonces, darnos el nombre de ateos?" (Atenágoras, *Legación en favor de los cristianos*, 4).

[11] "Sacrificio lógico", gr. *logizé zusía*, pues se fundamenta en el mismo Logos, que es Cristo.

[12] La doctrina de la Trinidad aparece ingeniosamente definida por Atenágoras de Atenas, probable alumno de Justino, cuando dice: "Admitimos a un Dios Padre, y a un Dios Hijo, y un Espíritu Santo, que muestran su potencia en la unidad y su distinción en el orden" (*Legación*, 10). Sobre el Espíritu Santo dice: "A la verdad, el mismo Espíritu Santo, que obra en los que hablan proféticamente, decimos que es una emanación de Dios, emanando y volviendo, como un rayo del sol" (*íd.*).

[13] "No estamos locos, helenos, ni predicamos tonterías, cuando anunciamos que Dios apareció en forma humana. Vosotros, que nos insultáis, comparad vuestros mitos con nuestras narraciones" (Taciano, *Discurso contra los griegos*, 21).

12

Nueva vida en Cristo

14. Os advertimos que debéis poneros en guardia para que los demonios, a quienes antes hemos combatido, no os engañen y os aparten en absoluto de leer y entender lo que decimos, pues ellos pugnan esforzadamente para convertiros en esclavos y ministros suyos, y bien por visiones en sueños, o bien por mágicos encantos, conquistan a todos aquellos que no se preocupan de su salvación. De este modo nosotros, después que hemos creído en el Verbo, nos apartamos de los demonios y seguimos al único Dios increado por medio de su Hijo; así, los que antes gozábamos con las liviandades abrazamos ahora únicamente la pureza; los que recurríamos a la artes mágicas nos hemos consagrado al Dios bueno e increado; los que recorríamos antes que todos los caminos que conducen a las riquezas y a las posesiones, ahora ponemos en común los mismos bienes que poseemos y los compartimos con los pobres de todas clases; los que antes odiábamos y matábamos, los que no teníamos ni siquiera un hogar común con los que no eran de nuestra tribu por razón de las diversas instituciones de cada pueblo, ahora, después de haber aparecido Cristo, vivimos en buena unión con todos, y a los que nos persiguen injustamente nos empeñamos en convertirlos por la persuasión para que vivan según los excelentes preceptos de Cristo y así tengan la consoladora esperanza de recibir de Dios, dominador de todas las cosas, los mismos bienes que nosotros.

Y para que no parezca que os damos solamente palabras, hemos considerado conveniente recordar algunos preceptos del mismo Cristo antes de llegar a la demostración. A vosotros, en efecto, como poderosos emperadores, corresponde averiguar si eso es lo que se nos ha enseñado y lo que nosotros enseñamos. Breve y conciso fue su lenguaje porque no era un sofista, sino que su palabra fue la virtud de Dios.

Nosotros, después que hemos creído en el Verbo, nos apartamos de los demonios y seguimos al único Dios increado por medio de su Hijo.

13

La enseñanza de Cristo

Cristo no llamó al arrepentimiento a los justos ni a los castos, sino a los impíos, a los incontinentes y a los injustos.

15. Sobre la castidad dijo solamente: "Cualquiera que mira a una mujer para codiciarla, ya adulteró con ella en su corazón" (Mt. 5:28), y en la presencia de Dios. Igualmente: "Si tu ojo derecho te fuere ocasión de caer, sácalo, y échalo de ti, que mejor te es que se pierda uno de tus miembros, que no que todo tu cuerpo sea echado al infierno" (Mt. 5:29; 18:9). También: "el que se casa con una mujer repudiada por otro comete adulterio" (Mt. 5:32). Y: "Hay eunucos que nacieron así del vientre de su madre; y hay eunucos, que son hechos eunucos por los hombres; y hay eunucos que se hicieron a sí mismos eunucos por causa del reino de los cielos; el que pueda ser capaz de eso, séalo" (Mt. 19:12). De igual manera los que, con arreglo a la ley humana, contraen dos matrimonios son pecadores ante nuestro maestro, lo mismo que los que miran a una mujer para codiciarla torpemente. Porque no solamente es arrojado por Él quien de hecho comete adulterio, sino también el que quiere cometerlo, porque a Dios están patentes no solamente los hechos, sino también los pensamientos. Hay muchos y muchas de sesenta y setenta años de edad que desde niños fueron educados en la doctrina cristiana y conservan íntegra su virginidad; yo me comprometo a presentar algunos, pertenecientes a todas las clases de hombres.

¿Y que diré de la innumerable multitud de aquellos que se convirtieron después de haber vivido muchos años en la lujuria y aprendieron la vida de pureza? Porque Cristo no llamó al arrepentimiento a los justos ni a los castos, sino a los impíos, a los incontinentes y a los injustos. Así habla, en efecto: "No he venido a llamar a justos, sino a pecadores al arrepentimiento" (Lc. 5:32). Porque el Padre celestial quiere más el arrepentimiento que el castigo del pecador.

Respecto al amor de todos los hombres dijo: "Si amáis a los que os aman, ¿qué hacéis de más?, ¿no hacen también lo mismo los publicanos? Pero yo os digo: Amad a vuestros enemigos, bendecid a los que os maldicen, haced bien a los que os aborrecen, y orad por los que os ultrajan y os persiguen" (Mt. 5:44-46).

Para que compartamos nuestros bienes con los pobres y no hagamos cosa alguna por ostentación habló así: "Al que te pidiere, dale; y al que quisiere tomar de ti prestado, no se lo rehúses. Y si prestareis a aquellos de quienes esperáis recibir, ¿qué gracias tendréis?, porque también los pecadores prestan a los pecadores, para recibir otro tanto. No os hagáis tesoros en la tierra, donde la polilla y el orín corrompen, y donde ladrones minan y hurtan; mas haceos tesoros en el cielo, donde ni polilla ni orín corrompen, y donde ladrones no minan ni hurtan. Porque ¿de qué aprovecha al hombre, si ganare todo el mundo, y perdiere su alma? O ¿qué recompensa dará el hombre por su alma? Haced, pues, tesoros en los cielos, donde ni el orín ni la polilla los consumen" (Mt. 5:42; Lc. 6:34; Mt. 6:19, 20; 16:26).

También: "Sed benignos y misericordiosos, como vuestro Padre es benigno y misericordioso y hace salir su sol sobre pecadores y justos. No os preocupéis con inquietud de lo que habéis de comer o de los vestidos que habéis de usar. ¿Acaso no valéis vosotros más que las aves y las fieras? Dios, sin embargo, las alimenta. No estéis, pues, inquietos por lo que habréis de comer o por lo que habréis de vestir. Porque vuestro Padre celestial sabe que vosotros necesitáis todas estas cosas. Buscad, pues, primeramente el reino de los cielos, y todas estas cosas se os darán por añadidura. Porque donde esté vuestro tesoro, allí estará también vuestro corazón" (Mt. 5:45; 6:25, 21). Y en otro lugar: "No hagáis estas cosas para ser vistos por los hombres; de otro modo no recibiríais la recompensa de vuestro Padre, que está en los cielos" (Mt. 6:21).

16. Para que tengamos paciencia, estemos dispuestos a servir a todos y no tengamos ira, he aquí lo que dijo: "A aquel que te hiera en una mejilla preséntale la otra. Y a aquel que lo arrebate la túnica o el vestido no se lo quieras impedir. Y el que se llena de ira, sujeto está a la pena del fuego. Y a todo aquel que te obligue a andar una milla acompáñale dos. Brillen, pues, vuestras buenas obras delante de los hombres para que, viéndolas, admiren a vuestro Padre, que está en los cielos" (Mt. 5:22, 41). Porque conviene no resistir, y Dios no quiere que seamos imitadores de los malos, sino que nos ha exhortado a que con paciencia y suavidad apartemos a todos de la deshonra y

Para que compartamos nuestros bienes con los pobres. Para que tengamos paciencia, estemos dispuestos a servir a todos y no tengamos ira.

Los que no viven de acuerdo con los preceptos y solamente son cristianos de nombre merecen ser castigados también por vosotros, y os rogamos que lo hagáis.

del deseo de cosas malas. Podemos demostrar esto a propósito de algunos que estuvieron entre vosotros, los cuales cambiaron su condición de violentos y tiranos, vencidos por la constancia bien comprobada de la vida de sus vecinos, o por haber visto la admirable paciencia con que sus compañeros sufrían las injurias, o por haber experimentado su honradez en los negocios.

Para que en manera alguna juzguemos, sino que siempre digamos la verdad, mandó así: "No juréis en manera alguna; sea vuestro lenguaje sí, sí; no, no. Lo que se añade a esto procede del mal" (Mt. 5:34, 37).

Que sólo Dios debe ser adorado lo enseñó diciendo: "Adorarás al Señor tu Dios y a Él solo servirás con todo tu corazón y toda tu fortaleza, al Señor tu Dios que te ha creado" (Mt. 22:37, 38; Mr. 12:20). Y cuando uno se acercó a Él y le dijo, "maestro bueno", contestó diciendo: "Nadie es bueno, sino sólo Dios, que todo lo ha creado". Y los que conocidamente no viven como Él enseñó no son en manera alguna cristianos, aunque con su lengua confiesen la doctrina de Cristo. Porque Él dijo que se salvarían no los que se limitaban a decir, sino los que, además, practicaban obras. Habla, en efecto, de esta manera: "No todo aquel que me dice Señor, Señor, entrará en el reino de los cielos, sino el que hace la voluntad de mi Padre, que está en los cielos. Porque el que me oye y hace lo que yo digo, oye también a aquel que me envió. Pero muchos me dirán: Señor, Señor, ¿acaso en tu nombre no comimos y bebimos e hicimos maravillas? Y entonces les diré: Apartaos de mí, hacedores de iniquidad. Y allí será entonces el llanto y el rechinar de dientes, porque los justos brillarán como el sol y los pecadores serán enviados al fuego eterno. Muchos, en efecto, vendrán en mi nombre, vestidos por fuera con pieles de ovejas, cuando por dentro son lobos carniceros. Por sus obras los conoceréis. Mas todo árbol que no produzca buen fruto será cortado y arrojado al fuego" (Mt. 7:21; Lc. 10:16; Mt. 7:22, 23; Lc. 13:26; Mt. 13:42, 43; Mt. 7:15). Por lo demás, los que no viven de acuerdo con los preceptos del mismo y solamente son cristianos de nombre merecen ser castigados también por vosotros, y os rogamos que lo hagáis.

14

Ciudadanos del imperio

17. En cuanto a los tributos e impuestos, nosotros procuramos pagarlos antes que nadie a quienes vosotros tenéis para ello ordenados por todas partes, porque así hemos sido enseñados por Él. Porque, acercándose algunos en el tiempo en que predicaba, le preguntaron si debían pagarse los tributos al Cesar y recibieron de Él esta respuesta: "Decidme de quién es la imagen que tiene la moneda" Y como le contestaran que era del César, añadió: "Dad, pues, al César lo que es del César y a Dios lo que es de Dios" (Mt. 22:17). De ahí que nosotros adoramos sólo a Dios; pero en todo lo demás os servimos a vosotros con gusto, reconociendo que sois emperadores y gobernantes de los hombres y rogando al mismo tiempo que, juntamente con el poder imperial, recibáis inteligencia prudente. Y si no nos amparáis a nosotros, que suplicamos y que ponemos todas las cosas en plena luz, nosotros ciertamente no sufriremos daño alguno, porque creemos o, mejor dicho, estamos convencidos de que cada uno ha de sufrir por el fuego eterno las penas merecidas por sus obras y que ha de dar cuenta a Dios según las facultades recibidas del mismo, como Cristo declaró diciendo: "A aquel a quien más concedió Dios, más se le exigirá" (Lc. 12:8).

> Adoramos sólo a Dios; pero en todo lo demás os servimos a vosotros con gusto, reconociendo que sois emperadores y gobernantes de los hombres.

15

Muerte e inmortalidad

Esperamos que nuestros cuerpos, aun muertos y arrojados a la tierra, los hemos de recibir de nuevo, afirmando como afirmamos que para Dios no hay cosa imposible.

18. Mirad cómo terminaron los emperadores que os han precedido, sufrieron la muerte que es común a todos. Y si la muerte terminara en un estado de impasibilidad proporcionaría ganancia a todos los malvados. Pero, puesto que permanece la conciencia en todos aquellos que vivieron y están preparados los suplicios eternos, no dejéis de tener estas cosas por ciertas y verdaderas. Porque la nigromancia, las inspecciones de niños incorruptos, las evocaciones de almas humanas y los que entre los magos se llaman productores del sueño y protectores, y las cosas que se hacen por medio de los expertos en estos asuntos deben convenceros de que las almas son capaces de sentir aun después de la muerte. Lo mismo demuestran los que caen bajo el poder de las almas de los muertos, los hombres arrebatados, a los cuales todos llaman endemoniados y furiosos, y los que entre vosotros se llaman oráculos de Anfíloco, de Dodona o de la Pitea y todas las cosas por este estilo, como también las doctrinas de los escritores, de Empédocles y Pitágoras, Platón y Sócrates, y aquellos hoyos de que habla Homero y las bajadas de Ulises para ver estas cosas,[14] así como los testimonios de aquellos que dijeron las mismas cosas que éstos. Recibidnos, pues, a nosotros de igual manera que a ellos, que creemos en Dios no menos que aquellos o, mejor dicho, creemos más, ya que esperamos que nuestros cuerpos, aun muertos y arrojados a la tierra, los hemos de recibir de nuevo, afirmando como afirmamos que para Dios no hay cosa imposible (cf. Mr. 10:27; Lc. 18:27).

---

[14] Homero, *Odisea*, XI, 23.

16

Racionalidad de la resurrección

19. Y ciertamente, ¿qué cosa pudiera parecer más increíble a quien atentamente lo considere, que de no estar nosotros en nuestro cuerpo, y nos dijera alguno que de una menuda gota de semen humano se podrían formar los huesos, los huesos y carnes con la forma en que los vemos? Sea esto dicho ahora en pura hipótesis o suposición. Si nosotros no fuésemos tales, ni de tales hubiéramos nacido, y alguno, mostrando semen humano y una imagen pintada de hombre, asegurase que este podía proceder de tal cosa, ¿lo creeríais antes de verlo realizada? Nadie se atrevería a contradecirlo. Del mismo modo, como no habéis visto un muerto restituido a la vida, permanecéis incrédulos. Pero así como nunca, de ningún modo, hubieseis creído que vosotros podríais ser formados de una pequeña parte, de una gota, y, sin embargo, así os veis formados, juzgad que de igual modo puede suceder que descompuestos los cuerpos humanos, y revueltos en la tierra como las semillas, resuciten y se revistan de incorrupción en cierto tiempo por mandato de Dios.[15]

Así como nunca hubieseis creído que vosotros podríais ser formados de una pequeña parte, de una gota, juzgad que de igual modo puede suceder que descompuestos los cuerpos, resuciten y se revistan de incorrupción.

¿Qué potencia digna de Dios admiten los que afirman que cada cosa ha de volver a aquello de donde tuvo origen y que ni el mismo Dios puede hacer otra cosa? Pero también vemos que de ninguna manera hubieran creído que ellos mismos y todo el mundo podían ser hechos tales como son y derivados de las cosas de que realmente se derivan.

Se nos ha enseñado que es mejor creer aquellas cosas que superan las fuerzas de nuestra naturaleza y de los demás hombres que ser incrédulos como otros muchos. Puesto que sabemos que nuestro maestro Jesucristo habló así: "Las cosas que son imposibles para los hombres son posibles para Dios" (Mt. 19:26). Igualmente: "No temáis a los que matan el cuerpo y luego nada pueden hacer; mas temed a Aquel que, después de la muerte, puede arrojar a la gehena el alma y el cuerpo" (Lc. 12:4, 5).

---

[15] Cf. 1ª Corintios 15:53.

Mas la gehena es el lugar en que serán castigados los que hubieran vivido inicuamente y no creyeren que han de suceder todas aquellas cosas que Dios ha enseñado por medio de Cristo.

17

El destino eterno
de los buenos y de los malos

20. Por lo demás, la Sibila[16] e Histaspes dijeron que serían consumidas por el fuego todas las cosas que están sujetas a corrupción.[17] Los filósofos que se llaman estoicos enseñan que el mismo Dios se ha de descomponer en fuego y que el mundo, después de esta alteración, ha de comenzar a existir nuevamente. Mas nosotros creemos que Dios es algo más excelente que todas las cosas sujetas a mudanza, puesto que es Creador de todas ellas. Si, pues, nosotros enseñamos algunas cosas semejantes a las de los poetas y filósofos, que entre vosotros son estimados, y algunas otras de una manera más plena y más divina que ellos, y solamente nosotros lo hacemos con demostración, ¿por qué somos odiados injustamente más que todos? Porque cuando decimos que todas las cosas han sido ordenadas y hechas por Dios es evidente que expresamos la doctrina de Platón; cuando enseñamos que habrá una gran conflagración, la de los estoicos; mas cuando enseñamos que las almas de los malos, dotadas de sentido

Los filósofos que se llaman estoicos enseñan que el mismo Dios se ha de descomponer en fuego y que el mundo, después de esta alteración, ha de comenzar a existir nuevamente.

---

[16] *Sibila*, quizá del gr. *sophos*, sabio. Mujer inspirada del mundo antiguo griego y latino, que da respuestas a los consultantes mediante trances u oráculos. Desde finales del siglo VI a.C. circulaban profecías atribuidas a la Sibila, después a las Sibilas. El pueblo las tenía por oráculos divinos. Los judíos alejandrinos, conforme a su práctica de asimilar la literatura circundante, introduciendo a Moisés en el núcleo mismo del mundo pagano, insertaron interpolaciones en los escritos existentes. Compusieron varios libros sibilinos, a los que los cristianos añadieron algunos retoques. En los *Libros sibilinos* se presenta el monoteísmo, se ataca la idolatría y se especula con la escatología y el mesianismo, de ahí que fueran utilizados por los apologistas cristianos. Cf. Teófilo de Antioquía, *Los tres libros a Autólico*, II, 36 y ss.; Lactancio, *Instituciones divinas*, I, 6.

[17] "Mas cuando venga el juicio del mundo y de los mortales, que Dios ejecutará juzgando a impíos y justos, entonces enviará a los impíos al fuego, bajo las tinieblas. Pero los justos quedarán sobre la tierra fértil, concediéndoles Dios igualmente espíritu, vida y gracia... Cuando todo haya sido reducido a polvo y cenizas, y cuando Dios apague el fuego inextinguible, como Él lo alumbró, Dios formará de nuevo los huesos y el polvo de los hombres y establecerá a los mortales como estaban antes. Y entonces será el juicio, juzgando Dios de nuevo al mundo" (*Libros Sibilinos*, IV, V).

Creemos que Dios es algo más excelente que todas las cosas sujetas a mudanza, puesto que es Creador de todas ellas.

aun después de la muerte, son castigadas y que las de los buenos, libres de los suplicios, viven dichosamente, decimos, al parecer, lo mismo que los poetas y los filósofos. Al decir que los hombres no deben adorar lo que es inferior a los mismos, afirmamos lo mismo que el poeta cómico Menandro y otros que afirmaron cosas parecidas.

18

La condición divina de Jesús

21. Cuando nosotros decimos que el Verbo, que es el primogénito de Dios, fue engendrado sin comercio carnal y es Jesucristo nuestro maestro, y que el mismo, crucificado, muerto y resucitado, subió al cielo, nada decimos que pueda parecer extraño o nuevo a los que entre vosotros se llaman hijos de Júpiter.[18] Porque bien sabéis cuántos hijos de Júpiter conmemoran escritores estimados entre vosotros, a saber: Mercurio, idea y palabra, intérprete y maestro de todos; Esculapio, elevado al cielo después de haber sido herido por un rayo por su cargo de médico; Baco, después de despedazado; Hércules, después de haberse arrojado al fuego para huir de los trabajos; Dióscuro, engendrado de Leda y Perseo, de Dánae y Belerofonte, hijo de los hombres, arrebatado en el caballo Pegaso. ¿Y qué diremos de Ariadna y de cuantos se dicen trasladados a los astros a semejanza de ella? También vosotros os creéis en el caso de consagrar para la inmortalidad a los emperadores que mueren y presentáis testigos que afirmen haber visto a César caminar hacia el cielo después de quemado.[19]

Y no hace falta ciertamente decir entre personas bien enteradas qué hechos se atribuyen a cada uno de esos que se llaman hijos de Júpiter; tales hechos han sido consignados por escrito para corromper y hacer perversos a los lectores. A todos parece excelente imitar a los dioses. Mas hay que apartar de toda mente sana este pensamiento respecto a vuestros dioses, puesto que cada uno de vosotros cree que Júpiter, a quien consideran como padre de

> Cuando decimos que el Verbo fue engendrado sin comercio carnal y es Jesucristo nuestro maestro, nada decimos que pueda parecer extraño.

---

[18] Griegos y romanos admitían la existencia de hombres convertidos en dioses e hijos de Júpiter-Zeus, el padre de todos, ¿por qué no aceptar la afirmación de que Jesucristo "fue declarado Hijo de Dios con potencia, según el Espíritu de santidad, por la resurrección de los muertos" (Ro. 1:4)? Taciano esgrime el mismo argumento.

[19] A este acto de divinización de los emperadores se le llamaba "apoteósis", del latín *apotheósis* y del gr. *théosis*, deificación, tomado de las religiones antiguas mediante los que un ser humano era elevado a la condición divina. En Roma se trataba de un acto a la vez político y religioso.

Nosotros hemos aprendido que solamente consiguen la inmortalidad aquellos que se acercan a Dios por la virtud y la santidad de vida.

todos, fue parricida e hijo de parricida y que, arrastrado por el amor y por el deseo de placeres malos y vergonzosos, se unió a Ganimedes y a otras muchas mujeres corrompidas por él y que sus hijos hicieron otro tanto. Mas esto, como ya hemos dicho, es obra de los malos demonios. Pero nosotros hemos aprendido que solamente consiguen la inmortalidad aquellos que se acercan a Dios por la virtud y la santidad de vida; creemos, en cambio, que son castigados con fuego eterno los que viven inicuamente y no se arrepienten.

19

Jesucristo, Hijo unigénito de Dios

22. Mas el Hijo de Dios, que se llama Jesús, aunque fuera sólo hombre por la común condición, merecería ser llamado Hijo de Dios por su sabiduría. Porque todos los escritores llaman Dios al "Padre de los hombres y de los dioses".[20] Y si afirmamos que el Verbo de Dios fue engendrado de Dios de un modo singular y distinto de la creación común, creed que eso es análogo, como ya dijimos, a la afirmación de los que dicen que Mercurio-Hermes es Verbo y mediador de parte de Dios.

Y si alguno opone que fue crucificado, también esto le es común con los ya mencionados hijos de Júpiter, según vuestras creencias, los cuales no rehuyeron padecer. De ellos no se narra una sola manera de morir, sino que se narran muchas, de tal manera que Jesús, por las especiales circunstancias de su pasión y muerte, resulta inferior. Y que no solamente no fue inferior, sino que fue mas excelente, lo demostraremos luego, como prometimos, o, mejor dicho, ya está demostrado. Porque la excelencia se muestra por las obras.

Afirmamos que nació de una virgen, pero pensad que esto le es común con Perseo. Y si decimos que devolvió la salud a los cojos, a los paralíticos y a los que eran inútiles de nacimiento, parecerá que decimos cosas semejantes a las que se dicen realizadas por Esculapio.[21]

> **Si alguno opone que fue crucificado, también esto le es común con los ya mencionados hijos de Júpiter, según vuestras creencias, los cuales no rehuyeron padecer.**

---

[20] Zeus-Júpiter, padre de los dioses para griegos y romanos respectivamente. No hay politeísmo que no reconozca un monoteísmo frontal, del que derivan todos los dioses.

[21] Con estas comparaciones Justino sólo intenta deshacer prejuicios y demostrar que la doctrina cristiana es por lo menos tan verosímil como la pagana. Lo mismo hará su discípulo Taciano en el *Discurso contra los griegos*: "Mirad a vuestros propios monumentos y aceptadnos por lo menos por inventar fábulas semejantes a las vuestras. Y eso que nosotros no somos insensatos; mas vuestra religión es pura charlatanería" (21).

20

Pruebas de la verdad
y divinidad del cristianismo

Jesucristo, por ser el Verbo divino y el primogénito y la virtud de Dios, es el único verdadero Hijo de Dios, propiamente engendrado de Él.

23. Para que veáis claramente que cuantas doctrinas hemos recibido de Cristo y de los profetas, sus predecesores, son las únicas verdaderas y más antiguas que todos los escritores, no pedimos que se apruebe nuestra doctrina porque afirma lo mismo que aquellos escritores, sino porque es verdadera. Y os debe constar que Jesucristo, por ser el Verbo divino y el primogénito y la virtud de Dios, es el único verdadero Hijo de Dios, propiamente engendrado de Él, y que habiéndose hecho hombre por su propia voluntad, con el fin de restaurar y redimir el linaje humano, nos enseñó estas cosas y, por último, que antes de vivir como hombre entre los hombres, algunos, a saber, los malos demonios de que ya hemos hablado, se adelantaron a decir por medio de los poetas haber sucedido los mitos que se inventaron, a la manera que fueron ellos también los que hicieron las obras ignominiosas e impías que contra nosotros dijeron, de las cuales no hay testigo ni prueba alguna.

Para que todas estas cosas os sean bien notorias emplearemos los siguientes argumentos.

a) *Sólo los cristianos son odiados*

24. En primer lugar, enseñando cosas semejantes a las de los griegos, solamente nosotros somos odiados por el nombre de Cristo y, no haciendo nada de malo, somos ajusticiados como malhechores; en cambio se deja en paz a los que adoran a los árboles, los ríos, los ratones, los gatos, los cocodrilos y otros muchos animales, que no son siquiera los mismos para todos, pues unos adoran a unos y otros a otros, con lo que todos son entre sí impíos, por no adorar las mismas cosas. Y esta es, sin embargo; la única cosa que no podéis imputar como crimen; que no adoramos a los mismos dioses que vosotros, ni ofrecemos a los muertos libaciones, grasas ni las coronas que se suelen poner a las estatuas mortuorias de los mismos, ni celebramos allí sacrificios. Sabéis perfectamente que los mismos

animales son por unos considerados dioses, por otros fieras, por otros víctimas legítimas.

b) *Vida transformada de los cristianos*

25. En segundo lugar, porque de todo el linaje de hombres que antiguamente adorábamos a Baco, hijo de Semel, y a Apolo, hijo de Letona, los cuales, por su perverso amor a los varones, hicieron tales cosas que resulta vergonzoso decirlas, o a Proserpina y Venus, enemistadas entre sí por el amor furioso a Adonis, cuyos misterios también vosotros celebráis, a Esculapio o a cualquiera de esos que llaman dioses, ahora, no obstante, se nos amenaza con la muerte, a cuantos los hemos despreciado por amor de Jesucristo, porque nos hemos consagrado al Dios increado, ajeno a toda pasión, del cual no podemos suponer que se acercase a impulsos de deseos carnales a Antíope, ni a Ganimedes, ni a otros semejantes, ni que, libre de sus cadenas, viniese en auxilio de aquel de cien manos, como se lo había pedido Tetis, ni que por esto tuviese tal preocupación que por Tetis diera a Aquiles medios para llevar a la ruina a los griegos por motivo de la concubina Brescida. Nos compadecemos de los que creen estas cosas y creemos que los demonios son los autores de las mismas.

De todo el linaje de hombres que antiguamente adorábamos a Baco, hijo de Semel, y a Apolo, o a cualquiera de esos que llaman dioses, nos hemos consagrado al Dios increado.

c) *Los magos y herejes son tolerados*

26. En tercer lugar, después de la ascensión de Cristo a los cielos, los demonios han enviado al mundo ciertos hombres que han afirmado ser dioses, a los cuales, sin embargo, no sólo no habéis perseguido, sino que habéis honrado. Uno de estos fue cierto Simón Samaritano, llamado así por el pueblo de Gitón, el cual, habiendo obrado en tiempo del emperador Claudio cosas admirables de carácter mágico por arte de los demonios que actuaban en él, en esta vuestra Roma imperial fue considerado como Dios y por vosotros honrado como Dios con una estatua, erigida en la isla Tiberina, entre los dos puentes, con esta inscripción romana: "A Simón, Dios santo".[22] A este lla-

---

[22] En el año 1574 se halló en Roma, en una isla del Tíber, lugar designado por Justino, una piedra con la inscripción latina: "Semoni

Cierto Marción, que todavía vive y enseña a sus discípulos, afirma que conoce a un Dios mayor que el Creador del mundo.

man primer Dios casi todos los samaritanos y no pocos de otros pueblos y como tal lo adoran, y de cierta Elena, que en aquel tiempo le acompañaba a todas partes y antes había vivido en un lupanar,[23] decían que era la primera idea de él nacido.

Sabemos También que cierto Menandro, igualmente samaritano, del pueblo de Kappareteas y discípulo de Simón, confiado de igual manera en la ayuda de los demonios, estando en Antioquía, sedujo a muchos con sus artes mágicas. Este persuadió a sus partidarios de que nunca habían de morir, y de su escuela quedan todavía algunos que así lo creen.

Y cierto Marción, natural del Ponto, que todavía vive y enseña a sus discípulos, afirma que conoce a un Dios mayor que el Creador del mundo. Este logró tanto, con la ayuda de los demonios, que muchos hombres de todos los linajes prorrumpieron en blasfemias, negando que Dios, Padre de Cristo, sea el Creador de todas las cosas y afirmando otro dios superior, al que atribuye obras mayores que a Aquél. Cuantos salieron de la escuela de éstos se llaman todos cristianos, como dijimos, así como los que no tienen juicios comunes con los filósofos reciben, sin embargo, el nombre común tomado de la filosofía. ¿Cometen acaso aquellos nefandos y fabulosos crímenes, a saber: las tinieblas voluntariamente provocadas, las uniones carnales comunes, los banquetes de carnes humanas? No lo sabemos, lo que sabemos es que vosotros no los perseguís ni los matáis, al menos por sus doctrinas. Pero nosotros tenemos un libro compuesto contra todas las herejías que han existido; os lo entregaremos si queréis leerlo.[24]

Sanco Deo Fidio Sacrum". Este *Semone Sancus* era un dios de los sabinos, el dios de los pactos y de la fidelidad, al parecer Justino se dejó confundir por la semejanza de los nombres.

[23] Prostíbulo.

[24] El libro aludido puede ser el mencionado por Ireneo en *Contra las herejías*, V, 26.

21

Abominaciones paganas

27. Tan lejos estamos nosotros de perjudicar a alguno o de realizar alguna impiedad, que hemos recibido la enseñanza de que exponer a los niños,[25] aun recién nacidos, es de hombres perversos. En primer lugar porque vemos que casi todos son empujados a la deshonestidad, no solamente las niñas, sino también niños, y así como se narra que los antiguos alimentaron rebaños y ganados de bueyes, cabras y ovejas y aun caballos, así vemos hoy que los niños son mantenidos solamente para usos deshonestos y subsiste entre todos los pueblos una gran turba de mujeres, de personas de sexo dudoso y de los que realizan cosas abominables para esta inmundicia. Y de estas cosas percibís vosotros remuneración, impuestos y tributos, siendo así que los debíais arrancar de vuestro territorio. El que se entrega a estas prácticas, aparte del nefando, impío y vergonzoso trato carnal, se mezcla con el hijo, si así lo depara la suerte, o con el pariente o con el hermano.[26] Hay quienes prostituyen sus hijos y sus mujeres. Y, pública y abiertamente, algunos destruyen su virilidad para ser instrumentos de la lujuria y trasladan estos misterios a la

Hemos recibido la enseñanza de que exponer a los niños es de hombres perversos. Así vemos hoy que los niños son mantenidos solamente para usos deshonestos.

---

[25] En la antigüedad grecorromana, las familias no eran muy numerosas. Para evitar excesivas bocas que alimentar o repartos de herencia, los matrimonios tenían pocos hijos y era el padre quien decidía si se aceptaba o se rechazaba el recién nacido. En Roma disponía de ocho días para tomar la decisión si se trataba de un chico. Si el padre rechazaba a la criatura, esta era abandonada en un lugar público. Los niños abandonados eran a veces recogidos por adultos para hacer de ellos esclavos, llegado el momento. La costumbre de abandonar a los recién nacidos afectaba sobre todo a las niñas, pues los herederos varones gozaban de mayor consideración. Hubo que esperar a que el cristianismo fuese religión oficial del imperio para ver desaparecer esta forma de infanticidio legal, en 374 d.C.

[26] "Recapacitad ahora cuán fáciles son los errores que llevan a cometer incestos, supeditando ocasiones el desorden de la lujuria. En primer lugar exponéis vuestros hijos, para que los recoja la piedad extraña de algún transeúnte, o bien los emancipáis, a fin de que sean adoptados por padres mejores. Es irremediable que con el tiempo se borre el recuerdo de su familia, para ellos ajena; y tan pronto como el error hubiere arraigado, con la criminal expansión de la familia se extenderá también la ocasión del incesto" (Tertuliano, *Apología contra los gentiles*, 9,17).

Las cosas que entre vosotros públicamente se hacen y se veneran nos las atribuís, como si nosotros, apartada y extinguida la luz divina, las realizáramos.

madre de los dioses, y entre todos y cada uno de esos a quienes consideráis como dioses, la serpiente se considera como un símbolo grande y un misterio.[27] Así, pues, las cosas que entre vosotros públicamente se hacen y se veneran nos las atribuís, como si nosotros, apartada y extinguida la luz divina, las realizáramos. Lo cual ciertamente nada perjudica a nosotros, que no somos tan malos que hagamos ninguna de esas cosas, sino que perjudica a los que hacen estas cosas y luego las atribuyen a otros.

---

[27] La serpiente como símbolo de renovación constante, a imagen de las mudas de su piel, jugaba un papel importante. A menudo, en las casas romanas se mantenían serpientes como símbolos de los espíritus del hogar y de la familia. Entre los egipcios la serpiente jugaba un papel importantísimo. Se conocían varias diosas en forma de serpiente.

22

Libertad de elección
y providencia divina

28. Porque entre nosotros el príncipe de los malos demonios se llama serpiente y Satanás y diablo, como podéis ver en nuestros libros si los leéis atentamente. De este anunció Cristo que sería enviado al fuego con todo su ejército y con los hombres incorporados al mismo para que sean castigados eternamente. Y el que Dios no haga esto inmediatamente, sino que deje para ello un plazo, acontece por amor al linaje humano. Dios, en efecto, conoce de antemano que algunos se salvarán por el arrepentimiento y que otros no han nacido aún. Desde el principio creó el linaje humano dotado de inteligencia y de facultad para escoger lo verdadero y obrar rectamente, de tal modo que ningún hombre puede tener excusa alguna ante Dios, porque han sido dotados de razón y creados con aptitud y habilidad para entender. Y si alguno niega que Dios se cuida de estas cosas, tendrá que negar sofísticamente la existencia de Dios o que, existiendo, se goza en la maldad o permanece impasible como una piedra. Virtud y vicio serían puros nombres y por su sola opinión tendrían los hombres unas cosas por buenas y otras por malas, lo que es una enorme impiedad e injusticia.

Desde el principio creó el linaje humano dotado de inteligencia y de facultad para escoger lo verdadero y obrar rectamente.

23

Castidad cristiana

Tememos
que alguno
de los niños
que se
exponen no
encuentre
quien lo
recoja y que
así seamos
homicidas.

29. Además tememos que alguno de los niños que se exponen no encuentre quien lo recoja y que así seamos homicidas. Por tanto, no contraemos matrimonio sino para la procreación y educación de los hijos o, si renunciamos a él, vivimos en perpetua continencia. Y ya algunos de los nuestros, para persuadiros de que no hay entre nosotros algún misterio y oculto coito común, presentó un libelo a Félix prefecto de Alejandría, para que permitiera que un médico le extirpase los testículos. Porque los médicos de aquella ciudad decían que no podían hacer tal cosa sin la licencia del prefecto. Y como Félix en manera alguna hubiese querido autorizarlo, el joven, permaneciendo en continencia y virginidad, quedó contento con el testimonio de su propia conciencia y de los demás que opinaban lo mismo que él. No me parece fuera de lugar hacer aquí mención de aquel Antínoo,[28] que vivió hace poco, al cual todos comenzaron a venerar con miedo como a Dios, sabiendo como sabían perfectamente quién era y de dónde venía.

---

[28] Joven esclavo bitinio del emperador Adriano, de quien llegó a convertirse en favorito por su gran belleza. Cuando murió ahogado en el Nilo en el año 130, fue tal el sentimiento de Adriano que, para honrar su memoria, hizo construir en un lugar próximo la ciudad de Antinoópolis, le deificó, se le erigieron templos, se celebraron fiestas en su honor, y se dio su nombre a una estrella. Justino no dice que Adriano hubiera obligado a sus súbditos a adorar a Antínoo, de lo que no hay la más ligera noticia, sino que las gentes comenzaron a adorar a Antínoo con miedo o reverencia.

24

La prueba de las profecías

30. Pero si alguno nos objetare que nada se opone a que este que entre nosotros se llama Cristo, siendo mero hombre e hijo de hombres, hubiera hecho por arte mágico los milagros que le atribuimos y que por ello hubiese sido considerado como Hijo de Dios, vamos a presentar la demostración, no dando fe a quien nos cuentan los hechos, sino creyendo por necesidad a los que anunciaron cosas futuras antes de suceder, puesto que con nuestros mismos ojos vemos que han sucedido y siguen sucediendo de la misma manera que habían sido predichas; esta demostración parecerá a vosotros mismos, si no nos equivocamos, consistente y sumamente verdadera.

Vamos a presentar la demostración, no dando fe a quien nos cuentan los hechos, sino creyendo por necesidad a los que anunciaron cosas futuras antes de suceder.

25

La versión de los Setenta

Los judíos, lo mismo que vosotros, nos dan muerte y suplicios cuando consiguen poder para ello. Barcoquebas mandaba que fueran arrastrados a graves suplicios solamente los cristianos.

31. Entre los judíos existieron ciertos hombres, profetas de Dios, por medio de los cuales el Espíritu profético anunció las cosas futuras antes de suceder. Los que, según la serie de los tiempos, reinaron en Judea guardaron diligentemente los vaticinios de éstos, puesto que los poseían, como habían salido de la boca misma de los profetas en la lengua propia de los hebreos, escritos en libros por los mismos profetas. Mas Tolomeo, rey de los egipcios, al construir la biblioteca y empeñarse en llevar allí los escritos de todos lo hombres, habiendo recibido también noticia de estos vaticinios, rogó por medio de unos legados a Herodes,[29] rey por entonces de los judíos, que le enviase los libros de los profetas. Y el rey Herodes se los mandó, escritos, como hemos dicho, en la lengua de los hebreos. Pero como los egipcios no entendiesen las cosas que en ellos estaban escritas, le pidió con nueva embajada que le enviase personas que tradujesen estos libros a la lengua griega. Y, habiéndose hecho esto, dichos libros han permanecido hasta ahora en poder de los egipcios y por todas partes están en las manos de todos los judíos, los cuales, aunque los leen, no entienden,[30] sin embargo, lo que en ellos se dice y, lo mismo que vosotros, nos dan muerte y suplicios cuando consiguen poder para ello, como fácilmente se os puede demostrar. Porque en la guerra contra los judíos, hecha hace poco, el cabecilla de la rebelión de los judíos, Barcoquebas, mandaba que fueran arrastrados a graves suplicios solamente los cristianos, a no ser que renegasen de nuestro Jesucristo.

---

[29] Justino comete aquí un grave error histórico, pues tanto Ptolomeo Filadelfo como la versión de los LXX, son mucho más antiguos que Herodes. No se entiende cómo Justino cayó en este error, inexplicable a todas luces. Posiblemente se trate de un error de los copistas y no del escritor.

[30] Cf. 2ª Corintios 3:14-16: "Hasta el día de hoy les queda el mismo velo no descubierto en la lección del Antiguo Testamento, el cual por Cristo es quitado. Y aun hasta el día de hoy, cuando Moisés es leído, el velo está puesto sobre el corazón de ellos. Mas cuando se convirtieren al Señor, el velo se quitará".

En los libros de los profetas hallamos de antemano el anuncio de su nacimiento de una virgen, su llegada a la edad viril, la curación de todas las enfermedades y dolencias, llamando a la vida de los muertos, aborrecido, ignorado y crucificado, muerto y resucitado, subiendo a los cielos; que es y se llama Hijo de Dios y que algunos son enviados por Él a todo el género humano para predicar estas cosas y que creerían más los que pertenecen a la gentilidad. Se anunció todo esto antes de suceder, cinco mil años antes por unos, tres mil por otros o acaso dos mil, a veces mil y en alguna ocasión ochocientos años antes. Porque, según las sucesiones de las generaciones, existieron unos y otros profetas.

En los libros de los profetas hallamos de antemano el anuncio de su nacimiento de una virgen, su llegada a la edad viril, la curación de todas las enfermedades.

26

Profecías sobre el Mesías

Hasta que
apareció
Jesucristo,
según fue
profetizado
por el
Espíritu
profético
por medio
de Moisés,
no había
de faltar
príncipe
entre los
judíos hasta
que viniera
Aquel
para el cual
estaba
reservado
el reino.

32. Moisés, que fue el primero entre los profetas, escribió literalmente: «No será quitado el cetro de Judá, y el legislador de entre sus pies, hasta que venga Shiloh; y a Él se congregarán los pueblos. Atando a la vid su pollino, y a la cepa el hijo de su asna, lavó en el vino su vestido, y en la sangre de uvas su manto» (Gn. 49:10, 11). Misión vuestra es, por consiguiente, investigar atentamente y conocer hasta qué tiempo tuvieron los judíos su príncipe y su rey propio. A saber, hasta que apareció Jesucristo, nuestro maestro e intérprete de los oráculos escondidos, según fue profetizado por el Espíritu profético por medio de Moisés que no había de faltar príncipe entre los judíos hasta que viniera Aquel para el cual estaba reservado el reino. Porque Judá fue el tronco del linaje de los judíos, del cual tomaron estos su nombre, y después que se presentó Cristo, vosotros sometisteis a vuestra autoridad a los judíos e incorporasteis a vuestro imperio toda su tierra. Mas aquellas palabras: "A Él se congregarán los pueblos", significan que en todos los pueblos habría quienes esperasen que Él vendría de nuevo. Lo cual, ciertamente, podéis vosotros ver y creer por propia experiencia. Porque a todo linaje de hombres pertenecen los que esperan a Aquel que fue crucificado en Judea, después del cual, conquistada inmediatamente en guerra, la tierra de los judíos pasó a poder vuestro.

Las otras palabras de que ata a la vid su pollino y lava en sangre de uva su vestido son un símbolo, que indica en parte cosas que en Cristo se habían de cumplir y en parte cosas que Cristo había de realizar. Porque cierto pollino de una asna estaba atado a una vid a la entrada de cierta granja,[31] y como Cristo hubiese mandado a sus discípulos que lo trajeran, lo montó en cuanto fue traído y cabalgando en Él entró en Jerusalén, donde estaba el

---

[31] Parece que aquí Justino confunde los detalles de la profecía con su cumplimiento actual, realizando una lectura midrásica más que una exégesis literal.

gran templo de los judíos, que después fue destruido por vosotros. Y después fue llevado a la cruz para que se cumpliera lo restante de la profecía. Porque las palabras que lava en sangre de uva su vestido anunciaban la pasión que Él había de sufrir, expiando con la sangre a los que creen en Él.

La "vestidura" de que habla en profecía el Espíritu divino son los hombres que creen en Él, en los cuales habita el Verbo, semilla emanada de Dios. Y lo que se dice respecto a "la sangre de la uva" significaba que Aquel que había de aparecer tendría ciertamente sangre, más no por semen humano, sino por virtud divina. Mas la primera virtud, según el Padre de todos, Dios y Señor, el Hijo, es el Verbo; ya diremos más adelante cómo el Verbo se encarnó. Porque así como no es el hombre, sino Dios, el que produce la sangre de la uva, así también se significaba que esta sangre había de proceder no de la sangre humana, sino de la virtud de Dios, como ya hemos dicho.

Isaías, otro profeta, anunciando las mismas cosas con otras palabras, dice así: "Surgirá de Jacob una estrella y una flor brotará de la raíz de Jese y sobre su brazo esperarán las naciones" (Is. 11:1, 10).[32]

En verdad que apareció una estrella brillante y una flor, que es Cristo, subió de la raíz de Jese. Porque de una virgen de la descendencia de Jacob, que fue el padre de Judá –ya hemos demostrado que Judá fue el padre de los judíos–, fue engendrado por virtud divina. Y Jese ciertamente fue abuelo remoto de Cristo, según la profecía, e hijo de Jacob y de Judá según la sucesión de las generaciones.

Apareció una estrella brillante y una flor, que es Cristo, subió de la raíz de Jese. Porque de una virgen de la descendencia de Jacob fue engendrado por virtud divina.

---

[32] R.V.: "Saldrá una vara del tronco de Isaí, y un vástago retoñará de sus raíces. Y será buscada de las gentes". Justino, que cita de memoria, une la profecía de Isaías a la de Balaam en Números: "Saldrá estrella de Jacob" (Nm. 24:17).

27

Nacimiento virginal

33. Escuchad ahora cómo el profeta Isaías predijo con palabras expresas que había de nacer de una virgen. Así habló, en efecto: "He aquí que una virgen concebirá en su seno y dará a luz un hijo y llamarán su nombre Dios con nosotros" (Is. 7:14). Porque Dios, por el Espíritu profético, anunció como futuras las cosas que eran increíbles y parecían imposibles a los hombres, para que cuando sucediesen no se les negase crédito, antes al contrario, fueran creídas por lo mismo que estaban profetizadas. Mas para que algunos, entendiendo mal la profecía citada, no nos objeten las mismas cosas que nosotros alegamos contra los poetas, según los cuales Júpiter se acercó a varias mujeres con propósitos libidinosos, intentemos explicar estas palabras. "He aquí que una virgen concebirá en su seno", indica que había de concebir sin unión carnal, pues de darse ésta, hubiera tenido trato, ya no sería virgen. Pero la virtud de Dios, que vino sobre la virgen, le dio sombra e hizo que concibiera sin dejar de ser virgen. Y el ángel de Dios que entonces fue enviado a la misma virgen le anunció la alegre nueva con estas palabras: "He aquí que concebirás en tu seno por obra del Espíritu Santo y darás a luz un hijo y será llamado Hijo del Altísimo y llamarás su nombre Jesús. Porque Él salvará a su pueblo de los pecados de los mismos" (Lc. 1:32), como enseñaron los que pusieron por escrito todas las cosas que pertenecen a nuestro Salvador Jesucristo; creemos a estos porque por medio de Isaías, de quien ya hablamos, el Espíritu profético había anunciado que Él nacería como acabamos de exponer.

Y por lo que respecta al Espíritu y a la virtud que de Dios procede, no es posible entenderlas sino del Verbo, que es el primogénito de Dios, como anunció aquel Moisés antes mencionado. Y este Espíritu, viniendo sobre la virgen y cubriéndola con su sombra, la hizo concebir no por unión carnal, sino por virtud.

Y Jesús, nombre que corresponde a la lengua hebrea, significa en griego Soter, es decir, Salvador. Por eso, el ángel dijo a la virgen: "Y llamarás su nombre Jesús, porque

Él salvará a su pueblo de los pecados de ellos". Y que los poetas, cuando están divinamente inspirados, no son movidos por otro que por el Verbo divino, es cosa que vosotros mismos podéis aceptar.

34. Escuchad ahora cómo otro profeta, llamado Miqueas, anunció dónde había de nacer. Así dijo, en efecto: "Y tú, Belén, tierra de Judá, de ninguna manera eres la más pequeña entre las principales de Judá, porque de ti ha de salir el jefe que rija a mi pueblo" (Mi. 5:2).[33] Hay, en efecto, en tierra de los judíos un pueblo que dista treinta y cinco estadios de Jerusalén, allí nació Jesucristo, como podéis comprobarlo por las descripciones del censo que se hicieron bajo Cirino,[34] vuestro primer procurador en la Judea.

> Los poetas, cuando están divinamente inspirados, no son movidos por otro que por el Verbo divino.

---

[33] El profeta dice: "Tú, oh Belén Efrata, *aunque eres pequeña* entre las familias de Judá, de ti me saldrá el que será el gobernante de Israel, cuyo origen es antiguo, desde los días de la eternidad", pero Isaías toma la cita de Mateo 2:6.

[34] Nueva inexactitud histórica de Justino, pues Cirino Quirinio no fue el primer gobernador de Siria.

28

Profecías varias sobre Cristo

Oíd también cómo estaba profetizado que Cristo, ya nacido, había de vivir oculto a los hombres hasta la edad viril, como sucedió de hecho.

35. Oíd también cómo estaba profetizado que Cristo, ya nacido, había de vivir oculto a los hombres hasta la edad viril, como sucedió de hecho. Las palabras son las siguientes: "Un niño nos ha nacido y un joven se nos ha dado; sobre sus hombros debe estar el imperio que le pertenece" (Is. 9:6), alusión al poder de la cruz, clavado en la cual aplicó sus hombros, como con el progreso de la oración se demostrará más claramente. Nuevamente el mismo profeta Isaías, divinamente inspirado por el Espíritu profético, escribió: "Todo el día extendí mis manos a un pueblo rebelde que anda por un camino que no es bueno. Me piden justos juicios y quieren acercarse a Dios" (Is. 65:2; 58:2). Y nuevamente dijo con distintas palabras, por medio de otro profeta: "Horadaron mis manos y mis pies. Reparten entre sí mis vestidos, y sobre mi ropa echan suertes" (Sal. 22:16, 18).

Y ciertamente, David, rey y profeta, que dijo estas cosas, no padeció ninguna de ellas. Pero las manos de Jesucristo fueron extendidas cuando fue crucificado por los judíos, que contradecían y afirmaban que Él no era el Cristo. Pues por burla, como dijo el profeta, lo colocaron en el tribunal y le dijeron: "juzganos". Y aquellas palabras "horadaron mis manos y mis pies" eran un anuncio de los clavos con que en la cruz fueron sujetados sus manos y sus pies. Y después que lo crucificaron dividieron por suerte sus vestidos y los partieron entre aquellos que lo habían crucificado. Y que estas cosas sucedieron así lo podéis comprobar por las actas redactadas en tiempo de Poncio Pilato.

Que se había anunciado expresamente que cabalgaría en un pollino, a cuyo lado iba la burra, su madre, y que así entraría en Jerusalén, lo demuestran los anuncios de otro profeta, Sofonías,[35] cuyas palabras son las siguientes:

---

[35] Lapsus por Zacarías. Es evidente que Justino no prestó mucha atención a los detalles, movido quizá por las prisas.

"¡Alégrate mucho, oh hija de Sion! ¡Da voces de júbilo, oh hija de Jerusalén! He aquí, tu rey viene a ti, justo y victorioso, humilde y montado sobre un asno, sobre un borriquillo, hijo de animal de yugo" (Zac. 9:9, cf. Mt. 21:5).

29

Modos de manifestarse
el Espíritu profético

Notad que cuando oís que los profetas hablan como en persona propia, no las toméis como dichas por los que exteriormente hablaron, sino por el Verbo divino que las movía.

36. Notad que cuando oís que los profetas hablan como en persona propia, no las toméis como dichas por los que exteriormente hablaron, sino por el Verbo divino que las movía. Algunas veces, en efecto, expone las cosas futuras según la costumbre del que las narra con anticipación; otras veces habla en nombre del Señor de todas las cosas, Dios Padre; otras en nombre de Cristo y algunas en nombre de los pueblos que responden al Señor y Padre suyo. Algo semejante se puede ver también entre vuestros escritores, pues uno solo escribe todas las cosas, pero introduce varias personas que hablan. Y como los judíos, en cuyas manos están los libros de los profetas, no entendieron esto, tampoco reconocieron a Cristo cuando vino, sino que nos aborrecen a nosotros, que creemos que vino y demostramos que fue crucificado por ellos, según estaba profetizado.

30

El Espíritu profético del Padre

37. Y para que tengan entendido también esto, en persona del Padre se dijeron las siguientes palabras por aquel Isaías de quien ya hemos hablado: "El buey conoce a su dueño, y el asno el pesebre de su amo; pero Israel no conoce; mi pueblo no entiende. ¡Ay, nación pecadora, pueblo cargado de iniquidad, descendencia de malhechores, hijos depravados! Han abandonado al Señor" (Is. 1:3, 4). En otro lugar el mismo profeta dice igualmente en persona del Padre: "¿Dónde está esa casa que me edificaréis? ¿Dónde está ese lugar para mi reposo? El cielo es mi trono y la tierra el estrado de mis pies" (Is. 66:1). Y de nuevo en otra parte: «Mi alma aborrece vuestras lunas nuevas y vuestras festividades. Me son una carga; estoy cansado de soportarlas. Cuando extendáis vuestras manos, yo esconderé de vosotros mis ojos. Aunque multipliquéis las oraciones, yo no escucharé. ¡Vuestras manos están llenas de sangre! ¿De qué me sirve la multitud de vuestros sacrificios? Hastiado estoy de holocaustos de carneros y del sebo de animales engordados. No deseo la sangre de toros, de corderos y de machos cabríos. Cuando venís a ver mi rostro, ¿quién pide esto de vuestras manos, para que pisoteéis mis atrios? ¿No consiste, más bien, en desatar las ligaduras de impiedad, en soltar las ataduras del yugo, en dejar libres a los quebrantados y en romper todo yugo? ¿No consiste en compartir tu pan con el hambriento y en llevar a tu casa a los pobres sin hogar?" (Is. 1:11-15; 68:6, 7).

En persona del Padre se dijeron las siguientes palabras por Isaías: "El buey conoce a su dueño, y el asno el pesebre de su amo; pero Israel no conoce; mi pueblo no entiende".

31

El Espíritu profético de Cristo

Mas cuando el Espíritu profético habla en persona de Cristo, habla de esta manera: "Todo el día extendí mis manos a un pueblo rebelde que anda por un camino que no es bueno, tras sus propios pensamientos".

38. Mas cuando el Espíritu profético habla en persona de Cristo, habla de esta manera: "Todo el día extendí mis manos a un pueblo rebelde que anda por un camino que no es bueno, tras sus propios pensamientos" (Is. 65:2). Y nuevamente: "Presenté mi espalda a los azotes y mis mejillas a las bofetadas; no aparté mi rostro de la vergüenza de los esputos y el Señor se ha hecho mi auxiliador. Por eso no me he confundido: antes al contrario, he puesto mi rostro como pedernal. Y estoy seguro de que no seré confundido, porque cerca esta el que me justifica" (Is. 50:6-8). Y nuevamente dice: "Echaron suertes sobre mi vestido y horadaron mis manos y mis pies. Mas yo me acosté y dormí. Desperté, porque el Señor me sostuvo" (Sal. 22:19,17; Sal. 3:6). Y de nuevo cuando dice: "Todos los que me ven se burlan de mí. Estiran los labios y mueven la cabeza diciendo: En el Señor confió; que él lo rescate" (Sal. 22:7-8). Que todo esto sucedió a Cristo lo podéis conocer fácilmente. Pues mientras Él estaba en la cruz torcieron sus labios y movieron sus cabezas, diciendo "El que resucitó a los muertos que se libre a sí mismo" (cf. Mt. 27:39, 40).

32

El comienzo
de los tiempos mesiánicos

39. Cuando el Espíritu profético habla como vaticinando lo futuro, dice así: "De Sion saldrá la ley, y de Jerusalén la palabra del Señor. Juzgará entre las naciones y arbitrará entre muchos pueblos. Y convertirán sus espadas en rejas de arado, y sus lanzas en podaderas. No alzará espada nación contra nación, ni se adiestrarán más para la guerra" (Is. 2:3, 4). Y se os puede convencer de que así ha sucedido. Porque de Jerusalén salieron para el mundo entero doce varones ignorantes, que carecían por completo de elocuencia; sin embargo, robustecidos con la virtud divina, anunciaron a todo el género humano que habían sido enviados por Cristo para enseñar a todos la Palabra de Dios. Y los que antes estábamos envueltos en luchas y matanzas no solamente no mantenemos guerra con nuestros enemigos, sino que además morimos confesando gustosos a Cristo para no mentir ni engañar a los que nos interrogan. Fácil era, en efecto, que nosotros imitáramos también lo que se dice: "Ha jurado la lengua, pero no ha jurado la mente".[36]

Pero sería ridículo que los soldados alistados y ligados por vosotros con su juramento antepongan la fe jurada a su propia vida, a sus padres, a su patria y a cuanto les pertenece, aunque vosotros no podéis darles cosa alguna incorruptible y que nosotros, que esperamos y codiciamos una vida incorruptible, no suframos todas las cosas para conseguir cuanto deseamos de Aquel que puede dárnoslo.

Cuando el Espíritu profético habla como vaticinando lo futuro, dice así: "De Sion saldrá la ley, y de Jerusalén la palabra del Señor. Juzgará entre las naciones y arbitrará entre muchos pueblos". Y se os puede convencer de que así ha sucedido.

---

[36] Eurípides, *Hipólito*, 607.

33

Profecías sobre el mensaje cristiano

Oíd ahora cómo se vaticinó también respecto a aquellos que predicaron la doctrina y anunciaron su venida.

40. Oíd ahora cómo se vaticinó también respecto a aquellos que predicaron la doctrina y anunciaron su venida. El profeta y rey ya mencionado habló así, inspirado por el Espíritu profético: "Un día comunica su mensaje al otro día, y una noche a la otra declara sabiduría. No es un lenguaje de palabras, ni se escucha su voz; pero por toda la tierra salió su voz y hasta el extremo del mundo sus palabras. En ellos puso un tabernáculo para el sol, y éste, como un novio que sale de su dosel, se alegra como un valiente que emprende la carrera" (Sal. 19:2-5). Hemos considerado conveniente y muy propio de este lugar añadir a estos algunos otros vaticinios del mismo David, por los cuales podréis conocer cómo el Espíritu profético exhorta a los hombres a vivir; cómo narra la coalición hecha por Herodes, rey de los judíos, y por estos mismos judíos con Pilato, vuestro procurador entre ellos, y con los soldados de este contra Cristo; cómo habían de creer en Él los que fueron llamados de todo linaje de hombres; cómo dice que Él es llamado Hijo por Dios y el Padre promete que ha de entregarle sometidos a todos sus enemigos; cómo los demonios, en cuanto de ellos depende, se esfuerzan por huir del poder del que es Padre de todos, Dios y Señor, y del mismo Cristo; cómo, por último, Dios llama a todos al arrepentimiento antes que llegue el día del juicio. Están expresados en estas palabras: «Bienaventurado el hombre que no anda según el consejo de los impíos, ni se detiene en el camino de los pecadores, ni se sienta en la silla de los burladores. Más bien, en la ley del Señor está su delicia, y en ella medita de día y de noche. Será como un árbol plantado junto a corrientes de aguas, que da su fruto a su tiempo y cuya hoja no cae. Todo lo que hace prosperará. No sucede así con los impíos, que son como el tamo que arrebata el viento. Por tanto, no se levantarán los impíos en el juicio, ni los pecadores en la congregación de los justos. Porque el Señor conoce el camino de los justos, pero el camino de los impíos perecerá" (Sal. 1). "¿Por qué se amotinan las naciones y los pueblos traman cosas vanas? Se pre-

sentan los reyes de la tierra, y los gobernantes consultan unidos contra el Señor y su ungido, diciendo: ¡Rompamos sus ataduras! ¡Echemos de nosotros sus cuerdas! El que habita en los cielos se reirá; el Señor se burlará de ellos. Entonces les hablará en su ira y los turbará en su furor: ¡Yo he instalado a mi rey en Sion, mi monte santo! Yo declararé el decreto; el Señor me ha dicho: Tú eres mi hijo; yo te engendré hoy. Pídeme, y te daré por heredad las naciones, y por posesión tuya los confines de la tierra. Tú los quebrantarás con vara de hierro; como a vasija de alfarero los desmenuzarás. Y ahora, oh reyes, sed sabios; aceptad la corrección, oh gobernantes de la tierra. Servid al Señor con temor y alegraos con temblor. Besad al hijo, no sea que se enoje y perdáis el camino; pues se enciende de pronto su ira. ¡Bienaventurados todos los que en él se refugian!" (Sal. 2).

¡Yo he instalado a mi rey en Sion, mi monte santo! Yo declararé el decreto; el Señor me ha dicho: Tú eres mi hijo. Pídeme, y te daré por heredad las naciones.

34

El reinado de Cristo

En otra profecía hecha por el mismo David, mostrando el Espíritu profético que Cristo había de reinar después del suplicio de la cruz, habla así: "Alégrense entre los gentiles: el Señor reinó desde el madero".

41. Y de nuevo en otra profecía hecha por el mismo David, mostrando el Espíritu profético que Cristo había de reinar después del suplicio de la cruz, habla de esta forma: "Cantad al Señor toda la fuerza y anunciad de día en día su salvación. Porque grande es Dios y digno de suprema alabanza; terrible sobre todos los dioses. Porque todos los dioses de los pueblos son imágenes de los demonios,[37] pero Dios hizo los cielos. Gloria y alabanza delante de Él y fortaleza y gloria en su santuario. Dad gloria al Señor, Padre de los siglos; traed ofrendas y venid a sus atrios y adorad en la hermosura de la santidad. Tiemble ante su presencia toda la tierra. Ciertamente ha afirmado el mundo, y no será movido. Juzgará a los pueblos con rectitud. Alégrense entre los gentiles: el Señor reinó desde el madero"[38] (Sal. 96:1-10).

---

[37] El texto hebreo dice: "los dioses de los pueblos son *ídolos*", no demonios, leyendo así en el texto bíblico una creencia que había adquirido carta de ley en el cristianismo primitivo. Cf. 1ª Corintios 10:20: "Antes digo que lo que los gentiles sacrifican, a los demonios lo sacrifican, y no a Dios".

[38] Esta expresión, "el Señor reinó desde el madero", o "ha reinado desde el árbol", no consta en el texto hebreo; al parecer sí en el griego. Para Tertuliano también es dato importante, a la hora de verificar el cumplimiento de las profecías en Cristo: "Si habéis leído la expresión del profeta en los Salmos: Decid en las gentes: El Señor reina *en un árbol*" (Sal. 96:10), espero escuchar de ti lo que entiendes aquí; y teme no vayas a pensar quizás en algún rey-carpintero y no en Cristo, que ha reinado desde el triunfo sobre la muerte que siguió de su pasión del *árbol*" (*Contra los judíos*, 10. Publicado en esta misma colección).

35

Cristo, nuestra alegría

42. Puesto que el Espíritu profético presenta a veces las cosas futuras como ya sucedidas, como puede notarse en los textos que hemos citado, explicaremos también esto para que no dé excusa alguna a los lectores. El Espíritu profético anuncia como ya hechas aquellas cosas que en absoluto son conocidas como futuras. Presta atención a las cosas que se van a decir para explicar por qué han de ser tomadas lad cosad de esta manera.

David pronunció estas frases mil quinientos años,[39] antes que Cristo, hecho hombre, fuese crucificado, y ninguno que hubiese sido crucificado antes que Él trajo alegría a los gentiles, como tampoco ninguno de los crucificados y muerto, resucitó y reinó, habiendo vuelto a los cielos, y de aquellas cosas que en su nombre han sido promulgadas por los apóstoles entre todas las naciones proviene la alegría de aquellos que esperan la vida incorruptible anunciada por Él.

El Espíritu profético anuncia como ya hechas aquellas cosas que en absoluto son conocidas como futuras.

---

[39] Justino se equivoca en mil años.

36

Destino y libre albedrío

43. Mas para que nadie deduzca de lo que acabamos de exponer que según nuestra doctrina todas las cosas acaecen por la necesidad del hado, ya que, según dijimos, todas son previamente conocidas, también resolveré esta dificultad. Sabiendo por los profetas que las penas y los suplicios, lo mismo que los premios, se dan por las buenas obras de cada uno, confirmamos que esto es verdadero. Porque si esta no es la realidad y todas las cosas se hacen por necesidad del hado, no hay lugar alguno para el libre albedrío. Porque si todo está establecido por el destino, que este ha de ser bueno y el otro malo, ni aquel debe ser alabado, ni este vituperado.[40]

Por otra parte, si el género humano no tiene facultad para huir de las cosas malas y escoger lo bello, no es responsable de nada de lo que haga. Pero demostramos con el siguiente argumento que el hombre obra bien o mal por libre decisión del espíritu.[41] Vemos que un mismo

---

[40] "La enseñanza apostólica también consiste en que el alma, teniendo una sustancia y vida propia, después de su salida del mundo, será recompensada según sus méritos, siendo destinada a recibir su herencia de vida eterna y felicidad, si sus acciones procuraron esto, o a ser entregado al fuego eterno y al castigo, si la culpa de sus crímenes la ha llevado a eso: y también, que habrá un tiempo de resurrección de los muertos, cuando este cuerpo, que ahora 'es sembrado en la corrupción, se elevará en incorrupción', y el que 'es sembrado en deshonra se elevará en gloria'" (1ª Co. 15:42, 43). El punto siguiente también está definido por la predicación eclesiástica: toda alma racional está dotada de libre albedrío y de voluntad; y está en lucha con el diablo y sus ángeles, así como las potencias adversas, que se esfuerzan entonces por cargarla de pecados; pero si vivimos correcta y sabiamente, debemos procurar sacudirnos y quedar libres de una carga de esta clase. De esto se sigue, por tanto, que entendemos que no estamos sometidos a la necesidad y que no somos forzados de todas maneras ni a pesar nuestro a obrar el mal o el bien. Dotados como lo estamos del libre albedrío, algunas potencias nos pueden empujar al mal y otras ayudarnos a obrar nuestra salvación; sin embargo no estamos constreñidos por la necesidad a obrar bien o mal" (Orígenes, *De principiis*, Pref. 5. Publicado en esta misma colección).

[41] Es impresionante leer este testimonio de suprema confianza en la libertad individual patente en los primeros cristianos frente al fatalismo pagano, al que debía sonarle a orgullo supremo, arrogancia y casi blasfemia: "Soy yo quien quiero ser rey, soy yo quien no busco la riqueza;

hombre pasa de una resolución a otra contraria. Mas si por el hado estuviese decretado que este fuera bueno o malo, no sería capaz de adoptar resoluciones contrarias ni cambiaría con tanta frecuencia. Ni siquiera unos serían malos y otros buenos, o afirmaríamos que el hado es causa de los males y que se pone en contradicción consigo mismo, o nos parecería verdadero lo que ya hemos dicho, a saber, que nada hay bueno ni malo y que únicamente por opinión humana se llaman unas acciones buenas y otras malas. Todo esto es una gran impiedad e injusticia, como lo demuestra la recta razón.[42]

Porque Dios no ha hecho al hombre igual a las demás cosas, por ejemplo, a los árboles, que nada pueden hacer según juicio y voluntad.

En cambio decimos nosotros que sí hay un destino irresistible, una necesidad absoluta, que consiste en que se deben premios a los que han obrado bien y el correspondiente castigo a los que obran mal. Porque Dios no ha hecho al hombre igual a las demás cosas, por ejemplo, a los árboles y a los cuadrúpedos, que nada pueden hacer según juicio y voluntad. Porque no sería digno de recompensa o de alabanza si por espontáneo impulso no eligiera el bien, sino que hubiera nacido así; con razón sería castigado en caso de ser malo, pues no sería tal por espontáneo impulso ni podría ser distinto de aquello que por nacimiento está determinado a ser.

---

el mano miliar lo rechazo; la fornicación la aborrezco; no me dedico a la navegación llevado por codicia insaciable; no soy atleta para ser coronado; huyo de la vanagloria, desprecio la muerte, me pongo por encima de toda enfermedad, no dejo que la tristeza consuma mi alma. Si soy esclavo, soporto la esclavitud; si soy libre, no me enorgullezco de mi nobleza. Veo que uno solo es el sol de todos para todos, una sola también la muerte, ya a través del placer, ya de la indigencia. El rico siembra, el pobre participa de la misma cosecha. Mueren los ricos, y el mismo término de la vida tienen los mendigos. De muchas cosas necesitan los ricos y los que por su aparente gravedad alcanzan los honores; pero el pobre y modesto, que no desea más que lo que está a su alcance, más fácilmente lo consigue. ¿A qué te me pasas la noche en vela, cumpliendo tu hado, llevado de la avaricia? ¿Por qué, por cumplir tu hado, mil veces presa de tus instintos, mil veces te me mueres? Muere al mundo, desechando su locura. Vive para Dios, rechazando por medio de su conocimiento tu viejo horóscopo" (Taciano, *Discurso contra los griegos*, 11).

[42] "Si no estuviera en nosotros el poder hacer o no hacer las cosas, ¿qué razón tenía el apóstol, y mucho más el Señor mismo, para aconsejarnos realizar ciertos actos y abstenernos de otros? Pero como el hombre es libre desde el principio, porque también Dios es libre y el hombre ha sido creado a su imagen y semejanza, en todo tiempo se le ha dado el consejo de custodiar el bien, cosa que se realiza obedeciendo a Dios" (Ireneo, *Contra las herejías*, IV, 24,4).

37

Semillas de verdad
en la filosofía pagana

44. Estas cosas no han sido enseñadas por el Espíritu Santo profético, el cual nos asegura por medio de Moisés que Dios dijo estas palabras al primer hombre que fue creado: "He aquí que en tu presencia están el bien y el mal: elige el bien" (Dt. 30:15, 9). Y a su vez por Isaías, otro profeta, fueron dichas estas palabras con el mismo sentido en la persona de Dios, Padre y Soberano del universo: "Lavaos, sed limpios, apartad de vuestras almas los males; aprended a obrar el bien; oíd en derecho al huérfano; amparad a la viuda. Venid y estemos a cuentas, dice el Señor; si vuestros pecados fueren como la grana, los haré blancos como la lana, y si fueren rojos como el carmesí, los haré tan blancos como la nieve. Y si quisiereis y me oyereis conoceréis los bienes de la tierra; pero si no me oyereis, la espada os consumirá. Porque la boca del Señor lo ha dicho" (Is. 1:16, 20). Y lo que se ha dicho, "la espada os consumirá", no quiere decir precisamente han de morir al filo de la espada los que no obedezcan, ya que la espada de Dios es el fuego, del cual serán pasto los que se resuelvan a obrar el mal. Por eso dice, «la espada os consumirá, porque la boca del Señor ha hablado». Y si hablara de una espada que corta, pero que inmediatamente se retira, no diría que esta espada os consumirá.

De manera que cuando Platón dijo: "La culpa es del que elige, Dios está libre de toda culpa",[43] se ve que lo tomó del profeta Moisés.[44] Porque Moisés es más antiguo

---

[43] *Rep.* 617.

[44] Esta creencia no es original de Justino en particular, ni de los primeros cristianos en general, sino de los judíos alejandrinos, Aristóbulo el primero, que adelantaron la "teoría del préstamo". Según esta teoría todo cuanto hay de verdadero en el paganismo ha sido tomado en préstamo –plagiado– de la revelación bíblica. Así se creyó leer en los poetas griegos más antiguos una alusión a instituciones puramente israelitas. También se dijo que Pitágoras, Sócrates y Platón habían aprendido mucho de Moisés. Sobra decir que esta teoría no tiene ningún fundamento histórico. Se debió al afán apologético de los judíos alejandrinos de probar a los helenos, tan orgullosos de su cultura, que ésta era

que todos los escritores de los griegos. Y cuantas cosas escribieron tanto los filósofos como los poetas sobre la inmortalidad del alma, las penas después de la muerte o la contemplación de las cosas celestiales y otros asuntos semejantes pudieron entenderlo, y lo expusieron, tomando la doctrina de los profetas. Por esto parecen poseer todos algunas semillas de verdad. Pero que la verdad fue conocida por ellos con menor perfección se ve por las contradicciones en que incurren.

Si, pues, decimos que las cosas futuras fueron previstas, no queremos decir que acontezcan por la necesidad del hado, sino que previendo Dios todas las acciones futuras de los hombres, y debiendo juzgar a cada uno de los hombres según lo merecen sus actos, ha establecido que dará la recompensa digna de las acciones de cada cual. Predice por el Espíritu profético, llamando siempre al linaje humano a la atención y al recuerdo, demostrando que tiene cuidado y providencia de los hombres.

Sin embargo, por obra de los malos demonios ha sido decretada la muerte contra aquellos que lean los libros de Histaspes, de la Sibila[45] o de los profetas, tanto para impedir por el terror a los hombres que lean estos libros, con cuya lectura se harían mejores adquiriendo conocimiento de cosas buenas, como para mantener la servidumbre en que los tienen, si bien no han podido conseguir esto para siempre. Porque no solamente los leemos nosotros sin temor alguno, sino que os los ofrecemos para que también los examinéis vosotros, porque de cierto sabemos que han de agradar a todos. Y aunque convenzamos a pocos, obtendremos grandes ganancias. Porque, como buenos agricultores, recibiremos del Señor la recompensa.

Si decimos que las cosas futuras fueron previstas, no queremos decir que acontezcan por la necesidad del hado.

---

un plagio hecho a los israelitas. Y de aquí pasó al cristianismo: "Con mucho, el pueblo más antiguo de todos es el judío, y su filosofía, manifestada en la Escritura, es anterior a la filosofía griega, como lo demostró sobradamente Filón el pitagórico, Aristóbulo el peripatético y otros muchos nombres" (Clemente de Alejandría, *Stromata*, I, 72,4).

[45] Los Oráculos Sibilinos.

38

Extensión del mensaje cristiano

Aquellas palabras "la vara de tu fortaleza enviará Dios desde Jerusalén" eran un vaticinio de aquella poderosa doctrina, que sus apóstoles, partiendo de Jerusalén, habían de predicar por todo el mundo.

45. Estaba profetizado por David que Dios, Padre de todos, había de llevar al cielo a Jesucristo, al resucitarlo de entre los muertos, y retenerlo allí hasta destruir a sus enemigos los demonios y hasta que se complete el número de los buenos conocidos por Él de antemano[46] y dotados de virtud, en atención a los cuales no ha enviado todavía la conflagración general. He aquí las palabras de David: "Dijo el Señor a mi Señor: Siéntate a mi diestra en tanto que pongo tus enemigos por estrado a tus pies. La vara de lo fortaleza enviará Dios desde Jerusalén; domina en medio de tus enemigos. Contigo está el principado en el día de tu poder y entre los resplandores de la santidad; de su seno y antes de la aurora te ha engendrado"[47] (Sal. 110:1-3). Aquellas palabras "la vara de tu fortaleza enviará Dios desde Jerusalén" eran un vaticinio de aquella poderosa doctrina, que sus apóstoles, partiendo de Jerusalén, habían de predicar por todo el mundo, y que nosotros, aunque está decretada y preparada la muerte para todos los que enseñan o confiesan resueltamente el nombre de Cristo, la abrazamos y lo enseñamos por todo el mundo. Y si también vosotros leéis estas páginas con ánimo hostil, no podréis hacer otra cosa que matar, según ya hemos dicho. Esto ciertamente no nos ocasiona perjuicio alguno a los cristianos, pero a vosotros y a cuantos injustamente nos aborrecen y no se convierten, proporciona un eterno suplicio por medio del fuego.

---

[46] Completar el número de los elegidos es un tema recurrente en la teología cristiana, a partir de la exégesis de 2ª Pedro 3:9: "El Señor no tarda su promesa, como algunos la tienen por tardanza, sino que es paciente para con nosotros, no queriendo que ninguno perezca, sino que todos procedan al arrepentimiento".

[47] "En la hermosura de la santidad: desde el seno de la aurora, tienes tú el rocío de tu juventud" (Reina-Valera).

39

Cristianos conforme a la razón

46. Mas algunos, apartándose de la razón y con intento de falsear lo que hemos dicho, pueden observar que, según decimos, Cristo nació hace ciento cincuenta años, bajo Quirino, y que después, bajo Poncio Pilato, enseñó las doctrinas que le atribuimos, de donde se deduce, al parecer, que fueron del todo inocentes cuantos vivieron antes de aquel tiempo. Procuraremos resolver esta dificultad.

Ya sabemos, y lo declaramos más arriba, que Cristo es el primogénito de Dios y la razón (*logos*) o idea de la cual participa todo el linaje humano.[48] Y cuantos vivieron según la razón son cristianos, aun cuando fueron tenidos por ateos, como entre los griegos fueron Sócrates,[49] y Heráclito;[50] entre los bárbaros, Abraham, Ananías, Azarías, Misael y Elías y muchos otros, cuyos nombres y acciones renunciamos a mencionar porque resultaría muy largo. Igualmente los que en la antigüedad vivieron contra la razón fueron enemigos de Cristo y homicidas de aquellos que vivían con arreglo a la razón. Mas los que según la razón vivieron y viven, son cristianos que viven sin miedo y en paz. Y si se pregunta la causa de que por la virtud del Verbo y según la voluntad del Padre de todos, Dios y Señor, hubiera sido engendrado de una virgen y llamado Jesús, crucificado y muerto y luego hubiera resucitado y vuelto al cielo, fácilmente podrá deducirla un varón inteligente de aquellas cosas que con tantas palabras hemos expuesto. Mas ahora, como es menos necesaria la exposición de este punto, pasemos a explicar los que son más urgentes.

Cristo es el primogénito de Dios y la razón o idea de la cual participa todo el linaje humano. Y cuantos vivieron según la razón son cristianos.

---

[48] Según Juan 1:9: "Aquel era la luz verdadera, que alumbra a todo hombre que viene a este mundo". Curiosamente, Justino no hace referencia al cuarto Evangelio, lo que podría indicar la indepedencia de sus reflexiones, que le llevan a la misma conclusión de Juan.

[49] Sócrates (469-399 a.C.). Acusado por Melito y Agatón de corromper a la juventud ateniense y de ateísmo por negar la pluralidad de dioses. Fue condenado a muerte.

[50] Heráclito de Éfeso (536-470 a.C.) negó la multiplicidad de dioses y enseñó que saber es saber de lo Uno por medio del Logos.

40

Asolamiento de Jerusalén

En cuanto a la futura devastación de la tierra de los judíos, escuchad lo que dijo el Espíritu profético. Vosotros sabéis que está prohibido que ningún judío habite ahora en Jerusalén.

47. En cuanto a la futura devastación de la tierra de los judíos, escuchad lo que dijo el Espíritu profético. Sus palabras se pronuncian como en persona de los pueblos que se admiran de lo que ha sucedido, y son las siguientes: "Sion se ha convertido en un desierto, Jerusalén en una soledad; nuestra casa, nuestro santuario ha sido entregado a la maldición; el santuario glorioso en el cual te alabaron nuestros padres ha sido devorado por el fuego; todas las cosas preciosas han sido destruidas. Y en todas estas cosas estuviste quieto y callaste y nos humillaste sobremanera" (Is. 64:10, 12). Ahora bien, que Jerusalén ha quedado desierta, como estaba predicho, lo sabéis vosotros perfectamente.[51] Que se habría de convertir en una soledad y que a ninguno de sus naturales sería permitido habitar en ella lo anunció Isaías con estas palabras: "La tierra de ellos está desierta; a su presencia la devoran sus enemigos; no hay ninguno de ellos que habite en ella" (Is. 7:1; Jr. 50:3). Vosotros sabéis perfectamente que está prohibido que ningún judío habite ahora en Jerusalén y que está decretada la pena de muerte para el judío que entre en ella si es descubierto.[52]

---

[51] Tertuliano señala el rechazo de Cristo, como razón de la destrucción de la nación judía. "Fallaron en encontrar al Cristo que debía ser hallado, en el 'tiempo de su visitación' (Lc. 19:41-44), su tierra se ha hecho desierta y 'vuestras ciudades puestas a fuego, vuestra región delante de vosotros comida de extranjeros, y asolada como asolamiento de extraños. Y queda la hija de Sion como choza en viña, y como cabaña en melonar, como ciudad asolada' (Is. 1:7, 8); a saber, desde el día que Israel no conoció a su Señor, y 'provocaron a ira al Santo de Israel' (v. 4)... Ya que fue predicho que los judíos sufrirían tales calamidades por su rechazo de Cristo, y que encontramos que las han sufrido de hecho, y les vemos enviados a la dispersión en la que se encuentran, es manifiesto que estas cosas les han sobrevenido por causa de su incredulidad en Cristo. El sentido de las Escrituras armoniza con estos eventos y con este orden de cosas" (*Respuesta a los judíos*, 13).

[52] A raíz de la rebelión, guerra y derrota de Bar Kochba, a los judíos les estuvo prohibido residir en Jerusalén. También los cristianos de origen judío fueron excluidos de ella, convertida en la gentil Elia Capitolina, en honor del emperador Elio Adriano (117-138), repoblada con soldados veteranos de origen romano, esclavos manumitidos, griegos y fenicios de Siria. Ni siquiera el nombre de la provincia debía recordar al pueblo expulsado; en lugar de Judea fue llamada en adelante Siria-Palestina, controlada por un legado consular.

41

Milagros de Cristo, conforme a la profecía

48. Ved ahora por estas palabras cómo estaba profetizado que nuestro Cristo había de curar todas las enfermedades y resucitar muertos: "Cuando Él venga saltará el cojo como un ciervo y cantará la lengua de los mudos; los ciegos verán, los leprosos serán limpiados y los muertos resucitarán y echarán a andar" (Is. 35:5, 6, cf. Mt. 11:5). Que todo esto fue hecho por Él lo podéis comprobar por las actas levantadas en tiempo de Poncio Pilato. Y de qué manera predijo el Espíritu profético que había Él de ser muerto, juntamente con los hombres que esperasen en él, lo podéis conocer por estas palabras de Isaías: "He aquí cómo perece el justo y nadie reflexiona en su corazón; y los varones justos son arrebatados y nadie lo considera. Delante de la injusticia será quitado el justo y su sepultura estará en paz, ha sido quitado de en medio" (Is. 57:1, 2).

Ved ahora por estas palabras cómo estaba profetizado que nuestro Cristo había de curar todas las enfermedades y resucitar muertos.

42

Llamamiento de los gentiles

Isaías
profetizó
cómo los
pueblos de
los gentiles
habían de
adorarle,
aunque
nunca
tuvieron la
esperanza
puesta en Él,
y en cambio
los judíos,
que siempre
le esperaron,
no le habían
de reconocer
cuando
viniera.

49. Y de nuevo Isaías profetizó cómo los pueblos de los gentiles habían de adorarle, aunque nunca tuvieron la esperanza puesta en Él, y en cambio los judíos, que siempre le esperaron, no le habían de reconocer cuando viniera. Todas estas cosas fueron dichas en persona de Cristo de esta manera: "Fui buscado de los que no preguntaban por mí; fui hallado de los que no me buscaban. Dije a gente que no invocaba mi nombre: Heme aquí, heme aquí. Extendí mis manos todo el día a pueblo rebelde, el cual anda por camino no bueno, en pos de sus pensamientos; pueblo que en mi cara me provoca de continuo a ira" (Is. 65:1-3). Porque los judíos, que tenían en sus manos las profecías y esperaban siempre al Cristo que había de venir, no lo reconocieron, y no solamente no lo reconocieron, sino que, además, lo mataron. Y los que procedían de los pueblos gentiles, aunque no habían oído nada de Cristo hasta que los apóstoles, saliendo de Jerusalén, lo anunciaron y les entregaron las profecías, llenos de gozo y de fe renunciaron a los ídolos, y por medio de Cristo, se consagraron al Dios increado.[53]

También estaba anunciada otra cosa, que se divulgaría el rumor de nefandos crímenes contra los que confiesan

---

[53] "Contemplemos las naciones del mundo emergiendo desde la venida de Cristo del vórtice del error humano hacia el Creador Dios y su Cristo; y si te atreves a negar que esto ha sido profetizado, inmediatamente te recuerdo la promesa del Padre en los Salmos, que dice: 'Mi hijo eres tú; yo te engendré hoy. Pídeme, y te daré por heredad las gentes, y por posesión tuya los términos de la tierra' (Sal. 2:7, 8). Porque no serás capaz de afirmar que David es el 'hijo', en lugar de Cristo; o que 'los términos de la tierra' fueron prometidos a David, que reinó dentro de los límites de un solo país, Judea, en lugar de a Cristo, que ya ha cautivado el orbe entero con la fe del Evangelio. Dice Isaías: 'Te guardaré y te pondré por alianza del pueblo, por luz de las gentes; para que abras ojos de ciegos —tales como los que yerran–, para que saques de la cárcel a los presos –de sus cárceles de pecado–, y de casas de prisión —esto es, la muerte– a los que se asientan en tinieblas de la ignorancia' (Is. 42:6, 7). Y si estas bendiciones derivan de Cristo, no pueden haber sido profetizadas de ningún otro que de Él, en quien nosotros consideramos que se han cumplido" (Tertuliano, *Adversus judaeos* o *Contra los judíos*, 12).

a Cristo, y cuán desgraciados serían los que lanzaran maldiciones contra Él y dijeran que era excelente conservar las viejas instituciones; así lo podéis ver por estas breves palabras de Isaías: "¡Ay de vosotros, que llamáis dulce a lo amargo y amargo a lo dulce!" (Is. 5:20).

¡Ay de vosotros, que llamáis dulce a lo amargo y amargo a lo dulce!

43

Profecías sobre la pasión
y gloria de Cristo

Por nosotros se hizo hombre y padeció tormentos y deshonras y que por segunda vez ha de venir con gloria.

50. Que por nosotros se hizo hombre y padeció tormentos y deshonras y que por segunda vez ha de venir con gloria consta por estos vaticinios que vais a oír: "Por cuanto derramó su vida hasta la muerte, y fue contado con los perversos, habiendo Él llevado el pecado de muchos y orado por los transgresores. He aquí que mi siervo será prosperado, será engrandecido y ensalzado, y será muy sublimado. Como se pasmaron de ti muchos, en tanta manera fue desfigurado de los hombres su parecer; y su hermosura más que la de los hijos de los hombres. Empero Él rociará muchas gentes; los reyes cerrarán sobre Él sus bocas; porque verán lo que nunca les fue contado, y entenderán lo que jamás habían oído. ¿Quién ha creído a nuestro anuncio? ¿Y sobre quién se ha manifestado el brazo del Señor? Y subirá cual renuevo delante de Él, y como raíz de tierra seca; no hay parecer en Él, ni hermosura; verlo hemos, mas sin atractivo para que le deseemos. Despreciado y desechado entre los hombres, varón de dolores, experimentado en quebranto; y como que escondimos de Él el rostro, fue menospreciado, y no lo estimamos. Ciertamente llevó él nuestras enfermedades, y sufrió nuestros dolores; y nosotros le tuvimos por azotado, por herido de Dios y abatido. Mas Él herido fue por nuestras rebeliones, molido por nuestros pecados; el castigo de nuestra paz fue sobre Él; y por su llaga fuimos nosotros curados. Todos nosotros nos descarriamos como ovejas, cada cual se apartó por su camino; mas Jehová cargó en Él el pecado de todos nosotros. Angustiado Él, y afligido, no abrió su boca; como cordero fue llevado al matadero; y como oveja delante de sus trasquiladores, enmudeció, y no abrió su boca. De la cárcel y del juicio fue quitado" (Is. 53:12; 52:13–53:8).

Después que fue crucificado se apartaron de Él todos sus discípulos negándole. Y resucitando luego de entre los muertos se les apareció vuelto a la vida y les enseñó a leer las profecías, en las que todas estas cosas estaban anunciadas como futuras (Lc. 24:26, 27). Lo vieron subir a los cielos y creyeron en Él y, robustecidos con la fortaleza que desde allí les comunicó, se esparcieron por todo el linaje humano, enseñaron estas cosas y fueron llamados apóstoles.

44

El triunfo de Cristo

Estaba
predicho
que subiría
a los cielos.
Que también
ha de venir
del cielo
en gloria,
lo conoceréis
por las
palabras que
escribió
Jeremías.

51. Mas para mostrarnos el Espíritu profético que Aquel que padece estas cosas tiene un linaje inenarrable e impera sobre sus enemigos, habló en esta forma: "Su generación ¿quién la contará? Porque cortado fue de la tierra de los vivientes; por la rebelión de mi pueblo fue herido. Y se dispuso con los impíos su sepultura, mas con los ricos fue en su muerte; porque nunca hizo Él maldad, ni hubo engaño en su boca. Con todo eso el Señor quiso quebrantarlo, sujetándole a padecimiento. Cuando hubiere puesto su vida en expiación por el pecado, verá linaje, vivirá por largos días, y la voluntad del Señor será en su mano prosperada. Del trabajo de su alma verá y será saciado; con su conocimiento justificará mi siervo justo a muchos, y Él llevará las iniquidades de ellos. Por tanto yo le daré parte con los grandes, y con los fuertes repartirá despojos; por cuanto derramó su vida hasta la muerte, y fue contado con los perversos, habiendo Él llevado el pecado de muchos y orado por los transgresores" (Is. 53:8-12).

Mirad ahora cómo estaba predicho que subiría a los cielos: "Alzad, oh puertas, vuestras cabezas, y alzaos vosotras, puertas eternas, y entrará el Rey de gloria. ¿Quién es este Rey de gloria? El Señor el fuerte y valiente, el Señor poderoso" (Sal. 24:7, 8).

Que también ha de venir del cielo en gloria, lo conoceréis por las palabras que sobre este punto escribió el profeta Jeremías,[54] y que son las siguientes: "He aquí en las nubes del cielo como un hijo de hombre que venía, y sus ángeles con Él" (Dn. 7:13; cf. Mt. 16:27).

---

[54] Nuevo lapsus de Ireneo, refiriéndose a Jeremías por Daniel.

45

Doble venida de Jesús

52. Como ya hemos demostrado, pues, que todas las cosas que han acontecido estaban anunciadas por los profetas antes que sucediesen, fuerza es también creer que acontecerán aquellas otras que igualmente han sido profetizadas como que han de suceder algún día. Porque a la manera que lo ya sucedido, anticipadamente anunciado, por más que no fuera comprendido, ha sucedido, así también las que todavía están por venir sucederán, por más que no se comprendan ni se les dé fe.

Los profetas predijeron en su día dos advenimientos de Cristo:[55] uno, ciertamente, que ya se ha verificado, como de hombre despreciado y sujeto a dolores, y otro, cuando se anuncia que vendrá con gloria desde los cielos, juntamente con su ejército angélico, cuando resucitará los cuerpos de todos los hombres que han existido y revestirá de incorrupción los cuerpos de los que sean dignos y enviará los de los inicuos, con sentido para padecer eternamente, al fuego eterno juntamente con los perversos demonios.

Demostraremos también cómo están predichas estas cosas. El profeta Ezequiel fue quien lo dijo así: "Se unirá juntura con juntura y hueso con hueso y brotarán las carnes" (Ez. 37:7, 8). "Y toda rodilla se doblará ante el Señor y toda lengua le ensalzará" (Is. 45:23, cf. Ro. 14:11). Y en qué sentido y tormento han de vivir los injustos, sabedlo por las palabras que igualmente se han escrito de esto: "El gusano de ellos no morirá y el fuego de los mismos no se extinguirá" (Is. 66:24), y entonces se arrepentirán, cuando ya nada les aprovechará. Y el propio Zacarías predijo que habrán de decir los pueblos de los judíos cuando lo vean venir con gloria: "Mandaré a los cuatros vientos que congreguen a los hijos dispersos, mandaré al Bóreas que lleve

Los profetas predijeron en su día dos advenimientos de Cristo: uno, ciertamente, que ya se ha verificado, como de hombre despreciado, y otro, cuando se anuncia que vendrá con gloria.

---

[55] "Aprende ahora la clave de tu error sobre la cuestión que venimos considerando. Afirmamos, dos caracteres de Cristo demostrados por los profetas, así como dos advenimientos predichos: uno en humildad, el primero, desde luego; el segundo en excelencia de gloria" (Tertuliano, *Contra los judíos*, 14).

La gloria que cantaron nuestros padres se nos ha convertido en oprobio. y al Austro que no ponga tropiezos. Y entonces habrá un llanto grande en Jerusalén, no llanto de la boca o de los labios, sino llanto del corazón; no rasgarán sus vestiduras, sino sus almas, y llorarán tribu junto a tribu y pondrán sus miradas en Aquel al cual hirieron, y dirán: ¿Por qué, Señor, has permitido que nos apartáramos de tu camino? La gloria que cantaron nuestros padres se nos ha convertido en oprobio" (Zac. 2:6; 12:10-12; Jl. 2:13; Is. 63:17; 64:11).

46

Pruebas
de la divinidad del cristianismo

53. Aunque tenemos otros muchos testimonios de los profetas y podríamos presentarlos, terminamos ya, pensando que bastan los considerados para convencer a cuantos tienen sus oídos preparados para oír y entender. Juzgamos también que pueden ver cómo nosotros no hablamos de tal manera que no podamos demostrar lo que decimos, como hacen los que inventan fábulas, como las que se refieren a los supuestos hijos de Júpiter, que nos contentamos sólo con afirmar, y no tenemos pruebas que alegar. Pues, ¿con qué razón creeríamos de un hombre crucificado que es el primogénito de Dios, y que algún día ha de juzgar al mundo entero, si no encontráramos profecías acerca de Él, anteriores a su venida al mundo, y no las viéramos confirmadas por los hechos: la destrucción de la tierra de los judíos, la muchedumbre de todos aquellos que de todo linaje de hombres creyeron en la doctrina de los apóstoles y se apartaron de los viejos institutos en que habían vivido equivocadamente, a saber, mirándonos a nosotros mismos y a muchos gentiles, y viendo que ellos y nosotros somos cristianos más verdaderos que los del pueblo judío y samaritano?

Porque todos los demás pueblos de la humanidad son llamados gentiles por el Espíritu profético, en tanto que los judíos y los samaritanos son llamados tribus de Israel y casa de Jacob. Y para probar que estaba anunciado que creerían más de los gentiles que de los judíos y samaritanos, citaremos el siguiente vaticinio: "Alégrate, estéril, la que no paría; levanta canción, y da voces de júbilo, la que nunca estuvo de parto: porque más son los hijos de la dejada que los de la casada" (Is. 54:1). Abandonadas estaban, en efecto, e ignorantes del verdadero Dios las naciones que adoraban las obras de las manos humanas; mas los judíos y los samaritanos, que poseían la palabra divina, comunicada a los mismos por los profetas, y siempre habían esperado a Cristo, no lo reconocieron cuando vino y se hizo presente, a excepción de unos pocos, de los cuales ya había anunciado que se salvarían el Espíritu profético

¿Con qué razón creeríamos de un hombre crucificado que es el primogénito de Dios, si no encontráramos profecías acerca de Él, anteriores a su venida al mundo.

Cómo fueron conocidos de antemano los más sinceros y más fieles, que proceden de la gentilidad, lo dice Isaías.

por Isaías. En persona de los mismos dijo, en efecto, Isaías: "Si el Señor no hubiera hecho que nos quedasen muy cortos residuos, como Sodoma fuéramos, y semejantes a Gomorra" (Is. 1:9). Porque Sodoma y Gomorra son mencionadas por Moisés como ciudades que fueron moradas de impíos, las cuales Dios destruyó abrasándolas con una lluvia de fuego y azufre, sin respetar más que un forastero, caldeo de linaje, llamado Lot, el cual quedó incólume con sus hijas. Cuantos quieran pueden convencerse por sí mismos que esta región continúa desierta, calcinada y estéril.

Y cómo fueron conocidos de antemano los más sinceros y más fieles, que proceden de la gentilidad, lo dice Isaías[56] en las siguientes palabras: "Israel, incircunciso de corazón; los gentiles, incircuncisos de prepucio" (Jer. 9:26). Tantas pruebas, pues, y tan grandes puestas antes lo ojos son bastantes para producir un convencimiento fundado en razón, una fe firme en todos aquellos que están dispuestos a abrazar la verdad y no siguen [vanas] opiniones ni sirven a las pasiones.

---

[56] Nuevo lapsus por Jeremías.

47

Imitación demoníaca de las profecías

54. Mas los que refieren las fabulosas invenciones de los poetas no presentan demostración alguna a los jóvenes que las aprenden; nosotros vamos a demostrar que estas cosas se han dicho por instigación de los malos demonios, para engaño y extravío del género humano. Porque habiendo sido que los profetas anunciaban el advenimiento futuro de Cristo y que los hombres perversos serían atormentados, hicieron que muchos se llamaran hijos de Júpiter, engendrados por Él, convencidos de que podrían lograr que los hombres considerasen las profecías relativas a Cristo como fábulas prodigiosas, muy semejantes a las inventadas por los poetas. Y estas cosas fueron divulgadas entre los griegos y entre todos los gentiles, pues oían a los profetas el anuncio de que allí había de ser más general y firme la fe en Cristo. Pero demostraremos que ellos, al oír los oráculos de los profetas, no penetraron bien el sentido de los mismos y, como equivocados, habían imitado las cosas de Cristo.

El profeta Moisés fue en efecto, como ya hemos dicho, más antiguo que todos los escritores, vaticinó así: "No faltará el príncipe de la casa de Judá, ni caudillo de su descendencia, hasta que venga Aquel al cual está reservado, y Él sera la expectación de las gentes y atará su pollino a la vid y lavará sus vestidos en sangre de uva" (Gn. 49:10). Oyendo, pues, los demonios estas palabras del profeta, dijeron que Baco es hijo de Júpiter y enseñaron que es el inventor de la vid; por eso presentan el vino en sus misterios y enseñan que este, despedazado, subió al cielo. Mas en la profecía de Moisés no se decía expresamente si el que había de venir era Hijo de Dios y si, montado en el pollino, había de permanecer en la tierra o subir al cielo; como, por otra parte, el nombre pollino podía designar la cría del asno y la del caballo, no sabiendo si se trataba de un jumentillo o de un potro para que Aquel que era profetizado lo utilizase con el fin de hacerse presente, y como tampoco supiesen si había de ser Hijo de Dios o del Hombre, dijeron también que Belorofonte, hombre e hijo de hombres, montado en el caballo Pegaso subió al cielo.

Vamos a demostrar que estas cosas se han dicho por instigación de los malos demonios, para engaño y extravío del género humano.

El profeta Moisés fue en efecto, como ya hemos dicho, más antiguo que todos los escritores.

Como además oyeron que según se había dicho por otro profeta, Isaías, debía nacer de una virgen y subir a los cielos por su propia virtud, echaron por delante la leyenda de Perseo. Igualmente, en cuanto conocieron lo que por los profetas ya citados se dice: "Fuerte como un gigante para recorrer el camino", dijeron que aquel era el forzudo Hércules y que había recorrido toda la tierra. Después, en cuanto supieron que estaba profetizado que Él había de curar todas las enfermedades y resucitar a los muertos, inventaron a Esculapio.

48

El símbolo de la cruz

55. Pero jamás ni en ninguno de aquellos que se dicen hijos de Júpiter imitaron el suplicio de la cruz. No les podía esto venir siquiera a la mente, porque, como hemos demostrado, no se dijo sino por medio de símbolos cuantas cosas se anunciaron sobre ese punto; por lo demás, la cruz es, como dijo el profeta citado más arriba, el signo principal del poder y del principio del mismo, como se demuestra por las mismas cosas que están a nuestra vista.[57] Mirad, en efecto, con los ojos de la mente las cosas que se encuentran en el mundo y juzgad si sin esta figura pueden gobernarse ni unirse entre sí.

El mar no se surca si ese trofeo que se llama la vela no permanece íntegro en la nave. La tierra no es arada sin ella; los cavadores no realizan su labor, ni tampoco los artesanos, sino empleando instrumentos que presenten esta figura. Y la figura humana no se diferencia en otra cosa de los animales, destituidos de razón, sino en que está levantada y puede poner las manos extendidas y en que tiene en el rostro la nariz, que se levanta sobre el plano de la frente, la cual sirve al animal para la respiración, y no presenta otra forma que la de la cruz. El profeta también habló de esta forma: "El aliento ante nuestro rostro, Cristo Señor" (Lm. 4:20).[58]

La cruz es el signo principal del poder y del principio del mismo, como se demuestra por las mismas cosas que están a nuestra vista.

---

[57] "El que nos cree adoradores de la cruz es correligionario nuestro. Cuando un palo cualquiera es adorado, poco importa su aspecto mientras la calidad de la materia sea la misma, poco importa la forma del madero si se piensa es el cuerpo mismo del dios. Y en realidad, ¿en qué se distinguen del tronco de una cruz Palas Atenea y Ceres Farea, en Egipto, que son expuestas sin imagen en la figura de un grosero poste y de un informe trozo de madera? Parte de cruz es todo leño que se fija en posición vertical. Después de todo, si nosotros adoramos una cruz adoramos al dios entero. Dijimos ya que el origen de vuestros dioses fue tomado de la cruz por vuestros escultores. Pero veneráis también a las victorias, pues cruces forman las entrañas de los trofeos. Toda la religión militar de los romanos venera las banderas, jura por las banderas, pone las banderas por encima de todos los dioses. Todas esas imágenes con que adornáis las banderas son adorno de cruces" (Tertuliano, *Apología*, XVI, 6-8).

[58] "El resuello de nuestras narices, el ungido de Jehová" (R.V.).

También declaran el valor de esta figura las insignias de vuestras banderas y de vuestros trofeos, con las cuales camináis siempre en público.

También declaran el valor de esta figura las insignias de vuestras banderas y de vuestros trofeos, con las cuales camináis siempre en público y en las cuales habéis colocado los símbolos de vuestro imperio y de vuestro poder, aunque vosotros no os deis cuenta de ello. Más aún, consagráis en esta forma las imágenes de los emperadores que mueren entre vosotros y les llamáis dioses en vuestras inscripciones. Como vosotros, pues, quedáis confortados vigorosamente con las palabras y con la consideración de la figura, tan visible para todos, consideramos que en adelante estamos sin culpa, aunque vosotros permanezcáis incrédulos, pues lo que de nosotros dependía, hecho está y a término ha llegado.

49

Aviso
sobre la falsedad de Simón el Mago

56. Mas no fue bastante para los malos demonios inventar, antes del advenimiento de Cristo, las fábulas de aquellos hijos que se dicen engendrados por Júpiter; sino que después que Cristo se presentó y habitó entre los hombres en el tiempo y en las circunstancias anunciadas por los profetas, conociendo y sabiendo que en Él creería y sería esperado en todas las naciones, suscitaron otros, Simón y Menandro, samaritanos, que, haciendo muchos milagros de carácter mágico, engañaron a muchos y todavía los tienen engañados. Pues encontrándose, como ya he dicho, Simón en vuestra imperial ciudad de Roma durante el imperio de Claudio César, de tal manera excitó la admiración del sagrado Senado y del pueblo romano, que fue considerado como Dios y fue honrado con una estatua, al igual que los demás que entre vosotros son adorados como dioses. Por lo cual rogamos que hagáis conocedores de este humilde libelo al sacro Senado y al pueblo romano, juntamente con vosotros, para que si alguno está enredado en la doctrina del mismo pueda huir del error una vez conocida la verdad; por lo que hace a la estatua, derribadla si os place.

No fue bastante para los malos demonios inventar, antes del advenimiento de Cristo, las fábulas, sino que después que Cristo se presentó y habitó entre los hombres.

50

Los demonios instigan la muerte de los cristianos

Si no creen que hay cosa alguna después de la muerte, y afirman que los que mueren van a parar a una absoluta inconsciencia, no nos matan para liberarnos, sino para privarnos de la vida y de todo goce.

57. Los perversos demonios no pueden demostrar que no habrá conflagración alguna para el suplicio de los impíos, como tampoco pudieron lograr que el advenimiento de Cristo pasara inadvertido. Pueden, sin embargo, maquinar una sola cosa: que los que viven contra razón y han sido educados viciosamente en perversos instintos y son partidarios de fábulas nos maten y nos aborrezcan, aunque nosotros no sólo no los aborrecemos, sino que además, como es bien claro, movidos por sentimientos de misericordia, queremos persuadirlos de que deben cambiar de conducta y convertirse. Porque no tememos la muerte, ya que es notorio que no hay más remedio que morir y nada nuevo ocurre en este gobierno de las cosas, sino que se repiten siempre las mismas, cuya saciedad cansa al cabo de un solo año. Deben ellos, por consiguiente, incorporarse a nuestras instituciones para lograr una vida eterna y exenta de todo dolor y libre de toda necesidad. Mas si no creen que hay cosa alguna después de la muerte, y afirman que los que mueren van a parar a una absoluta inconsciencia, en ese caso nos hacen un beneficio al librarnos de los sufrimientos e incomodidades de esta vida; pero se muestran malvados, enemigos de los hombres y partidarios de falsas doctrinas, pues no nos matan para liberarnos, sino para privarnos de la vida y de todo goce.

51

Los errores de Marción

58. También a Marción del Ponto, como antes dijimos, enviaron los malos demonios, quien ahora mismo se atreve a negar a Dios, creador de todas las cosas celestiales y terrestres, y a su Hijo Jesucristo, anunciado por los profetas, y en cambio predica un dios distinto del Creador de todas las cosas, e igualmente también otro hijo. Muchos que creen en él como único conocedor de la verdad se burlan de nosotros, sin tener demostración alguna de las cosas que enseñan; neciamente, como corderos arrebatados por el lobo, vienen a convertirse en presa de las perversas opiniones y de los demonios. Porque ninguna otra cosa pretenden los demonios, por ninguna otra luchan, sino por apartar a los hombres de Dios creador y de su primogénito Jesucristo. Y ciertamente a los que no se pueden levantar del suelo cogieron y cogen con cosas terrenas y hechas por los hombres; mas a aquellos que se levantan a la contemplación de las celestiales, engañan, y si no son de todo juicio y no llevan una vida pura y libre de las perturbaciones del alma, empujan a la impiedad.

Ninguna otra cosa pretenden los demonios, sino apartar a los hombres de Dios creador y de su primogénito Jesucristo.

52

Platón, discípulo de Moisés

**Debéis
tener por
entendido
que de la
doctrina
divulgada
por los
profetas
está tomado
lo que
escribió
Platón.**

59. Debéis tener por entendido que de nuestros doctores, es decir, de la doctrina divulgada por los profetas, está tomado lo que escribió Platón, a saber, que Dios, poniendo orden en la materia informe, hizo el mundo. Escuchad, en efecto, lo que en palabras bien explícitas enseñó Moisés, el primero de los profetas, como ya demostramos antes, que es más antiguo que todos los escritores, y por medio del cual el Espíritu profético declara en estas palabras cómo hizo el mundo en el principio y de qué cosas lo hizo: "En el principio hizo Dios el cielo y la tierra. Pero la tierra era invisible[59] y desordenada y las tinieblas sobre el abismo y el Espíritu de Dios se movía sobre las aguas. Y dijo Dios: Hágase la luz, y la luz fue hecha" (Gn. 1:1-3). Así, pues, por la palabra de Dios y de las cosas indicadas por Moisés fue hecho el mundo, según Platón y los que con él opinan y según nosotros mismos hemos aprendido; vosotros mismos lo podéis conocer también. Y aun el que entre los poetas se llama Erebo, sabemos que primeramente fue enseñado por Moisés.

60. También tomó Platón de Moisés lo que en el *Timeo* se investiga con argumentos físicos del Hijo de Dios, cuando se dice: "Le dio forma de X en el universo". Leemos, en efecto, en los libros de Moisés que cuando los israelitas, que habían salido de Egipto, y se hallaban en el desierto, les acometieron fieras venenosas, víboras, áspides y de todo género de serpientes, que causaban la muerte al pueblo. Entonces, por inspiración e impulso de Dios, tomó Moisés bronce e hizo una figura de cruz y la colocó sobre el santo tabernáculo, diciendo al pueblo que si alguno miraba esa figura y creyera, por ella se salvaría (Nm. 21:8). Hecho esto, cuenta que murieron las serpientes y que el pueblo escapó así de la muerte. Platón hubo de leer esto, y, no comprendiéndolo exactamente ni enten-

---

[59] Según la versión griega de los Setenta, se dice que la tierra estaba *invisible*, en sentido de informe, y que por esa falta de forma, orden y belleza no estaba en condiciones de ser vista.

diendo que se trataba de la figura de la cruz y tomándolo él por la X griega, dijo que por la potencia que sigue al Dios primero estaba extendida por el universo en forma de X.[60] Y que él hablara de un tercer principio, se debe también a haber leído, como dijimos, en Moisés que el Espíritu de Dios se cernía sobre las aguas. Porque Platón da el segundo lugar al Verbo, que viene de Dios y que él dijo estar esparcido en forma de X en el universo; y el tercero, al Espíritu que se dijo cernerse por encima de las aguas, y así dice: "Y lo tercero sobre lo tercero".[61]

Y que se ha de dar una conflagración universal, escuchar cómo de antemano lo anunció el Espíritu profético por Moisés. Dijo así: "Bajará un fuego siempre vivo y devorará hasta abajo el abismo" (Dt. 32:22).[62] No somos, pues, nosotros los que profesamos opiniones iguales a los otros, sino que todos, por imitación, repiten nuestras doctrinas. Ahora bien, entre nosotros todo esto puede oírse y aprenderse aun de quienes ignoran las formas de las letras, gentes ignorantes y bárbaras de lengua, pero sabias y fieles de inteligencia, y hasta mutilados y privados de vista; de donde cabe entender que no sucede esto por humana sabiduría, sino que se dice por virtud de Dios.

No somos nosotros los que profesamos opiniones iguales a los otros, sino que todos, por imitación, repiten nuestras doctrinas.

---

[60] Justino reprocha a Platón, que sobra decir que nunca leyó el texto citado de Números, que diga que la virtud divina, el Logos, está extendida en forma aspada, y no de cruz. La cruz, cuyos cuatro brazos señalan la extensión del mundo entero representa para él la iluminación del Verbo en el mundo.

[61] Pseudo-Platón, *Epist.* II, 312.

[62] "Porque fuego se encenderá en mi furor, y arderá hasta el profundo; y devorará la tierra y sus frutos, y abrasará los fundamentos de los montes" (R.V.).

53

El bautismo cristiano

A cuantos se convencen y aceptan por la fe que es verdad lo que nosotros enseñamos y decimos, se les instruye a que oren y pidan con ayunos el perdón de Dios para sus pecados anteriores.

61. Vamos a exponer ahora cómo nosotros nos hemos renovado y consagrado a Dios por medio de Cristo; así no se nos podrá decir que exponemos la doctrina deficientemente, como de omitir este punto se podría decir. A cuantos se convencen y aceptan por la fe que es verdad lo que nosotros enseñamos y decimos, y prometen ser capaces de vivir según ello, se les instruye a que oren y pidan con ayunos el perdón de Dios para sus pecados anteriores, mientras nosotros oramos y ayunamos juntamente con ellos. Después son conducidos por nosotros a un lugar en donde haya agua, y allí son regenerados del mismo modo que fuimos regenerados nosotros. Porque entonces reciben el lavatorio por el agua en el nombre del Padre de todos y del Señor Dios y Salvador, nuestro Jesucristo, y del Espíritu Santo. Porque Cristo dijo: "Si no fuereis regenerados no entraréis en el reino de los cielos" (Jn. 3:3, 4). Y a todos es evidente que es imposible que los que ya nacieron vuelvan a entrar en el seno materno.

También fue explicado, según dijimos arriba, por el profeta Isaías de qué modo se han de purificar del pecado los que pecaron y hacen penitencia. Porque habló en esta forma: "Lavaos, permaneced limpios, arrancad de vuestras almas los males, aprended a hacer el bien y a administrar justicia al huérfano; amparad a la viuda y venid y discutamos, dice el Señor. Y si vuestros pecados fueren como la grana, los haré blancos como la lana, y si fueren rojos como el carmesí, los tornaré como la blanca nieve. Pero si no me escuchareis, la espada os devorara. Porque el Señor ha hablado estas cosas" (Is. 1:16-20).

Y de los apóstoles hemos recibido la siguiente razón de todo esto. En nuestro primer nacimiento no teníamos conciencia, y fuimos engendrados por necesidad por la unión de nuestros padres, mediante una húmeda semilla; siendo educados en malas costumbres y perversos instintos. Ahora, para no continuar siendo hijos de la necesidad y de la ignorancia, sino de la libertad y del conocimiento, así como para recibir por medio del agua el perdón de los pecados que anteriormente cometimos, se pronuncia sobre aquel que quiere ser regenerado y se arrepiente de sus pecados al nombre del Padre de todos, Señor Dios, y este solo nombre empleamos cuando lo llevamos al baño para ser bautizado. No hay nadie capaz de poner nombre a Dios, que es inefable, y si alguno dijera que Dios tiene un nombre deliraría del todo. Y aquel lavatorio se llama iluminación,[63] porque son iluminados en la mente los que aprenden estas cosas. Pero el que es iluminado es bautizado también en el nombre de Jesucristo, que fue crucificado bajo Poncio Pilato, y en el nombre del Espíritu Santo, que por medio de los profetas anunció de antemano todas las cosas que se refieren a Jesús.

El iluminado es bautizado también en el nombre de Jesucristo, y en el nombre del Espíritu Santo, que por medio de los profetas anunció de antemano todas las cosas.

---

[63] "Iluminados", gr. *photizomenoi*, por eso al bautismo también se llamaba "iluminación", gr. *photismos*, puerta de entrada en la iniciación en los misterios cristianos, iluminados por el Espíritu. "Que la iluminación bautismal inunde vuestros ojos, vuestro olfato, vuestro cuerpo entero", escribe Gregorio Nacianceno (*Orat.* 40, n. 3). Cf. Cirilo de Jerusalén, *Catequesis bautismales*, publicado en esta misma colección.

54

Falsificación demoníaca del bautismo

El que los sacerdotes manden que se quiten el calzado todos los que entren en los templos y den culto a los demonios, se debe a que los demonios han imitado lo que aconteció con Moisés.

62. Y como los demonios hubiesen oído este lavatorio predicado por el profeta, ordenaron que cuantos entrasen en sus templos a suplicarles y ofrecerles libaciones y grasas se purificasen rociándose con agua;[64] también hacen otra cosa, y es que lavan completamente a los que marchan antes que lleguen a los templos donde los mismos demonios tienen su asiento. También el que los sacerdotes manden que se quiten el calzado todos los que entren en los templos y den culto a los demonios, se debe a que los demonios han imitado lo que aconteció con el ya mencionado profeta Moisés. Pues es de saber que por el tiempo en que se le mandó a Moisés bajar a Egipto para sacar de allí al pueblo de Israel, cuando estaba él apacentando en Arabia las ovejas de su tío materno, nuestro Cristo habló con él desde una zarza en forma de fuego y le dijo: "Quítate el calzado, acércate y oye" (Éx. 3:5). Entonces él, acercándose, oyó que tenía que bajar a Egipto y que había de

---

[64] Justino atribuye a imitación demoníaca lo que no era sino una práctica común en la antigüedad, debido al carácter simbólico del agua como lavamiento de impureza y otros sentidos que no podemos considerar ahora. Hay precedentes bautismales tanto en el Antiguo Testamento como en las religiones de Egipto, Babilonia y la India, donde es considerado un baño sagrado de purificación de impurezas legales o rituales. En los misterios de Eleusis, el bautismo formaba parte de la iniciación, en la que una sacerdotisa derramaba un vaso de agua sobre la cabeza del neófito desnudo. El culto a Mitra, cuya semejanza con los ritos cristianos fue también atribuido a la imitación de los demonios, exigía a los iniciados un bautismo para purificación de los pecados morales y para entrar en un nuevo modo de vida. En el Antiguo Testamento es conocido el baño de agua como medio legal de purificación para los leprosos y personas impuras (Lv. 14:8; Nm. 19:19). En el ambiente del judaísmo precristiano, el bautismo de prosélitos fue practicado por los miembros de Qumrán, que requería una conversión y purificación del corazón por el Espíritu Santo previas al rito. Los prosélitos judíos, los que sin ser de raza judía se convertían al judaísmo, practicaban un bautismo que suponía la travesía del mar Rojo y, tras este rito y el de la circuncisión, eran considerados como niños judíos recién nacidos en un sentido predominantemente jurídico, ya que implicaba su deber de observar en adelante la ley.

ser jefe del pueblo de Israel al salir este de aquella tierra en la cual habitaba. Y habiendo recibido de Cristo, que en forma de fuego había hablado con él, bajó y sacó al pueblo después de haber realizado grandes y admirables prodigios, que podréis estudiar cuidadosamente en sus libros si lo deseáis.

Nuestro Cristo habló con Moisés desde una zarza en forma de fuego.

55

El Verbo en la zarza ardiente

Y hemos
dicho estas
cosas con
el fin de
demostrar
que
Jesucristo
es el Hijo
de Dios y
el apóstol
de Dios,
el cual,
siendo antes
el Verbo,
se dignó
padecer todas
las cosas.

63. Todos los judíos reconocen hasta ahora que el Dios que carece de nombre habló con Moisés. Por lo cual el Espíritu Santo, increpándoles por medio del mencionado profeta Isaías, habla en esta forma, según ya hemos dicho: "Conoce el buey a su dueño y el asno el pesebre de su amo, pero Israel no me conoció y el pueblo no me comprendió" (Is. 1:3). Y Jesucristo, reprendiéndoles porque no habían conocido qué era el Padre ni qué el Hijo, habló también así: "Nadie conoce al Padre, sino el Hijo, ni al Hijo, sino el Padre y aquel a quien el Hijo lo quisiera revelar" (Mt. 11:27). Ahora bien, el Verbo de Dios es su Hijo, como ya hemos dicho. Es llamado también ángel y apóstol, porque anuncia todas las cosas que deben conocerse, y es enviado para que indique todas las cosas que se anuncian, como el mismo Señor nuestro dice: "El que me oye, oye a aquel que me envió" (Mt. 10:40; Lc. 10:16). Y esto ciertamente apareció por los escritos de Moisés, en los cuales leemos estas palabras: "Y habló a Moisés el ángel de Dios en llama de fuego desde la zarza, y dijo: Yo soy el que soy, el Dios de Abraham, el Dios de Isaac, y el Dios de Jacob, el Dios de tus padres, baja a Egipto y saca a mi pueblo" (Éx. 3:2). Las cosas que siguen las podéis conocer, si queréis, por los mismos libros, porque aquí no podemos escribirlo todo. Y hemos dicho estas cosas con el fin de demostrar que Jesucristo es el Hijo de Dios y el apóstol de Dios, el cual, siendo antes el Verbo y habiéndose dejado ver, bien en forma de fuego, bien en imagen incorpórea, habiéndose hecho ahora hombre por el humano linaje para cumplir la voluntad del Padre, se dignó también padecer todas las cosas que los insensatos judíos maquinaron por impulso de los demonios. Los cuales ténganlo por mencionado con su nombre en los comentarios de Moisés: "Y habló el ángel de Dios con fuego de llama, y dijo: Yo soy el que soy, el Dios de Abraham, el Dios de Isaac, y el Dios de Jacob". Ellos afirman que el Padre y Creador de todas las cosas dijo estas palabras; por eso el Espíritu profético, increpándolos, dijo: "Pero Israel no me conoció y mi pueblo no me comprendió". Y de nuevo

Jesús, como hemos dicho, estando con ellos dijo: "Nadie conoce al Padre, sino el Hijo, ni al Hijo, sino el Padre y aquel a quien el Hijo quisiera revelarlo". Así, pues, los judíos, que siempre juzgaron que el Padre de todos había hablado con Moisés, siendo el que habló el Hijo de Dios, que es llamado ángel y mensajero, con razón son acusados por el Espíritu profético y por el mismo Cristo de que no conocieron ni al Padre ni al Hijo. Porque los que dicen que el Padre es el Hijo, éstos son acusados de que ni conocen al Padre ni conocen que el Hijo es el Padre de todos. Porque siendo el Verbo el primogénito de Dios, es también Dios. Y primeramente, como ya hemos dicho, se apareció a Moisés y a los profetas en figura de fuego y en imagen incorpórea; mas ahora, en los tiempos de vuestro imperio, hecho hombre, como ya hemos dicho, nacido de la Virgen, conforme a la voluntad del Padre, por la salvación de aquellos que creen en Él toleró el ser tenido en nada y el padecer, para vencer a la muerte por su muerte y resurrección. Mas lo que desde la zarza fue dicho a Moisés: "Yo soy el que soy, el Dios de Abraham, el Dios de Isaac, el Dios de Jacob, y el Dios de tus padres", es una prueba de que subsisten éstos aun después de la muerte y que son hombres de Dios. Porque fueron éstos los primeros que entre todos los hombres buscaron a Dios: Abraham, que fue padre de Isaac y éste de Jacob, como el mismo Moisés dejó escrito.

Los que dicen que el Padre es el Hijo, éstos son acusados de que ni conocen al Padre ni conocen que el Hijo es el Padre de todos.

56

Proserpina y Minerva

64. De lo hasta aquí dicho podéis entender que fueron también los demonios quienes introdujeron el uso de colocar la imagen de la llamada Proserpina[65] sobre las fuentes de las aguas, diciendo ser ella la hija de Júpiter, a imitación de las palabras de Moisés. Que así sucedió lo podéis conocer por lo ya dicho. Porque Moisés, como más arriba decimos, habló así: "En el principio creó Dios el cielo y la tierra. Mas la tierra era invisible e informe y el Espíritu de Dios se movía sobre las aguas" (Gn 1:1-3). A imitación, pues, de aquel Espíritu divino, de quien se dijo que se movía sobre las aguas, llamaron a Proserpina hija de Júpiter. Y con igual maldad dijeron que Minerva había sido engendrada por Júpiter, mas no por coito, porque habiendo conocido que el mundo fue hecho por Dios mediante el Verbo, después de haberlo pensado y considerado, llamaron Minerva[66] a la primera noción o idea. Mas a nosotros parece sumamente ridículo emplear la forma de una mujer para expresar la primera noción. De igual manera los hechos acusan a los demás que se llaman hijos de Júpiter.

---

[65] Proserpina fue hija de Júpiter y Ceres, que fue raptada por Platón, quien la hizo su esposa y la llevó a su reino de los infiernos. Más tarde, por disposición de Júpiter, pasaba seis meses con su madre y seis meses con su esposo.

[66] Minerva, salida de la cabeza de Júpiter, describe la naturaleza y la acción de la sabiduría increada.

57

Fraternidad y eucaristía

65. Pero nosotros, después de haber bautizado al que confesó su fe y aceptó nuestra doctrina, lo llevamos donde están reunidos los que se llaman hermanos, con el fin de hacer oraciones comunes por nosotros mismos, por aquel que acaba de ser iluminado y por todos los otros esparcidos en todo el mundo, con todo fervor, para que, habiendo logrado el conocimiento de la verdad, seamos también enriquecidos con la gracia de que, llevando por nuestras obras una vida recta, vengamos a ser cumplidores de los preceptos ordenados y consigamos así la eterna salvación.[67]

Mutuamente nos saludamos con el beso de paz cuando hemos terminado de orar.[68] Después se presenta el pan a aquel que preside a los hermanos, y al mismo tiempo, el cáliz del agua y del vino. Recibidas por él estas cosas, da alabanza y gloria al Padre de todos por el nombre del Hijo y del Espíritu Santo y pronuncia una larga acción de gracias (*eucaristía*) por aquellos dones que de Él nos vienen. Después que termina las oraciones y la acción de gracias, todo el pueblo aclama: *Amen*, que en lengua hebrea, significa lo mismo que "así sea". Y una vez que el que preside ha terminado las oraciones y todo el pueblo

Mutuamente nos saludamos con el beso de paz cuando hemos terminado de orar. Después se presenta el pan a aquel que preside a los hermanos, y al mismo tiempo, el cáliz del agua y del vino.

---

[67] En escritos posteriores observamos que los cristianos fueron muy celosos de lo que se ha denominado "disciplina del arcano", que Justino quebranta aquí, interesado como está en responder a las criminales calumnias que circulaban sobre las reuniones "secretas" de los cristianos, pues no hay mejor manera de responder a la falsedad que con la luz de la verdad pública.

[68] Para Tertuliano es tan importante este beso de paz, que no puede dejar de censurar a quienes por unos u otros motivos no lo practican. "Hay otra costumbre que ahora se ha hecho frecuente: cuando los que ayunan han terminado su oración con sus hermanos, retienen el beso de paz, que es el sello de la oración. Pero, ¿cuándo debe darse el beso de paz si no en el cumplimiento de nuestras observancias religiosas, mientras nuestra oración asciende al cielo, hecha más digna de alabanza debido a nuestra caridad? Para que ellos mismos puedan compartir nuestra observancia, a la que han contribuido pasando su paz a su hermano. ¿Qué oración es completa divorciada del beso santo? ¿Quién impide la paz en su servicio al Señor? ¿Qué clase del sacrificio es el del que se marcha sin dar el beso de paz?" (*Sobre la oración*, XVIII. 1-5).

Este alimento es llamado entre nosotros *eucaristía*, y a nadie es lícito participar del mismo, sino al que crea que son verdaderas las cosas que enseñamos y haya sido lavado con el baño del perdón de los pecados.

ha aclamado, los que entre nosotros se llaman ministros o diáconos[69] dan a cada uno de los asistentes algo del pan, el vino y el agua, para que todos y cada uno participen de ellos, y los llevan asimismo a los ausentes.

66. Y este alimento es llamado entre nosotros *eucaristía*, y a nadie es lícito participar del mismo, sino al que crea que son verdaderas las cosas que enseñamos y haya sido lavado con el baño del perdón de los pecados y de la regeneración, y viva conforme a lo que Cristo enseñó. Porque no tomamos estas cosas como pan común ni como vino común, sino que, así como Jesucristo, nuestro Salvador, hecho carne por el Verbo de Dios, tuvo carne y sangre para salvarnos, así también hemos recibido por tradición que aquel alimento sobre el cual se ha hecho la acción de gracias por la oración que contiene las palabras del Verbo, y con el cual se nutren por conversión nuestra sangre y nuestras carnes, es la carne y la sangre de aquel Jesús encarnado. Porque los apóstoles, en sus *Memorias* que se llaman Evangelios, enseñaron que así lo había mandado Jesús, a saber, que Él, una vez recibido el pan y habiendo dado gracias, dijo: "Haced esto en memoria mía; este es mi cuerpo", y que habiendo recibido igualmente el cáliz y dadas gracias, dijo: "Esta es mi sangre" (Mt. 26:26; Mr. 14:22-24), y que a ellos solos lo entregó.

Por cierto que también esto, por imitación, enseñaron los perversos demonios que se hiciera en los misterios de Mitra;[70] porque sabéis, o podéis investigar fácilmente, que un cáliz de agua se pone en los misterios de aquel que es iniciado, añadiendo algunas palabras.

---

[69] "Ministro", latín *minister*, de *minus*, menos, era lo opuesto a *magister*, de *magis*, más; equivalente al "diácono", gr. *diákonos*, servidor.

[70] Mitra era un antiguo dios iranio del cielo y la luz, tutelar de las legiones romanas. Su fiesta se celebraba el 25 de diciembre y fue un peligroso competidor del joven cristianismo. El bautismo iniciático purificaba a sus seguidores de pecados morales y los introducía en una nueva existencia. Celebraban también banquetes sagrados. Los miembros de la asociación se consideraban hermanos y sufragaban los gastos con aportaciones voluntarias.

58

El culto cristiano

67. Después de esta primera iniciación siempre hacemos conmemoración de estas cosas, y los que tenemos[71] socorremos a todos los necesitados y siempre estamos unidos los unos con los otros. Y en todas las ofrendas alabamos al Creador de todas las cosas por su Hijo Jesucristo y por el Espíritu Santo. Y en el día que se llama del sol[72] se reúnen en un mismo lugar los que habitan tanto las ciudades como los campos y se leen, en cuanto el tiempo lo permite, las *Memorias de los apóstoles*[73] o los escritos de los profetas. Después, cuando ha terminado el lector, el que preside toma la palabra para amonestar y exhortar a la imitación de cosas tan insignes.

Seguidamente nos levantamos todos a una y elevamos nuestras preces; y, como ya hemos dicho, en cuanto dejamos de orar se traen el pan, el vino y el agua, y el que preside hace con todas sus fuerzas las preces y las acciones de gracias, y el pueblo aclama *amén*.[74]

Y en el día que se llama del sol se reúnen en un mismo lugar los que habitan tanto las ciudades como los campos y se leen, en cuanto el tiempo lo permite, las Memorias *de los apóstoles.*

---

[71] En la sociedad romana se esperaba que los pudientes y notables de la ciudad repartieran alimentos entre los ciudadanos, de hecho se esperaba que gastasen grandes cantidades para mantener una sensación de diversión continua y prestigio en el ciudadano normal. Pero el reparto de alimentos y de dádivas nunca llegaba a los más pobres del lugar, a los esclavos y los inmigrantes, que quedaban excluidos de la "generosidad" de los notables. Los cristianos adoptaron esta práctica, pero la extendieron "a todos los necesitados", como dice Justino. Estos actos de caridad se manifestaban principalmente con los de la familia de la fe, pero no se reducía a ella, sino que incluía a todos. De hecho, la iglesia de Roma, conocida por su generosidad, aunque no única, en el año 248 mantenía a unos mil quinientos pobres y viudas, además de su propio cuerpo de unos 155 obreros.

[72] *Domingo* o Día del Señor, que entre los ingleses todavía conserva el nombre antiguo *Sun-Day*, día del sol. Pero aquí claramente afirma Justino que la celebración del primer día de la semana como día santo cristiano tipifica y conmemora el primer día de la creación y la resurrección de Cristo, actos ambos que marcan la puesta en existencia del mundo y de la Iglesia.

[73] O sea, los Evangelios. Véase nota en *Diálogo con Trifón*, 100.

[74] Hipólito de Roma, hacia el año 225, aporta una descripción mucho más completa de las oraciones que acompañaban el banquete eucarístico. En sus días la oración comenzaba con las mismas palabras que registra Justino, que indica una comunidad de espíritu y costumbres: "Te damos

En el día del sol todos nos juntamos, porque es el primer día en que Dios creó el mundo, y también porque en ese día Jesucristo resucitó de entre los muertos.

Luego viene la distribución y participación de los dones sobre los cuales han recaído las acciones de gracias, se hace por los diáconos a cada uno de los presentes y a los ausentes. Los que tienen y quieren dar a su arbitrio lo que cada uno quiere, y lo que se recoge se deposita en manos del que preside, y él socorre a los huérfanos y a las viudas y a aquellos que, por enfermedad o por otro motivo, se hallan necesitados, como también a los que se encuentran en las cárceles y a los huéspedes que vienen de lejos; en una palabra, toma el cuidado de todos los necesitados. Y en el día del sol todos nos juntamos, parte porque es el primer día en que Dios, haciendo volver la luz y la materia, creó el mundo, y también porque en ese día Jesucristo nuestro Salvador resucitó de entre los muertos. Lo crucificaron, en efecto, el día anterior al de Saturno, y al día siguiente, o sea el del sol, apareciéndose a los apóstoles y discípulos, enseñó aquellas cosas que por nuestra parte hemos entregado a vuestra consideración.

---

gracias, oh Dios, por tu Hijo bien amado Jesucristo, a quien en estos últimos tiempos nos has enviado como Salvador. Él es tu Palabra inseparable; por Él has hecho todo y en ello te has complacido. Lo enviaste del cielo al seno de la virgen, y llevado en su seno se hizo carne y se manifestó como Hijo, nacido del Espíritu Santo y de la virgen. Cumpliendo tu voluntad y adquiriéndote un pueblo santo, extendió las manos en el sufrimiento para rescatar del sufrimiento a los que creen en Él. Y puesto que fue entregado al sufrimiento voluntario para desarmar a la muerte y romper las cadenas del diablo, para aplastar a los infiernos e iluminar a los justos, para plantar un mojón y anunciar la resurrección, tomó el pan y dándote gracias dijo: 'Tomad y comed, éste es mi cuerpo que es partido por vosotros'. Igualmente tomó el cáliz diciendo: 'Esta es mi sangre que es derramada por vosotros. Cuando hiciereis esto, hacedlo en memoria mía'. Recordando, pues, su muerte y su resurrección, te presentamos el pan y el cáliz dándote gracias por habernos juzgado dignos de comparecer ante ti y de servirte como sacerdotes. Y te rogamos envíes el Espíritu Santo sobre la oblación de la santa iglesia. Reuniéndola en la unidad, da a todos el derecho de participar en tus santos misterios y ser llenos del Espíritu Santo, fortalecidos en la fe en la verdad, para que te alabemos y glorifiquemos por tu siervo, Jesucristo, por quien es dado honor y gloria a ti, Padre, y al Hijo con el Espíritu Santo, en tu santa iglesia, ahora y por toda la eternidad. Amén" (*La tradición apostólica*, I, 5).

59

Petición final y carta de Adriano

68. Tened estas cosas en la debida estimación si os parecen conformes con la razón y la verdad; pero si os parecen charlatanería despreciadlas como bagatelas, pero no decretéis la muerte contra hombres inocentes como contra enemigos y criminales. Os anunciamos que no escaparéis del juicio de Dios si permanecéis en la injusticia; nosotros siempre exclamaremos: "Sea lo que Dios quiera". Y aunque apoyándonos en la epístola del máximo e ilustrísimo emperador Adriano, vuestro padre, podríamos reclamaros que mandéis celebrar los juicios en la forma que nosotros pedimos; no lo hemos pedido, sin embargo, con mayor empeño porque así había sido dispuesto por Adriano, sino porque sabemos que nosotros pedimos cosas justas, hemos hecho este discurso y esta exposición de nuestras cosas. Hemos añadido también al fin una copia de dicha epístola para que veáis que también en esto decimos la verdad. Dicha copia es como sigue:

Porque sabemos que nosotros pedimos cosas justas, hemos hecho este discurso y esta exposición de nuestras cosas.

69. "A Minucio Fundano. Recibí la carta que me había escrito Serenio Graniano; varón preclarísimo, a quien has sucedido. Me parece que es un asunto que no debe ser descuidado, sino examinado, para que los hombres no sufran perturbación ni se dé a los calumniadores ocasión de delinquir. Así, pues, si personas de vuestra provincia quieren sostener abiertamente su acusación contra los cristianos y la llevan delante del tribunal respondiendo de ella, pueden los magistrados recibir esa acusación. Pero de ninguna manera hagan caso de simples peticiones ni de clamores. Es mucho más justo que si alguno quiere acusar, que tú conozcas de aquellas imputaciones. Si, pues, alguno acusa a cristianos determinados y prueba que ellos cometen infracciones de las leyes, determina la pena según lo reclame la gravedad del delito. Pero, por Hércules, si alguno denuncia calumniosamente, ten cuidado de castigar al denunciante con los suplicios más severos a causa de su perversidad."

Apología II

1

Al senado romano

1. Las cosas que han sucedido últimamente en vuestra ciudad bajo Urbico,[1] ¡oh romanos!, y las que de igual manera se realizan en todas partes por los jueces contra toda razón, me han forzado a componer este discurso en favor vuestro, pues sois de la misma naturaleza que nosotros y que aunque lo desconozcáis y no lo querías, debido el esplendor de vuestras dignidades, sancionadas por la ley, sois con todo nuestros hermanos.

El hecho es que en todas partes, si alguno es corregido por el padre, por el vecino, por el hijo, por el amigo, por el hermano, por el marido o por la mujer con motivo de algún delito, ese es el que trae ante los tribunales a los cristianos, por su amor al deleite y por la resistencia que siempre opone a la virtud. No se exceptúan de esto sino los cristianos mismos, los que afirman que los perversos y lujuriosos serán atormentados con eterno fuego y que, por el contrario, los que practican la virtud y viven imitando la conducta de Cristo irán a vivir con Dios, sin que tengan ya que sufrir dolor alguno; los que se han hecho cristianos deben exceptuarse. Hacen lo mismo los malos demonios, que son enemigos nuestros y que tienen a los jueces bajo su poder y adictos a su culto. Unos y otros incitan a los magistrados, como agitados por los demonios, a darnos la muerte. Y para que conozcáis perfectamente todo el asunto tratado bajo Urbico, expondré lo que ha acontecido.

Los malos demonios, que son enemigos nuestros y que tienen a los jueces bajo su poder y adictos a su culto.

---

[1] Al parecer se trata de Quinto Lollio Urbico, pretor urbano. Aunque la *Apología* va dedicada al Senado, se dirige al emperador Marco Aurelio.

2

El caso de Tolomeo y Julio

2. Una mujer que antes había sido disoluta vivía con su marido intemperante; pero, después que conoció la doctrina de Cristo, se convirtió a mejor vida y se esforzó por persuadir a su marido a que se convirtiera también. Para ello le exponía la doctrina cristiana y le anunciaba los suplicios que en el fuego eterno han de sufrir los que viven lujuriosamente y contra la recta razón. Mas él, perseverando en los mismos desórdenes, alejó de sí el afecto de su mujer. Y juzgando la mujer que era impío compartir el lecho en adelante con aquel marido que, contra la ley natural y contra las normas jurídicas, buscaba por todas partes los caminos del placer, quiso apartarse del matrimonio. Pero respetando la autoridad de sus familiares, que le aconsejaban permanecer todavía en el matrimonio y decían que alguna vez daría, al fin, el marido esperanza de conversión, ella se hizo fuerza a sí misma para permanecer. Mas después que su marido, habiendo marchado a Alejandría, comenzó, según los anuncios, a hacer cosas aún peores, temiendo ella hacerse cómplice de hechos inicuos e impíos si continuaba en el matrimonio y vivía bajo el mismo techo y compartía el mismo lecho, se marchó enviando eso que llamáis repudio.

Entonces aquel ilustre y buen varón, debiendo alegrarse de que su mujer, antes entregada al vino y a todo género de vicios y licencias con siervos y mercenarios, ahora estuviese completamente apartada de hacer tales cosas y se empeñase en apartarle también a él de los mismos desórdenes, no se conforma con el repudio y acusa a la divorciada de que es cristiana. Y ella, presentándote un memorial, ¡oh emperador!, rogó que se le permitiera arreglar primeramente las cosas de su casa y prometió que luego contestaría a la acusación. Y tú, emperador, accediste a su petición. Pero el antiguo marido de la misma, que entonces no podía actuar contra ella, dirigió su venganza en esta forma contra cierto Tolomeo, a quien Urbico castigó con el suplicio, que había sido maestro de la mujer en la doctrina cristiana.

Persuadió a cierto centurión, amigo suyo, a que detuviera a Tolomeo para llevarlo a la cárcel y le preguntara únicamente si era cristiano. Entonces Tolomeo, como era amante de la verdad y muy apartado en su ánimo de fraude y mentira, habiendo confesado que era cristiano, fue metido en la cárcel por el centurión y mucho tiempo vejado en la cárcel. Llevado, finalmente, a presencia de Urbico, de igual manera fue interrogado únicamente si era cristiano y perfecto conocedor de sus deberes por la doctrina que de Cristo había recibido; confesó nuevamente la enseñanza de la verdad divina. Porque quien niega alguna cosa o niega porque convenía aquello mismo que niega o, considerándose indigno de ello y apartado de lo mismo, rehúye la confesión, ninguna de estas dos cosas cabe en un verdadero cristiano.

Quien niega alguna cosa o niega porque convenía aquello mismo que niega, o rehúye la confesión, ninguna de estas dos cosas cabe en un verdadero cristiano.

Habiendo, pues, Urbico mandado que Tolomeo fuese llevado al suplicio, cierto Lucio, que también era cristiano, viendo un juicio tan contrario a la razón, interpeló así a Urbico:

–¿Qué juicio es este? ¿Por qué a este hombre, que no es reo de adulterio ni de estupro, ni homicida, ni ladrón, ni raptor, ni convicto de delito alguno, sino sólo confeso de ser cristiano impones una pena? No juzgas, Urbico, como corresponde a un piadoso emperador, ni a un filósofo hijo del César, ni al sacro Senado.

Entonces Urbico, sin responder ninguna otra cosa, habla así a Lucio:

–Tú también me pareces de ese linaje de hombres.

Y habiendo respondido Lucio: "En alto grado", sin más dio el prefecto orden de que fuera igualmente llevado al suplicio. Lucio le declaró que hasta le daba las gracias por ello, pues sabía que iba a verse libre de sus perversos déspotas, para ir hacia el Padre y Rey de los cielos. Un tercero, en fin, que surgió también fue condenado al mismo suplicio.

3

Acusación de Crescente

Yo también espero ser víctima de una trama y ser apresado en el cepo por alguno de éstos que he mencionado, o acaso por ese buscapleitos Crescente, amigo de la ostentación.

3. Yo también espero ser víctima de una trama y ser apresado en el cepo por alguno de éstos que he mencionado, o acaso por ese buscapleitos Crescente, amigo de la ostentación. Porque no es digno ni siquiera del nombre de filósofo, ya que afirma públicamente de nosotros cosas que ignora por completo, a saber, que los cristianos somos impíos y ateos, y lo dice para dar gusto a la engañada muchedumbre del pueblo. Porque si no habiendo leído la doctrina de Cristo nos ataca, sin embargo, es ciertamente perversísimo y mucho peor que los hombres ignorantes, que frecuentemente tienen cuidado de no hablar de las cosas que ignoran para no dar de ellas un falso testimonio. Y si las ha estudiado no ha entendido la grandeza de esta doctrina, o si la ha entendido obra así para que los hombres no sospechen que es cristiano, y en tal caso es mucho más ruin y perverso, porque se deja arrastrar por la opinión indocta del vulgo y por el miedo. Quisiera, no obstante, que supieseis que yo, habiéndole hecho algunas preguntas sobre este asunto, saqué la convicción de que no sabe nada. Y para que se compruebe que digo la verdad, estoy dispuesto, si aquellas discusiones no han llegado a vuestras manos, a proponerle de nuevo mis preguntas delante de vosotros. Regia sería ciertamente esta obra. Mas si han llegado a vuestros oídos mis preguntas y las contestaciones del mismo, claramente veréis que él no sabe nada de nuestras cosas. Y si lo sabe y, por miedo a los oyentes, no se atreve, como Sócrates, a hablar, resulta no un filósofo, sino un partidario de leyendas vulgares, puesto que no hace caso de aquel hermosísimo pensamiento de Sócrates: "De ningún modo hay que honrar más al hombre que a la verdad".[2] Mas no puede el cínico, que coloca el último fin en la indiferencia, buscar otro bien fuera del de la indiferencia.

---

[2] Platón, *La República*, 10.595.

4

Compromiso con la verdad

4. Pero nadie razone en esta forma: "Mataos allá todos vosotros mismos y marchad de una vez a vuestro Dios y no nos perturbéis más en nuestros negocios".[3] Explicaré por qué no hacemos esto y por qué, interrogados, confesamos sin miedo alguno. No en vano hemos aprendido que Dios creó el mundo, sino que lo creó para el género humano, y ya hemos dicho que agradan a Dios los que le imitan y que, por el contrario, le desagradan cuantos de obra o de palabra abrazan lo peor. Si, pues, todos nosotros atentamos contra nuestra vida, seremos, en cuanto de nosotros depende, la causa de que ya no se engendren más hombres ni se instruyan en la divina doctrina, más aún, la causa de que desaparezca la humanidad; obraríamos, pues, contra los designios de Dios si hiciéramos tal cosa. Preguntados, no negamos, porque de ninguna obra mala nos creemos culpables; por otra parte, creemos que es impío no decir en todo la verdad, pues sabemos que el decirla es grato a Dios, y, últimamente, porque os queremos librar de un prejuicio inicuo.

Preguntados, no negamos, porque de ninguna obra mala nos creemos culpables; por otra parte, creemos que es impío no decir en todo la verdad.

---

[3] Este dicho irónico debió circular muy temprano en Roma, que también aparece recogido por Tertuliano: "¿Por qué no se matan esos hombres a sí mismos y nos dejan a nosotros en paz?", motivado sin duda por la prontitud de los mártires para recibir la muerte que, como aquí defiende Justino, no es por temeridad sino por amor a la verdad y aborrecimiento de la mentira. Cuenta Tertuliano que los cristianos de una ciudad asiática se presentaron en masa ante el tribunal de Arrio Antonino, procónsul de Asia (184-185), el cual les dijo: "Desgraciados, si queréis morir, ¿no tenéis bastantes cuerdas y precipicios?" (*Ad. Scapulam*, 5).

5

La obra de los demonios

Los ángeles, traspasando el orden establecido, cayeron en deshonestidades con las mujeres y tuvieron por hijos a los que han sido llamados demonios.

5. Pero si a alguno asalta este pensamiento, que si tuviéramos a Dios por protector en manera alguna sucedería que los malvados, como nosotros decimos, nos oprimieran con su poder y nos impusieran suplicios, también esta dificultad será resuelta por mí. Dios, que creó todo el mundo, habiendo puesto todas las cosas terrenas bajo el poder de los hombres y habiendo preparado los elementos celestes, que, como es notorio, también fueron creados para el hombre con el fin de que sirvieran para el aumento de los frutos y la sucesión de las estaciones, y habiendo establecido esta divina ley, encomendó el cuidado de los hombres y el de las cosas colocadas bajo el cielo a los ángeles, a los cuales puso al frente de esta misión. Mas los ángeles, traspasando el orden establecido, cayeron en deshonestidades con las mujeres y tuvieron por hijos a los que han sido llamados demonios;[4] más adelante sometieron a dura servidumbre a los hombres, en parte con escritos mágicos, en parte con terrores y suplicios que les inferían, en parte con los sacrificios, inciensos y libaciones que les enseñaban, pues comenzaron a necesitar de estas cosas desde que fueron emancipados de las enfermedades de la concupiscencia; finalmente sembraron entre los hombres las muertes, las guerras, los adulterios, los crímenes y toda clase de vicios. De aquí que los poetas y los autores de fábulas como no conocían a los ángeles ni tenían noticia de que los demonios engendrados por los mismos habían realizado contra hombres y mujeres, con-

---

[4] Esta interpretación del famoso pasaje de Génesis 6:4 está presente en la literatura apócrifa del *Libro de Henoch*, 7; e histórica de Josefo, *Antigüedades judías* I, 3, de las que pasa a la literatura cristiana, Justino y también Clemente de Alejandría, *Stromata* V, 1. Puede que esta interpretación se inspirara en la creencia popular, presente en el *Banquete* de Platón, de que los demonios eran hijos ilegítimos de los dioses y de las ninfas. Jenócrates de Calcedonia (396-316 a.C.), discípulo de Platón, enseñó que en los demonios está mezclada la naturaleza divina, la naturaleza psíquica y la naturaleza física, y por eso reúnen en sí lo malo que hay en el mundo y son los responsables de la magia dañina, de los ritos malignos y de los sacrificios humanos.

tra ciudades y naciones las cosas que consignaban en los libros, trasladaron todo esto al mismo Dios y a los que, por descendencia, vinieron a ser sus hijos y de los que se llamaban hermanos del mismo, Neptuno y Plutón, y a los hijos de estos. En efecto, con el nombre que cada demonio se había puesto a sí mismo y a sus hijos, llamaron los poetas a sus dioses.

Con el nombre que cada demonio se había puesto a sí mismo y a sus hijos, llamaron los poetas a sus dioses.

6

El inefable nombre de Dios

Las
denominaciones
Padre,
Dios,
Creador,
Señor,
Dueño,
no son
verdaderos
nombres,
sino
calificativos
derivados
de los
beneficios de
sus obras.

6. Mas ningún nombre ha podido ponerse al Padre de todos, que es inengendrado. Porque cualquiera que sea el nombre que se le imponga, indica prioridad por parte de aquel que impone el nombre. Y las denominaciones Padre, Dios, Creador, Señor, Dueño, no son verdaderos nombres, sino calificativos derivados de los beneficios de sus obras.[5] Y el Hijo, el único a quien propiamente se llama Hijo, Verbo antes que fuese creado el mundo, que estaba juntamente con Él y fue engendrado, por el cual creó y ordenó desde el principio todas las cosas, este Hijo, lo diré, porque fue ungido por Él Dios ordenó todas las cosas, se llama Cristo a causa de su unción.

Con este nombre se expresa, en verdad, algo incognoscible, como el calificativo de Dios no es un verdadero nombre, sino la opinión natural al hombre sobre una realidad inexplicable. Mas Jesús tiene el nombre de hombre y de Salvador y la realidad significada por esos nombres. Porque, como ya dijimos, el Verbo se hizo hombre y vino al mundo por medio de un parto, conforme a la voluntad de Dios Padre, para salvación de los hombres creyentes y para ruina de los demonios.

Muchos de nuestros hermanos cristianos, conjurando por el nombre de Cristo, crucificado bajo Poncio Pilato, sanaron en todo el mundo y en vuestra ciudad a muchos poseídos por el demonio, a quienes no habían podido sanar los demás conjuradores, encantadores y magos; hoy también los sanan, expulsando y venciendo a los demonios que los poseen.

---

[5] Filón de Alejandría, comentando Éxodo 6:3, dice que no hay nombre apropiado para el que Es, "y si alguien le diera alguno, estará hablando impropiamente, pues por naturaleza el Ser no puede recibir nombre, sino que sólo es" (*Sobre los sueños*, I, 230-231. Gredos, Madrid 1997).

7

La libertad humana

7. Por lo cual contiene Dios la confusión e impide la disolución de todo el mundo, con la cual no existirían ya malos ángeles, demonios ni hombres perversos, y obra así por la semilla de los cristianos, los cuales son la causa de que se conserve la naturaleza de las cosas.[6] Porque si no fuera así no podríais vosotros hacer estas cosas, ni seríais manejados por los malos demonios, sino que bajando el fuego del juicio destruiría todas las cosas como antiguamente el diluvio, que a nadie respetó, sino a uno solo con su familia, al cual nosotros llamamos Noé y vosotros llamáis Deucalión, del cual se propagó nuevamente una gran muchedumbre de hombres, parte buenos y parte malos.

En esta forma decimos nosotros que habrá en lo futuro una conflagración, y no como creen los estoicos, de tal modo que todas las cosas se conviertan unas en otras, lo cual parece torpísimo. Tampoco decimos que los hombres hagan o padezcan por necesidad del hado, sino que cada uno obra bien o peca por su libre determinación. Por la acción de los malos demonios son vejados y aprisionados los hombres excelentes, como Sócrates y otros semejantes; por el contrario, Sardanápalo, Epicuro y otros semejantes parecen dichosos en la abundancia y el esplendor de todas las cosas.

Como los estoicos no entendieron bien estas cosas afirmaron que todas las cosas acaecen por necesidad del hado. Mas como Dios creó libre al principio el linaje de los ángeles y de los hombres, con razón los que pequen sufrirán por sus pecados los suplicios del fuego eterno. Pues la naturaleza de toda cosa creada reclama el ser capaz de

> **Contiene Dios la confusión e impide la disolución de todo el mundo, y obra así por la semilla de los cristianos, los cuales son la causa de que se conserve la naturaleza de las cosas.**

---

[6] "Lo que el alma es en un cuerpo, esto son los cristianos en el mundo. El alma se desparrama por todos los miembros del cuerpo, y los cristianos por las diferentes ciudades del mundo. El alma tiene su morada en el cuerpo, y, con todo, no es del cuerpo. Así que los cristianos tienen su morada en el mundo, y aun así no son del mundo. El alma que es invisible es guardada en el cuerpo que es visible; así los cristianos son reconocidos como parte del mundo y, pese a ello, su religión permanece invisible" (*Carta a Diogneto*, 6, en *Padres Apostólicos*).

Si dicen que son obra del hado las cosas que se hacen por los hombres o afirman que Dios no es algo distinto de las cosas, según esto no podrían tener noción de cosa alguna que no esté sujeta a la corrupción.

la virtud y del vicio; no haría, en efecto, cosa alguna digna de alabanza si no pudiera inclinarse a una y otra parte. Y así también lo declaran cuantos en cada región dictaron leyes oportunas con arreglo a la recta razón o filosofaron sobre materias morales, pues mandan hacer unas cosas y evitar otras. Estas mismas cosas prueban constantemente los estoicos cuando disputan acerca de las costumbres, por lo cual se ve fácilmente que al tratar de los príncipes y de las cosas incorporales no van por buen camino. Porque si dicen que son obra del hado las cosas que se hacen por los hombres o afirman que Dios no es algo distinto de las cosas, que dan vueltas y cambian y siempre se resuelven en los mismos alimentos, según esto no podrían tener noción de cosa alguna que no esté sujeta a la corrupción, y por lo mismo constituían al parecer al mismo Dios, tanto considerado en parte como mirado en conjunto, en suma miseria y maldad.

En otro caso tenían que decir que no hay vicio ni virtud, lo cual es contrario a toda sana razón, noción e inteligencia.

8

La semilla del Verbo
y el destino de los demonios

8. Pero como los estoicos, al menos en aquellas cosas que dijeron acerca de las costumbres, llegaron a discurrir rectamente, lo cual algunas veces sucede también con los poetas, porque la semilla de la razón (*logos spermatikós*) está íntimamente plantada en todo el género humano, sabemos que los discípulos de esta doctrina fueron aborrecidos o muertos. Tal Heráclito,[7] como antes dijimos, y entre los que florecieron en nuestro tiempo hemos conocido a Musonio,[8] y otros que sabemos.

Trabajaron mucho los demonios y lograron a veces, como ya hemos demostrado, que los que de cualquier manera procuraban vivir según la razón, del vicio fuesen aborrecidos. No debe, por consiguiente, extrañar que los que intentan acomodar su vida no a una parte de la verdad diseminada, sino a la verdad plena que se desprende del conocimiento y de la contemplación de todo el Logos,[9] es decir, de Cristo, sean objeto de odios mucho mayores, odios concitados por los demonios, los cuales ciertamente pagarán las merecidas penas y los condignos suplicios, sumergidos en el fuego eterno. Porque si ya los demonios son vencidos por los hombres en el nombre de Jesucristo, esto es un seguro indicio de que a ellos y a sus adoradores les aguarda el suplicio en el eterno fuego. Así, en efecto, anunciaron los profetas que sucedería y lo enseñó nuestro maestro Jesús.

Si ya los demonios son vencidos por los hombres en el nombre de Jesucristo, esto es un seguro indicio de que a ellos y a sus adoradores les aguarda el suplicio en el eterno fuego.

---

[7] No se sabe que este filósofo, que no era estoico, fuera perseguido.

[8] Musonio Rufo, de Volsinio, en Etruria, filósofo estoico desterrado por Nerón (Tácito, *Ann.* 15,71), y vuelto al favor y gracia imperial bajo Vespasiano (Dio Cassio, 66,13). Extraña que Justino no mencione al gran Séneca, a quien Nerón ordenó que se quitase la vida.

[9] El Verbo o *Logos pleno* que es Cristo, frente al *Logos spermatikós* parcial captado por los hombres.

9

Justicia y castigo eterno

Si esto no es verdad, o Dios no existe o, caso de existir, no tiene cuidado alguno de los hombres, ni la virtud y el vicio tienen realidad alguna.

9. Para que nadie objete lo mismo que dicen los que se consideran filósofos, a saber, que no son más que ruidos y espantajos las cosas que decimos de los tormentos de los malos en el fuego eterno, y que nuestro fin es que los hombres sigan la verdad impulsados por el temor, y no por la hermosura de la misma virtud ni porque esta les resulte grata, contestaré que, si esto no es verdad, o Dios no existe o, caso de existir, no tiene cuidado alguno de los hombres, ni la virtud y el vicio tienen realidad alguna, y que únicamente son castigados por los legisladores los que traspasan los mandatos principales. Pero como no son injustos y como el Padre de legisladores[10] manda por su Verbo hacer las mismas cosas que Él hace, inicuos son los que no obedecen a los mismos.

Y si contra esto alega alguno las diversas clases de leyes humanas y añade que para unos son ciertos actos buenos y otros malos, pero que los que unos consideran como buenos son malos para otros y los que son buenos para aquellos son malos para estos, oye lo que vamos a decir respecto a este punto. Como sabemos que las leyes han sido acomodadas por los ángeles malos a la maldad de los mismos, y como con esas leyes se alegran los hombres semejantes a los demonios, tiene que venir la recta razón para demostrar que no todas las opiniones de los hombres ni todas las leyes son buenas, sino unas malas y otras buenas. Por lo cual diré a estos hombres las mismas cosas y otras semejantes y, si es preciso, disertaré más ampliamente sobre este asunto. Mas ahora vuelvo a mi propósito.

---

[10] Cf. Romanos 13:1-3: "Toda persona se someta a las potestades superiores; porque no hay potestad, sino de Dios; y las que son, de Dios son ordenadas. Así que, el que se opone a la potestad, a la ordenación de Dios resiste, y los que resisten, ellos mismos ganan condenación para sí. Porque los magistrados no son para temor al que bien hace, sino al malo".

10

El caso de Sócrates

10. Es notorio, por tanto, que nuestras creencias son mucho más sublimes que toda doctrina humana, porque todo lo que pertenece al Verbo, todo eso es Cristo, que apareció por nosotros, a saber: cuerpo, Verbo y alma. Porque todas las cosas que en todo tiempo pensaron o dijeron los filósofos y los legisladores, todas estas cosas las conocieron porque de alguna manera descubrieron y consideraron al Verbo. Pero como no conocieron todas las cosas que son del Verbo, es decir, de Cristo, frecuentemente dijeron cosas contradictorias. Y los que, habiendo sido más antiguos que Cristo según la humana naturaleza, intentaron investigar o rechazar por la razón cada una de las doctrinas, estos fueron llevados a juicio como impíos y curiosos. De los cuales el más firme en este punto, Sócrates, fue acusado de los mismos crímenes que nosotros. Dijeron los demonios que él introducía novedades y que no consideraba como dioses a los que la ciudad adoraba como tales. Y este, ciertamente, al arrojar a Homero y a otros poetas de la ciudad, excitaba a los hombres a que se apartasen de los demonios, por los cuales fueron inventadas las cosas que los poetas escribieron. Y para que conociesen con el ejercicio de la razón a Dios, a quien desconocían, los exhortaba con estas palabras: "Ni es fácil encontrar al Padre y Creador de todas las cosas ni, si lo encuentras, es seguro predicarlo a todos". Todo esto lo llevó a cabo nuestro Cristo con su propia potestad. Porque Sócrates conoció hasta cierto punto (porque el Verbo lo penetraba y lo penetra todo, y por medio de los profetas predijo las cosas futuras, y por sí mismo enseñó en nuestra naturaleza humana su doctrina), a Cristo, lo sigo, no sólo creyeron los filósofos y los hombres literatos, sino también los siervos y las personas completamente ignorantes, los cuales despreciaron la gloria, el miedo y la muerte; bien es verdad que hace esto la inenarrable virtud del Padre, no los recursos de la razón humana.

Todas las cosas que en todo tiempo pensaron o dijeron los filósofos y los legisladores, todas estas cosas las conocieron porque de alguna manera descubrieron y consideraron al Verbo.

11

Promesas de la virtud y del vicio

Todo aquel que huye de las cosas que parecen bellas y sigue las que consideran duras y apartadas de la razón, éste conseguirá la vida bienaventurada.

11. Mas no se nos quitaría la vida, ni tendrían poder sobre nosotros los hombres perversos y los demonios, si todo hombre que nace no tuviera también que morir. De ahí que os damos las gracias al pagar una deuda que tenemos. Sin embargo, creemos bueno y oportuno mencionar aquí el conocido relato de Jenofonte para que lo recuerden Crescente y los que son tan insensatos como él.

Escribe Jenofonte que Heracles,[11] llegando a cierto cruce de caminos, se encontró con la virtud y el vicio, que se le aparecieron en forma de mujeres. El vicio ciertamente con vestido muelle y apto para amores y con rostro que estos adornos habían florido, y con ojos prontos para el halago, le habló de esta forma, a saber, que si la siguiese haría que viviese perpetuamente alegre y adornado con el mismo ornato tan espléndido que llevaba ella. Añade que la virtud, con rostro escuálido y vestidura pobre dijo: "Si te rindes a mí no te adornarás con elegancia y brillo caduco y perecedero, sino con excelsos y eternos ornamentos".

Por lo tanto, todo aquel que huye de las cosas que parecen bellas y sigue las que consideran duras y apartadas de la razón, éste, según nuestra convicción firme –que tenemos por absolutamente cierta–, conseguirá la vida bienaventurada. Porque el vicio se pone por vestido de sus acciones las calidades de la virtud y los que son de verdad bienes, a imitación de las cosas incorruptibles (porque nada incorruptible puede tener ni hacer), reduce a servidumbre a los hombres pegados a la tierra, atribuyendo a la virtud los males que son propios del mismo vicio. Mas los que conocen los bienes verdaderos y en manera alguna fingidos, estos vienen a ser incorruptibles gracias a la virtud. Y esto, puesto en práctica por los cristianos y los atletas y cuantos hicieron cosas como las que los poetas

---

[11] Personaje mitológico griego, hijo de un dios y de una mujer mortal. Los pitagóricos le rindieron culto en calidad de poder de la naturaleza o crecimiento.

atribuyen a aquellos que por error de los hombres son venerados como dioses, no debe considerarse absurdo por el solo argumento de que despreciemos la muerte, que de suyo parece digna de que huyamos de ella.

12

Testimonio de Justino

12. Y yo mismo, cuando me deleitaba con la doctrina de Platón y oía hablar de los crímenes que se imputaban a los cristianos, pero les veía acercarse impávidos a la muerte y a las demás cosas que parecen temibles a los hombres, comprendía que era imposible que aquellos hombres viviesen en la maldad y en el amor de los placeres. Porque el lujurioso y el intemperante y el que cuenta entre las cosas buenas los banquetes en que se sirven carnes humanas, ¿cómo puede abrazar la muerte, que le ha de privar de todos estos bienes? ¿Cómo no ha de preferir el permanecer constantemente en esta vida? ¿Cómo no ha de procurar ocultar sus crímenes al magistrado y no presentarse espontáneamente al magistrado para ser condenado a muerte? Y algunos hombres perversos, impulsados por los malos demonios, llegaron a perpetrar un crimen horrible. Porque como eran muertos algunos como reos de los crímenes que se nos imputaban, arrebataron a nuestros siervos, niños unos y jovencitas otras, para que fuesen atormentados, y con horribles suplicios les obligaron a declarar aquellos fabulosos crímenes que abiertamente y a la luz del día cometen ellos. Y como estas cosas están tan lejos de nosotros, nos preocupamos poco de las acusaciones, puesto que tenemos a Dios Ingénito a Inefable como testigo de nuestros pensamientos y de nuestras acciones. ¿Qué motivo hay para no reconocer públicamente que todas estas cosas –los supuestos crímenes– se realizan rectamente y demostremos que son una divina filosofía, para lo cual nos bastaría decir que cuando matamos a un hombre celebramos los misterios de Saturno y que mientras nos llenamos de sangre, como vulgarmente dicen, realizamos una ceremonia semejante a la vuestra, a la que consagráis a un ídolo que no mojáis solamente con la sangre de los ganados, sino también con sangre de hombres,[12] libando la sangre de los hombres degollados

---

[12] Alusión al culto de Júpiter Lacial, en el cual se inmolaban hombres en la misma Roma.

con un varón entre vosotros nobilísimo y distinguidísimo, y que igualmente somos imitadores de Júpiter y de otros dioses mientras nos revolvemos deshonestamente con los niños, a los cuales corrompemos, y en la promiscua unión carnal con las mujeres, buscando además amparo en las obras de Epicuro y de los poetas? Pero porque aconsejamos huir de tales prácticas y de los autores e imitadores de estos crímenes, y esto mismo defendemos ahora también en el presente discurso, somos atacados de diversas maneras. Pero no hacemos caso de ello porque sabemos que Dios, justo, lo ve todo. Ojalá hoy clamase alguno con voz trágica desde un lugar superior: "Avergonzaos de atribuir a hombres inocentes las cosas que vosotros hacéis públicamente y de reprochar las cosas que están íntimamente unidas a vosotros y a vuestros dioses a hombres a los cuales esas cosas no alcanzan en manera alguna. Convertíos, arrepentíos".

Arrebataron a nuestros siervos, niños unos y jovencitas otras, para que fuesen atormentados, y con horribles suplicios les obligaron a declarar los fabulosos crímenes que cometen ellos.

13

Participación en el Logos seminal

Todo lo que han dicho correctamente nos pertenece a nosotros, cristianos, ya que nosotros adoramos y amamos después de Dios al Logos de Dios inengendrado.

13. Viendo, pues, yo la perversa envoltura en que los malos demonios habían envuelto la divina doctrina de los cristianos para aterrar a otros hombres y viendo también a los autores de semejantes mentiras, me burlé de esa envoltura y de la opinión popular, y considero el mayor elogio el que me tengan por cristiano y con todo empeño lucho para llegar a serlo. No que las doctrinas de Platón sean simplemente extrañas a Cristo, pero sí que no son del todo semejantes, como tampoco son las de otros, como los estoicos, o de los poetas e historiadores. Porque cada uno habló bien cuando veía una parte del Logos seminal de Dios, con la cual se compenetraban perfectamente. Pero los que expresaron opiniones contradictorias en cosas gravísimas, estos no han alcanzado, al parecer, ni una doctrina más alta, ni un conocimiento inatacable. Ahora bien, todo lo que han dicho correctamente nos pertenece a nosotros, cristianos, ya que nosotros adoramos y amamos después de Dios al Logos de Dios inengendrado e inexpresable, pues por nosotros se hizo hombre, para que participando de nuestras miserias les pusiera remedio. Porque todos los escritores pudieron ver por la semilla del Logos, íntimamente inherente a los mismos, la verdad, pero con alguna oscuridad. Porque una cosa es la semilla o la imitación de una cosa que se da según los límites de lo posible, y otra la realidad misma por referencia a la cual se da aquella participación o imitación.

14

Llamamiento a los jueces

14. Os suplicamos, pues, con este memorial que deis publicidad a este libro, poniendo al pie del mismo lo que os parezca mejor, a fin de que también los demás conozcan nuestras cosas y lleguen al conocimiento de estas cosas y puedan quedar libres de sus errores y de la ignorancia en que están de cosas muy excelentes.

Ellos, ciertamente por su culpa, se hacen responsables de castigo, porque es inherente a la naturaleza humana la facultad de distinguir lo honesto y lo torpe, y, además, mientras nos condenan a nosotros, acusándonos de los torpes crímenes que proclaman, y sin embargo, honran a los dioses que cometieron pecados semejantes a éstos y aun hoy exigen de los hombres cosas semejantes. De manera que por el hecho de condenarnos a nosotros, como si tales cosas hiciéramos, a la muerte, a la cárcel o alguna otra pena semejante, contra sí mismos dan sentencia, sin que sean necesarios otros jueces.

Nos condenan a nosotros, acusándonos de los torpes crímenes que proclaman, y sin embargo, honran a los dioses que cometieron pecados semejantes a éstos.

15

Exhortación a conocer la verdad

Si vuestra autoridad permite publicar este libro, lo daremos a conocer en forma tal que todos lo puedan ver para que, si es posible, se conviertan.

15. Y si vuestra autoridad permite publicar este libro, lo daremos a conocer en forma tal que todos lo puedan ver para que, si es posible, se conviertan. Este es el único fin que al escribir este discurso me propuse. Porque nuestras enseñanzas no tienen nada de malo si se juzgan con rectitud, antes al contrario, son más sublimes que toda filosofía. Por lo menos son ciertamente muy distintas de las de Sotades, Filénida, Arquéstrato, Epicuro y otros, ni a los poetas por el estilo, que, de palabra o por escrito, vosotros permitís que sean de todo el mundo conocidas.

Y hecho ya aquello que estaba en nuestra mano, terminamos suplicando que todos los hombres en todas partes se hagan dignos de conocer la verdad. Ojalá también vosotros, en interés vuestro, dictéis sentencia justa como corresponde a la piedad y a la filosofía.

Diálogo con Trifón

1

Encuentro con Trifón

1. Mientras una mañana iba caminando bajo los porches del gimnasio de Xistus,[1] cierto hombre, acompañado por otros, se cruzó conmigo y me dijo:

—Salud, filósofo.

Inmediatamente después dio la vuelta y se puso a pasear a mi lado, y con él se volvieron también sus amigos. Yo, a mi vez, devolviéndole el saludo, le dije:

—¿Qué ocurre?

Y él contestó:

—Fui educado en Argos por Corinto el socrático que no hay que despreciar ni descuidar a los que visten hábito[2] como el tuyo, sino mostrarles por todos modos estima y buscar su conversación, con el fin de sacar algún provecho o para él o para mí. Pues aun en el caso de aprovecharse uno solo de los dos, ya es un bien para ambos. Por eso, siempre que veo a alguien que lleva ese hábito me acerco a él con gusto, y esa es la causa porque ahora te he saludado también a ti de buena gana. Éstos me vienen acompañando y también ellos esperan oír de ti algo de provecho.

—Y ¿quién eres tú, el mejor de los mortales?, le repliqué yo, bromeando un poco.

Entonces sencillamente me dijo su nombre y su raza:

—Yo me llamo Trifón,[3] y soy hebreo de la circuncisión, que, huyendo de la guerra recientemente acabada,[4] vivo en Grecia, la mayor parte del tiempo en Corinto.

—¿En qué –le dije yo– podrías tú sacar provecho de la filosofía, ya que tienes tu propio legislador y profetas?

—¿Pues qué? —me replicó–, ¿no tratan de Dios los filósofos en todos sus discursos y no versan sus cuestiones

¿En qué –le dije yo– podrías tú sacar provecho de la filosofía, ya que tienes tu propio legislador y profetas?

---

[1] Éfeso, según Eusebio, *Historia eclesiástica*, IV, 18.

[2] "Con la toga de filósofo, Justino sirvió como embajador de la Palabra divina" (Eusebio, *op. cit.*, IV, 11).

[3] "Uno de los hebreos más distinguidos de su tiempo" (Eusebio, *íd.*).

[4] Se refiere al último alzamiento judío contra Roma, encabezado por Bar Cochba, que terminó en una gran tragedia para los israelitas, imposibilitados, por ley imperial, de volver a pisar la amada ciudad de Jerusalén.

La mayoría de los filósofos ni se plantean siquiera el problema de si hay un solo Dios o muchos, ni si tienen o no providencia de cada uno de nosotros.

siempre sobre su unicidad y providencia? ¿O no es objeto de la filosofía el investigar la divinidad?

—Ciertamente –le dije–, y esa es también mi opinión; pero la mayoría de los filósofos ni se plantean siquiera el problema de si hay un solo Dios o muchos, ni si tienen o no providencia de cada uno de nosotros, pues opinan que semejante conocimiento no contribuye para nada a nuestra felicidad. Es más, intentan persuadirnos de que Dios cuida del universo, con sus géneros y especies, pero no ni de mí ni de ti individualmente; pues de cuidarse, no le estaríamos suplicando día y noche. No es difícil comprender el blanco al que apuntan esas teorías. Los que así opinan, aspiran a la inmunidad, a la libertad de palabra y de obra, a hacer y decir lo que les dé la gana, sin temer castigo ni esperar premio alguno de parte de Dios. ¿Cómo, en efecto, lo esperan quienes afirman que siempre ocurren las mismas cosas que yo y tú volveremos a vivir una vida igual a la presente, sin que nos hayamos hecho ni mejores ni peores? Otros, dando por supuesto que el alma es inmortal e incorpórea, opinan que ni aun obrando el mal han de sufrir castigo alguno, como quiera que lo incorpóreo es impasible, y el alma, consecuentemente con su inmortalidad, no necesita nada de Dios.

Entonces él, sonriendo, cortésmente me dijo:

—Y tú, ¿qué opinas sobre esto, qué idea tienes de Dios y cuál es tu filosofía?

2

Formación filosófica de Justino

2. —Te voy a decir –le dije– lo que a mí parece claro. La filosofía, efectivamente, es en realidad el mayor de los bienes, y el más honorable, que nos conduce y recomienda a Dios. Y santos, a la verdad, son aquellos que a la filosofía consagran su inteligencia. Ahora, qué sea en definitiva la filosofía y por qué les fue enviada a los hombres, es algo que se escapa a la mayoría, pues no habría platónicos, ni estoicos, ni peripatéticos, ni teóricos,[5] ni pitagóricos, siendo como es una.[6] Quiero explicaros por qué ha venido a tener múltiples cabezas. El caso fue que a los primeros que se dedicaron a ella y que en su profesión se hicieron famosos, los siguieron otros que ya no hicieron investigación alguna sobre la verdad, sino que, llevados de la admiración de la constancia, del dominio de sí y de la rareza de las doctrinas de sus maestros, sólo tuvieron por verdad lo que cada uno había aprendido de aquellos; luego, transmitiendo a sus sucesores doctrinas semejantes a las primitivas, cada escuela tomó el nombre del que fue padre de su doctrina.

Yo mismo, en mis comienzos, deseando también tratar con alguno de éstos, me puse en manos de un estoico. Pasé con él bastante tiempo; pero dándome cuenta que nada adelantaba en el conocimiento de Dios, sobre el que tampoco él sabía palabra, ni decía ser necesario tal conocimiento, me separé de él y me fui a otro, un peripatético, hombre agudo, según él creía. Éste me soportó bien los primeros días; pero pronto me indicó que habíamos de señalar honorarios, a fin de que nuestro trato no resultara sin provecho. También a él abandoné por esta causa, pues ni filósofo me parecía en absoluto. Pero mi alma me seguía inquieta por oír lo que es peculiar y más excelente en la filosofía; por eso me dirigí a un pitagórico, reputado en

La filosofía es en realidad el mayor de los bienes, y el más honorable, que nos conduce y recomienda a Dios. Y santos, a la verdad, son aquellos que a la filosofía consagran su inteligencia.

---

[5] Según Otto, son los pirrónicos o escépticos.

[6] "Que nadie divida la filosofía en partes, y mucho menos que de una de ellas haga muchas, porque la verdad es una, como también la filosofía" (Juliano, *Orat.* 6).

La contemplación de las ideas daba alas a mi inteligencia; me imaginaba haberme hecho sabio, y tal era mi necedad que esperaba que de un momento a otro iba a contemplar al mismo Dios.

extremo, hombre que tenía muy altos pensamientos sobre su propia sabiduría. Apenas me puse al habla con él, con intención de hacerme oyente y discípulo suyo, me dijo: "¿Qué esperas?, ¿has aprendido ya música, astronomía y geometría? ¿O es que te imaginas vas a contemplar alguna de aquellas realidades que contribuyen a la felicidad, sin aprender primero esas ciencias que han de desprender al alma de lo sensible y prepararla para lo inteligible, de modo que pueda ver lo bello en sí y lo que es en si bueno?" Haciéndome un largo panegírico de aquellas ciencias, me las presentó como necesarias y, confesándole yo que las ignoraba, me despidió. Como es natural, me molestó haber fracasado en mi esperanza, mucho más porque yo creía que aquel hombre sabía algo. Por otra parte, considerando el tiempo que tendría que gastar en esas disciplinas, no pude sufrir diferirlo para tan largo plazo.

Estando así perplejo, me decidí, por fin, a tratar también con los platónicos, pues gozaban también de mucha fama. Justamente por aquellos días había llegado a nuestra ciudad[7] un hombre inteligente, una eminencia entre los platónicos, y con éste tenía yo mis largas conversaciones y adelantaba y cada día hacía progresos. La consideración de lo incorpóreo me exaltaba sobremanera; la contemplación de las ideas daba alas a mi inteligencia; me imaginaba haberme hecho sabio, y tal era mi necedad que esperaba que de un momento a otro iba a contemplar al mismo Dios, porque esta es la meta de la filosofía de Platón.

---

[7] Flavia Neápolis o Éfeso.

3

Camino de la conversión

3. Con esta disposición de ánimo, determiné un día llenarme de abundante tranquilad y evitar toda huella de hombres, por lo que marché a cierto paraje no lejano del mar. Cerca ya de aquel sitio, en que había yo de encontrarme a mis solas, me iba siguiendo, a poca distancia, un anciano, de aspecto no despreciable, manifestando la posesión de un carácter amable y venerable. Me volví, me detuve y clavé fijamente en él mi mirada. Entonces él me dijo:

—¿Es que me conoces?

Le contesté que no.

—¿Por qué, pues –me dijo–, me miras de esa manera?

—Estoy maravillado –contesté– de que hayas venido a parar adonde yo, cuando no esperaba hallar aquí a hombre alguno.

—Ando preocupado –me repuso él– por unos familiares míos que están de viaje. Vengo, pues, yo mismo a mirar si aparecen por alguna parte. Y a ti ¿qué te trae por acá?

—Me gusta –le dije– pasar así el rato, cuando nadie distrae mi atención y puedo así conversar conmigo mismo. Y es así que, para el filólogo[8] que ama la meditación, no hay parajes tan propios como éstos.

—¿Eres tú –me dijo– un filólogo[9] y no un amante de la acción y de la verdad? ¿No aspiras a ser más bien hombre práctico que un sofista?

—¿Y qué obra –le repliqué– mayor cabe realizar que mostrar cómo la idea lo dirige todo, y, concebida en nosotros y dejándonos por ella conducir, contempla el extravío de los otros? Porque sin la filosofía y la recta razón no es posible que haya prudencia. De ahí que sea preciso que todos los hombres se den a la filosofía y la tengan por la obra más grande y más honrosa dejando todo lo demás

Sin la filosofía y la recta razón no es posible que haya prudencia. De ahí que sea preciso que todos los hombres se den a la filosofía y la tengan por obra grande.

---

[8] Filólogo, en el sentido de uno que ejercita la razón.
[9] Filólogo, usado aquí en el sentido de ejercitarse en la palabra. Justino, responde que para él filólogo es quien utiliza la razón.

Lo que siempre mantiene la misma naturaleza y es causa del ser de todo lo demás, eso es propiamente Dios.

en segundo y tercer lugar; que si ello va unido a la filosofía, aun podrán pasar por cosa de moderado valor y dignas de aceptarse; mas si de ella se separan y no la acompañan, son pesadas y viles para quienes las llevan entre manos.

—¿La filosofía, pues —me replicó— produce felicidad?

—Sin duda —le contesté— y sola ella.

—¿Qué es la filosofía? —prosiguió—, dímelo, si no tienes inconveniente, y cuál es la felicidad que la misma produce.

—La filosofía —respondí— es la ciencia del ser y el conocimiento de la verdad, y la felicidad es la recompensa de esta ciencia y de este conocimiento.

—¿Y a qué llamas tú Dios? —me preguntó.

—Lo que siempre mantiene la misma naturaleza y es causa del ser de todo lo demás, eso es propiamente Dios.

Tal fue mi respuesta, y como mostraba placer en escucharme, prosiguió preguntándome:

—Ese nombre de ciencia, ¿no es común a diferentes cosas? Porque en todas las artes, el que las conoce se llama sabio en ellas. Por ejemplo, la estrategia, la náutica, la medicina. En lo referente a Dios y al hombre no pasa lo mismo. ¿Hay alguna ciencia que nos procure conocimiento de las cosas mismas divinas y humanas e inmediatamente nos haga ver lo que en ellas hay de divinidad y de justicia?

—Claro que sí —respondí.

—Entonces, ¿es lo mismo saber del hombre o de Dios, que saber música, aritmética, astronomía u otra materia semejante?

—De ninguna manera —contesté.

—Luego no me respondiste bien antes —me dijo—. Porque hay conocimientos que nos vienen del aprendizaje o de cierto ejercicio; otros, por la visión directa. Por ejemplo, si alguien te dijera que hay allá en la India un animal de naturaleza distinta a todos los otros, de esta y tal clase, múltiple de forma y de color vario, no sabrías lo que es antes de verlo, y de no haberlo oído a quien lo vio, no podrías decir de él ni una palabra.

—Cierto que no —le contesté.

—¿Cómo, pues —me replicó—, pueden los filósofos sentir rectamente de Dios o hablar de Él con verdad, si no tienen ciencia de Él, como quiera que ni le han visto ni le han oído jamás?

—Pero, padre –le repliqué–, la divinidad no es visible a los ojos, como los otros vivientes, sino sólo comprensible a la inteligencia, como dice Platón y yo lo creo.

La divinidad no es visible a los ojos, sino sólo comprensible a la inteligencia, como dice Platón y yo lo creo.

4

Por sí misma
el alma no puede ver a Dios

**No ve el
hombre a
Dios por su
parentesco
con Él,
ni porque
tiene
inteligencia,
sino porque
es templado
y justo.**

4. —Luego –me dijo–, ¿nuestra inteligencia tiene una fuerza tal y tan grande, o comprende más bien por medio de la sensación? ¿O es que la inteligencia humana jamás será capaz de ver a Dios, sin ser instruida por el Espíritu Santo?

—Platón, en efecto –contesté yo–, afirma que tal es el ojo de la inteligencia y que justamente nos ha sido dado para contemplar con él, por ser ojo puro y sencillo, eso mismo que es, y que es causa de todo lo inteligible, sin color, sin figura, sin tamaño, sin nada de cuanto el ojo ve, sino que es el ser mismo, más allá de toda esencia, ni decible ni explicable; lo sólo bello y bueno, que de pronto aparece en las almas de excelente naturaleza, por lo que con él tienen de parentesco y por su deseo de contemplarlo.

—¿Qué afinidad hay –me dijo– entre nosotros y Dios? ¿Es que el alma es también divina e inmortal y una partícula de aquella soberana inteligencia? Y ya que ve a Dios, ¿es también posible para nosotros concebir la divinidad y gozar la felicidad que de ahí se deriva?

—Absolutamente –le dije.

—¿Y todas las almas –preguntó– de los vivientes tienen la misma capacidad o es diferente el alma de los hombres del alma de un caballo o de un asno?

—No hay diferencia alguna –respondí–, sino que son en todos las mismas.

—Luego también los caballos y los asnos verán a Dios –concluyó–, o le habrán ya visto alguna vez.

—No –le dije–, pues ni siquiera le ve la mayoría de los hombres, a no ser que se viva con rectitud, tras haberse purificado con la justicia y todas las demás virtudes.

—Entonces –me dijo– no ve el hombre a Dios por su parentesco con Él, ni porque tiene inteligencia, sino porque es templado y justo.

—Así es –le contesté–, y porque tiene la potencia con que entender a Dios.

—¡Entonces, qué! ¿Es que las cabras y las ovejas cometen injusticia contra alguien?

—Contra nadie en absoluto –contesté.

—Por tanto –replicó–, según tu razonamiento, también estos animales verán a Dios.

—No, porque su cuerpo, dada su naturaleza, les es impedimento.

—Si estos animales –me interrumpió– tomaran voz, ten por seguro que tal vez con más razón se desatarían en injurias contra nuestro cuerpo. Mas, en fin, dejemos ahora esto, y concedido como tú dices, dime sólo una cosa: ¿Ve el alma a Dios mientras está en el cuerpo, o separada de él?

—Aun estando el alma en la forma de hombre –respondí–, le es posible llegar ahí por medio de la inteligencia; sin embargo, desatada del cuerpo y venida a ser ella misma por sí misma, entonces es cuando sobre todo alcanza aquello que amó todo el tiempo de su vida.

—¿Y se acuerda de ello cuando vuelve otra vez al hombre?

—No me parece –respondí.

—Entonces –repuso él–, ¿qué provecho han sacado de verlo, o qué ventaja tiene el que vio sobre el que no vio, cuando de ello no queda ni recuerdo?

—No sé qué responderte –le dije.

—Y ¿qué pena sufren –me dijo– las que son juzgadas indignas de esta vista?

—Viven encarceladas en cuerpos de bestias, y esto constituye su castigo.

—Ahora bien –me replicó–, ¿saben ellas que por esta causa viven en tales cuerpos, en castigo de algún pecado?

—No lo creo.

—Luego, según parece, tampoco éstas —concluyó— sacan provecho alguno de su castigo, y aun diría yo que ni castigo sufren, desde el momento que no tienen conciencia de ser castigadas.

—Así es, en efecto.

—Por tanto –me dijo–, ni las almas ven a Dios, ni transmigran a otros cuerpos; pues sabrían que es ese su castigo y temerían en lo sucesivo cometer el más ligero pecado. Ahora, que sean capaces de entender que existe Dios y que la justicia y la piedad son un bien, también yo te lo concedo.

—Tienes razón –le contesté.

Ni las almas ven a Dios, ni transmigran a otros cuerpos; pues sabrían que es ese su castigo y temerían en lo sucesivo cometer el más ligero pecado.

5

El alma no es inmortal por sí misma

Si el mundo es creado, forzoso es que también lo sean las almas y que haya un momento que no existan.

5. —Así, pues, nada saben aquellos filósofos sobre estas cuestiones, pues no son capaces de decir ni qué cosa sea el alma.

—No parece que lo sepan –asentí.

—Tampoco, por cierto, hay que decir que sea inmortal, pues si es inmortal, claro es que tiene que ser increada.

—Es tanto increada como inmortal –le dije– según los llamados platónicos.

—¿Dices que también el mundo es increado? –me preguntó.

—Hay quienes lo dicen, pero no soy de su opinión.

—Haces bien, pues ¿por qué motivo un cuerpo tan sólido y que ofrece tanta resistencia, compuesto y variable y que cada día perece y nace, ha de pensarse no procede de algún principio? Ahora bien, si el mundo es creado, forzoso es que también lo sean las almas y que haya un momento que no existan.[10] Porque, efectivamente, fueron hechas por causa de los hombres y de todas las criaturas vivientes, aun en el supuesto de que tú digas que fueron creadas absolutamente separadas y no juntamente con sus propios cuerpos.

---

[10] "No es, griegos, nuestra alma inmortal por sí misma, sino mortal; pero también es capaz de no morir. Muere en efecto, y se disuelve con el cuerpo, si no conoce la verdad; pero resucita nuevamente con el cuerpo en la consumación del tiempo, para recibir, por castigo, la muerte en la inmortalidad" (Taciano, *Discurso contra los griegos*, 13). "¿No fue el hombre creado mortal por naturaleza? De ninguna manera. ¿Luego fue creado inmortal? Tampoco decimos eso. Pero se nos dirá: ¿Luego no fue nada? Tampoco decimos eso. Lo que afirmamos es que por naturaleza no fue hecho mortal ni inmortal. Porque, si desde el principio le hubiera creado inmortal, le hubiera hecho dios, y a la vez, si le hubiera creado mortal, hubiera parecido ser Dios la causa de su muerte. Luego no le hizo ni mortal ni inmortal, sino, como anteriormente dijimos, capaz de lo uno y de lo otro. Y así, si el hombre se inclinaba a la inmortalidad, guardando el mandamiento de Dios, recibiría de Dios galardón de la inmortalidad y llegaría a ser dios; mas si se volvía a las cosas de la muerte, desobedeciendo a Dios, él sería para sí mismo la causa de su muerte. Porque Dios hizo al hombre libre y señor de sus actos" (Teófilo de Antioquía, *Los tres libros a Autólico*, II, 27).

—Me parece razonable.

—No son, pues, inmortales.

—No, ya que el mundo parece ser creado.

—Sin embargo, yo no afirmo que todas las almas mueran, lo que sería una verdadera suerte para los malvados. ¿Qué digo, entonces? Que las de los piadosos permanecen en un lugar mejor, las injustas y malas, en otro peor, esperando el tiempo del juicio. Así, unas que han aparecido dignas de Dios, ya no mueren; otras son castigadas mientras Dios quiera que existan y sean castigadas.

—¿Acaso vienes tú a decir lo mismo que deja entender Platón en el *Timeo*[11] sobre el mundo, es decir, que en sí mismo, en cuanto fue creado, es también corruptible, pero que no se disolverá ni tendrá parte en la muerte por designio de Dios? ¿Así te parece a ti también acerca del alma y, en general, acerca de todo lo demás?

—En efecto, cuanto es después de Dios, o ha de ser jamás, todo tiene naturaleza corruptible y capaz de desaparecer y dejar de existir. Sólo Dios es increado e incorruptible, y por eso es Dios; pero todo lo demás fuera de Dios es creado y corruptible. Por esta causa mueren y son castigadas las almas. Porque si fueran increadas, ni pecarían ni estarían llenas de insensatez, ni serían ya cobardes, ya temerarias, ni pasarían voluntariamente a los cuerpos de cerdos, serpientes o perros, ni fuera tampoco lícito, de ser increadas, obligarlas a ello. Lo increado, en efecto, es semejante a lo increado, y no sólo semejante, sino igual e idéntico, sin que sea posible que uno sobrepase a otro en poder ni en honor. De donde precisamente se sigue que no puede haber dos seres increados. Porque si en ellos hubiera alguna diferencia, jamás pudiéramos dar con la causa de ella por más que la buscáramos, sino que, remontándonos con el pensamiento hasta lo infinito, tendríamos que parar, rendidos, en un solo increado, y decir que él es la causa de todo lo demás.

—¿Acaso –pregunté yo– todo eso se les pasó por alto a Platón y Pitágoras, hombres sabios, que han venido a ser para nosotros como la muralla y fortaleza de la filosofía?

Sólo Dios es increado e incorruptible, y por eso es Dios; pero todo lo demás fuera de Dios es creado y corruptible.

---

[11] Platón, *Timeo*, 41.

6

El alma no tiene vida en sí misma

Que el alma viva, nadie habrá que lo contradiga, luego si vive, no vive por ser vida, sino porque participa de la vida.

6. —Nada se me importa –me contestó– si Platón o Pitágoras, o cualquier otro, han tenido estas opiniones, porque la verdad es esta, y tú puedes comprenderla por el siguiente razonamiento. El alma, o es vida o tiene vida. Ahora bien, si es vida, tendrá que hacer vivir a otra cosa, no a sí misma, al modo que el movimiento mueve a otra cosa, más bien que a sí mismo. Que el alma viva, nadie habrá que lo contradiga, luego si vive, no vive por ser vida, sino porque participa de la vida. Ahora bien, una cosa es lo que participa y otra aquello de que participa; y si el alma participa de la vida, es porque Dios quiere que viva. Luego de la misma manera dejará de participar un día, cuando Dios quiera que no viva. Porque el vivir no es propio de ella como lo es de Dios; como el hombre no subsiste siempre, ni está siempre el alma unida con el cuerpo, sino que, como venido el momento de deshacerse esta armonía, el alma abandona al cuerpo, y deja el hombre de existir; de modo semejante, venido el momento de que el alma tenga que dejar de existir, se aparta de ella el espíritu vivificante, y el alma ya no existe, sino que va nuevamente allí de donde fue tomada.[12]

---

[12] Cf. Eclesiastés 12:7: "Y el polvo se torne a la tierra, como era, y el espíritu se vuelva a Dios que lo dio".

7

La verdad
se encuentra en los profetas

7. —Entonces –le dije–, ¿a quién vamos a tomar por maestro o de dónde podemos sacar provecho, si ni en éstos se halla la verdad?

—Existieron hace ya mucho tiempo –me contestó el anciano– unos hombres más antiguos que todos estos tenidos por filósofos, hombres bienaventurados, justos y amigos de Dios, los cuales hablaron inspirados del Espíritu divino, y divinamente inspirados predijeron lo porvenir, aquello justamente que se está cumpliendo ahora. Son llamados profetas. Ellos solos vieron y anunciaron la verdad a los hombres, sin temer ni adular a nadie, sin dejarse vencer de la vanagloria, sino que llenos del Espíritu Santo sólo dijeron lo que vieron y oyeron. Sus escritos se conservan todavía, y quien los lea y les preste fe, puede sacar el más grande provecho en las cuestiones de los principios y fin de las cosas y, en general, sobre aquello que un filósofo debe saber. Porque no compusieron jamás sus discursos con demostración, como quiera que ellos sean testigos fidedignos de la verdad por encima de toda demostración; y por lo demás, los sucesos pasados y los actuales nos obligan a adherirnos a sus palabras. También por los milagros que hacían, es justo creerles, pues por ellos glorificaban a Dios Hacedor y Padre del Universo, y anunciaban a Cristo, Hijo suyo, que de Él procede. En cambio, los falsos profetas, a quienes llena el espíritu embustero e impuro, no hicieron ni hacen eso, sino que se atreven a realizar ciertos prodigios para espantar a los hombres y glorificar a los espíritus del error y a los demonios. Por tu parte y antes que todo, ruega que se te abran las puertas de la luz, pues estas cosas no son fáciles de ver y comprender por todos, sino a quien Dios y su Cristo imparte sabiduría.

Los profetas llenos del Espíritu Santo sólo dijeron lo que vieron y oyeron. También por los milagros que hacían, es justo creerles.

8

Trifón niega la verdad cristiana

Sentí que se encendía un fuego en mi alma y se apoderaba de mí el amor a los profetas y a aquellos hombres que son amigos de Cristo.

8. Cuando habló todo esto y muchas otras cosas que no hay por qué referir ahora, se marchó el anciano, después de exhortarme a seguir sus consejos, y yo no le volví a ver más. Pero inmediatamente sentí que se encendía un fuego en mi alma y se apoderaba de mí el amor a los profetas y a aquellos hombres que son amigos de Cristo, y reflexionando conmigo mismo sobre los razonamientos del anciano, hallé que esta sola es la filosofía segura y provechosa. De este modo, pues, y por estos motivos soy yo filósofo, y quisiera que todos los hombres, poniendo el mismo fervor que yo, siguieran las doctrinas del Salvador, pues hay en ellas un no sé qué de temible y son capaces de conmover a los que se apartan del recto camino, a la vez que, para quienes las meditan, se convierten en dulcísimo descanso.

Y si vosotros también os preocupáis algo de vosotros mismos y aspiráis a la salvación y tenéis confianza en Dios, como hombre a quienes no son ajenas estas cosas, os es posible alcanzar la felicidad, reconociendo al Cristo de Dios e iniciándoos en sus misterios.

Apenas hube yo dicho esto, queridos amigos, los compañeros de Trifón estallaron en una carcajada, y él, sonriendo suavemente me dijo:

—Acepto algunas de las cosas que has dicho y admiro, desde luego, tu fervor por las cosas divinas; sin embargo, más te hubiera valido seguir profesando la filosofía de Platón o de algún otro, mientras practicaras la constancia, el dominio de ti mismo y la castidad, que no dejarte engañar por doctrinas mentirosas y seguir a hombres miserables. Porque mientras tú permanecieras en aquel modo de filosofía y llevaras vida irreprochable, aún te quedaba esperanza de mejor destino; pero una vez que has abandonado a Dios y has puesto tu esperanza en un hombre, ¿qué salvación te queda ya? Si quieres, pues, escuchar mi consejo, pues ya te tengo por amigo mío, en primer lugar circuncídate, luego observa el sábado, las fiestas y los novilunios de Dios, como es nuestra costumbre, y cumple, en una palabra, cuanto está escrito en la

Ley; y entonces, tal vez, alcances misericordia de parte de Dios. En cuanto al Cristo o Mesías, si es que ha nacido y está en alguna parte, es desconocido y ni Él se conoce a sí mismo ni tiene poder alguno, hasta que venga Elías a ungirle y le manifieste a todo el mundo. Vosotros, sin embargo, dando oído a vanas voces, os fabricáis un Cristo a vosotros mismos y por causa suya estáis ahora pereciendo sin fin alguno.

Una vez que has abandonado a Dios y has puesto tu esperanza en un hombre, ¿qué salvación te queda ya?

9

Los cristianos no están engañados

Voy a demostrarte que no hemos prestado fe a fábulas vanas ni a doctrinas no demostradas, sino llenas del Espíritu de Dios, de las que brota el poder y florece la gracia.

9. —Te disculpo y perdono, mi amigo –le dije–, porque no sabes lo que te dices, sino que, siguiendo a maestros que no entienden las Escrituras, y como adivinando, hablas lo que te viene a la mente. Porque si te dignas escuchar mi razonamiento sobre ello, te darás cuenta de que no estamos engañados, y que jamás dejaremos de confesar a Cristo, por más ultrajes que de parte de los hombres se nos infieran, por más que el más fiero tirano se empeñe en hacernos apostatar. Porque voy a demostrarte inmediatamente que no hemos prestado fe a fábulas vanas ni a doctrinas no demostradas, sino llenas del Espíritu de Dios, de las que brota el poder y florece la gracia.

Soltaron entonces nuevamente los compañeros de Trifón la carcajada y se pusieron a gritar descortésmente. Yo, entonces, poniéndome en pie, me disponía a marchar; mas Trifón, asiéndome del manto, me dijo que no me dejaría hasta que no hubiera cumplido mi promesa.

—Pues que no alboroten tus compañeros –le dije yo– y no se conduzcan tan descortésmente. Si quieren, que escuchen en silencio; y si tienen algún quehacer más importante que les impida escuchar, que se vayan, y nosotros, retirándonos un poco más y sentándonos, podremos dar cabo a nuestra discusión.

Convino Trifón mismo en que así se hiciera, y efectivamente, de común acuerdo, nos dirigimos al medio del estadio del Xisto o galerías. Dos de sus compañeros, entre burlas y mofas por nuestro fervor, se separaron del grupo; nosotros llegados que fuimos donde había a uno y otro lado bancos de piedra, sentáronse en uno de ellos dos compañeros de Trifón, y habiendo tocado alguno el tema de la guerra terminada en Judea, se pusieron a conversar sobre ella.

10

Reproche judío contra los cristianos

10. Cuando ellos terminaron, tomé yo nuevamente la palabra y empecé a hablarles de esta manera:

—¿Hay alguna cosa más que nos reprochéis, amigos, o sólo se trata de que no vivimos conforme a vuestra ley, ni circuncidamos nuestra carne, como vuestros antepasados, ni guardamos los sábados como vosotros? ¿O es que también nuestra vida y nuestra moral son objeto de calumnias entre vosotros? Quiero decir, si es que también vosotros creéis que nos comemos a los hombres, y que, después del banquete, apagadas las luces, nos revolvemos en ilícitas uniones.[13] O, en fin, si sólo condenáis en nosotros que nos adhiramos a doctrinas como las que profesamos y que no creemos, según pensáis vosotros, una opinión verdadera.

—Esto es lo que nos sorprende –contestó Trifón–; que todo eso que el vulgo rumorea son cosas indignas de crédito, pues se apartan demasiado de la humana naturaleza. Por mi parte, conozco vuestros mandamientos, contenidos en el que llamáis Evangelio, tan maravillosos y grandes que me doy a pensar que nadie sea capaz de cumplirlos, yo he tenido curiosidad en leerlos. Pero lo que sobre todo nos tiene perplejos es que vosotros, que decís practicar la religión, y os tenéis por superiores a los paganos, no diferenciáis vuestra vida de la de los gentiles, ya que ni guardáis las fiestas y sábados ni practicáis la circuncisión. Y para colmo de todo, poniendo vuestras esperanzas en un hombre crucificado, confiáis recibir, sin embargo, algún bien de parte de Dios, sin guardar sus mandamientos. ¿O es que no has leído que será exterminada de su linaje toda alma que no se circuncide al octavo día? Y esto mandó lo mismo sobre los extranjeros que

Vosotros, que decís practicar la religión, no diferenciáis vuestra vida de la de los gentiles, ya que ni guardáis las fiestas y sábados ni practicáis la circuncisión.

---

[13] "Se dice que somos grandes criminales porque cometemos infanticidio en secreto y luego de comernos en seguida al niño muerto, y de incestos tras del banquete, por perros que echan abajo las luces, a modo de alcahuetes de las tinieblas, procuran la desvergüenza de esos impíos placeres. Estos delitos se murmuran contra nosotros desde hace tiempo" (Tertuliano, *Apología*, 7, 1-2).

Vosotros despreciáis la misma alianza, y descuidáis de lo que de ella se sigue, y aun intentáis persuadirnos que conocéis a Dios.

sobre los esclavos comprados a precio de dinero.[14] Pero vosotros despreciáis la misma alianza, y descuidáis de lo que de ella se sigue, y aun intentáis persuadirnos que conocéis a Dios, cuando no hacéis nada de lo que hacen los que temen a Dios. Si, pues, tienes algo que responder a estos cargos y nos demuestras de qué modo tenéis esperanza alguna no obstante no observar la ley, cosa es que te escucharíamos con mucho gusto y juntos examinaríamos los otros puntos que a esto se refieran.

---

[14] Génesis 17:14.

11

La nueva Ley y el nuevo Pacto

11. —No hay otro Dios, oh Trifón, ni lo habrá ni lo hubo desde la eternidad –así le contesté yo–, fuera del que creó y ordenó este universo. Mas tampoco creemos nosotros que uno sea nuestro Dios y otro el vuestro, sino el mismo que sacó a vuestras padres de la tierra de Egipto "con mano poderosa y brazo fuerte" (Dt. 5:15); ni en otro alguno hemos puesto nuestra confianza, pues tampoco lo hay, sino en el mismo que vosotros, en el Dios de Abraham y de Isaac, y de Jacob. Pero la hemos puesto, no por mediación de Moisés ni de la ley, porque en ese caso haríamos lo mismo que vosotros. No; porque he leído que había de venir una ley última y un pacto principal sobre todos, que ahora tienen que guardar todos los hombres que aspiren a la herencia de Dio, porque la ley dada sobre el monte Horeb es ya vieja y os atañe sólo a vosotros; pero la otra pertenece a todos absolutamente. Ahora bien, una ley puesta contra otra ley, anula la primera; y un testamento hecho posteriormente, deja igualmente sin efecto el primero. Y a nosotros Cristo nos ha sido dado como ley eterna y última y como testamento fiel, después del cual ya no hay ni ley ni ordenación ni mandamiento. ¿O es que tú no has leído lo que dice Isaías?: "Estad atentos a mí, pueblo mío, y oídme, nación mía; porque de mí saldrá la ley, y mi juicio descubriré para luz de pueblos. Cercana está mi justicia, ha salido mi salvación, y mis brazos juzgarán a los pueblos; a mí esperarán las islas, y en mi brazo pondrán su esperanza" (Is. 51:4, 5). Y por Jeremías dice igualmente del mismo nuevo pacto: "He aquí que vienen días, dice el Señor, en los cuales haré nuevo pacto con la casa de Jacob y la casa de Judá; no como el pacto que hice con sus padres el día que tomé su mano para sacarlos de tierra de Egipto" (Jer. 31:31, 32).

Así, pues, Dios anunció que había de establecer un pacto nuevo, y éste para luz de las naciones; como vemos y estamos convencidos de que, por virtud del nombre de este mismo Jesucristo crucificado, las gentes se apartan de la idolatría y de toda iniquidad para acercarse a Dios, soportando hasta la muerte por confesarle y mantener su

A nosotros Cristo nos ha sido dado como ley eterna y última y como testamento fiel, después del cual ya no hay ni ley ni ordenación ni mandamiento.

Nosotros somos el pueblo de Israel verdadero y espiritual, la raza de Judá, y de Jacob, los que por medio de Cristo nos hemos llegado a Dios.

religión; por los hechos mismos y por la virtud que los acompaña, puede todo el mundo comprender que éste es la ley nueva y el nuevo testamento y la expectación de los que de todas las naciones esperan los bienes de Dios. Porque nosotros somos el pueblo de Israel verdadero y espiritual, la raza de Judá, y de Jacob, y de Isaac, y de Abraham, el que fue por Dios atestiguado viviendo aún en prepucio, el que fue bendecido y llamado padre de muchas naciones; nosotros, digo, los que por medio de este Cristo crucificado nos hemos llegado a Dios, como quedará demostrado según adelantemos en nuestros razonamientos.

12

Los judíos violan y malinterpretan la ley de Moisés

12. Proseguí y aduje otro pasaje en el que Isaías exclama: "Inclinad vuestros oídos, y venid a mí; oíd, y vivirá vuestra alma; y haré con vosotros pacto eterno, las misericordias firmes a David. He aquí, que yo lo di por testigo a los pueblos, por jefe y por maestro a las naciones. He aquí, llamarás a gente que no conociste, y gentes que no te conocieron correrán a ti; por causa del Señor tu Dios, y del Santo de Israel que te ha honrado" (Is. 55:3-5). Esta misma ley deshonrasteis vosotros, y este nuevo testamento santo despreciasteis, y ni aun ahora lo recibís ni hacéis penitencia de haber obrado mal. Y es que todavía tenéis el oído obturado y vuestros ojos obcecados y el corazón engrasado. Grita Jeremías y no le oís. Tenéis delante a vuestro legislador y no le miráis. Se da la buena nueva a los pobres, los ciegos ven, y no lo entendéis.

Necesaria es ya la segunda circuncisión, y vosotros seguís con vuestro orgullo de la carne. La nueva ley quiere que guardéis el sábado continuamente, y vosotros, con pasar un día sin hacer nada, ya os parece que sois religiosos, sin entender el motivo de por qué os fue ordenado el sábado. No se complace en eso el Señor Dios nuestro. Si hay entre vosotros un perjuro o ladrón, que deje de serlo; si hay un adúltero, arrepiéntase y ha guardado los deliciosos y verdaderos sábados de Dios. Si alguno no tiene entre vosotros las manos limpias, lávese y queda puro.

Necesaria es ya la segunda circuncisión, y vosotros seguís con vuestro orgullo de la carne.

13

Profecía de Isaías
sobre el perdón de pecados

Los que se arrepienten y se purifican, no ya por la sangre de machos cabríos, sino en la fe por medio de la sangre de Cristo y de su muerte.

13. Porque no fue a un baño a donde os mandó Isaías para lavaros allí de vuestras muertes y demás pecados, que toda el agua del mar no bastaría para limpiar. No, fue aquel lavatorio de salvación el que dijo de antiguo el profeta para los que se arrepienten y se purifican, no ya por la sangre de machos cabríos y de ovejas, ni por la ceniza de los novillos, ni por ofrendas de flor de harina, sino en la fe por medio de la sangre de Cristo y de su muerte. Para ese fin murió Él, como lo dijo el mismo Isaías con estas palabras: "El Señor desnudó el brazo de su santidad ante los ojos de todas las gentes; y todos los términos de la tierra verán la salud del Dios nuestro. Apartaos, apartaos, salid de ahí, no toquéis cosa inmunda; salid de en medio de ella; limpiaos los que lleváis los vasos del Señor. Porque no saldréis apresurados, ni iréis huyendo; porque el Señor irá delante de vosotros, y os congregará el Dios de Israel. He aquí que mi siervo será prosperado, será engrandecido y ensalzado, y será muy sublimado. Como se pasmaron de ti muchos, en tanta manera fue desfigurado de los hombres su parecer; y su hermosura más que la de los hijos de los hombres. Sin embargo Él rociará muchas gentes; los reyes cerrarán sobre Él sus bocas; porque verán lo que nunca les fue contado, y entenderán lo que jamás habían oído. ¿Quién ha creído a nuestro anuncio?, ¿y sobre quién se ha manifestado el brazo de Señor? Y subirá cual renuevo delante de Él, y como raíz de tierra seca; no hay parecer en Él, ni hermosura; verlo hemos, mas sin atractivo para que le deseemos. Despreciado y desechado entre los hombres, varón de dolores, experimentado en quebranto; y como que escondimos de Él el rostro, fue menospreciado, y no lo estimamos. Ciertamente llevó Él nuestras enfermedades, y sufrió nuestros dolores; y nosotros le tuvimos por azotado, por herido de Dios y abatido. Mas Él herido fue por nuestras rebeliones, molido por nuestros pecados; el castigo de nuestra paz fue sobre Él; y por su llaga fuimos nosotros curados. Todos nosotros nos descarriamos como ovejas,

cada cual se apartó por su camino; mas el Señor cargó en Él el pecado de todos nosotros. Angustiado Él, y afligido, no abrió su boca; como cordero fue llevado al matadero; y como oveja delante de sus trasquiladores, enmudeció, y no abrió su boca. De la cárcel y del juicio fue quitado; y su generación ¿quién la contará? Porque cortado fue de la tierra de los vivientes; por la rebelión de mi pueblo fue herido. Y se dispuso con los impíos su sepultura, mas con los ricos fue en su muerte; porque nunca hizo Él maldad, ni hubo engaño en su boca. Con todo eso el Señor quiso quebrantarlo, sujetándole a padecimiento. Cuando hubiere puesto su vida en expiación por el pecado, verá linaje, vivirá por largos días, y la voluntad del Señor será en su mano prosperada. Del trabajo de su alma verá y será saciado; con su conocimiento justificará mi siervo justo a muchos, y Él llevará las iniquidades de ellos. Por tanto yo le daré parte con los grandes, y con los fuertes repartirá despojos; por cuanto derramó su vida hasta la muerte, y fue contado con los perversos, habiendo Él llevado el pecado de muchos y orado por los transgresores. Alégrate, oh estéril, la que no paría; levanta canción, y da voces de júbilo, la que nunca estuvo de parto; porque más son los hijos de la dejada que los de la casada, ha dicho el Señor. Ensancha el sitio de tu cabaña, y las cortinas de tus tiendas sean extendidas; no seas escasa; alarga tus cuerdas, y fortifica tus estacas. Porque a la mano derecha y a la mano izquierda has de crecer; y tu simiente heredará gentes, y habitarán las ciudades asoladas. No temas, que no serás avergonzada; y no te avergüences, que no serás afrentada; antes, te olvidarás de la vergüenza de tu mocedad, y de la afrenta de tu viudez no tendrás más memoria. Porque tu marido es tu Hacedor; Señor de los ejércitos es su nombre, y tu redentor, el Santo de Israel; Dios de toda la tierra será llamado. Porque como a mujer dejada y triste de espíritu te llamó el Señor, y como a mujer joven que es repudiada" (Is. 52:10–54:6).

Todos nosotros nos descarriamos como ovejas, cada cual se apartó por su camino; mas el Señor cargó en Él el pecado de todos nosotros. Angustiado Él, y afligido, no abrió su boca; como cordero fue llevado al matadero.

14

Conversión y verdadero bautismo

Nosotros hemos alcanzado la fe, y os intimamos que éste es el que predijo el profeta, el único que puede purificar a los que se arrepienten; esta es el agua de la vida.

14. Así, pues, por este baño de arrepentimiento y de conocimiento de Dios, que ha sido instituido para remedio de la iniquidad del pueblo de Dios, como clama Isaías, hemos nosotros alcanzado la fe, y os intimamos que éste es el que predijo el profeta, el único que puede purificar a los que se arrepienten; esta es el agua de la vida. Esas cisternas, sin embargo, que vosotros os cavasteis para vosotros mismos, están rotas y de nada os aprovechan.[15] ¿Qué provecho, en efecto, se sigue de un bautismo que sólo limpia la carne y el cuerpo? Lavaos el alma de ira, de avaricia, de envidia y de odio, y he ahí limpio vuestro cuerpo. Tal es, en efecto, lo que significan los ázimos, a saber, que no practiquéis las viejas obras de la mala levadura. Pero vosotros, todo lo habéis entendido carnalmente, y tenéis por religión todo eso, aun cuando tengáis las almas llenas de engaño y, en una palabra, de toda maldad. De ahí que, después de los siete días de comer pan ázimo, Dios os mandó que pusierais en la masa nueva levadura,[16] es decir, que practiquéis obras nuevas y no volváis a repetir las antiguas y malas. Y para demostraros que eso es lo que os pide este nuevo legislador, os citaré otra vez las palabras ya por mí dichas, con otras que han sido omitidas. Fueron dichas por Isaías así: "Inclinad vuestros oídos, y venid a mí; oíd, y vivirá vuestra alma; y haré con vosotros pacto eterno, las misericordias firmes a David. He aquí, que yo lo di por testigo a los pueblos, por jefe y por maestro a las naciones. He aquí, llamarás a gente que no conociste, y gentes que no te conocieron correrán a ti; por causa de Jehová tu Dios, y del Santo de Israel que te ha honrado. Buscad al Señor mientras puede ser hallado, llamadle en tanto que está cercano. Deje el impío su camino, y el hombre inicuo sus pensamientos; y

---

[15] Cf. Jeremías 2:13: "Porque dos males ha hecho mi pueblo: dejáronme a mí, fuente de agua viva, por cavar para sí cisternas, cisternas rotas que no detienen aguas".

[16] "Por los siete días se comerán los panes sin levadura; y no se verá contigo leudado, ni levadura en todo tu término" (Éx. 13:7).

vuélvase al Señor, el cual tendrá de él misericordia, y al Dios nuestro, el cual será amplio en perdonar. Porque mis pensamientos no son vuestros pensamientos, ni vuestros caminos mis caminos, dijo el Señor. Como son más altos los cielos que la tierra, así son mis caminos más altos que vuestros caminos, y mis pensamientos más que vuestros pensamientos. Porque como desciende de los cielos la lluvia, y la nieve, y no vuelve allá, sino que harta la tierra, y la hace germinar y producir, y da simiente al que siembra, y pan al que come, así será mi palabra que sale de mi boca; no volverá a mí vacía, antes hará lo que yo quiero, y será prosperada en aquello para que la envié. Porque con alegría saldréis, y con paz seréis vueltos; los montes y los collados levantarán canción delante de vosotros, y todos los árboles del campo darán palmadas de aplauso. En lugar de la zarza crecerá haya, y en lugar de la ortiga crecerá arrayán; y será al Señor por nombre, por señal eterna que nunca será raída" (Is. 55:3-13). De estas y otras palabras, ¡oh Trifón!, pronunciadas por los profetas, parte se refieren al primer advenimiento de Cristo, en que fue anunciado que aparecería sin gloria ni belleza y sujeto a la muerte; parte a su segunda venida,[17] cuando se presentará con gloria por encima de las nubes, y vuestro pueblo verá y reconocerá a aquel a quien traspasó, como de antemano dijeron Oseas, uno de los doce profetas, y Daniel.[18]

De estas palabras, parte se refieren al primer advenimiento de Cristo, en que fue anunciado que aparecería sin gloria ni belleza y sujeto a la muerte; parte a su segunda venida.

---

[17] "Aprende ahora la clave de tu error sobre la cuestión que venimos considerando. Afirmamos, dos caracteres de Cristo demostrados por los profetas, así como dos advenimientos predichos: uno en humildad, el primero, y otro de sublimidad, el segundo" (Tertuliano, *Respuesta a los judíos*, 14. Publicado en esta misma colección).

[18] En realidad, fue Zacarías 12:10: "Y derramaré sobre la casa de David, y sobre los moradores de Jerusalén, espíritu de gracia y de oración; y mirarán a mí, a quien traspasaron, y harán llanto sobre él, como llanto sobre unigénito, afligiéndose sobre él como quien se aflige sobre primogénito".

15

El ayuno verdadero

Aprended cuál es el ayuno verdadero de Dios, para que le agradéis. Circuncidad el prepucio de vuestro corazón, como las palabras de Dios lo piden.

15. —Y ahora aprended cuál es el ayuno verdadero de Dios, para que le agradéis, como dice Isaías, que clama: "Levanta tu voz con fuerza, no te detengas; alza tu voz como trompeta, y anuncia a mi pueblo su rebelión, y a la casa de Jacob su pecado. Que me buscan cada día, y quieren saber mis caminos, como gente que hubiese obrado justicia, y que no hubiese dejado el derecho de su Dios: pregúntanme derechos de justicia, y quieren acercarse a Dios. ¿Por qué, dicen, ayunamos, y no hiciste caso; humillamos nuestras almas, y no te diste por entendido? He aquí que en el día de vuestro ayuno halláis lo que queréis, y todos demandáis vuestras haciendas. He aquí que para contiendas y debates ayunáis, y para herir con el puño inicuamente; no ayunéis como hoy, para que vuestra voz sea oída en lo alto. ¿Es tal el ayuno que yo escogí, que de día aflija el hombre su alma, que encorve su cabeza como junco, y haga cama de saco y de ceniza? ¿Llamaréis esto ayuno, y día agradable al Señor? ¿No es antes el ayuno que yo escogí, desatar las ligaduras de impiedad, deshacer los haces de opresión, y dejar ir libres a los quebrantados, y que rompáis todo yugo? ¿No es que partas tu pan con el hambriento, y a los pobres errantes metas en casa; que cuando vieres al desnudo, lo cubras, y no te escondas de tu hermano? Entonces nacerá tu luz como el alba, y tu salud se dejará ver pronto; e irá tu justicia delante de ti, y la gloria del Señor será tu retaguardia. Entonces invocarás, y te oirá el Señor; clamarás, y dirá Él: Heme aquí. Si quitares de en medio de ti el yugo, el extender el dedo, y hablar vanidad; y si derramares tu alma al hambriento, y saciares el alma afligida, en las tinieblas nacerá tu luz, y tu oscuridad será como el mediodía; y el Señor te pastoreará siempre, y en las sequías hartará tu alma, y engordará tus huesos; y serán como huerta de riego, y como manadero de aguas, cuyas aguas nunca faltan" (Is. 58:1-11). Circuncidad, pues, el prepucio de vuestro corazón, como las palabras de Dios lo piden en todos estos discursos.

16

Animosidad de los judíos contra los cristianos

16. Dios mismo, por medio de Moisés, clama de esta manera: "Circuncidad pues el prepucio de vuestro corazón, y no endurezcáis más vuestra cerviz. Porque el Señor vuestro Dios es Dios de dioses, y Señor de señores, Dios grande, poderoso, y terrible, que no acepta persona, ni toma regalo" (Dt. 10:16, 17). Y en Levítico: "Porque anduvieron conmigo en oposición, Yo también habré andado con ellos en contra, y los habré metido en la tierra de sus enemigos: y entonces se humillará su corazón incircunciso, y reconocerán su pecado" (Lv. 26:40, 41). Porque la circuncisión, que tuvo principio en Abraham, fue dada para señal, a fin de que se os distinga de los demás hombres y también de nosotros, y así sufráis vosotros solos lo que ahora con justicia sufrís, y vuestras tierras queden desiertas, y sean abrasadas vuestras ciudades, y los extranjeros se coman vuestros frutos delante de vosotros y nadie de vosotros pueda poner el pie en Jerusalén.[19] Porque por ninguna otra señal os distinguís del resto de los hombres, sino por la circuncisión de vuestra carne. Y nadie de vosotros, creo yo, osará decir que Dios no previó o no prevé ahora lo por venir y que no da a cada uno lo que merece. Y con razón y justicia os ha venido todo eso a vosotros, que matasteis al Justo y antes de Él a sus profetas.[20] Y ahora desecháis a los que esperan en Él y en el Dios omnipotente y hacedor de todas las cosas, que le envió, y, en cuanto es de vuestra parte, lo deshonráis, maldiciendo en vuestras sinagogas a los que creen en Cristo. No tenéis poder para poner vuestras manos sobre nosotros, por impedíroslo los que ahora mandan; pero siempre que lo pudisteis, lo hicisteis. De ahí que clame Dios contra vosotros por boca de

La circuncisión, que tuvo principio en Abraham, fue dada para señal, a fin de que se os distinga de los demás hombres y también de nosotros.

---

[19] A consecuencia de la mencionada rebelión liderada por Bar Cochba, se promulgó una ley que castigaba con la pena de muerte a cualquier judío que intentase entrar en Jerusalén.

[20] Cf. Hechos 3:14: "Mas vosotros al Santo y al Justo negasteis, y pedisteis que se os diese un homicida".

Entrará en la paz; descansarán en sus lechos todos los que andan delante de Dios.

Isaías: "Perece el justo, y no hay quien reflexione; y los píos son recogidos, y no hay quien entienda que delante de la aflicción es recogido el justo. Entrará en la paz; descansarán en sus lechos todos los que andan delante de Dios. Mas vosotros llegaos acá, hijos de la agorera, generación de adúltero y de fornicaria. ¿De quién os habéis mofado?, ¿contra quién ensanchasteis la boca, y alargasteis la lengua? ¿No sois vosotros hijos rebeldes, simiente mentirosa" (Is. 57:1-4).

17

Campaña anticristiana de los judíos

17. Porque las otras naciones no tienen tanta culpa de la iniquidad que se comete con nosotros y con Cristo, como vosotros, que sois la causa de la injusta prevención que también aquellos tienen contra Él y contra nosotros, que de Él venimos. Y, en efecto, vosotros, después de crucificar a aquel que era el solo intachable y hombre justo, por cuyas llagas son curados los que por Él se acercan al Padre, cuando supisteis que había resucitado y ascendido a los cielos, como las profecías lo habían anunciado, no sólo no hicisteis penitencia de vuestras malas obras, sino que, escogiendo entonces hombres especiales de Jerusalén, los mandasteis por toda la tierra para que propalaran que había aparecido una impía secta de cristianos, y esparcieran las calumnias que repiten contra nosotros todos los que no nos conocen. De modo que no sólo sois culpables vosotros de vuestra propia iniquidad, sino sencillamente de la de todos los hombres, y con razón clama Isaías: "Continuamente es blasfemado mi nombre todo el día" (Is. 52:5, 3). Y: "¡Ay del alma de ellos!, porque allegaron mal para sí diciendo: Encadenemos al justo, pues nos es molesto. Por eso comerán de los frutos de sus obras. ¡Ay del impío!, mal le irá, porque según las obras de sus manos le será pagado" (Is. 3:9-11). Y de nuevo en otro lugar: "¡Ay de los que traen la iniquidad con cuerdas de vanidad, y el pecado como con coyundas de carreta, los cuales dicen: Venga ya, apresúrese su obra, y veamos; acérquese, y venga el consejo del Santo de Israel, para que lo sepamos! ¡Ay de los que a lo malo dicen bueno, y a lo bueno malo; que hacen de la luz tinieblas, y de las tinieblas luz; que ponen lo amargo por dulce, y lo dulce por amargo!" (Is. 5:18-20).

Vosotros, pues, habéis puesto empeño en que se propalaran por toda la tierra calumnias amargas, tenebrosas e inicuas contra aquel varón, el solo intachable y justo, enviado por Dios a los hombres. Molesto, efectivamente, os pareció que era, cuando gritaba entre vosotros: "Mi casa es casa de oración, y vosotros la habéis convertido en una cueva de ladrones" (Mt. 21:13; Lc. 19:46). Y echó por tierra

Vosotros habéis puesto empeño en que se propalaran por toda la tierra calumnias amargas contra aquel varón, el solo intachable y justo, enviado por Dios a los hombres.

Molesto os pareció que era, cuando gritaba entre vosotros: "Mi casa es casa de oración, y vosotros la habéis convertido en una cueva de ladrones".

las mesas de los cambistas que estaban en el templo y gritó: "¡Ay de vosotros, escribas y fariseos hipócritas, que pagáis el diezmo de la menta y la ruda, y no pensáis en el amor de Dios y en la justicia. Sepulcros blanqueados, que parecen hermosos por fuera y están llenos por dentro de huesos de cadáveres" (Mt. 23:23,27; Lc. 11:42). Y a los escribas: "¡Ay de vosotros, escribas, que tenéis las llaves, y ni entráis vosotros ni dejáis a los que quieren entrar!, guías ciegos" (Mt. 23:13; 16:24; Lc. 11:52).

18

Razón del rechazo cristiano
de la ley ceremonial

18. Ya que tú, Trifón, has leído, según tú mismo confesaste, las enseñanzas de nuestro Salvador, no creo haber hecho cosa fuera de lugar al citar junto a las de los profetas algunas breves sentencias suyas. Lavaos, pues, y haceos ahora limpios, y quitad los pecados de vuestras almas; pero lavaos en el baño que Dios os manda, y circuncidaos con la verdadera circuncisión. Porque también nosotros observaríamos esa circuncisión carnal y guardaríamos el sábado y absolutamente todas vuestras fiestas, si no supiéramos la causa por las que os fueron ordenadas, es decir, por vuestras iniquidades y vuestra dureza de corazón. Porque si soportamos cuanto se nos hace sufrir de parte de los hombres y de los malos demonios, de modo que aun en medio de lo más espantoso, la muerte y los tormentos, rogamos que tenga Dios misericordia de quienes así nos tratan y no deseamos vengarnos de ellos, tal como nuestro nuevo legislador nos lo mandó, ¿cómo no habíamos de guardar, ¡oh Trifón!, lo que no nos produce ni leve daño, quiero decir, la circuncisión carnal, los sábados y fiestas?

Lavaos en el baño que Dios os manda, y circuncidaos con la verdadera circuncisión.

19

La circuncisión
y el sábado antes de la Ley

Los que estáis circuncidados en la carne, necesitáis de nuestra circuncisión; nosotros, en cambio, que tenemos la espiritual, para nada necesitamos de la otra.

19. —Eso es justamente –observó Trifón– lo que nos hace estar perplejos, que, soportando tales tormentos, no observáis también los otros puntos sobre los que estamos ahora discutiendo.

—No los observamos, porque esa circuncisión no es necesaria para todos, sino sólo para vosotros, y eso, como anteriormente dije, a fin de que sufráis lo que ahora con justicia sufrís.[21] Y tampoco tomamos vuestro bautismo de esas cisternas rotas, pues nada es en comparación de nuestro bautismo de la vida. Por eso justamente clama Dios que le habéis abandonado a Él, fuente viva, y habéis cavado para vosotros mismos pozos rotos que no podrán contener agua (Jer. 2:13). Vosotros, los que estáis circuncidados en la carne, necesitáis de nuestra circuncisión; nosotros, en cambio, que tenemos la espiritual, para nada necesitamos de la otra. Porque de haber sido esa necesaria, como vosotros os imagináis, no hubiera formado Dios a Adán incircunciso, ni hubiera mirado a los dones de Abel, que ofrecía sacrificios sin estar circuncidado, ni le hubiera tampoco agradado Enoc, incircunciso, y no se le halló más, porque Dios le trasladó. Lot, incircunciso, se salvó de Sodoma, bajo la escolta de los mismos ángeles y del Señor. Noé es principio de otro linaje humano; y sin embargo, incircunciso entró junto con sus hijos en el arca. Incircunciso era Melquisedec, sacerdote del Altísimo, a quien Abraham, el primero que llevó la circuncisión en su carne, dio las ofrendas de los diezmos y fue por él bendecido. Y por David anunció Dios que según el orden de Melquisedec había de establecer al sacerdote eterno (Sal. 110:4). Para vosotros solos era, pues, necesaria esta circuncisión, a fin de que, como dice Oseas, uno de los doce profetas, el pueblo no sea pueblo y la nación no sea nación (Os. 1:9, 10).

---

[21] Tertuliano sigue la misma línea de argumentación en su *Adversus judaeos*, 3.

Y sin sábado también, agradaron a Dios todos los justos anteriormente nombrados, y después de ellos Abraham y todos los hijos de Abraham hasta Moisés, bajo cuyo mando vuestro pueblo, fabricándose un becerro en el desierto, se mostró prevaricador e ingrato para con Dios. De ahí que Dios, acomodándose a aquel pueblo, mandó que se le ofrecieran también sacrificios, como a su nombre, a fin de que no idolatréis, y aun ni eso guardasteis, sino que llegasteis a sacrificar vuestros hijos a los demonios. También, pues, el sábado os lo ordenó Dios para que tuvierais memoria de Él. Y efectivamente, su palabra lo significa diciendo: "Para que conozcáis que yo soy el Dios que os ha librado" (Éx. 20:2).

Sin sábado también, agradaron a Dios todos los justos anteriormente nombrados, y después de ellos Abraham y todos los hijos de Abraham hasta Moisés.

20

Los alimentos

Os mandó
absteneros
de ciertos
alimentos,
a fin de que
aun en el
comer y
beber
tuvierais
a Dios ante
los ojos.

20. Igualmente os mandó absteneros de ciertos alimentos, a fin de que aun en el comer y beber tuvierais a Dios ante los ojos, como quiera que sois inclinados y estáis siempre prontos a apartaros de su conocimiento, como el mismo Moisés lo dice: "Se sentó el pueblo a comer y a beber, y se levantaron a regocijarse" (Éx. 32:6). Y otra vez: "Comió Jacob y se hartó y engordó y coceó al amado; se engordó, se engrasó, se dilató y abandonó a Dios, que le creo" (Dt. 32:15). Porque os contó Moisés en el libro del Génesis que Dios permitió a Noé, que era justo, comer todo ser animado, excepto la carne en la sangre, es decir, lo ahogado. Y como quería objetarme las palabras del Génesis: "Como las hierbas del campo" (Gn. 9:3), me adelanté yo a decir: La expresión "como las hierbas del campo", ¿por qué no la entendéis tal como fue dicha por Dios, a saber, que como Él creó las hierbas para alimento del hombre, de igual modo le dio los animales para comer carne? Del hecho de que no comemos algunas de las hierbas, vosotros concluís, que ya desde entonces se le había mandado a Noé hacer diferencia. Pero vuestra interpretación no merece fe ninguna. En primer lugar, pudiera decir y afirmar que toda legumbre es hierba que puede comerse; mas no me detendré en eso. La verdad es que si hacemos distinción entre las hierbas del campo y no comemos todas, ello no se debe a que sean profanas o impuras, sino a que son amargas, venenosas o espinosas. Mas las que son dulces o alimenticias y bellas, ya se críen en el mar, o en la tierra, esas las buscamos ávidamente y las tomamos. De igual modo, Dios os mandó que os abstuvierais de alimentos impuros, injustos e ilegítimos, porque, aun comiendo el maná en el desierto y viendo los prodigios todos que Dios os hacía, fabricasteis el becerro de oro y le adorasteis. De ahí que con justicia no deja de gritar: "Hijos insensatos, y sin fe" (Dt. 32:20).

21

Propósito del sábado

21. Por vuestras iniquidades y por las de vuestros padres, os mandó también Dios que guardarais el sábado para señal, como anteriormente dije, y os dio los otros mandamientos; y por motivo de las naciones, para que su nombre no fuese profanado entro ellas, da Él a entender que dejó a algunos de vosotros vivos, como os lo pueden demostrar las siguientes palabras suyas, que dijo por boca de Ezequiel: "Yo soy el Señor vuestro Dios; andad en mis ordenanzas, y guardad mis derechos, y ponedlos por obra: Y santificad mis sábados, y sean por señal entre mí y vosotros, para que sepáis que yo soy el Señor vuestro Dios. Y los hijos se rebelaron contra mí; no anduvieron en mis ordenanzas, ni guardaron mis derechos para ponerlos por obra, los cuales el hombre que los cumpliere, vivirá en ellos; profanaron mis sábados. Dije entonces que derramaría mi ira sobre ellos, para cumplir mi enojo en ellos en el desierto. Mas retraje mi mano, y en atención a mi nombre hice porque no se infamase a vista de las gentes, delante de cuyos ojos los saqué. Y también les alcé yo mi mano en el desierto, que los esparciría entre las gentes, y que los aventaría por las tierras; porque no pusieron por obra mis derechos, y desecharon mis ordenanzas, y profanaron mis sábados, y tras los ídolos de sus padres se les fueron sus ojos. Por eso yo también les di ordenanzas no buenas, y derechos por los cuales no viviesen; y los contaminé en sus ofrendas cuando hacían pasar por el fuego todo primogénito, para que los desolase" (Ez. 20: 19-26).

Por vuestras iniquidades os mandó también Dios que guardarais el sábado para señal.

22

Propósito de los sacrificios levíticos

Por los pecados de vuestro pueblo, no porque Él tenga necesidad de semejantes ofrendas, os ordenó igualmente lo referente a los sacrificios.

22. Por los pecados de vuestro pueblo y por sus idolatrías, no porque Él tenga necesidad de semejantes ofrendas, os ordenó igualmente lo referente a los sacrificios. Escuchad cómo lo dice por Jonás,[22] uno de los doce profetas, mediante estas palabras: "¡Ay de los que desean el día del Señor! ¿Para qué queréis este día del Señor? Será de tinieblas, y no luz: Como el que huye de delante del león, y se topa con el oso; o si entrare en casa y arrimare su mano a la pared, y le muerde la culebra. ¿No será el día del Señor tinieblas, y no luz; oscuridad, que no tiene resplandor? Aborrecí, abominé vuestras solemnidades, y no me darán buen olor vuestras asambleas. Y si me ofreciereis holocaustos y vuestros presentes, no los recibiré; ni miraré a los pacíficos de vuestros engordados. Quita de mí la multitud de tus cantares, que no escucharé las salmodias de tus instrumentos. Antes corra el juicio como las aguas, y la justicia como impetuoso arroyo. ¿Me habéis ofrecido sacrificios y presentes en el desierto en cuarenta años, casa de Israel? Pero llevabais el tabernáculo de vuestro Moloc y Quiún, ídolos vuestros, la estrella de vuestros dioses que os hicisteis. Os haré pues transportar más allá de Damasco, ha dicho Jehová, cuyo nombre es Dios de los ejércitos. ¡Ay de los reposados en Sion, y de los confiados en el monte de Samaria, nombrados principales entre las mismas naciones, las cuales vendrán sobre ellos, oh casa de Israel! Pasad a Calne, y mirad; y de allí id a la gran Hamath; descended luego a Gat de los filisteos; ved si son aquellos reinos mejores que estos reinos, si su término es mayor que vuestro término. Vosotros que dilatáis el día malo, y acercáis la silla de iniquidad; duermen en camas de marfil, y se extienden sobre sus lechos; y comen los corderos del rebaño, y los becerros de en medio del engordadero; gorjean al son de la flauta, e inventan instrumentos músicos, como David; beben vino en grandes copas, y se ungen con los ungüentos más preciosos; y no

---

[22] *Lapsus* por Amós.

se afligen por el quebrantamiento de José. Por tanto, ahora seréis llevados a la cabeza de los cautivos, y se acabará el relincho de los caballos" (Am. 5:16–6:7).

Otra vez dice por Jeremías: "Añadid vuestros holocaustos sobre vuestros sacrificios, y comed carne. Porque no hablé yo con vuestros padres, ni les mandé el día que los saqué de la tierra de Egipto, acerca de holocaustos y de víctimas" (Jer. 7:21, 22).[23] Y nuevamente, por boca de David, dice así en el salmo cuarenta y nueve: "El Dios de dioses, el Señor, ha hablado, y convocado la tierra desde el nacimiento del sol hasta donde se pone. De Sion, perfección de hermosura, Dios ha resplandecido. Vendrá nuestro Dios, y no callará: Fuego consumirá delante de Él, y en derredor suyo habrá tempestad grande. Convocará a los cielos de arriba, Y a la tierra, para juzgar a su pueblo. Juntadme mis santos; los que hicieron conmigo pacto con sacrificio. Y denunciarán los cielos su justicia; Porque Dios es el juez. Oye, pueblo mío, y hablaré. Escucha, Israel, y testificaré contra ti. Yo soy Dios, el Dios tuyo. No te reprenderé sobre tus sacrificios, ni por tus holocaustos, que delante de mí están siempre. No tomaré de tu casa becerros, ni machos cabríos de tus apriscos. Porque mía es toda bestia del bosque, y los millares de animales en los collados. Conozco todas las aves de los montes, Y en mi poder están las fieras del campo. Si yo tuviese hambre, no te lo diría a ti, porque mío es el mundo y su plenitud. ¿Tengo de comer yo carne de toros, O de beber sangre de machos cabríos? Sacrifica a Dios alabanza, y paga tus votos al Altísimo. E invócame en el día de la angustia, te libraré, y tú me honrarás. Pero al malo dijo Dios: ¿Qué tienes tú que explicar mis leyes, y que tomar mi pacto en tu boca, pues que tú aborreces el castigo, y echas a tu espalda mis palabras? Si veías al ladrón, tú corrías con él; y con los adúlteros era tu parte. Tu boca metías en mal, y tu lengua componía engaño. Tomabas asiento, y hablabas contra tu hermano, contra el hijo de tu madre ponías infamia. Estas cosas hiciste, y yo he callado, pensabas que de cierto sería yo como tú. Yo te argüiré, y las pondré delante de tus ojos.

En mi poder están las fieras del campo. Si yo tuviese hambre, no te lo diría a ti, porque mío es el mundo y su plenitud.

---

[23] Esta misma argumentación contra los sacrificios levíticos es seguida por Ireneo de Lyon en *Contra las herejías*, 4,17, publicado en esta misma colección.

Ni recibe de vosotros sacrificios, ni os mandó al principio hacerlos por estar necesitado, sino por causa de vuestros pecados.

Entended ahora esto, los que os olvidáis de Dios; No sea que arrebate, sin que nadie libre. El que sacrifica alabanza me honrará; Y al que ordenare su camino, le mostraré la salvación de Dios" (Sal. 50:1-22).

Así, pues, ni recibe de vosotros sacrificios, ni os mandó al principio hacerlos por estar necesitado, sino por causa de vuestros pecados. El mismo templo de Jerusalén, no lo llamó Dios casa y morada suya porque lo necesitara, sino porque, atendiendo vosotros a Él por lo menos allí, no os dierais a la idolatría. Y que esto sea así, lo dice Isaías: "El cielo es mi solio, y la tierra estrado de mis pies, ¿dónde está la casa que me habréis de edificar, y dónde este lugar de mi reposo?" (Is. 66:1).

23

La justicia no es por la circuncisión ni la observancia del sábado

23. Si no admitimos esto así, tendremos que caer en pensamientos absurdos; por ejemplo, que no es el mismo el Dios de Enoc y de todos los otros que no guardaron la circuncisión carnal ni los sábados y demás prescripciones de la ley, pues fue Moisés quien mandó que todo eso se guardara; o bien que no ha querido que todo el género humano practicara siempre la misma justicia. Lo cual, evidentemente, es ridículo e insensato. En cambio, se puede decir que, aun siendo siempre el mismo, por causa de los hombres pecadores, mandó que se cumplieran esas y otras cosas por el estilo, y así pudiéramos declarar que es benigno y previsor, y no necesitado, justo y bueno. Porque si esto no es así, respondedme, señores, qué es lo que pensáis sobre estas cuestiones.

Como nadie respondía palabra, proseguí:

Por ese motivo, oh Trifón, a ti y a todos los que intentan hacerse prosélitos vuestros, voy a proclamaros un razonamiento divino que es de aquel anciano: ¿No veis que los elementos jamás descansan ni guardan el sábado? Permaneced, pues, como nacisteis, porque si antes de Abraham no había necesidad de la circuncisión, ni antes de Moisés del sábado, de las fiestas ni de los sacrificios, tampoco la hay ahora después de Jesucristo, Hijo de Dios, nacido sin pecado de una virgen del linaje de Abraham. Porque el mismo Abraham, estando incircunciso, fue justificado y bendecido por su fe en Dios, como lo significa la Escritura; la circuncisión, empero, la recibió como signo, no como justificación, según la misma Escritura y la realidad de las cosas nos obligan a confesar. De manera que con razón se dijo de aquel pueblo que sería exterminado de su linaje toda alma que no se circuncidara al octavo día. Además, el hecho de que el sexo femenino no pueda recibir la circuncisión de la carne, prueba que fue dada esa circuncisión por señal y no como obra de justificación. Porque en cuanto a la justicia y virtud de toda especie, Dios quiso que las mujeres tuvieran la misma capacidad

Si antes de Abraham no había necesidad de la circuncisión, ni antes de Moisés del sábado, de las fiestas ni de los sacrificios, tampoco la hay ahora después de Jesucristo.

Sabemos que ninguno de los sexos es de suyo justo ni injusto, sino por piedad y justicia.

que los hombres para ganarlas, en cambio, la configuración de la carne, vemos que es diferente en el varón y en la hembra. Nosotros, sin embargo, sabemos que ninguno de los sexos es de suyo justo ni injusto, sino por piedad y justicia.

24

La circuncisión cristiana

24. Ahora, señores, continué, pudiera también demostraros que por el octavo día con preferencia al séptimo, se anunciaba en aquel rito un misterio por Dios; mas para no daros impresión que divago en otros razonamientos, lo omito y me contento con deciros que entendáis cómo la sangre de aquella circuncisión se ha eliminado y nosotros hemos creído en otra sangre salvadora. Ahora hay otro testamento, otra ley ha salido de Sion. Jesucristo circuncida a todos los que quiere, como desde el principio fue anunciado, con cuchillos de piedra, a fin de formar una nación justa, un pueblo que guarda la fe, que abraza la verdad, que mantiene la paz. Venid conmigo, todos los que teméis a Dios, los que deseáis ver los bienes de Jerusalén. Venid, caminemos en la luz del Señor, porque Él perdonó a su pueblo, la casa de Jacob. Venid las naciones todas, juntémonos en aquella Jerusalén, que ya no es combatida por la iniquidad de sus gentes: "Fui buscado de los que no preguntaban por mí; fui hallado de los que no me buscaban –clama por Isaías–. Dije a gente que no invocaba mi nombre: Heme aquí, heme aquí. Extendí mis manos todo el día a pueblo rebelde, el cual anda por camino no bueno, en pos de sus pensamientos; pueblo que en mi cara me provoca de continuo" (Is. 65:1-3).

Ahora hay otro testamento, otra ley ha salido de Sion. Jesucristo circuncida a todos los que quiere, a fin de formar una nación justa.

25

La justicia humana a los ojos de Dios

Los que se justifican a sí mismos, y dicen ser hijos de Abraham, con nosotros querrán también ser herederos.

25. Los que se justifican a sí mismos, y dicen ser hijos de Abraham, con nosotros querrán también ser herederos, aun cuando sólo sea en un grado pequeño, como el Espíritu Santo por boca de Isaías clama diciendo así en persona de ellos: "Mira desde el cielo, y contempla desde la morada de tu santidad y de tu gloria. ¿Dónde está tu celo, y tu fortaleza, la conmoción de tus entrañas y de tus compasiones conmigo? ¿Se habrán estrechado? Tú empero eres nuestro padre, si bien Abraham nos ignora, e Israel no nos conoce; tú, oh Señor, eres nuestro padre; nuestro Redentor perpetuo es tu nombre. ¿Por qué, oh Señor, nos has hecho errar de tus caminos, y endureciste nuestro corazón a tu temor? Vuélvete por amor de tus siervos, por las tribus de tu heredad. Por poco tiempo lo poseyó el pueblo de tu santidad; nuestros enemigos han hollado tu santuario. Hemos venido a ser como aquellos de quienes nunca te enseñoreaste, sobre los cuales nunca fue llamado tu nombre. ¡Oh si rompieses los cielos, y descendieras, y a tu presencia se escurriesen los montes, como fuego abrasador de fundiciones, fuego que hace hervir las aguas, para que hicieras notorio tu nombre a tus enemigos, y las gentes temblasen a tu presencia! Cuando, haciendo terribles proezas cuales nunca esperábamos, descendiste, fluyeron los montes delante de ti. Ni nunca oyeron, ni oídos percibieron, ni ojo ha visto Dios fuera de ti, que hiciese por el que en él espera. Saliste al encuentro al que con alegría obraba justicia, a los que se acordaban de ti en tus caminos; he aquí, tú te enojaste porque pecamos; en esos hay perpetuidad, y seremos salvos. Si bien todos nosotros somos como suciedad, y todas nuestras justicias como trapo de inmundicia; y caímos todos nosotros como la hoja, y nuestras maldades nos llevaron como viento. Y nadie hay que invoque tu nombre, que se despierte para tenerte; por lo cual escondiste de nosotros tu rostro, y nos dejaste marchitar en poder de nuestras maldades. Ahora pues, Señor, tú eres nuestro padre; nosotros lodo, y tú el que nos formaste; así que obra de tus manos, todos nosotros. No te aíres, oh Señor, sobremanera, ni tengas perpetua

memoria de la iniquidad; he aquí mira ahora, pueblo tuyo somos todos nosotros. Tus santas ciudades están desiertas, Sion es un desierto, Jerusalén una soledad. La casa de nuestro santuario y de nuestra gloria, en la cual te alabaron nuestros padres, fue consumida al fuego; y todas nuestras cosas preciosas han sido destruidas. ¿Te estarás quieto, oh Jehová, sobre estas cosas? ¿Callarás, y nos afligirás sobremanera?" (Is. 63:15-64:12).

Trifón inquirió:

—¿Qué es, pues, lo que dices? ¿Que ninguno de nosotros heredará nada en el monte santo de Dios?

Trifón inquirió: ¿Ninguno de nosotros heredará nada en el monte santo de Dios?

26

No hay salvación fuera de Jesús

Los que persiguieron y siguen persiguiendo a Cristo, si no se arrepienten no tendrán parte alguna en la herencia del monte santo.

26. A lo que contesté:

—No digo eso, sino que los que persiguieron y siguen persiguiendo a Cristo, si no se arrepienten no tendrán parte alguna en la herencia del monte santo. Las naciones, en cambio, que han creído en Él y se han arrepentido de sus pecados, recibirán la herencia junto con los patriarcas y profetas, y con los justos todos que vienen de Jacob, y aun cuando no observen el sábado ni se circunciden ni guarden las fiestas, heredarán la herencia santa de Dios sin duda, pues por Isaías dice así: "Yo el Señor te he llamado en justicia, y te tendré por la mano; te guardaré y te pondré por alianza del pueblo, por luz de las gentes; para que abras ojos de ciegos, para que saques de la cárcel a los presos, y de casas de prisión a los que están de asiento en tinieblas" (Is. 42:6-7). Y de nuevo: "Alzad bandera entre los pueblos. He aquí que el Señor hizo oír hasta lo último de la tierra. Decid a la hija de Sion: He aquí viene tu Salvador; he aquí su recompensa con Él, y delante de Él su obra. Y les llamarán pueblo santo, redimidos del Señor; y a ti te llamarán ciudad buscada, no desamparada. ¿Quién es éste que viene de Edom, de Bosra con vestidos bermejos?, ¿este hermoso en su vestido, que marcha en la grandeza de su poder? Yo, el que hablo en justicia, grande para salvar. ¿Por qué es bermejo tu vestido, y tus ropas como del que ha pisado en lagar? He pisado yo solo el lagar, y de los pueblos nadie fue conmigo, los pisé con mi ira, y los hollé con mi furor; y su sangre salpicó mis vestidos, y ensucié todas mis ropas. Porque el día de la venganza está en mi corazón, y el año de mis redimidos es venido. Y miré y no había quien ayudará, y me maravillé de que no hubiera quien sustentase, y me salvó mi brazo, y me sostuvo mi ira. Y con mi ira hollé los pueblos, y los embriagué de mi furor, y derribé a tierra su fortaleza" (Is. 62:10–63:6).

27

La cuestión del sábado

27. Trifón dijo:

—¿Por qué hablas escogiendo lo que bien te parece de las palabras proféticas y no mencionas aquellos pasajes en que expresamente se manda guardar el sábado? Porque por boca de Isaías se dice así: "Si detuvieres del sábado tu pie, de hacer tu voluntad en mi día santo, y al sábado llamares delicias, santo, glorioso del Señor; y lo venerares, no haciendo tus caminos, ni buscando tu voluntad, ni hablando tus palabras, entonces te deleitarás en el Señor; y yo te haré subir sobre las alturas de la tierra, y te daré a comer la heredad de Jacob tu padre; porque la boca del Señor lo ha hablado" (Is. 58:13, 14).

A lo que contesté:

—No es que haya omitido esas palabras proféticas porque contradigan mi tesis, sino por pensar que vosotros habéis comprendido y comprendéis que, aun cuando por medio de los profetas todos os mande Dios hacer lo mismo que os mandó por Moisés, siempre os grita las mismas cosas, a causa de la dureza de vuestro corazón y de vuestra ingratitud para con Él, a ver si así al menos os arrepentís y le agradáis y no sacrificáis vuestros hijos a los demonios, ni formáis compañía con ladrones, ni buscáis los presentes, ni perseguís la retribución, sin juzgar a los huérfanos ni hacer justicia a las viudas, y no estén vuestras manos llenas de sangre. "Porque las hijas de Sion se ensoberbecen, y andan con cuello erguido y los ojos descompuestos; cuando andan van danzando, y haciendo son con los pies" (Is. 3:16). "No hay quien entienda, no hay quien busque a Dios; todos se apartaron, a una fueron hechos inútiles; no hay quien haga lo bueno, no hay ni aun uno. Sepulcro abierto es su garganta; con sus lenguas tratan engañosamente; veneno de áspides está debajo de sus labios; cuya boca está llena de maledicencia y de amargura; sus pies son ligeros a derramar sangre; quebrantamiento y desventura hay en sus caminos; y camino de paz no conocieron" (Sal. 14:1-3; Ro. 3:11-17). De modo que, así como al principio os dio esos mandamientos a causa de vuestras maldades, así, por perseverar vosotros en ellas o, más bien,

Vosotros comprendéis que, aun cuando por medio de los profetas todos os mande Dios hacer lo mismo que os mandó por Moisés, siempre os grita las mismas cosas.

Pero sois un pueblo de corazón duro e insensato, ciego y cojo, hijos en quienes no hay fidelidad.

por agravarlas todavía, por esos mismos os llama a su recuerdo y conocimiento. Pero vosotros sois un pueblo de corazón duro e insensato, ciego y cojo, hijos en quienes no hay fidelidad, como Él mismo dice, que le honráis sólo con los labios, pero con vuestro corazón estáis lejos de Él, que enseñáis vuestras propias enseñanzas y no las suyas. Si no, decidme, ¿es que quiso Dios que los sacerdotes pecaran al ofrecer sacrificios en sábado? Y lo mismo digo de los que se circuncidan y circuncidan en día de sábado, al mandar que los recién nacidos sean a todo trance circuncidados el octavo día, aun cuando sea sábado. ¿O es que no podía mandar hacerlo un día antes o un día después del sábado, si sabía que era pecado hacerlo en sábado? Y en fin, a los que fueron antes de Abraham y de Moisés y que llevaron nombre de santos y le agradaron sin circuncidarse ni guardar los sábados, ¿por qué no les enseñó Dios a hacer esas cosas?

28

El ahora del día de la salvación

28. A lo que Trifón replicó:

—Ya te escuchamos cuando planteaste esta cuestión y te prestamos atención; puesto que, a decir verdad, la merece, y no tengo yo por qué decir lo que dice la gente, a saber, "así le pareció bien a Dios". Porque esta es siempre la escapatoria de quienes no saben responder a las cuestiones.

—Puesto que yo parto de las Escrituras –le dije– y de los hechos para mis demostraciones y exhortaciones, no retraséis ni dudéis en poner vuestra fe en lo que digo, por más que sea incircunciso, pues es poco el tiempo que queda para adherirnos a nosotros; si Cristo se os adelanta en su venida, en vano os arrepentiréis, en vano lloraréis, porque ya no os escuchará: "Haced barbecho para vosotros, y no sembréis sobre espinas –clama Jeremías al pueblo–. Circuncidaos al Señor, y quitad los prepucios de vuestro corazón" (Jer. 4:3, 4). No sembréis, pues, sobre espinas y en tierra no labrada, de donde no habéis de recoger fruto. Reconoced a Cristo y he ahí un bello campo, bello y productivo en vuestros corazones. "He aquí que vienen días, dice el Señor, y visitaré sobre todo circuncidado, y sobre todo incircunciso: A Egipto, y a Judá, y a Edom, y a los hijos de Ammón y de Moab, y a todos los arrinconados en el último rincón, que moran en el desierto; porque todas las gentes tienen prepucio, y toda la casa de Israel tiene prepucio en el corazón" (Jer. 9:25, 26). ¿Veis cómo no es esa circuncisión, que fue dada en señal, la que Dios quiere? Porque ni a los egipcios ni a los hijos de Moab y de Edom les sirve para nada. En cambio, aun cuando sea un escita o persa, si tiene conocimiento de Dios y de Jesucristo y guarda la ley eterna, está circuncidado con la buena y provechosa circuncisión y es amado de Dios y Dios se complace en sus dones y ofrendas. Os quiero alegar, amigos, palabras de Dios mismo, cuando por Malaquías, uno de los doce profetas, habló a su pueblo: "Yo no recibo contentamiento en vosotros, dice el Señor de los ejércitos, ni de vuestra mano me será agradable el sacrificio. Porque desde donde el sol nace hasta

Reconoced a Cristo y he ahí un bello campo, bello y productivo en vuestros corazones.

Grande es mi nombre entre las gentes; y en todo lugar se ofrece a mi nombre perfume, y presente limpio.

donde se pone, es grande mi nombre entre las gentes; y en todo lugar se ofrece a mi nombre perfume, y presente limpio: porque grande es mi nombre entre las gentes, dice el Señor de los ejércitos. Y vosotros lo habéis profanado" (Mal. 1:10-12). Y por boca de David dijo: "Pueblo que yo no conocía, me sirvió. Así que hubo oído, me obedeció" (Sal. 18:43-44).

29

Cristo y el Espíritu, lo único necesario

29. Glorifiquemos a Dios, congregados en uno, todas las naciones, porque también a nosotros nos ha mirado. Glorifiquémosle por medio del rey de gloria, por el Señor de los ejércitos. Porque también en las naciones tuvo Él sus complacencias y con más gusto recibe de nosotros los sacrificios, que no de vosotros. ¿Qué necesidad tengo de circuncisión, cuando tengo el testimonio de Dios? ¿Qué necesidad hay de otro bautismo para quien está bautizado por el Espíritu Santo? Con estos razonamientos, yo creo han de persuadirse aun los que tienen menos entendimiento. Porque no son discursos preparados por mí, ni adornados por artificio humano, sino que se trata de salmos que David cantó y de mensajes que Isaías anunció o de lo que Zacarías predicó y Moisés puso por escrito. ¿Los reconoces, Trifón? En vuestros libros están consignados, o por mejor decir, no *vuestros*, sino *nuestros*; porque nosotros los creemos; vosotros, sin embargo, por más que los leéis, no entendéis su sentido. No os ofendáis, pues, ni nos echéis en cara el prepucio de nuestra carne, con el que Dios mismo nos plasmó. No tengáis por cosa de espanto que bebamos en sábado agua caliente, pues también Dios gobierna el mundo ese día igual al resto de los días. Además, vuestros sumos sacerdotes tenían orden de ofrecer los sacrificios en este día como en los otros; y, por fin, aquellos grandes justos, que nada de esas prescripciones legales guardaron, están por Dios mismo atestiguados.

En vuestros libros están consignados, o por mejor decir, no *vuestros*, sino *nuestros*; porque nosotros los creemos; vosotros, sin embargo, por más que los leéis, no entendéis su sentido.

30

Los cristianos poseen
la justicia de Cristo

Llamamos
ayudador
y redentor
nuestro a
aquel cuyo
nombre
poderoso
hace
estremecer a
los mismos
demonios,
los cuales
se someten
hoy mismo.

30. En cambio, lo que debéis achacar a vuestra propia maldad es que Dios esté expuesto a las calumnias de los que no tienen inteligencia por pensar que no siempre enseñó Él a todos la misma justicia. El hecho es que a muchos hombres han parecido sin razón e indignas de Dios tales enseñanzas de la ley, por no haber recibido la gracia de conocer que por ellas llamó Dios a vuestro pueblo a conversión y arrepentimiento de espíritu, dado a la maldad y espiritualmente enfermo. Y la doctrina de los profetas, que vino después de la muerte de Moisés, es eterna.

Y eso mismo, señores, se dice en el Salmo[24] y que nosotros, que hemos alcanzado sabiduría por ellos, confesamos que los juicios de Dios son más dulces que la miel y el panal, aparece claro por el hecho de que, incluso amenazados de muerte, no negamos su nombre. Y todo el mundo sabe también que nosotros, los que en Él creemos, le pedimos nos preserve de los extraños, es decir, de los malos y embusteros espíritus, como dice la palabra del profeta, en figura de uno de los que en Él creen. Efectivamente, nosotros rogamos siempre a Dios por medio de Jesucristo que seamos preservados de los demonios, que son extraños a la piedad de Dios, y a los que en otro tiempo adorábamos, a fin de que, después de convertirnos a Dios por Jesucristo, seamos irreprochables. Porque llamamos ayudador y redentor nuestro a aquel cuyo nombre poderoso hace estremecer a los mismos demonios, los cuales se someten hoy mismo conjurados en el nombre de Jesucristo, crucificado bajo Poncio

---

[24] A juzgar por el contexto se refiere al Salmo 19, quizá omitido por el copista, pues entre otras cosas dice: "Los mandamientos del Señor son rectos, que alegran el corazón; el precepto del Señor, puro, que alumbra los ojos. El temor del Señor, limpio, que permanece para siempre; los juicios de Jehová son verdad, todos justos. Deseables son más que el oro, y más que mucho oro afinado; y dulces más que miel, y que la que destila del panal".

Pilato, procurador que fue de Judea. De manera que por ahí se hace patente a todos que su Padre le dio tal poder, que a su nombre y a la dispensación de su pasión se someten los mismos demonios.

A su nombre y a la dispensación de su pasión se someten los mismos demonios.

31

La profecía de Daniel
sobre el Hijo del Hombre

A su nombre
y a la
dispensación
de su
pasión
se someten
los mismos
demonios.

31. Y si ahora se ve que le ha seguido y le sigue un grande poder a la dispensación de su pasión, ¿cuál será el que tenga en su venida gloriosa? Porque como Hijo del Hombre ha de venir encima de las nubes, como lo significó Daniel, en compañía de los ángeles. He aquí las palabras del profeta: "Estuve mirando hasta que fueron puestas sillas, y un Anciano de grande edad se sentó, cuyo vestido era blanco como la nieve, y el pelo de su cabeza como lana limpia; su silla llama de fuego, sus ruedas fuego ardiente. Un río de fuego procedía y salía de delante de Él: millares de millares le servían, y millones de millones asistían delante de él: el Juez se sentó, y los libros se abrieron. Yo entonces miraba a causa de la voz de las grandes palabras que hablaba el cuerno; miraba hasta tanto que mataron la bestia, y su cuerpo fue deshecho, y entregado para ser quemado en el fuego. Habían también quitado a las otras bestias su señorío, y les había sido dada prolongación de vida hasta cierto tiempo. Miraba yo en la visión de la noche, y he aquí en las nubes del cielo como un hijo de hombre que venía, y llegó hasta el Anciano de grande edad, y le hicieron llegar delante de Él. Y le fue dado señorío, y gloria, y reino; y todos los pueblos, naciones y lenguas le sirvieron; su señorío, señorío eterno, que no será transitorio, y su reino que no se corromperá. Mi espíritu fue turbado, yo Daniel, en medio de mi cuerpo, y las visiones de mi cabeza me asombraron. Me llegué a uno de los que asistían, y le pregunté la verdad acerca de todo esto. Y me habló, y declaró la interpretación de las cosas. Estas grandes bestias, las cuales son cuatro, cuatro reyes son, que se levantarán en la tierra. Después tomarán el reino los santos del Altísimo, y poseerán el reino hasta el siglo, y hasta el siglo de los siglos. Entonces tuve deseo de saber la verdad acerca de la cuarta bestia, que tan diferente era de todas las otras, espantosa en gran manera, que tenía dientes de hierro, y sus uñas de metal, que devoraba y desmenuzaba, y las sobras hollaba con sus pies; asimismo acerca de los diez cuernos que tenía en su cabeza, y del otro que había subido, de delante del cual

habían caído tres; y este mismo cuerno tenía ojos, y boca que hablaba grandezas, y su parecer mayor que el de sus compañeros. Y veía yo que este cuerno hacía guerra contra los santos, y los vencía, hasta tanto que vino el Anciano de grande edad, y se dio el juicio a los santos del Altísimo; y vino el tiempo, y los santos poseyeron el reino. Dijo así: La cuarta bestia será un cuarto reino en la tierra, el cual será más grande que todos los otros reinos, y a toda la tierra devorará, y la hollará, y la despedazará. Y los diez cuernos significan que de aquel reino se levantarán diez reyes; y tras ellos se levantará otro, el cual será mayor que los primeros, y a tres reyes derribará. Y hablará palabras contra el Altísimo, y a los santos del Altísimo quebrantará, y pensará en mudar los tiempos y la ley; y entregados serán en su mano hasta tiempo, y tiempos, y el medio de un tiempo. Empero se sentará el Juez, y le quitarán su señorío, para que sea destruido y arruinado hasta el extremo; y que el reino, y el señorío, y la majestad de los reinos debajo de todo el cielo, sea dado al pueblo de los santos del Altísimo; cuyo reino es reino eterno, y todos los señoríos le servirán y obedecerán. Hasta aquí fue el fin de sus palabras. Yo Daniel, mucho me turbaron mis pensamientos, y mi rostro se me mudó, mas guardé todo en mi corazón" (Dn. 7:9-28).

He aquí en las nubes del cielo como un hijo de hombre que venía. Y le fue dado señorío, y gloria, y reino; y todos los pueblos, naciones y lenguas le sirvieron.

32

Los dos advenimientos
según las profecías

Si no
hubiera yo
distinguido
dos
advenimientos
suyos,
pudiera
parecer
oscuro y
difícil lo
que digo.

32. Apenas hube yo terminado, dijo Trifón:

—Estas y otras semejantes Escrituras, amigo, nos obligan a esperar glorioso y grande al que recibió del Anciano de días, como un hijo de hombre, el reino eterno; en cambio, ese que vosotros llamáis Cristo vivió deshonrado y sin gloria, hasta el punto de caer bajo la extrema maldición de la ley de Dios, pues fue crucificado.

Y yo le respondí:

—Si las Escrituras que os he citado no dijeran que su figura era sin gloria y que su generación es inexplicable, y que por su muerte serán entregados los ricos a la muerte, y que por sus heridas somos nosotros curados, y que había de ser conducido como oveja, si, por otra parte, no hubiera yo distinguido dos advenimientos suyos: uno, en que fue por vosotros traspasado; otro, en que reconoceréis a aquel a quien traspasasteis, y vuestras tribus se golpearán el pecho, tribu tras tribu, las mujeres aparte y los hombres aparte; pudiera parecer oscuro y difícil lo que digo. Mas cierto es que yo parto en todos mis razonamientos de las Escrituras proféticas, que son santas para vosotros, y apoyado en ellas os presento mis demostraciones, con la esperanza de que alguno de vosotros pueda hallarse en el número de los que han sido reservados por la gracia del Señor de los ejércitos para la eterna salvación. Ahora bien, a fin de que se os haga más claro lo que al presente discutimos, os quiero citar otras palabras dichas por el bienaventurado David, por las que entenderéis cómo el Espíritu Santo profético llama Señor a Cristo y cómo el Señor, Padre del universo, le levanta de la tierra y le sienta a su derecha, hasta que ponga a sus enemigos por escabel de sus pies. Así se cumplió desde el momento en que nuestro Señor Jesucristo fue levantado al cielo, después de resucitar de entre los muertos, cuando los tiempos están ya cumplidos y a la puerta ya aquel que ha de hablar arrogancias y blasfemias contra el Altísimo, ese mismo que Daniel indica que ha de dominar tiempo y tiempos y mitad de tiempo. Vosotros, ignorando cuánto tiempo haya de dominar, lo interpretáis de otro modo, pues entendéis por tiempo cien años. En ese caso, el hombre de iniquidad tiene que reinar por lo menos trescientos cincuenta años, si contamos por dos lo que el santo Daniel llamó "tiempos".

Todo esto os lo he dicho por digresión, para que por fin deis fe a lo que Dios dice contra vosotros, que sois "hijos insensatos" (Jer. 4:22), y aquello otro: "He aquí que nuevamente excitaré yo la admiración de este pueblo con un prodigio grande y espantoso; porque perecerá la sabiduría de sus sabios, y se desvanecerá la prudencia de sus prudentes" (Is. 29:14); y aprendiendo de nosotros que hemos sido enseñados por la gracia de Cristo, dejéis de engañaros a vosotros mismos y a los que os oyen. Las palabras, pues, dichas por David son estas: "Dijo el Señor a mi Señor: Siéntate a mi diestra, en tanto que pongo tus enemigos por estrado de tus pies. La vara de tu fortaleza enviará Jehová desde Sion; domina en medio de tus enemigos. Tu pueblo lo será de buena voluntad en el día de tu poder, en la hermosura de la santidad; desde el seno de la aurora, tienes tú el rocío de tu juventud. Juró el Señor, y no se arrepentirá: Tú eres sacerdote para siempre según el orden de Melquisedec. El Señor a tu diestra herirá a los reyes en el día de su furor; juzgará entre las naciones, las llenará de cadáveres; herirá las cabezas en muchas tierras. Del arroyo beberá en el camino; por lo cual levantará cabeza" (Sal. 110:1-7).

Se desvanecerá la prudencia de sus prudentes; y aprendiendo de nosotros que hemos sido enseñados por la gracia de Cristo, dejéis de engañaros a vosotros mismos

33

Jesús, objeto del Salmo 110

Melquisedec fue sacerdote del Altísimo y sacerdote de los incircuncisos; así nos dio a entender que constituirá sacerdote suyo eterno a Jesús.

33. Yo no ignoro –añadí– que tenéis la audacia de interpretar este Salmo como referido a Ezequías; sin embargo, por las palabras mismas del Salmo os quiero demostrar inmediatamente que estáis equivocados. En él se dice: "Juró el Señor y no le pesará". Y: "Tú eres sacerdote para siempre, según el orden de Melquisedec", y lo que sigue y lo que antecede. Ahora bien, que Ezequías no fue sacerdote, ni sigue tampoco siendo sacerdote eterno de Dios, ni vosotros osaréis contradecirlo. En cambio, que eso se diga acerca de nuestro Jesús, lo dan a entender las palabras mismas. Pero vuestros oídos están obstruidos y vuestros corazones endurecidos. Porque por las palabras: "Juró el Señor y no le pesará: Tú eres sacerdote para siempre, según el orden de Melquisedec", puso de manifiesto que, con juramento, a causa de nuestra incredulidad, le constituyó Dios por sacerdote, según el orden de Melquisedec, es decir, que al modo como describe Moisés que Melquisedec fue sacerdote del Altísimo y sacerdote de los incircuncisos y él bendijo a Abraham en la circuncisión tras ofrecerle éste los diezmos; así nos dio a entender que constituirá sacerdote suyo eterno a Jesús, a quien llama Señor el Espíritu Santo y sacerdote de los incircuncisos, y que Él recibirá y bendecirá a los de la circuncisión que a Él se acerquen, es decir, que crean en Él y busquen sus bendiciones. En fin, las últimas palabras del salmo manifiestan que primero había de aparecer humilde como hombre, y luego sería exaltado: "Del arroyo beberá en el camino"; y juntamente: "Por lo cual levantará cabeza".

34

Jesús en el Salmo 72

34. Más aún, voy a recordaros otro salmo, dictado por el Espíritu Santo a David, para mostraros que no entendéis nada de las Escrituras, pues decís que se refiere a Salomón, que fue también rey vuestro, cuando fue dicho para nuestro Cristo. Y es que vosotros os dejáis engañar por la semejanza de las expresiones. Y así, donde habla de la "ley del Señor sin reproche", lo interpretáis de la ley de Moisés, y no de la que había de venir después de él, siendo así que Dios mismo clama que ha de establecerse una ley nueva y un testamento nuevo. Y donde se dice: "¡Oh Dios, da tus juicios al rey", como Salomón fue rey, inmediatamente le aplicáis el salmo, cuando sus palabras mismas están pregonando que se refiere a un rey eterno, es decir, a Cristo. Porque Cristo, como yo os demuestro por todas las Escrituras, es dicho rey y sacerdote, y Dios, y Señor, y ángel, y hombre, supremo general, y piedra, y niño recién nacido; y de Él se anunció que, nacido primero pasible, había de subir luego al cielo y de allí ha de vestir nuevamente con gloria y poseer un reino eterno. Y para que entendáis lo que digo, voy a deciros las palabras del salmo, que reza así: "Oh Dios, da tus juicios al rey, y tu justicia al hijo del rey. Él juzgará tu pueblo con justicia, y tus afligidos con juicio. Los montes llevarán paz al pueblo, y los collados justicia. Juzgará los afligidos del pueblo, salvará los hijos del menesteroso, y quebrantará al violento. Te han de temer mientras duren el sol y la luna, por generación de generaciones. Descenderá como la lluvia sobre la hierba cortada; como el rocío que destila sobre la tierra. Florecerá en sus días justicia, y muchedumbre de paz, hasta que no haya luna. Y dominará de mar a mar, y desde el río hasta los cabos de la tierra. Delante de Él se postrarán los etíopes; y sus enemigos lamerán la tierra. Los reyes de Tarsis y de las islas traerán presentes: Los reyes de Seba y de Sabá ofrecerán dones. Y han de arrodillarse a Él todos los reyes; le servirán todas las gentes. Porque Él librará al menesteroso que clamare, y al afligido que no tuviere quien le socorra. Tendrá misericordia del pobre y del menesteroso, y salvará las almas de los pobres. De engaño y

Donde habla de la "ley del Señor sin reproche", lo interpretáis de la ley de Moisés, y no de la que había de venir después de él.

Salomón por amor de una mujer idolatró en Sidón. Lo cual no se someten a hacer esos que han conocido a Dios.

de violencia redimirá sus almas; y la sangre de ellos será preciosa en sus ojos. Y vivirá, y se le dará del oro de Seba; y se orará por Él continuamente; todo el día se le bendecirá. Será echado un puño de grano en tierra, en las cumbres de los montes; su fruto hará ruido como el Líbano, y los de la ciudad florecerán como la hierba de la tierra. Será su nombre para siempre, se perpetuará su nombre mientras el sol dure; y benditas serán en Él todas las gentes. Lo llamarán bienaventurado. Bendito del Señor Dios, el Dios de Israel, que solo hace maravillas. Y bendito su nombre glorioso para siempre, y toda la tierra sea llena de su gloria. Amén y Amén (Sal. 72:1-19). Y al final de este salmo que acabo de citar, se escribe: Terminan los himnos de David, hijo de Jesé (v. 20).

Sé muy bien que Salomón fue un gran rey muy renombrado, por quien se construyó el llamado templo de Jerusalén; pero es evidente que nada de lo que se dice en el salmo le sucedió a él. Efectivamente, ni le adoraban todos los reyes, ni reinó hasta los confines de la redondez de la tierra, ni, cayendo a sus pies, mordieron el polvo sus enemigos. Es más, me atrevo a recordar lo que de él se escribe en los libros de los Reyes, que por amor de una mujer idolatró en Sidón. Lo cual no se someten a hacer esos que, venidos de las naciones, han conocido a Dios, creador del universo, por medio de Jesucristo crucificado; sino que soportan todo tormento y castigo, hasta el extremo de la muerte, por no idolatrar ni comer nada ofrecido a los ídolos.

35

Los herejes
y las advertencias de Cristo

35. Entonces Trifón me replicó:

—Creo, de todos modos, que muchos que dicen confesar a Jesús y que se llaman cristianos comen de lo sacrificado a los ídolos y declaran que no sufren ningún mal en consecuencia.

A lo que yo le respondí:

—Del hecho que haya hombres que se confiesen a sí mismos cristianos, que admitan que el Jesús crucificado es tanto Señor como Cristo, pero, por otra parte, no enseñan sus doctrinas, sino las de los espíritus del error, nos hace a nosotros, discípulos de la verdadera y pura doctrina de Jesucristo, volvernos más fieles y más firmes en la esperanza por Él anunciada. Porque lo que Él anticipadamente dijo que había de suceder en su nombre, es lo que vemos cumplirse en nuestros días. Él dijo: "Porque vendrán muchos en mi nombre, guardaos de los falsos profetas, que vienen á vosotros con vestidos de ovejas, mas de dentro son lobos rapaces" (Mt. 24:5; 7:15). Y "habrá escisiones y sectas". "Porque se levantarán falsos Cristos y falsos profetas, y darán señales y prodigios, para engañar, si se pudiese hacer, aun a los escogidos" (Mr. 13:22). Ciertamente, amigos, hay y hubo muchos que en nombre de Cristo han enseñado doctrinas blasfemas, y se han comportado mal, no obstante presentarse en nombre de Jesús, y son por nosotros llamados del nombre de quien dio origen a cada doctrina y opinión. Porque unos de un modo y otros de otro, enseñan a blasfemar del Hacedor del universo y del Cristo que por Él fue profetizado que había de venir, lo mismo que del Dios de Abraham, Isaac y Jacob. Nosotros no tenemos nada en común con ellos, pues sabemos que son ateos, impíos, injustos e inicuos, y que, en lugar de dar culto a Jesús, sólo le confiesan de nombre. Aun así se llaman a sí mismos cristianos, a la manera que los de las naciones atribuyen el nombre de Dios a obras de sus manos y toman parte en inicuas y sacrílegas iniciaciones. De ellos, unos se llaman marcionitas, otros valentinianos, otros basilidianos, otros saturnilianos y otros por otros

Ciertamente hay y hubo muchos que en nombre de Cristo han enseñado doctrinas blasfemas, y se han comportado mal, no obstante presentarse en nombre de Jesús.

Llevando cada uno el nombre del fundador de la secta, al modo como los que pretenden profesar una filosofía, creen deber suyo llevar el nombre del padre de la doctrina que su filosofía profesa.

nombres, llevando cada uno el nombre del fundador de la secta, al modo como los que pretenden profesar una filosofía, como al principio advertí, creen deber suyo llevar el nombre del padre de la doctrina que su filosofía profesa.[25]

En conclusión, también por estos herejes venimos nosotros a conocer que Jesús sabía de antemano lo que después de Él había de suceder, como lo sabemos también por otras muchas cosas que Él predijo habrían de pasar a los que creemos en Él, Cristo, y le confesamos. Y así, todo lo que padecemos al ser llevados a la muerte, incluso por nuestros propios familiares, Él predijo que había de suceder, de modo que ni en sus palabras ni en sus acciones aparece jamás reprochable. De ahí que nosotros rogamos por vosotros y por todos los que nos aborrecen, a fin de que, convirtiéndoos juntamente con nosotros, no blasfeméis de Jesucristo, que, por sus obras, por los milagros que aun ahora se están cumpliendo en su nombre, por la excelencia de su doctrina, por las profecías que sobre Él se hicieron, no merece reproche ni acusación alguna; sino que, creyendo en Él, os salvéis en su segunda venida gloriosa y no seáis por Él condenados al fuego.

---

[25] Cf. Ireneo de Lyon, *Contra las herejías*, publicado en esta misma colección.

36

La divinidad de Jesús en el Salmo 24

36. Entonces me respondió Trifón:

—Sea todo eso como tú dices; concedido también que esté profetizado que el Cristo había de sufrir, que es llamado piedra; que después de su primera venida, en que estaba anunciado que sufriría, vendrá glorioso y será finalmente juez de todos los hombres: rey y sacerdote eterno. Demuéstranos ahora que es ese Jesús precisamente sobre quien todo eso estaba profetizado.

—Como quieras, Trifón –le respondí yo–. En lugar conveniente entraré en las demostraciones que deseas; ahora permíteme que ante todo cite unas profecías que tengo interés en recordaros, para demostrar que Cristo es llamado en parábola por el Espíritu Santo, Dios de Jacob y Señor de los ejércitos. Vuestros exegetas son, como Dios mismo dice, unos insensatos, al afirmar que no se dijo eso con relación a Cristo, sino a Salomón, con ocasión de introducir la tienda del testimonio en el templo que había edificado. El salmo de David dice así: "Del Señor es la tierra y su plenitud, mundo, y los que en él habitan. Porque Él la fundó sobre los mares, y la afirmó sobre los ríos. ¿Quién subirá al monte del Señor? ¿Y quién estará en el lugar de su santidad? El limpio de manos, y puro de corazón; el que no ha elevado su alma a la vanidad, ni jurado con engaño. Él recibirá bendición del Señor, y justicia del Dios de salvación. Tal es la generación de los que le buscan, de los que buscan tu rostro, oh Dios de Jacob. Alzad, oh puertas, vuestras cabezas, y alzaos vosotras, puertas eternas, y entrará el Rey de gloria. ¿Quién es este Rey de gloria? El Señor el fuerte y valiente, el Señor el poderoso en batalla. Alzad, oh puertas, vuestras cabezas, y alzaos vosotras, puertas eternas, Y entrará el Rey de gloria. ¿Quién es este Rey de gloria? El Señor de los ejércitos, Él es el Rey de la gloria" (Sal. 24:1-10). Ahora bien, está demostrado que Salomón no fue el rey de los ejércitos; mas cuando nuestro Cristo resucitó de entre los muertos y subió al cielo, los príncipes por Dios ordenados en los cielos, reciben orden de abrir las puertas para que entre éste que es el rey de la gloria y, subido allí, se

Cuando nuestro Cristo resucitó de entre los muertos y subió al cielo, los príncipes por Dios ordenados en los cielos, reciben orden de abrir las puertas para que entre éste que es el rey de la gloria.

Como los príncipes del cielo le vieron que venía con rostro informe y sin gloria, al no reconocerle preguntaron: "¿Quién es este rey de la gloria?"

siente a la diestra del Padre, hasta que ponga sus enemigos por escabel de sus pies, como por otro salmo se nos pone de manifiesto. Y es que como los príncipes del cielo le vieron que venía con rostro informe, deshonrado y sin gloria, al no reconocerle preguntaron: "¿Quién es este rey de la gloria?" Y el Espíritu Santo, en persona del Padre o en su propio nombre, les responde: "El Señor de los ejércitos, Él es el rey de la gloria". Y cualquiera confesará que ni sobre Salomón, por muy glorioso rey que fuera, ni sobre la tienda del testimonio, se habría atrevido a decir ninguno de los que vigilaban las puertas del templo de Jerusalén: "¿Quién es este rey de la gloria?"

37

Testimonio de los Salmos 24 y 99

37. Más aún; en el diapsalma o interludio del salmo cuarenta y seis se dice con referencia a Cristo: "Pueblos todos, batid las manos; aclamad a Dios con voz de júbilo. Porque el Altísimo es terrible; Rey grande sobre toda la tierra. Él sujetará a los pueblos debajo de nosotros, y a las gentes debajo de nuestros pies. Él nos elegirá nuestras heredades; la hermosura de Jacob, al cual amó. Subió Dios con júbilo, el Señor con sonido de trompeta. Cantad a Dios, cantad: Cantad a nuestro Rey, cantad. Porque Dios es el Rey de toda la tierra. Cantad con inteligencia. Reinó Dios sobre las gentes: Se sentó Dios sobre su santo trono. Los príncipes de los pueblos se juntaron al pueblo del Dios de Abraham, porque de Dios son los escudos de la tierra; Él es muy ensalzado (Sal. 47:1-9).

El Espíritu Santo os reprende, y a quien vosotros no queréis que sea él nos manifiesta que es rey y Señor de Samuel y de la ley.

Y en el salmo noventa y nueve, el Espíritu Santo os reprende, y a quien vosotros no queréis que sea él nos manifiesta que es rey y Señor de Samuel y de la ley, de Moisés y Aarón y, en una palabra, de todos los otros. Sus palabras son éstas: "El Señor reina; temblarán los pueblos. Él está sentado sobre los querubines, se conmoverá la tierra. El Señor en Sion es grande, y ensalzado sobre todos los pueblos. Alaben tu nombre grande y tremendo. El es santo, y la gloria del rey ama el juicio; tú confirmas la rectitud; tú has hecho en Jacob juicio y justicia. Ensalzad al Señor nuestro Dios, y encorvaos al estrado de sus pies; él es santo. Moisés y Aarón entre sus sacerdotes, y Samuel entre los que invocaron su nombre; invocaban al Señor, y él les respondía. En columna de nube hablaba con ellos: Guardaban sus testimonios, y el estatuto que les había dado. El Señor Dios nuestro, tú les respondías; tú les fuiste un Dios perdonador, y vengador de sus obras. Ensalzad al Señor nuestro Dios, y encorvaos al monte de su santidad; porque el Señor nuestro Dios es santo" (Sal. 99:1-9).

38

El escándalo del crucificado y el Salmo 45

Despreciad la tradición de vuestros maestros, pues el Espíritu profético los reprende de incapacidad para comprender las enseñanzas de Dios.

38. Y Trifón dijo:

—Bueno fuera, amigo, que hubiéramos obedecido a nuestros maestros que nos han puesto ley de no conversar con ninguno de vosotros, y no nos hubiéramos comprometido a tomar parte en tus discursos. Porque estás diciendo muchas blasfemias, pretendiendo persuadirnos que ese crucificado existió en tiempo de Moisés y Aarón y que les habló en la columna de la nube; que luego se hizo hombre y fue crucificado y subió al cielo y ha de venir otra vez a la tierra, y que hay que adorarle.

Yo le respondí:

—Sé muy bien que, como dice la Palabra de Dios, esta grande sabiduría del Hacedor del universo y Dios omnipotente está oculta para vosotros. De ahí que, por compasión de vosotros, pongo todas mis fuerzas en que comprendáis estas cuestiones que os parecen tan paradójicas; y si no, por lo menos, yo seré inocente en el día del juicio. Pues escuchadme ahora palabras que parecen aún más paradójicas; y no os alborotéis, antes bien, cobrando nuevo ánimo, seguid oyéndolas y examinándolas, y despreciad la tradición de vuestros maestros, pues el Espíritu profético los reprende de incapacidad para comprender las enseñanzas de Dios, dadas sólo a sus propias doctrinas. Así, pues, en el salmo cuarenta y cinco se dice igualmente, refiriéndose a Cristo: "Mi lengua es pluma de escribiente muy ligero. Te has hermoseado más que los hijos de los hombres; la gracia se derramó en tus labios; por tanto Dios te ha bendecido para siempre. Cíñete tu espada sobre el muslo, oh valiente, con tu gloria y con tu majestad. Y en tu gloria sé prosperado; Cabalga sobre palabra de verdad, y de humildad, y de justicia; y tu diestra te enseñará cosas terribles. Tus saetas agudas con que caerán pueblos debajo de ti, penetrarán en el corazón de los enemigos del Rey. Tu trono, oh Dios, eterno y para siempre; Vara de justicia la vara de tu reino. Amaste la justicia y aborreciste la maldad, por tanto te ungió Dios, el Dios tuyo, con óleo de gozo sobre tus compañeros. Mirra, áloe, y casia exhalan todos tus vestidos, en estancias de marfil te han recreado. Hijas de reyes entre tus ilustres, está la reina a tu diestra con oro de Ofir. Oye, hija, y mira, e inclina tu oído; y olvida tu pueblo, y la casa de tu padre; y deseará el rey tu hermosura, e inclínate a Él, porque Él es tu Señor. Y las hijas de Tiro vendrán con presente; implorarán tu favor los ricos del pueblo. Toda ilustre es de dentro la hija del rey, de brocado de oro es su vestido. Con vestidos bordados será llevada al rey; vírgenes en pos de ella; sus compañeras serán traídas a ti. Serán traídas con alegría y gozo; entrarán en el palacio del rey. En lugar de tus padres serán tus hijos, a quienes harás príncipes en toda la tierra. Haré perpetua la memoria de tu nombre en todas las generaciones, por lo cual te alabarán los pueblos eternamente y para siempre" (Sal. 45:1-17).

Sé muy bien que, como dice la Palabra de Dios, esta grande sabiduría del Hacedor del universo y Dios omnipotente está oculta para vosotros.

39

El odio a los escogidos de Dios

Fue profetizado que después de su ascensión al cielo nos había Cristo de sacar de la cautividad del error y darnos sus dones.

39. —No es de maravillar –añadí– que vosotros aborrezcáis a los que esto entendemos, y os argüimos de vuestra dureza de corazón. Porque Elías, orando a Dios, dice refiriéndose a vosotros: "Señor, han matado a tus profetas y han derribado tus altares. Y yo he quedado solo y buscan mi alma. Y Dios le responde: Aun me quedan siete mil hombres que no han doblado la rodilla ante Baal" (1º R. 19:10-18). A la manera, pues, que por amor de esos siete mil hombres no ejecutó entonces Dios su ira, así tampoco ahora ha traído ni trae el juicio universal, sabiendo como sabe que todavía, a diario, hay quienes se hacen discípulos del nombre de Cristo y abandonan el camino del error. Y éstos, iluminados por el nombre de este Cristo, reciben dones según lo que cada uno merece; uno, en efecto, recibe espíritu de inteligencia, otro de consejo, otro de fortaleza, otro de curación, de presciencia, de enseñanza y de temor de Dios.

Y Trifón me dijo a esto:

—Quiero que sepas que estás delirando al hablar así.

Y yo le dije a él:

—Escucha, amigo, y verás que no estoy loco ni deliro, sino que fue profetizado que después de su ascensión al cielo nos había Cristo de sacar de la cautividad del error y darnos sus dones. Las palabras son: "Subió a la altura, llevó cautiva la cautividad, dio dones a los hombres" (Sal. 68:18; Ef. 4:8). Nosotros, pues, que hemos recibido dones de Cristo, que subió a las alturas, os demostramos por las palabras de los profetas que sois unos insensatos, vosotros que os tenéis por sabios a vosotros mismos y entendidos en vuestra propia presencia; vosotros no honráis a Dios y a su Cristo más que con los labios; nosotros, empero, que hemos sido enseñados con la verdad total, le honramos también con nuestras obras, con el conocimiento y el corazón hasta la muerte. Tal vez la razón por que vosotros vaciláis en confesar que Jesús es el Cristo, como lo demuestran las Escrituras, los hechos evidentes y los prodigios que se dan en su nombre, es porque no queréis ser perseguidos por los gobernantes, que, bajo la acción del espíritu malo y embustero, la serpiente, no cesarán de matar y perseguir a los que confiesen el nombre de Cristo hasta que regrese y los destruya a todos y dé a cada uno según lo que merecen sus obras.

Trifón replicó:

—Danos, pues, por fin la prueba de que este que dices haber sido crucificado y que subió al cielo es el Cristo de Dios. Porque, que el Cristo es anunciado por las Escrituras como sufriente, y que nuevamente ha de venir con gloria y recibir el reino eterno de todas las naciones, sometido que le será a Él todo reino, suficientemente está demostrado por las Escrituras que tú has alegado; mas que ése sea Jesús, es lo que ahora tienes que demostrarnos.

Y le contesté:

—Ya está demostrado, señores, para quienes tengan oídos, por el solo de que vosotros habéis confesado. Sin embargo, para que no penséis que me hallo cogido y no puedo aportaros las pruebas que pedís, y que yo os prometí, en el lugar conveniente os las presentaré; de momento quiero volver a lo que pide la consideración de mis razonamientos.

Que el Cristo es anunciado por las Escrituras como sufriente, y que nuevamente ha de venir con gloria y recibir el reino eterno de todas las naciones, está demostrado por las Escrituras.

40

El cordero pascual, figura de Cristo

Aquel cordero que se os mandaba asar totalmente, era símbolo de la pasión de la cruz, que Cristo había de sufrir.

40. Así, pues, el misterio del cordero que Dios mandó sacrificar como Pascua, era figura de Cristo, con cuya sangre, en relación a su fe en Él, untan los que en Él creen sus casas, es decir, a sí mismos. Porque todos podéis comprender que la figura que Dios plasmó, es decir, Adán, se convirtió en casa para el espíritu que procede de Dios. Y que ese mandamiento fue temporal os lo demuestro de la siguiente manera:

Dios no os permite sacrificar el cordero pascual sino en el lugar en que es invocado su nombre, y eso que Él sabía vendría un día después de la pasión de Cristo en que el mismo lugar de Jerusalén sería entregado a vuestros enemigos y terminarían todas las ofrendas definitivamente. Por otra parte, aquel cordero que se os mandaba asar totalmente, era símbolo de la pasión de la cruz, que Cristo había de sufrir. Y en efecto, el cordero se asa colocándole en forma de cruz. Porque una punta del asador le atraviesa recta desde los pies a la cabeza; y otra por las espaldas, y a ella se sujetaban las patas delanteras del cordero.

También los dos machos cabríos[26] que se mandaba en el ayuno fueran iguales, uno hacía emisario y otro se destinaba al sacrificio, eran anuncio de los dos advenimientos de Cristo.[27] Uno en que vuestros ancianos del pueblo y

---

[26] "De la congregación de los hijos de Israel tomará dos machos cabríos para expiación, y un carnero para holocausto" (Lv. 16:5).

[27] En lo que sae refiere a la interpretación de los dos becerros ofrecidos habitualmente en el día del ayuno, ¿no indican ellos también las etapas sucesivas del carácter de Cristo que ya ha venido? Por una parte, un par similar, debido a la identidad de la apariencia general del Señor, puesto que Él no vendrá en otra forma, ya que tiene que ser reconocido por aquellos que una vez le hirieron. Pero uno de ellos, tocado con escarlata, en medio la maldición y el rechazo universal era enviado fuera por el pueblo, lejos de la ciudad en la perdición, marcado con las señales manifiestas de la pasión de Cristo; quien, después de ser vestido con una túnica escarlata, y sometido al universal escarnio, fue escupido y afligido con todas las afrentas, y crucificado fuera de la ciudad. El otro becerro, sin embargo, ofrecido para expiar los pecados, y dado como alimento a los sacerdotes del templo, dio señales evidentes de la segunda aparición, en la medida en que, después de la expiación de

sacerdotes le enviaron como emisario, echando sobre Él sus manos y matándole; otro, en que, en el mismo lugar de Jerusalén, reconoceréis al que fue por vosotros deshonrado, y era la víctima de todos los pecadores que quieran hacer penitencia y ayunar aquel ayuno que enumera Isaías, rompiendo las ataduras de los contratos de violencia y guardando lo demás que el profeta cuenta y nosotros hemos anteriormente citado, y es justamente lo que hacen los que creen en Jesús. Ahora bien, vosotros sabéis que el sacrificio de los dos machos cabríos mandados a ofrecer el día del ayuno, tampoco estaba permitido hacerse en ninguna parte fuera de Jerusalén.

Vosotros sabéis que el sacrificio de los dos machos cabríos mandados a ofrecer el día del ayuno, tampoco estaba permitido hacerse en ninguna parte fuera de Jerusalén.

los pecados, los sacerdotes del templo espiritual, esto es, la Iglesia, debían disfrutar una distribución pública de la gracia del Señor, mientras los demás ayunaban de la salvación" (Tertuliano, *Respuesta a los judíos*, 14).

41

Tipología de la ofrenda de la flor de harina

De una
manera
anticipada,
habla de los
sacrificios
que nosotros,
las naciones,
le ofrecemos
en todo lugar,
es decir,
del pan de la
Eucaristía y
también
la copa de la
Eucaristía.

41. —La ofrenda de la flor de harina, señores –proseguí–, que se mandaba ofrecer por aquellos que se purificaban de la lepra,[28] era figura del pan de la Eucaristía que nuestro Señor Jesucristo mandó ofrecer en memoria de la pasión que Él padeció por todos los hombres que purifican sus almas de toda maldad, a fin de que juntamente demos gracias a Dios por haber creado el mundo y cuanto en él hay por amor del hombre, por habernos librado de la maldad en que nacimos, y haber destruido con destrucción completa a los principados y potestades por medio de aquel que, según su designio, sufrió. De ahí, que sobre los sacrificios que vosotros entonces ofrecíais, dice Dios, como ya he indicado anteriormente, por boca de Malaquías, uno de los doce profetas: "Yo no recibo contentamiento en vosotros, dice el Señor de los ejércitos, ni de vuestra mano me será agradable el presente. Porque desde donde el sol nace hasta donde se pone, es grande mi nombre entre las gentes; y en todo lugar se ofrece a mi nombre perfume, y presente limpio; porque grande es mi nombre entre las gentes, dice el Señor de los ejércitos. Y vosotros lo habéis profanado" (Mal. 1:10-12).

Ya entonces, de una manera anticipada, habla de los sacrificios que nosotros, las naciones, le ofrecemos en todo lugar, es decir, del pan de la Eucaristía y también la copa de la Eucaristía, afirmando a la vez que nosotros glorificamos su nombre y vosotros lo profanáis.

El mandamiento de la circuncisión, por el que se mandaba que todos los nacidos habían de circuncidarse al octavo día (Gn. 17:12-14), era también figura de la verdadera circuncisión, por la que Jesucristo nuestro Señor resucitado el día primero de la semana, nos circun-

---

[28] "Tres décimas de efa de flor de harina para presente amasada con aceite, y un log de aceite" (Lv. 14:10).

cidó a nosotros del error y de la maldad. Porque el primer día de la semana, aun siendo el primero de todos los días, resulta el octavo de la serie, contando dos veces todos los días, sin dejar de ser el primero.

42

Las campanillas y los apóstoles

Las doce campanillas que se mandaba colgar del talar del sumo sacerdote, eran símbolo de los doce apóstoles, que estaban colgados de la potencia de Cristo.

42. De igual modo, las doce campanillas que se mandaba colgar del talar del sumo sacerdote, eran símbolo de los doce apóstoles, que estaban colgados de la potencia de Cristo, sacerdote eterno, por cuya voz se llenó toda la tierra de su gloria y de la gracia de Dios y de su Cristo. Por ello dice también David: "Por toda la tierra salió su voz, y al cabo del mundo sus palabras" (Sal. 19:4). Y el mismo Isaías, como en persona de los apóstoles, que dicen a Cristo no habérseles creído por lo que ellos dijeron, sino por el poder de Cristo, que los envió, dice así: "¿Quién ha creído a nuestro anuncio?, ¿y sobre quién se ha manifestado el brazo del Señor? Anunciamos delante de Él como niño, como raíz de tierra seca" (Is. 53:1, 2 –LXX), y lo demás de la profecía, ya citada. Que la Escritura diga como en persona de muchos, "Anunciamos delante de Él" y luego añade, "como niño", daba a entender que los malvados, sometidos a Él, obedecerían a su mandato y vendrían a ser todos como un niño. Tal puede verse en el cuerpo, pues contándose en él muchos miembros, todos, en conjunto, se llaman y son un solo cuerpo. De modo semejante, un pueblo, una Iglesia, aunque formados por muchos en número, se llaman y denominan con un solo nombre, como si fueran una cosa única.

En resumen, señores, así pudiera recorrer todas las otras ordenaciones hechas por Moisés y demostraros que son figuras, símbolos y anuncios de lo que habrá de suceder a Cristo y a los que en Él creen, conocidos de antemano, así como también de lo que Cristo mismo había de hacer. Pero como creo que lo hasta aquí citado es bastante, paso al razonamiento que tiene el orden del discurso.

43

Cristo,
fin y comienzo de un nuevo pacto

43. En conclusión, como la circuncisión empezó en Abraham, y el sábado, sacrificios y ofrendas y fiestas en Moisés, y ya quedó demostrado que todo eso se os mandó por la dureza de corazón de vuestro pueblo; así, por designio del Padre, tenía todo que terminar en Jesucristo, Hijo de Dios, nacido de una virgen del linaje de Abraham, de la tribu de Judá y de la casa de David. Y Él es Jesucristo, la ley eterna y el testamento nuevo que fue anunciado a todo el mundo había de venir, como significan todas las profecías mencionadas. Y nosotros, que por medio de Él hemos llegado a Dios, no hemos recibido esa circuncisión carnal, sino la espiritual, aquella que guardaron Enoc y otros semejantes. Y como habíamos sido pecadores, la recibimos por la misericordia de Dios en el bautismo, y a todos es permitido recibirla igualmente.

Él es Jesucristo, la ley eterna y el testamento nuevo que fue anunciado a todo el mundo había de venir, como significan todas las profecías mencionadas.

Pero ya que el misterio de su nacimiento demanda nuestra atención, voy a hablar ahora de él. Isaías, como ya quedó transcrito, habló así sobre que el linaje de Cristo no admite explicación humana: Su generación, ¿quién la contará? Porque cortado fue de la tierra de los vivientes; por la rebelión de mi pueblo fue herido" (Is. 53:8). Esto, pues, dijo el Espíritu profético, por ser inexplicable el linaje de aquel que había de morir para que con sus llagas nosotros, hombres pecadores, fuéramos sanados. Además, para que los que creemos en Él supiéramos de qué modo había de nacer al venir al mundo, por el mismo Isaías habló así el Espíritu profético: "Y habló el Señor a Acaz, diciendo: Pide para ti señal del Señor tu Dios, demandándola en lo profundo, o arriba en lo alto. Y respondió Acaz: No pediré, y no tentaré al Señor. Dijo entonces Isaías: Oíd ahora casa de David. ¿Os es poco el ser molestos a los hombres, sino que también lo seáis a mi Dios? Por tanto el mismo Señor os dará señal: He aquí que la virgen concebirá, y parirá hijo, y llamará su nombre Emmanuel. Comerá manteca y miel, para que sepa desechar lo malo y escoger lo bueno. Porque antes que el niño sepa desechar lo malo y escoger lo bueno, la tierra que tú aborreces será dejada de sus dos

Nadie jamás, fuera de nuestro Cristo, ha nacido de una virgen en el linaje carnal de Abraham, ni de nadie se ha dicho tal cosa.

reyes. El Señor hará venir sobre ti, y sobre tu pueblo, y sobre la casa de tu padre, días cuales nunca vinieron desde el día que Efraín se apartó de Judá, es a saber, al rey de Asiria" (Is. 7:10-17).

Ahora bien, es cosa patente para todos que nadie jamás, fuera de nuestro Cristo, ha nacido de una virgen en el linaje carnal de Abraham, ni de nadie se ha dicho tal cosa. Mas como vosotros y vuestros maestros os atrevéis a decir que el texto de la profecía de Isaías no dice: "Mirad que una virgen concebirá", sino: "Mirad que una mujer joven concebirá y dará a luz", y luego la interpretáis como referida a vuestro rey Ezequías, intentaré discutir también brevemente ese punto contra vosotros y demostraros que la profecía se refiere a este que nosotros confesamos como Cristo.

44

Herederos mediante Cristo

44. De este modo, poniendo todo mi empeño en persuadiros con mis demostraciones, yo seré hallado inocente respecto a vosotros. Mas si vosotros, permaneciendo en la dureza de corazón o, débiles de convicción por miedo a la muerte decretada contra los cristianos, no os queréis abrazar a la verdad, toda la culpa será vuestra y os engañaréis a vosotros mismos, imaginándoos que, por ser descendencia de Abraham según la carne, vais a heredar las buenas cosas de Dios prometidas para ser ofrecidas por medio de su Cristo. Porque nadie, ni siquiera de ellos, ha de recibir ninguno de esos bienes, sino los que por la fe se asemejen en sentimientos a Abraham y reconozcan los misterios; quiero decir, que reconozcan que unos mandamientos se os dieron con miras al culto de Dios y a la práctica de la justicia, otros para anunciar misteriosamente a Cristo o por la dureza de corazón de vuestro pueblo. Y que esto es así, Dios mismo lo dijo en Ezequiel hablando sobre ello: "Aun cuando Jacob y Noé y Daniel estuvieren en medio de ella, no librarán hijo ni hija" (Ez. 14:20). Y en Isaías, con relación a esto mismo, dijo así: "Dijo el Señor Dios: Y saldrán, y verán los cadáveres de los hombres que se rebelaron contra mí, porque su gusano nunca morirá, ni su fuego se apagará; y serán abominables a toda carne" (Is. 66:24). De manera que, cortada de vuestras almas esa esperanza, debéis esforzaros en conocer por qué camino os ha de venir el perdón de los pecados y la esperanza de heredar los bienes prometidos. Y ese camino no es otro sino que reconozcáis a Jesús por Cristo, os lavéis en el baño que el profeta Isaías anunció para la remisión de los pecados y viváis en adelante sin pecar.

Debéis esforzaros en conocer por qué camino os ha de venir el perdón de los pecados y la esperanza de heredar los bienes prometidos. Y ese camino es Cristo.

45

La salvación de los justos antes de Cristo

Los que cumplieron lo que universal, natural y eternamente es bueno, fueron agradables a Dios, y se salvarán por medio de Cristo en la resurrección.

45. Y Trifón dijo:

—Si parece que interrumpo esos razonamientos que dices son necesarios examinar, se debe a que me apremia una cuestión que quiero averiguar, y que tienes que soportar primero.

—Pregunta –contesté– cuanto quieras, tal como se te ocurra, que yo trataré de volver a mis razonamientos y completarlos una vez tú hayas preguntados y yo respondido.

Entonces me dijo:

—Dime, pues, ¿los que hayan vivido conforme a la ley de Moisés, vivirán en la resurrección de los muertos como Jacob, Enoc y Noé, o no?

Yo contesté:

—Al citarte, amigo las palabras de Ezequiel: "Aun cuando Noé y Daniel y Jacob pidan a sus hijos y sus hijas, no les serán dados", sino que, evidentemente, cada uno se salvará por su propia justicia, dije también que se salvarán igualmente los que hubieren vivido conforme a la ley de Moisés. En la ley de Moisés, en efecto se mandan unas cosas por naturaleza buenas y piadosas y justas, que han de hacer los que las creen; otras, que practicaban los que estaban bajo la ley, están escritas con miras a la dureza de corazón del pueblo. Así, pues, los que cumplieron lo que universal, natural y eternamente es bueno, fueron agradables a Dios, y se salvarán por medio de Cristo en la resurrección, del mismo modo que los justos que les precedieron, Noé, Enoc y Jacob y cuantos otros hubo, junto con los que reconocen a este Cristo por Hijo de Dios. Este es el que existía antes que el lucero de la mañana y que la luna; y, sin embargo, se dignó nacer, hecho hombre, de esa virgen del linaje de David, para destruir por esta dispensación suya a la serpiente malvada desde el principio y a los ángeles a ella parecidos, y hacernos despreciar la muerte, la que cesará del todo en la segunda venida de Cristo en los que en Él creyeron y vivieron de modo aceptable; y ya no existirá más, cuando unos serán enviados al fuego para ser sin tregua castigados, y otros gocen de impasibilidad e incorrupción, exentos de dolor y de muerte.

46

Los ritos no contribuyen a la justicia

46. Trifón continuó preguntándome:

—Y si algunos quieren aún ahora vivir fieles a lo establecido por Moisés, si bien creyendo en ese Jesús crucificado y reconociendo que Él es el Cristo de Dios y que a Él se le da juzgar a todos absolutamente y que suyo es el reino eterno, ¿pueden también ésos salvarse?

Yo le dije:

—Vamos a examinar juntos si es ahora posible guardar todo lo que fue establecido por Moisés.

Y Trifón respondió:

—No; porque reconocemos que, como tú dijiste, no es posible sacrificar el cordero pascual, ni los dos machos cabríos que se mandaba ofrecer, en el ayuno, ni en general hacer las demás ofrendas.

—Dime, pues, te ruego, tú mismo, qué es lo que puede guardarse; porque has de convencerte que sin guardar las justificaciones eternas, es decir, sin practicarlas, no puede nadie en absoluto salvarse.

Entonces él me contestó:

—Me estoy refiriendo a la observancia del sábado, a la circuncisión, a los meses y los lavatorios de los que han tocado algo de lo que Moisés prohibió o han tenido trato sexual.

Yo le dije:

—¿Os parece que se han de salvar Abraham, Isaac, Jacob, Noé y Job y demás justos que fueron antes o después de ellos, por ejemplo, Sara la mujer de Abraham, Rebeca de Isaac, Raquel y Lía de Jacob y todas las demás como éstas, hasta la madre de Moisés, el fiel servidor de Dios, que nada de esas cosas observaron?

Y Trifón me contestó:

—¿Es que no se circuncidó Abraham y los que después de él vinieron?

—Sé muy bien –contesté– que se circuncidó Abraham y sus descendientes; mas ya anteriormente y por extenso os expuse la razón por que les fue dada la circuncisión, y si lo dicho no os convence, vamos nuevamente a examinar este punto. Mas ya sabéis que ningún justo guardó abso-

Y si algunos quieren aún ahora vivir fieles a lo establecido por Moisés, si bien creyendo en ese Jesús crucificado, ¿pueden también ésos salvarse?

Conocemos que cuanto os fue ordenado por razón de la dureza de corazón de vuestro pueblo, nada tiene que ver con la práctica de la justicia y de la piedad.

lutamente ninguna de estas cosas sobre que discutimos ni recibió mandato de guardarlas, si se exceptúa la circuncisión, que tomó principio en Abraham.

—Lo sabemos –contestó Trifón– y confesamos que se salvan.

Entonces le contesté:

—Por la dureza de corazón de vuestro pueblo tenéis que entender que Dios os dio todos esos mandamientos por medio de Moisés, a fin de que por tan múltiples recuerdos tuvierais siempre a Dios ante los ojos en todas vuestras acciones y no os dierais ni a la iniquidad ni a la impiedad. Así, por ejemplo, os mandó poneros en torno el fleco de púrpura, a fin de que por él no os tomara olvido de Dios, y las filacterias con ciertas letras escritas en finísimos trozos de cuero, lo que nosotros consideramos como absolutamente santo. De este modo quería Dios estimularos a acordaros de Él en todo momento, a la vez que os ponía un reproche en vuestros corazones. Y no tenéis ni un pequeño recuerdo de la piedad para con Dios, y ni aun así le obedecisteis en no idolatrar, pues contando en tiempo de Elías el número de los que no habían doblado la rodilla ante Baal, dijo que sólo eran siete mil, y en Isaías os echa en cara que hasta vuestros hijos ofrecisteis en sacrificio de los ídolos. Nosotros, por contra, por no sacrificar a los que en otro tiempo sacrificamos, sufrimos los máximos tormentos y nos alegramos morir, pues creemos que Dios nos resucitará por medio de su Cristo y nos hará incorruptibles, impasibles e inmortales. Y, en fin, conocemos que cuanto os fue ordenado por razón de la dureza de corazón de vuestro pueblo, nada tiene que ver con la práctica de la justicia y de la piedad.

47

El problema judaizante

47. De nuevo Trifón preguntó:

—Y si uno quiere guardar la ley mosaica, a sabiendas de ser cierto lo que tú dices, si bien, claro está, reconociendo que Jesús es el Cristo, creyéndole y obedeciéndole, ¿se salvará?

—Según a mí me parece, creo que se salvará, a condición de que no pretenda que los demás hombres, quiero decir, los que procedentes de las naciones gentiles están circuncidados del error por Jesucristo, hayan a todo trance de guardar lo mismo que él guarda, afirmando que, de no guardarlo, no pueden salvarse; que es lo que tú hiciste al comienzo de nuestros razonamientos, afirmando que yo no me salvaría si no observaba vuestra ley.

—¿Por qué dijiste, pues –me replicó–, "según a mí me parece", ya que hay quienes dicen que los tales no se salvarán?

—Los hay, Trifón –respondí yo–, y hay quienes no se atreven a dirigir la palabra ni ofrecer su hogar a los tales; pero yo no estoy de acuerdo con ellos; que si por la flaqueza de su inteligencia siguen aún ahora guardando lo que les es posible de la ley de Moisés, aquello que sabemos fue ordenado por la dureza de corazón del pueblo, como juntamente con ello esperen en Cristo y quieran guardar lo que eterna y naturalmente es justo y piadoso y se decidan a convivir con los cristianos y creyentes y no intenten, como dije, persuadir a los demás a circuncidarse como ellos, a guardar los sábados y demás prescripciones de la ley, estoy con los que afirman que se les debe recibir y tener con ellos comunión en todo, como hombres de nuestro mismo sentir y hermanos en la fe.

Aquellos, en cambio, Trifón –proseguí–, de vuestra raza que dicen creer en Cristo, pero pretenden obligar a los que han creído en Él de todas las naciones a vivir conforme a la ley de Moisés, o que no se deciden a convivir con éstos; a ésos, digo, tampoco yo los acepto como cristianos. Sin embargo, a los que éstos persuaden a que vivan conforme a la ley, supongo que tal vez se salven, con tal que conserven la fe en el Cristo de Dios. Los que sí afirmo

Aquellos que dicen creer en Cristo, pero pretenden obligar a los que han creído en Él a vivir conforme a la ley de Moisés, tampoco yo los acepto como cristianos.

La bondad y benignidad de Dios y la inmensidad de su riqueza tiene, al que se arrepiente de sus pecados, por justo y sin pecado.

que no pueden absolutamente salvarse son los que, después de confesar y reconocer que Jesús es el Cristo, se pasan por cualquier causa a la vida de la ley negando a Cristo, y no arrepintiéndose antes de la muerte. Y de modo igual afirmo que no han de salvarse, por más que sean descendencia de Abraham, los que viven según la ley, pero no creen antes de su muerte en Cristo, y sobre todo aquellos que en las sinagogas han anatematizado y anatematizan a los que creen en este mismo Cristo, para alcanzar la salvación y librarse del castigo del fuego. Porque la bondad y benignidad de Dios y la inmensidad de su riqueza tiene al que se arrepiente de sus pecados, como por Ezequiel lo manifiesta, por justo y sin pecado; en cambio, al que de la piedad y de la justicia se pasa a la iniquidad y a la impiedad, lo considera como pecador, inicuo e impío. Por eso también nuestro Señor Jesucristo dijo: "En el estado en que os sorprenda, en él también os juzgaré".[29]

[29] Dicho que no aparece en el Nuevo Testamento, pero que es mencionado por Clemente de Alejandría, en su homilía, "¿Qué rico puede ser salvo?"

48

El problema de la divinidad y encarnación de Cristo

48. Trifón dijo:

—Ya hemos oído lo que piensas sobre esto. Vuelve, pues, a tomar el hilo de tu discurso donde lo dejaste y termínalo. A la verdad, a mí me parece contradictorio y absolutamente imposible de demostrar. Porque decir que ese vuestro Cristo preexiste como Dios antes de los siglos, y que luego se dignó nacer hecho hombre, y no es hombre que venga de hombres, no sólo me parece absurdo, sino necio.

A lo que respondí:

—Sé que mi discurso parece absurdo, y más que a nadie a los de vuestra raza, que jamás habéis querido entender ni hacer las cosas de Dios, sino las de vuestros maestros, como Dios mismo clama. Sin embargo, Trifón –añadí–, aun cuando yo no pudiera demostrar que el Hijo del Hacedor del universo preexiste como Dios y que ha nacido hombre de una virgen, nada pierde por ello la prueba de que Jesús es el Cristo de Dios; sino que, demostrado como está totalmente que Él es el Cristo de Dios –cualquiera que sea su naturaleza–, si no logro demostrar su preexistencia y que, conforme al designio del Padre, se dignó nacer con nuestras mismas pasiones, revestido de carne, lo único justo será decir que yo he errado en mi demostración, pero no negar que Él es el Cristo, aun cuando apareciera hombre nacido de hombres y se demostrara que solamente por elección fue hecho Cristo. Porque hay algunos, amigos –proseguí–, de vuestro linaje, que confiesan a Jesús por el Cristo, pero afirman que es hombre nacido de hombre, con los cuales no estoy de acuerdo, ni aun cuando la mayor parte de los que piensan como yo dijeran eso. Porque no nos mandó Cristo mismo seguir enseñanzas humanas, sino lo que predicaron los bienaventurados profetas y Él mismo enseñó.

Hay algunos, amigos, de vuestro linaje, que confiesan a Jesús por el Cristo, pero afirman que es hombre nacido de hombre, con los cuales no estoy de acuerdo.

49

La venida de Elías

Si la Palabra de Dios nos fuerza a admitir que fueron profetizadas dos venidas, ¿no entenderemos que anunció que Elías sería precursor de Cristo en la segunda venida, es decir, del día temible y grande?

49. Trifón dijo:

—A mí personalmente me parecen más creíbles los que afirman que fue un hombre que por elección fue ungido y hecho así Cristo, que no vosotros al decir lo que tú dices. Todos nosotros, en efecto, esperamos al Cristo que ha de nacer hombre de hombres y a quien Elías vendrá a ungir. Y si éste se presenta como el Cristo, hay que pensar absolutamente que es hombre nacido de hombres; ahora, que del hecho de no haber venido Elías afirmó que tampoco ése es el Cristo.

Yo a mi vez le pregunté:

—¿No dice la Palabra de Dios por Zacarías que vendrá Elías antes del grande y terrible día del Señor?

Y él me respondió:

—Ciertamente.

—Si, pues, la Palabra de Dios nos fuerza a admitir que fueron profetizadas dos venidas, una en que había de sufrir, deshonrado y sin belleza; otra en que vendrá glorioso y como juez universal, como se demuestra por los muchos testimonios ya alegados, ¿no entenderemos que la Palabra de Dios anunció que Elías sería precursor de Cristo en la segunda venida, es decir, del día temible y grande?

—Ciertamente –me respondió.

—Y que esto sea así –proseguí– también nuestro Señor nos lo dejó consignado en sus enseñanzas al decir que Elías había de venir, y nosotros sabemos que esto sucederá cuando nuestro Señor Jesucristo vuelva del cielo en gloria, en cuya primera manifestación el Espíritu de Dios, que fue en Elías, le precedió como heraldo en la persona de Juan, profeta en vuestro pueblo, después del cual ningún otro profeta ha vuelto a aparecer entre vosotros; Juan, digo, que sentado junto al río Jordán gritaba: "Yo os bautizo en agua para arrepentimiento; pero vendrá otro más fuerte que yo, cuyas sandalias no merezco yo llevar. Él os bautizará en Espíritu Santo y en fuego. Su bieldo está ya en su mano, y Él limpiará su era, y reunirá el trigo en el granero y quemará la paja con fuego inextinguible" (Mt.

3:11-12; Lc. 3:16). A este mismo profeta le mandó vuestro rey Herodes encerrar en la cárcel, y como en ocasión de celebrar su natalicio bailara muy a su gusto una sobrina suya, le dijo que le pidiera lo que quisiera. La madre de la muchacha le sugirió que pidiera la cabeza de Juan, que estaba en la cárcel, ella la pidió y el rey mandó a un verdugo y dio orden de que fuera traída sobre una fuente la cabeza del profeta. De ahí que nuestro Cristo, estando aún sobre la tierra, al decirle algunos que antes del Cristo tenía que venir Elías, respondió: "Sí, Elías vendrá y lo restablecerá todo; pero ya os aseguro que Elías ya ha venido y no lo reconocieron. sino que hicieron con él lo que quisieron. Y está escrito que entonces cayeron sus discípulos en la cuenta de que les hablaba de Juan el bautista" (Mt. 17:11-13).

El Espíritu profético de Dios que fue en Elías, fue también en Juan.

Trifón dijo:

—Eso que dices también me parece paradójico, a saber, que el Espíritu profético de Dios que fue en Elías, fue también en Juan.

Y yo le respondí:

—¿No te parece que lo mismo sucedió en Josué, hijo de Nun, que sucedió a Moisés en la dirección del pueblo? Dios mandó a Moisés que le impusiera las manos, al tiempo que le decía: "Yo tomaré del espíritu que está en ti" (Nm. 11:17).[30]

—Ciertamente –dijo él.

—Así, pues –proseguí–, como entonces, en vida aún de Moisés, trasladó Dios sobre Josué parte del Espíritu de aquél, así pudo hacer también que de Elías pasara el Espíritu sobre Juan. Y como la primera venida de Cristo fue sin gloria, así la primera venida del Espíritu no obstante permanecer siempre puro en Elías, fue como la de Cristo, también sin gloria. Porque se dice que con mano oculta hacía el Señor la guerra a Amalec, y, sin embargo, no vais a negar que Amalec cayó. Y si sólo con la gloriosa venida de Cristo se dijera que ha de ser combatido Amalec, ¿qué

---

[30] "Y el Señor dijo a Moisés: Toma a Josué hijo de Nun, varón en el cual hay espíritu, y pondrás tu mano sobre él" (Nm. 27:18); "Y Josué hijo de Nun fue lleno de espíritu de sabiduría, porque Moisés había puesto sus manos sobre él, y los hijos de Israel le obedecieron, e hicieron como el Señor mandó a Moisés" (Dt. 34:9).

sentido tendría la Escritura que dice: "Con oculta mano hace Dios la guerra a Amalec"? Podéis, pues, comprender que alguna fuerza oculta de Dios tuvo el Cristo crucificado cuando ante Él se estremecen los demonios y todos los principados y potestades de la tierra.

50

Juan, precursor de Cristo

50. Trifón dijo:

—Me parece que estás muy ejercitado con el trato de muchos en todas las cuestiones, y por ello preparado para responder a todo lo que se te pregunta. Respóndeme, pues, ante todo, cómo puedes demostrar que hay otro Dios fuera del Creador del universo, y entonces me demostrarás que se dignó nacer de una virgen.

Y yo le dije:

—Permíteme antes citar unas palabras del profeta Isaías sobre cómo había de preceder a nuestro Señor Jesucristo Juan, que fue bautista y profeta.

—Concedido lo tienes –contestó Trifón.

—Isaías, pues –continué yo–, predijo así que Juan había de preceder a Cristo: "Consolaos, pueblo mío, dice vuestro Dios. Hablad al corazón de Jerusalén; decidle a voces que su tiempo es ya cumplido, que su pecado es perdonado; que doble ha recibido de la mano del Señor por todos sus pecados. Voz que clama en el desierto: Barred camino al Señor, enderezad calzada en la soledad a nuestro Dios. Todo valle sea alzado, y bájese todo monte y collado; y lo torcido se enderece, y lo áspero se allane. Y se manifestará la gloria del Señor, y toda carne juntamente la verá; que la boca del Señor habló. Voz que decía: Da voces. Y yo respondí: ¿Qué tengo de decir a voces? Toda carne es hierba, y toda su gloria como flor del campo. La hierba se seca, y la flor se cae; porque el viento del Señor sopló en ella: ciertamente hierba es el pueblo. Sécase la hierba, cáese la flor, mas la palabra del Dios nuestro permanece para siempre. Súbete sobre un monte alto, anunciadora de Sion; levanta fuertemente tu voz, anunciadora de Jerusalén; levántala, no temas; di a las ciudades de Judá: ¡Veis aquí el Dios vuestro! He aquí que el Señor vendrá con fortaleza, y su brazo se enseñoreará, he aquí que su salario viene con Él, y su obra delante de su rostro. Como pastor apacentará su rebaño; en su brazo cogerá los corderos, y en su seno los llevará; pastoreará suavemente las paridas. ¿Quién midió las aguas con su puño, y aderezó los cielos con su palmo, y con tres dedos allegó el polvo

Permíteme citar unas palabras del profeta Isaías sobre cómo había de preceder a nuestro Señor Jesucristo Juan, que fue bautista y profeta.

Levanta fuertemente tu voz, anunciadora de Jerusalén; levántala, no temas; di a las ciudades de Judá: ¡Veis aquí el Dios vuestro! de la tierra, y pesó los montes con balanza, y con peso los collados? ¿Quién enseñó al Espíritu del Señor, o le aconsejó enseñándole? ¿A quién demandó consejo para ser avisado? ¿Quién le enseñó el camino del juicio, o le enseñó ciencia, o le mostró la senda de la prudencia? He aquí que las naciones son reputadas como la gota de un acetre, y como el orín del peso; he aquí que hace desaparecer las islas como polvo. Ni el Líbano bastará para el fuego, ni todos sus animales para el sacrificio. Como nada son todas las gentes delante de él; y en su comparación serán estimadas en menos que nada, y que lo que no es" (Is. 40: 1-17).

51

Cumplimiento
de la profecía de Isaías

51. Al terminar yo mi cita, dijo Trifón:

—Todas las palabras de la profecía que has citado son ambiguas, amigo, y carecen de fuerza para demostrar lo que intentas.

Entonces le respondí:

—Si en vuestro pueblo, Trifón, no hubieran cesado las profecías que no han vuelto a darse después de Juan Bautista, tal vez tuvierais razón en mirar como oscuras las cosas dichas. Mas es cierto que Juan le precedió llamando a los hombres al arrepentimiento, y Cristo mismo, cuando estaba aún Juan sobre el río Jordán, se presentó a él para ponerle término a su misión profética y a su bautismo, y fue Él entonces quien empezó a dar la buena nueva diciendo: "El reino de los cielos se ha acercado" (Mt. 4:17). Luego dijo que tenía que padecer mucho de parte de los escribas y fariseos, y ser crucificado, y resucitar al tercer día y volver otra vez a Jerusalén, y entonces comer y beber nuevamente con sus discípulos. Y también predijo que en el intervalo de su venida, como ya indiqué, se levantarían en su nombre sectas y falsos profetas, y así vemos que sucede. Siendo todo esto cierto, ¿cómo podéis todavía dudar, cuando es fácil convenceros por los hechos mismos? Porque que en vuestro pueblo no había ya de darse ningún profeta, y que el nuevo pacto que Dios anunció, estaba ya establecido, por ser Él el Cristo, dijo así: "La ley y los profetas fueron hasta Juan Bautista; desde entonces el reino de los cielos sufre violencia, y los violentos lo arrebatan. Y si queréis aceptarlo, éste es Elías que ha de venir. El que tenga oídos para oír que oiga" (Mt. 11:12-15).

Si en vuestro pueblo no hubieran cesado las profecías que no han vuelto a darse después de Juan Bautista, tal vez tuvierais razón en mirar como oscuras las cosas dichas.

52

Las dos venidas de Cristo predichas por Jacob

El Espíritu que moraba en los profetas, os ungía también y establecía los reyes. En cambio, después de la aparición y muerte de Jesús, en vuestra nación no surge profeta.

52. —También fue profetizado por el patriarca Jacob que habría dos advenimientos de Cristo, y que en el primero sufriría, y que después de venir Él –añadí yo–, no se daría ya en vuestro linaje ni rey ni profeta, y que las naciones que habían de creer en este Cristo sufriente, otra vez esperarían su venida. Sin embargo, por esta razón el Espíritu Santo habló estas verdades en parábola y misteriosamente. Porque sus palabras son éstas: "Judá, te han de alabar tus hermanos: Tu mano en la cerviz de tus enemigos, los hijos de tu padre se inclinarán a ti. Cachorro de león Judá; de la presa subiste, hijo mío; se encorvó, se echó como león, así como león viejo; ¿quién lo despertará? No será quitado el cetro de Judá, y el legislador de entre sus pies, hasta que venga Shiloh; y a Él se congregarán los pueblos. Atando a la vid su pollino, y a la cepa el hijo de su asna, lavó en el vino su vestido, y en la sangre de uvas su manto. Sus ojos rojos del vino, y los dientes blancos de la leche" (Gn. 49:8-12).

Ahora bien, que jamas faltó en vuestra nación ni profeta ni príncipe desde que tuvo principio hasta que nació y sufrió Jesucristo, no vais a tener la desvergüenza y osadía de negarlo, ni tampoco podríais demostrar vuestra negación. Porque aunque afirmáis que Herodes, de quien Cristo sufrió, fue natural de Ascalón, sin embargo, decís que fue sumo sacerdote en vuestra nación. De manera que aun entonces tuvisteis quien hiciera las ofrendas conforme a la ley de Moisés y guardara las demás prescripciones legales, y también profetas que se sucedieron hasta Juan, lo mismo que cuando el pueblo fue transportado a Babilonia, después de tomada por fuerza de armas la tierra y saqueados los vasos sagrados y no faltó entre vosotros profeta que fuera señor y guía y príncipe de vuestro pueblo. Porque sabido es que el Espíritu que moraba en los profetas, os ungía también y establecía los reyes. En cambio, después de la aparición y muerte de Jesús, nuestro Cristo, en vuestra nación no surge profeta en ninguna parte, y hasta habéis dejado de estar bajo rey propio y, en fin, ha sido devastada vuestra tierra y abandonada como cabaña de una huerta.[31]

Y el decir la Escritura por Jacob: "y a Él se congregarán los pueblos", daba entender simbólicamente los dos advenimientos de Cristo, y que habían de creer en Él las naciones, cosa que podéis, por fin, comprobar de sobra. Porque nosotros que, procedentes de todas las naciones, nos hemos hecho religiosos y justos por la fe de Jesucristo, esperamos nuevamente su venida.

Nosotros que, procedentes de todas las naciones, nos hemos hecho religiosos y justos por la fe de Jesucristo, esperamos nuevamente su venida.

---

[31] Referencia a Isaías 1:8: "Y queda la hija de Sion como choza en viña, y como cabaña en melonar, como ciudad asolada".

53

Confirmación
de la profecía de Zacarías

53. La expresión: "Atando a la vid su pollino, y a la cepa el hijo de su asna" era manifestación anticipada de las obras que Él había de cumplir en su primera venida y también, de la fe que en Él habían de tener las naciones. Estas eran, en efecto, como pollinos sin silla, que no admiten yugo sobre su cuello, hasta que, viniendo Cristo y enviándoles a sus discípulos, les enseñó su doctrina, y llevando el yugo de su palabra, sometieron sus espaldas a soportar todo por los bienes que esperan y les fueron por Él prometidos. Y cuando nuestro Señor Jesucristo estaba para entrar en Jerusalén, mandó a sus discípulos que le trajeran una asna que estaba realmente atada con su pollino a la entrada de cierta aldea, llamada Betfage, y sentado sobre él entró efectivamente en Jerusalén. Y este hecho, profetizado como estaba expresamente que había de cumplirse en el Cristo, cumplido y dado a conocer por Él, puso de manifiesto que Él era el Cristo. Y, sin embargo, a despecho de todos estos hechos y no obstante las demostraciones de las Escrituras, vosotros os obstináis en vuestra dureza de corazón.

Ahora bien, este hecho fue profetizado por Zacarías, uno de los doce, mediante estas palabras: "Alégrate mucho, hija de Sion; da voces de júbilo, hija de Jerusalén, he aquí, tu rey vendrá a ti, justo y salvador, humilde, y cabalgando sobre un asno, así sobre un pollino hijo de asna" (Zac. 9:9). Y que el Espíritu profético, así como el patriarca Jacob, nombre al asna, animal de yugo, juntamente con su pollino y que ambos sean empleados por Cristo, y más todavía, que, como ya he referido, Él mandara, a sus discípulos que le trajeran ambos animales, era profecía de las naciones gentiles, que habían también de creer juntamente con los de vuestra sinagoga. Y, en efecto, como el pollino sin silla era símbolo de los que venían de la gentilidad, así que el asna con su silla lo era de los de vuestro pueblo, porque vosotros lleváis encima la ley predicada por los profetas.

Mas también por el profeta Zacarías fue profetizado que Cristo sería herido y que sus discípulos después que fue serían dispersos, lo que en efecto se cumplió. Porque, los discípulos que habían estado con Él, se dispersaron a su muerte hasta que hubo resucitado de entre los muertos y los convenció de que así estaba profetizado que tenía que sufrir. Y así convencidos salieron por todo el mundo y enseñaron estas cosas. De ahí que también nosotros nos sentimos firmes en su fe y en su doctrina, pues nuestra persuasión se funda en los testimonios de los profetas y en el hecho de los que vemos convertidos en hombres religiosos por toda la extensión de la tierra en el nombre de aquel crucificado. Las palabras, en fin, de la profecía de Zacarías son éstas: "Levántate, oh espada, sobre el pastor, y sobre el hombre compañero mío, dice el Señor de los ejércitos. Hiere al pastor, y se dispersarán las ovejas" (Zac. 13:7).

También por el profeta Zacarías fue profetizado que Cristo sería herido y que sus discípulos después que fue serían dispersos, lo que en efecto se cumplió.

54

Significado de la sangre de la uva

La Escritura menciona la sangre de la uva para significar que Cristo no deriva sangre de germen humano, sino del poder de Dios.

54. Lo que Moisés cuenta haber profetizado el patriarca Jacob: "Lavó en el vino su vestido, y en la sangre de uvas su manto", daba a entender que Cristo había de lavar en su sangre a los que creyeran en Él. Porque "vestido" llamó el Espíritu Santo a los que por Él han recibido la remisión de sus pecados, y Él les asiste siempre con su poder y manifiestamente les asistirá en su segunda venida. La Escritura menciona la sangre de la uva para significar que Cristo no deriva sangre de germen humano, sino del poder de Dios, porque a la manera que la sangre de la uva no la engendró hombre, sino Dios, así de antemano significó la Escritura que la sangre de Cristo no vendrá de humano linaje, sino de virtud divina. Esta profecía, pues, señores, que os he citado, demuestra que Cristo no es hombre nacido de hombres según la común manera de la humanidad.

55

Demanda de pruebas bíblicas literales

55. A lo que respondió Trifón:

—Si logras por otros argumentos confirmar esta tesis tuya, nosotros tendremos presente esta interpretación que aquí nos das; por ahora, toma por fin otra vez el hilo de tu discurso y demuéstranos que el Espíritu profético declara haber otro Dios fuera del Hacedor del universo, guardándote, sin embargo, de hablarnos del sol y de la luna, de los que está escrito que permitió Dios a los gentiles adorarlos como dioses. Y usando justamente los profetas de este pasaje, dicen con frecuencia: "Porque el Señor vuestro Dios es Dios de dioses, y Señor de señores, Dios grande, poderoso y terrible" (Dt. 10:17). Porque no se dice esto como si realmente fueran dioses, sino que la Escritura quiere enseñarnos que sólo el Dios verdadero, que hizo el universo, es el Señor de los supuestos dioses y señores. Y, en efecto, para convencernos de esto, dice el Espíritu Santo por el santo David: "Todos los dioses de los pueblos son ídolos, mas el Señor hizo los cielos" (Sal. 96:5), y añade una maldición contra quienes los hacen y los adoran.

Y yo respondí:

—No son ésas las pruebas que os quería presentar, Trifón, pues sé que por esos textos se condena a los que eso y cosas semejantes adoran; sino otras a las que nadie será capaz de contradecir. A ti te parecerán extrañas, por más que las estáis leyendo todos los días; por donde podéis también comprender que por vuestra maldad os ocultó Dios la sabiduría contenida en sus palabras, a excepción de algunos, a los que por la gracia de su gran misericordia dejó, como dijo Isaías, por semilla para salvación, a fin de que vuestra raza no pereciera también totalmente como Sodoma y Gomorra.[32] Atended, pues, a las citas que voy a hacer de las santas Escrituras, y que no necesitan interpretación, sino sencillamente escucharse.

Por vuestra maldad os ocultó Dios la sabiduría contenida en sus palabras, a excepción de algunos, a los que por la gracia de su gran misericordia dejó por semilla para salvación.

---

[32] "Si el Señor de los ejércitos no hubiera hecho que nos quedasen muy cortos residuos, como Sodoma fuéramos, y semejantes a Gomorra" (Is. 1:9; 10:22).

56

Identidad
del Señor de la encina de Mambre

Aquí es llamado Dios y Señor otro que está bajo el Hacedor del universo, y que se llama también ángel o mensajero.

56. Moisés, pues, el bienaventurado y fiel servidor de Dios, declara que aquel que se apareció a Abraham junto a la encina de Mambre era Dios, enviado juntamente con los otros dos ángeles para juzgar a Sodoma, por otro que permanece siempre en las regiones supracelestes, invisible a los hombres, sin conversar con nadie, a quien conocemos como Creador y Padre del universo. Dice así en efecto: "Se le apareció el Señor en el valle de Mambre, estando él sentado a la puerta de su tienda en el calor del día. Y alzó sus ojos y miró, y he aquí tres varones que estaban junto a él, y cuando los vio, salió corriendo de la puerta de su tienda a recibirlos, y se inclinó hacia la tierra" (Gn. 18:1-2), y todo lo demás hasta que "Y subió Abraham por la mañana al lugar donde había estado delante del Señor. Y miró hacia Sodoma y Gomorra, y hacia toda la tierra de aquella llanura miró; y he aquí que el humo subía de la tierra como el humo de un horno" (Gn. 19:27, 28).

Terminada mi citación, les pregunté si conocían este pasaje. Ellos me contestaron que lo conocían, pero que nada tenían que ver las palabras citadas con la demostración de que hay otro Dios o Señor, o que de Él hable el Espíritu Santo, fuera del Creador del universo. Entonces contesté:

—Ya que conocéis estas Escrituras voy a intentar persuadiros de que, efectivamente, aquí es llamado Dios y Señor otro que está bajo el Hacedor del universo, y que se llama también ángel o mensajero, por ser Él quien anuncia a los hombres cuanto quiere se les anuncie el Creador de todas las cosas, por encima del cual no hay otro Dios.

Volví a citar el anterior pasaje y pregunté luego a Trifón:

—¿Te parece que fue Dios quien se apareció a Abraham bajo la encina de Mambre, como dice la Escritura?

—Claro que sí –contestó él.

—¿Y era –añadí– uno de aquellos tres que Abraham vio y el Espíritu Santo profético describe como hombres?

—No –me contestó–, sino que vio a Dios antes de la aparición de los tres. Por eso eran ángeles esos tres que la Escritura llama hombres, dos de ellos enviados para la destrucción de Sodoma; otro, para dar a Sara la buena noticia de que tendría un hijo, y cumplida su misión, se retiró.

—Entonces –dije yo–, ¿cómo es que uno de los tres que estuvo en la tienda, fue quien dijo: "A su tiempo volveré a ti, y Sara tendrá un hijo" (Gn 18:10), parece que efectivamente vuelve, cuando Sara ha tenido el hijo, y también en ese pasaje indica la palabra profética que es Dios? Y para que veáis claro lo que digo, escuchad las palabras literales de Moisés. Son como siguen: "Y vio Sara al hijo de Agar la egipcia, el cual había ésta parido a Abraham, que se burlaba. Por tanto dijo a Abraham: Echa a esta sierva y a su hijo; que el hijo de esta sierva no ha de heredar con mi hijo, con Isaac. Este dicho pareció grave en gran manera a Abraham a causa de su hijo. Entonces dijo Dios a Abraham: No te parezca grave a causa del muchacho y de tu sierva; en todo lo que te dijere Sara, oye su voz, porque en Isaac te será llamada descendencia" (Gn. 21:9-12). ¿Habéis comprendido –les pregunté– cómo el que bajo la encina dijo entonces que volvería, ya que preveía que sería necesario aconsejar a Abraham en lo que Sara quería de él, volvió efectivamente y que es Dios, como lo dan a entender las palabras de la Escritura que dicen así: "Dijo Dios a Abraham: No te parezca grave a causa del muchacho y de tu sierva"?

Trifón contestó:

—Así es; pero de ahí no has demostrado que hay otro Dios fuera del que se apareció a Abraham y a los demás patriarcas y profetas, sino sólo que nosotros no hemos entendido bien el pasaje al pensar que los tres que estuvieron junto a Abraham en su tienda eran todos ángeles.

Y yo a mi vez:

—Aun cuando no me fuera posible demostraros por las Escrituras que uno de aquellos tres es Dios y es llamado mensajero, porque anuncia, como ya he dicho, a quienes quiere el Dios Hacedor del universo, lo que éste le manda; sin embargo, es razonable que a este que apareció a Abraham sobre la tierra en forma de hombre, como los otros dos ángeles que le acompañaban; a éste, digo, que es Dios antes de la creación del mundo, le tuvierais por lo que todo vuestro pueblo le tiene.

Es razonable que a este que apareció a Abraham sobre la tierra en forma de hombre, como los otros dos ángeles que le acompañaban, que es Dios antes de la creación del mundo, le tuvierais por lo que todo vuestro pueblo le tiene.

No es
únicamente
por este
pasaje que
debemos
admitir
de un modo
absoluto que
otro aparte
del Creador
de todas las
cosas es
llamado
Señor por
el Espíritu
Santo.

—Absolutamente –contestó–, pues esa ha sido nuestra creencia hasta el presente.

Entonces le contesté:

—Volviendo a las Escrituras, voy a intentar conveceros de que quien se dice y escribe que se apareció a Abraham, a Jacob y a Moisés, es otro que el Dios creador del universo; numéricamente, quiero decir, no distinto en sentir y pensamiento. Porque, ante todo, afirmo que jamás hizo ni habló nada sino lo que el Dios que hizo el mundo, por encima del cual no hay otro Dios, quiere que haga y hable.

Y Trifón dijo:

—Demuéstranos, entonces, que ese es el caso, para que también en esto convengamos contigo; pues suponemos que tú no vas a decir que hizo nada ni habló jamás contra el sentir del Creador del universo.

Y yo dije:

—Pues bien, la Escritura anteriormente citada por mí os pondrá la cosa en claro. Dice así: "El sol salía sobre la tierra, cuando Lot llegó a Zoar. Entonces llovió el Señor sobre Sodoma y sobre Gomorra azufre y fuego de parte de Jehová desde los cielos; y destruyó las ciudades, y toda aquella llanura, con todos los moradores de aquellas ciudades, y el fruto de la tierra" (Gn. 19:23-25).

Entonces el cuarto de los que se habían quedado con Trifón, exclamó:

—Luego, aparte de Dios mismo, que se apareció a Abraham, hay que decir que es Dios también uno de los dos ángeles que bajaron a Sodoma, a quien, por boca de Moisés, llama "Señor" la Escritura.

—Y no es únicamente por este pasaje que debemos admitir de un modo absoluto que otro aparte del Creador de todas las cosas es llamado Señor por el Espíritu Santo, y no sólo por Moisés, sino por David también, quien dice: "Dijo el Señor a mi Señor: Siéntate a mi diestra, en tanto que pongo tus enemigos por estrado de tus pies" (Sal. 110:1), como ya cité antes. Y de nuevo, con otras palabras: "Tu trono, oh Dios, eterno y para siempre. Vara de justicia, la vara de tu reino. Amaste la justicia y aborreciste la maldad, por tanto te ungió Dios, el Dios tuyo, con óleo de gozo sobre tus compañeros" (Sal. 45:6, 7). Ahora, pues, respondedme vosotros si admitís que el Espíritu Santo llama Dios y Señor a algún otro fuera del Padre del universo y su Cristo, que yo os prometo demostraros por las mismas Escrituras que no es a uno de los ángeles que bajaron a Sodoma a quien la Escritura llama Señor, sino a aquel que iba con ellos y se llama Dios que apareció a Abraham.

Y Trifón dijo:

—Demuéstralo, pues como ves el día va adelantando y nosotros no estamos preparados para respuestas tan peligrosas, pues jamás oímos a nadie investigar, discutir o demostrar estas cuestiones; y aun a ti no te aguantaríamos, si no fuera porque todo lo refieres a las Escrituras,[33] porque te esfuerzas en presentar argumentos de ellas, y afirmas que no hay nadie por encima de Dios creador de todas las cosas.

> Jamás oímos a nadie investigar, discutir o demostrar estas cuestiones; y aun a ti no te aguantaríamos, si no fuera porque todo lo refieres a las Escrituras.

Entonces le dije:

—Sabéis, pues, qué cuenta la Escritura: "Entonces el Señor dijo a Abraham: ¿Por qué se ha reído Sara diciendo: Será cierto que he de parir siendo ya vieja? ¿Hay para Dios alguna cosa difícil? Al tiempo señalado volveré a ti, según el tiempo de la vida, y Sara tendrá un hijo" (Gn. 18:12, 13). Y poco después prosigue: "Y los varones se levantaron de allí, y miraron hacia Sodoma; y Abraham iba con ellos acompañándolos. Y el Señor dijo: ¿Encubriré yo a Abraham lo que voy a hacer?" (vv. 16, 17). Y un poco más adelante: "Entonces el Señor le dijo: Por cuanto el clamor de Sodoma y Gomorra se aumenta más y más, y el pecado de ellos se ha agravado en extremo, descenderé ahora, y veré si han consumado su obra según el clamor que ha venido hasta mí; y si no, he de saberlo. Y se apartaron de allí los varones, y fueron hacia Sodoma: mas Abraham estaba aún delante del Señor. Y se acercó Abraham y dijo: ¿Destruirás también al justo con el impío?" (vv. 20-23), etc.; pues habían transcrito anteriormente todo el pasaje, no me parece que deba escribir otra vez lo mismo, sino sólo aquello que me sirvió de argumento

---

[33] Una vez más, y con toda claridad, se confirma que Justino se ajustó al molde apostólico de hablar a cada uno según sus principios de entendimiento, a los griegos conforme a la razón y la filosofía, a los judíos, conforme a la ley y las Escrituras. Cf. Hechos 17:11: "Y fueron éstos más nobles que los que estaban en Tesalónica, pues recibieron la palabra con toda solicitud, escudriñando cada día las Escrituras, si estas cosas eran así".

¿No comprendéis que uno de los tres, el que es Dios y Señor, y sirve al que está en los cielos, es Señor de los dos ángeles?

con Trifón y sus compañeros.[34] Entonces, continuando la cita, llegué allí donde se dice: "Y se fue el Señor, luego que acabó de hablar a Abraham; y Abraham se volvió a su lugar. Llegaron pues, los dos ángeles a Sodoma a la caída de la tarde: y Lot estaba sentado a la puerta de Sodoma. Y viéndolos Lot, se levantó a recibirlos, y se inclinó hacia el suelo" (Gn 18:33–19:1), y lo demás hasta: "Entonces los varones alargaron la mano, y metieron a Lot en casa con ellos, y cerraron las puertas" (Gn. 19:10), y lo que sigue hasta: "Y deteniéndose él, los varones asieron de su mano, y de la mano de su mujer, y de las manos de sus dos hijas según la misericordia del Señor para con él; y le sacaron, y le pusieron fuera de la ciudad. Y fue que cuando los hubo sacado fuera, dijo: Escapa por tu vida; no mires tras ti, ni pares en toda esta llanura; escapa al monte, no sea que perezcas. Y Lot les dijo: No, yo os ruego, señores míos; he aquí ahora ha hallado tu siervo gracia en tus ojos, y has engrandecido tu misericordia que has hecho conmigo dándome la vida; mas yo no podré escapar al monte, no sea caso que me alcance el mal y muera. He aquí ahora esta ciudad está cerca para huir allá, la cual es pequeña; escaparé ahora allá, (¿no es ella pequeña?) y vivirá mi alma. Y le respondió: He aquí he recibido también tu súplica sobre esto, y no destruiré la ciudad de que has hablado. Date prisa, escápate allá; porque nada podré hacer hasta que allí hayas llegado. Por esto fue llamado el nombre de la ciudad, Zoar. El sol salía sobre la tierra, cuando Lot llegó a Zoar. Entonces llovió el Señor sobre Sodoma y sobre Gomorra azufre y fuego de parte del Señor desde los cielos; y destruyó las ciudades, y toda aquella llanura, con todos los moradores de aquellas ciudades, y el fruto de la tierra" (vv. 16-25).

Y nuevamente, tras una pausa, añadí:

—Y ahora, amigos, ¿no comprendéis que uno de los tres, el que es Dios y Señor, y sirve al que está en los cielos, es Señor de los dos ángeles? Y, en efecto, después que éstos marchan a Sodoma, Él se queda atrás y conversa con Abraham, tal como lo consignó Moisés; y cuando Él mismo, después de la conversación, se retira, Abraham se

---

[34] Aquí Justino hace un pequeño paréntesis para dirigirse a Marco Pompeyo, a quien dedica su *Diálogo*.

volvió también a su propio lugar. Y cuando Él llega, ya no son los dos ángeles los que hablan con Lot, sino Él mismo, como lo manifiesta la Escritura, y Él es Señor, y del Señor que está en el cielo, es decir, del Hacedor del universo, toma lo que ha de descargar sobre Sodoma y Gomorra, lo mismo que enumera la Escritura cuando dice: "El Señor llovió sobre Sodoma y Gomorra azufre y fuego de parte del Señor desde el cielo".

Él es Señor, y del Hacedor del universo toma lo que ha de descargar sobre Sodoma y Gomorra.

57

El sentido figurado del lenguaje

Pasa ahora
a darnos
la razón de
cómo este
Dios que
apareció a
Abraham y
es ministro
del Dios del
universo,
engendrado
de una
virgen,
nació
hombre.

57. Apenas hube yo callado, dijo Trifón:

—Realmente, la Escritura nos obliga a admitir lo que tú dices; pero tú mismo convendrás también en que ofrece una verdadera dificultad lo que se dice sobre que comió lo que Abraham le preparó y puso delante.

Y yo le respondí:

—Está escrito, efectivamente, que comieron. Y si lo entendemos que lo dice de los tres y no sólo de los dos que eran realmente ángeles y, como para nosotros es patente, se alimentan en el cielo, siquiera no tomen los mismos manjares de que usamos los hombres (del maná, en efecto, de que vuestros padres se alimentaron en el desierto dice la Escritura que comieron pan de ángeles); si habla, pues, de los tres, yo diría que el pasaje en que se dice haber comido hay que entenderlo como cuando nosotros decimos del fuego que lo devoró o se lo comió todo, pero no en absoluto que comieron masticando con dientes y mandíbulas. De manera que con un poco de práctica que tengamos del lenguaje figurado, no hay por qué veamos aquí ninguna dificultad.

Trifón dijo:

—Es posible que esta sea la solución de la dificultad en el modo de la comida, según lo cual, por el hecho de haber sido consumido lo que Abraham les preparó, está escrito que comieron. Pasa, pues, ahora a darnos la razón de cómo este Dios que apareció a Abraham y es ministro del Dios del universo, engendrado de una virgen, nació hombre, como antes dijiste, sujeto a las pasiones de los demás hombres.

Entonces contesté:

—Permíteme antes, Trifón, que reúna algunas otras pruebas más extensamente sobre este asunto, a fin de que también vosotros os acabéis de persuadir de ello, y luego te daré esa razón que me pides.

—Haz como te plazca –concedió–; pues has de hacer cosa para mí muy deseable.

58

El Ángel de Jacob

58. Entonces continué:

—Voy a citaros pasajes de las Escrituras, y no tengo interés en ofreceros discursos retóricamente preparados, pues carezco de semejante talento. Porque la gracia de Dios sólo me ha concedido gracia para entender las Escrituras, y de esta gracia os invito a participar, sin paga y sin envidia, a fin de que no tenga que dar yo cuenta de ello en el juicio, en que Dios, Hacedor del universo, nos ha de juzgar por medio de mi Señor Jesucristo.

Y Trifón dijo:

—Lo que tú haces es conforme a la piedad; sin embargo, me parece que hablas con ironía al decir que no posees el arte de los discursos.

Y yo, a mi vez, le respondí:

—Puesto que a ti te parece que así es, así sea; sin embargo, yo creo haber dicho la verdad. Mas sea como fuere, atended ya a las nuevas pruebas que os quiero dar.

—Procede –dijo él.

Así que continué:

—Hermanos, Moisés escribe nuevamente que este que se apareció a los patriarcas y se llama Dios, se llama también Ángel y Señor, a fin de que por estos nombres os deis cuenta de cómo Él sirve al Padre del universo, como ya habéis convenido, y, confirmados por nuevas pruebas, lo sostendréis firmemente. Contando, pues, la Palabra de Dios por Moisés la historia de Jacob, nieto de Abraham, dice así: "Y sucedió que al tiempo que las ovejas se recalentaban, alcé yo mis ojos y vi en sueños, y he aquí los machos que cubrían a las hembras eran listados, pintados y abigarrados. Y me dijo el ángel de Dios en sueños: Jacob. Y yo dije: Heme aquí. Y Él dijo: Alza ahora tus ojos, y verás todos los machos que cubren a las ovejas listados, pintados y abigarrados; porque yo he visto todo lo que Labán te ha hecho. Yo soy el Dios de Beth-el, donde tú ungiste el título, y donde me hiciste un voto. Levántate ahora, y sal de esta tierra, y vuélvete a la tierra de tu nacimiento" (Gn. 31:10-13).

Moisés escribe que este que se apareció a los patriarcas y se llama Dios, se llama también Ángel y Señor, a fin de que por estos nombres os deis cuenta de cómo Él sirve al Padre del universo.

Cuando huía de su hermano Esaú, se le apareció este que es Ángel y Dios y Señor, el mismo que en figura de varón se le apareció a Abraham.

Y nuevamente, en otro pasaje, hablando del mismo Jacob, dice así: "Y se levantó aquella noche, y tomó sus dos mujeres, y sus dos siervas, y sus once hijos, y pasó el vado de Jaboc. Los tomó, pues, y los pasó el arroyo, e hizo pasar lo que tenía. Y se quedó Jacob solo, y luchó con él un varón hasta que rayaba el alba. Y como vio que no podía con él, tocó en el sitio del encaje de su muslo, y se descoyuntó el muslo de Jacob mientras con Él luchaba. Y dijo: Déjame, que raya el alba. Y él dijo: No te dejaré, si no me bendices. Y Él le dijo: ¿Cuál es tu nombre? Y él respondió: Jacob. Y Él dijo: No se dirá más tu nombre Jacob, sino Israel: porque has peleado con Dios y con los hombres, y has vencido. Entonces Jacob le preguntó, y dijo: Declárame ahora tu nombre. Y Él respondió: ¿Por qué preguntas por mi nombre? Y lo bendijo allí. Y llamó Jacob el nombre de aquel lugar Peniel; porque vi a Dios cara a cara, y fue librada mi alma" (Gn. 32:22-30).

Y nuevamente en otro pasaje, hablando del mismo Jacob, dice lo siguiente: "Y llegó Jacob a Luz, que está en tierra de Canaán (esta es Beth-el), él y todo el pueblo que con él estaba; y edificó allí un altar, y llamó el lugar El-Beth-el, porque allí le había aparecido Dios, cuando huía de su hermano. Entonces murió Débora, ama de Rebeca, y fue sepultada a las raíces de Beth-el, debajo de una encina; y llamó su nombre Allon-Bacuth. Y se apareció otra vez Dios a Jacob, cuando se había vuelto de Padan-aram, y le bendijo. Y dijo Dios: Tu nombre es Jacob; no se llamará más tu nombre Jacob, sino Israel será tu nombre; y llamó su nombre Israel" (Gn. 35:6-10). Es llamado Dios y será Dios. Cuando todos consintieron con sus cabezas, proseguí:

—Por considerarlas necesarias, voy a citaros las palabras con que se nos cuenta cómo, cuando huía de su hermano Esaú, se le apareció este que es Ángel y Dios y Señor, el mismo que en figura de varón se le apareció a Abraham, y en forma de hombre luchó con el mismo Jacob. Son como siguen: "Y salió Jacob de Beer-seba, y fue a Harán; y encontró un lugar, y durmió allí porque ya el sol se había puesto; y tomó de las piedras de aquel paraje y puso a su cabecera, y se acostó en aquel lugar. Y soñó, y he aquí una escala que estaba apoyada en tierra, y su cabeza tocaba en el cielo, y he aquí ángeles de Dios que subían y descendían por ella. Y he aquí, el Señor estaba en lo alto de ella, el cual dijo: Yo soy el Señor, el Dios de Abraham tu padre, y el Dios de Isaac, la tierra en que estás acostado te la daré a ti y a tu simiente. Y será tu simiente como el polvo de la tierra, y te extenderás al occidente, y al oriente, y al aquilón, y al mediodía; y todas las familias de la tierra serán benditas en ti y en tu simiente. Y he aquí, yo soy contigo, y te guardaré por donde quiera que fueres, y te volveré a esta tierra; porque no te dejaré hasta tanto que haya hecho lo que te he dicho. Y despertó Jacob de su sueño, y dijo: Ciertamente el Señor está en este lugar, y yo no lo sabía. Y tuvo miedo, y dijo: ¡Cuán terrible es este lugar! No es otra cosa que casa de Dios, y puerta del cielo. Y se levantó Jacob de mañana, y tomó la piedra que había puesto de cabecera, y la alzó por título, y derramó aceite encima de ella. Y llamó el nombre de aquel lugar Casa de Dios (Beth-el), bien que Luz (Ulammaús) era el nombre de la ciudad primero" (Gn. 28:10-19).

Y me dijo el ángel de Dios en sueños: Jacob. Y yo dije: Heme aquí.

59

El Señor de la zarza ardiente

El mismo
que se
apareció a
Abraham
y Jacob
como Ángel,
y Dios,
y Señor,
y Varón,
y Hombre,
fue visto
por Moisés
y con éste
habló en
la llama de
fuego desde
la zarza.

59. Dicho esto añadí:

—Permitidme que os demuestre también por el libro del Éxodo cómo el mismo que se apareció a Abraham y Jacob como Ángel, y Dios, y Señor, y Varón, y Hombre, fue visto por Moisés y con éste habló en la llama de fuego desde la zarza.

Respondieron ellos que me oirían con gusto, sin cansarse y fervorosamente, por lo que yo proseguí:

—He aquí, pues, lo que está escrito en el libro titulado Éxodo: "Y aconteció que después de muchos días murió el rey de Egipto, y los hijos de Israel suspiraron a causa de la servidumbre, y clamaron; y subió a Dios el clamor de ellos con motivo de su servidumbre" (Gn. 2:23), y lo demás hasta: "Ve, y junta los ancianos de Israel, y diles: El Señor, el Dios de vuestros padres, el Dios de Abraham, de Isaac, y de Jacob, me apareció, diciendo: De cierto os he visitado, y visto lo que se os hace en Egipto" (Gn. 3:16).

Y después de esto añadí: ¿Comprendéis, señores, que el que Moisés dice que le habló como ángel en la llama del fuego, ese mismo, por ser Dios, le manifestó a Moisés que Él es el Dios de Abraham y de Isaac y de Jacob?

60. Y Trifón dijo:

—No es esa la consecuencia que nosotros sacamos de las palabras citadas, sino que fue un ángel el que se apareció en la llama de fuego, y Dios el que habló con Moisés; de modo que en la visión de entonces hubo juntamente un ángel y Dios.

Yo a mi vez respondí:

—Incluso si eso fuera así, mis amigos, que un ángel y que Dios estaban juntos en la visión concedida a Moisés, como se os demuestra por las palabras antes transcritas, no puede ser el Hacedor del universo el Dios que le dijo a Moisés que Él era el Dios de Abraham y el Dios de Isaac y el Dios de Jacob, sino el que ya os demostré que apareció a Abraham y a Jacob, el que sirve a la voluntad del Hacedor del universo, y que, en efecto, cumplió los designios de Él en el juicio de Sodoma. De suerte que aun cuando fuera como decís, que hubo allí dos, un ángel y Dios, nadie absolutamente, por poca inteligencia que tenga, se atreverá a decir que fue el Hacedor y Padre del universo quien, dejando todas sus moradas supracelestes, apareció en una mínima porción de la tierra.

Y Trifón dijo:

—Puesto que nos has demostrado ya que el que se apareció a Abraham y se llama Dios y Señor, recibió del Señor, que está en el cielo, lo que infligió a la tierra de Sodoma, también ahora entenderemos, aunque hubiera un ángel con el Dios que se apareció a Moisés, que el Dios que le habló desde la zarza no fue el Dios creador de todas las cosas, sino el que se nos demostró haberse manifestado a Abraham, Isaac y Jacob. El cual se llama ángel o mensajero del Dios creador del mundo, y se comprende que lo sea, por ser Él quien anuncia a los hombres los mensajes del Padre hacedor de todas las cosas.

Y yo le contesté:

—Ahora, sin embargo, Trifón, voy a demostraros que, en la visión de Moisés, este mismo que se llama ángel y es Dios, fue el que solamente se apareció al mismo Moisés y conversó con él. La Palabra, en efecto, dijo así: "Se apareció el Señor en llama de fuego desde la zarza, y veía que la zarza ardía, pero no se quemaba. Y dijo Moisés: Me acercaré a ver esta grande ilusión, que la zarza no se quema. Y cuando vio el Señor que se acercaba, le llamó el Señor desde la zarza" (Éx. 3:2-4). De la misma manera, por tanto, en que se apareció en sueños, la Palabra le llama "ángel", y, sin embargo, ese ángel que se le aparece entre sueños nos dice la misma Palabra que le dijo: "Yo soy el Dios que se te apareció cuando huías de la presencia de Esaú, tu hermano"; y como en el caso de Abraham nos contó en el castigo de Sodoma que lo infligió el Señor de parte del Señor que está en los cielos; así aquí, al decir la palabra que el ángel del Señor se apareció a Moisés y darnos luego a entender que ese mismo es Señor y Dios, nos habla del mismo a quien por tantos testimonios antes citados nos da a entender ser el que sirve al Dios que está por encima del mundo, sobre el que no hay otro alguno.

En la visión de Moisés, este mismo que se llama ángel y es Dios, fue el que solamente se apareció al mismo Moisés y conversó con él.

60

La Sabiduría engendrada del Padre

Dios
engendró
cierta
potencia
racional,
la cual es
llamada
también por
el Espíritu
Santo
la Gloria
del Señor,
y unas veces
Hijo,
otras
Sabiduría,
otras Ángel,
otras Dios,
o Señor y
Palabra.

61. Amigos míos, voy a daros otro testimonio de las Escrituras: Dios engendró al principio antes que a todas la criaturas, cierta potencia racional procedente de sí mismo, la cual es llamada también por el Espíritu Santo, la Gloria del Señor, y unas veces Hijo, otras Sabiduría, otras Ángel, otras Dios, o Señor y Palabra (Logos), y que se llama a sí mismo Príncipe, cuando se aparece en forma de hombre a Josué, hijo de Nun (Jos. 5:14). Y es así que todas esas denominaciones le vienen de estar al servicio de la voluntad del Padre. ¿Y no vemos que algo semejante se da en nosotros? En efecto, al emitir una palabra, engendramos la palabra, no por corte, de modo que se disminuya la razón que hay en nosotros al emitirla. Algo semejante vemos también en un fuego que se enciende de otro, sin que se disminuya aquel del que se tomó la llama, sino permaneciendo el mismo. Y el fuego encendido también aparece con su propio ser, sin haber disminuido aquel de donde se encendió.

La Palabra de Sabiduría, que es ella ese mismo Dios engendrado del Padre del universo, y Palabra y Sabiduría y Poder y Gloria del que le engendró, dará testimonio de lo que os digo, cuando por boca de Salomón dice así: "Para hacer heredar a mis amigos el ser, y que yo hincha sus tesoros. El Señor me poseía en el principio de su camino, ya de antiguo, antes de sus obras. Eternamente tuve el principado, desde el principio, antes de la tierra. Antes de los abismos fui engendrada; antes que fuesen las fuentes de las muchas aguas. Antes que los montes fuesen fundados, antes de los collados, era yo engendrada, no había aún hecho la tierra, ni las campiñas, ni el principio del polvo del mundo. Cuando formaba los cielos, allí estaba yo; cuando señalaba por compás la sobrefaz del abismo; cuando afirmaba los cielos arriba, cuando afirmaba las fuentes del abismo; cuando ponía a la mar su estatuto, y a las aguas, que no pasasen su mandamiento; cuando establecía los fundamentos de la tierra; con Él estaba yo ordenándolo todo; y fui su delicia todos los días, teniendo alegría delante de Él en todo tiempo. Me regocijaba en la parte habitable de su tierra; y mis delicias son con los hijos de los hombres. Ahora pues, hijos, oídme, y bienaventurados los que guardaren mis caminos. Atended el consejo, y sed sabios, y no lo menospreciéis. Bienaventurado el hombre que me oye, velando a mis puertas cada día, guardando los umbrales de mis entradas. Porque el que me hallare, hallará la vida, y alcanzará el favor del Señor, mas el que peca contra mí, defrauda su alma. Todos los que me aborrecen, aman la muerte" (Pr. 8:21-26).

La Palabra de Sabiduría es ella ese mismo Dios engendrado del Padre del universo, y Palabra y Sabiduría y Poder y Gloria del que le engendró.

61

La Sabiduría en la Creación

No puedo yo tener por verdadero el dogma de esa herejía vuestra, ni los maestros de ella son capaces de demostrar que habla Dios con los ángeles o que el cuerpo humano es obra de ángeles.

62. Eso mismo, amigos, expresó la Palabra de Dios por boca de Moisés al indicarnos que el Dios que nos manifestó, habló en ese mismo sentido en la creación del hombre, al decir estas palabras: "Hagamos al hombre a nuestra imagen y semejanza, y señoree en los peces de la mar, y en las aves de los cielos, y en las bestias, y en toda la tierra, y en todo animal que anda arrastrando sobre la tierra. Y creó Dios al hombre a su imagen, a imagen de Dios lo creó; varón y hembra los creó. Y los bendijo Dios; y les dijo Dios: Fructificad y multiplicad, y henchid la tierra, y sojuzgadla, y señoread en los peces de la mar, y en las aves de los cielos, y en todas las bestias que se mueven sobre la tierra" (Gn. 1:26-28).

Y porque no torzáis las palabras citadas y digáis lo que dicen vuestros maestros, que Dios se dirigió a sí mismo al decir "hagamos", del mismo modo que nosotros, cuando vamos a hacer algo decimos "hagamos", o que habló con los elementos, es decir, con la tierra y demás de que sabemos se compone el hombre, y a ellos dijo el "hagamos"; os voy a citar ahora otras palabras del mismo Moisés, por las cuales, sin discusión posible, tenemos que reconocer que conversó Dios con alguien que era numéricamente distinto y juntamente un ser racional. Son éstas: "Y dijo Dios: He aquí el hombre es como uno de nosotros sabiendo el bien y el mal" (Gn. 3:22). Luego, al decir "como uno de nosotros", indica de cierto número de los que entre sí conversan, y que por lo menos son dos. Porque no puedo yo tener por verdadero el dogma de esa herejía vuestra, ni los maestros de ella son capaces de demostrar que habla Dios con los ángeles o que el cuerpo humano es obra de ángeles. Sino que este brote, emitido realmente del Padre, estaba con Él antes de todas las criaturas y con ése conversa el Padre, como nos lo manifestó la Palabra por boca de Salomón, al decirnos que antes de todas las criaturas fue por Dios engendrado como principio y progenie este mismo que por Salomón es llamado Sabiduría.

Y lo mismo se dice –añadí– por la revelación hecha a Josué, hijo de Navé (Nun). Y para que también por este pasaje veáis claro lo que digo, escuchad lo que se cuenta en el libro de Josué, que es lo siguiente: "Y estando Josué cerca de Jericó, alzó sus ojos, y vio un varón que estaba delante de él, el cual tenía una espada desnuda en su mano. Y Josué yéndose hacia él, le dijo: ¿Eres de los nuestros, o de nuestros enemigos? Y Él respondió: No; mas Príncipe del ejército del Señor, ahora he venido. Entonces Josué postrándose sobre su rostro en tierra le adoró; y le dijo: ¿Qué dice mi Señor a su siervo? Y el Príncipe del ejército del Señor respondió a Josué: Quita tus zapatos de tus pies; porque el lugar donde estás es santo. Y Josué lo hizo así. Pero Jericó estaba cerrada, bien cerrada, a causa de los hijos de Israel, nadie entraba, ni salía. Mas el Señor dijo a Josué: Mira, yo he entregado en tu mano a Jericó y a su rey, con sus varones de guerra" (Jos. 5:13–6:2).

Y estando Josué cerca de Jericó, vio un varón Príncipe del ejército del Señor.

62

La encarnación de Dios

**Falta por
demostrar
que ese se
dignó nacer
hombre de
una virgen
según la
voluntad de
su Padre,
ser
crucificado
y morir.**

63. Y Trifón dijo:

—Has demostrado este punto con fuerza y muchos argumentos, amigo. Falta por demostrar que ese se dignó nacer hombre de una virgen según la voluntad de su Padre, ser crucificado y morir. Demuestra también ahora que después de eso resucitó y subió al cielo.

Y yo respondí:

—También eso está ya demostrado por las palabras de las profecías por mí citadas, que por consideración a vosotros voy a citar y comentar nuevamente a ver si logro también nos pongamos en esto de acuerdo. La palabra que Isaías registra: "Su generación, ¿quién la contará? Porque es arrebatada de la tierra su vida" (Is. 53:8), ¿no te parece haber sido dicha en el sentido de que no tiene su linaje de hombres aquel que Dios dice haber sido entregado a la muerte por las iniquidades de su pueblo? Y de su sangre, como antes dije, dijo Moisés, hablando en parábola que había de lavar su vestidura en la sangre de la uva, dando a entender que su sangre no vendría de germen humano, sino de voluntad de Dios. Y las palabras de David: "En los esplendores de tus santos, del vientre, antes del lucero de la mañana te engendré. Juró el Señor y no se arrepentirá: Tú eres sacerdote para siempre, según el orden de Melquisedec" (Sal. 110:3-4), ¿no significan para vosotros que desde lo antiguo y por vientre humano había de engendrarle el que es Dios y Padre del universo? Y en otro pasaje también anteriormente citado dice: "Tu trono, oh Dios, por el siglo del siglo. Vara de rectitud, la vara de tu reino. Amaste la justicia y aborreciste la iniquidad; por eso te ungió, oh Dios, el Dios tuyo con el óleo de regocijo, más que a tus compañeros. Mirra, áloe y casia exhalan tus vestidos; de las moradas de marfil, por las que te regocijaron. Hijas de los reyes en tu cortejo. Se presentó la reina a tu derecha, vestida de vestidura recamada de oro y en variedad de colores. Escucha, hija, y mira, e inclina tu oído. Olvídate de tu pueblo y de la casa de tu padre, y codiciará el rey tu belleza. Porque Él es tu Señor y tú le adorarás" (Sal. 45:6-11). Expresamente nos dan a entender estas palabras que hay que adorarle, que es Dios y Cristo, atestiguado por el Hacedor de este mundo. Y no menos claramente nos pregonan que el Verbo de Dios habla como con hija suya con los que creen en Él, como si formaran una sola alma, una sola congregación, una sola Iglesia –la Iglesia que de su nombre nace y de su nombre participa, pues todos nos llamamos cristianos–, a la vez que nos enseñan a olvidarnos de nuestras antiguas costumbres, que nos vienen de nuestros padres, allí donde dice: "Oye, hija, y mira, e inclina tu oído, y olvídate de tu pueblo y de la casa de tu padre, y codiciará el rey tu belleza; porque Él es tu Señor y tú le adorarás" (vv. 10, 11).

El Verbo de Dios habla como con hija suya con los que creen en Él, como si formaran una sola alma, una sola congregación, una sola Iglesia.

63

Cristo,
salvador de gentiles y judíos igualmente

Cuantos se
salvan de
vuestra raza
se salvan
por Cristo
y están en
su parte.

64. Y Trifón replicó:

—Allá vosotros que procedéis de los gentiles, reconocedle como Señor y Cristo y como Dios, según declaran las Escrituras; vosotros que de su nombre habéis venido todos a llamaros cristianos; pero nosotros, que somos servidores del Dios que hizo al mismo [Cristo], no tenemos necesidad alguna de confesarle ni de adorarle.

A esto le respondí yo:

—Trifón, si yo fuera como vosotros amigo de querellas y hombre vano, no continuaría discutiendo con vosotros, que no os disponéis a entender lo que se dice, sino que pensáis sólo en aguzar el ingenio para responder; pero como temo el juicio de Dios, no me apresuro a afirmar de ningún individuo de vuestra raza que no pertenezca al número de los que, por la gracia del Señor de los ejércitos, pueden salvarse. Por eso, por más malicia que mostréis, yo continuaré respondiendo a cuanto objetéis y contradigáis, cosa, por otra parte, que hago con todos absolutamente, de cualquier nación que sean, que quieren discutir conmigo o informarse de estas cuestiones.

Ahora bien, que cuantos se salvan de vuestra raza se salvan por Cristo y están en su parte, cosa es que ya hubierais, comprendido si hubierais atendido a los pasajes de las Escrituras citados por mí con anterioridad; y, evidentemente, no me hubierais preguntado sobre ello. Voy, pues, a citar de nuevo las palabras de David y os ruego que tratéis de entenderlas y de no actuar equivocadamente y entregaros uno al otro a la contradicción. Las palabras que David dijo son estas: "El Señor reinó, temblarán los pueblos. Él está sentado sobre los querubines, se conmoverá la tierra. El Señor en Sion es grande, y ensalzado sobre todos los pueblos. Alaben tu nombre grande y tremendo. Él es santo, y la gloria del rey ama el juicio: Tú confirmas la rectitud; tú has hecho en Jacob juicio y justicia. Ensalzad al Señor nuestro Dios, y postraos al estrado de sus pies. Él es santo. Moisés y Aarón entre sus sacerdotes, y Samuel entre los que invocaron su nombre; Invocaban al Señor, y

Él les respondía. En columna de nube hablaba con ellos; guardaban sus testimonios, y el estatuto que les había dado" (Sal. 99:1-7).

Hay también otras palabras de David, citadas antes, que vosotros, insensatamente, aplicáis a Salomón, por llevar por título «A Salomón»; pero yo he demostrado que no se refieren a Salomón. Por ellas se prueba que este Jesús existía antes que el sol, y que cuantos de vuestro pueblo se salvan, por Él han de salvarse. Aquí están: "¡Oh Dios!, da tus juicios al rey, y tu justicia al hijo del rey. Él juzgará tu pueblo con justicia, y tus afligidos con juicio. Los montes llevarán paz al pueblo, y los collados justicia. Juzgará los afligidos del pueblo, Salvará los hijos del menesteroso, y quebrantará al violento. Temerte han mientras duren el sol y la luna, por generación de generaciones" (Sal. 72:1-5), etc., hasta el pasaje: "Será su nombre para siempre, se perpetuará su nombre mientras el sol dure. Y benditas serán en Él todas las gentes, lo llamarán bienaventurado. Bendito el Señor Dios, el Dios de Israel, que solo hace maravillas. Y bendito su nombre glorioso para siempre, y toda la tierra sea llena de su gloria. Amén y Amén" (vv. 17-19).

Por otras palabras que anteriormente os cité dichas también por David, debéis recordar que Jesús había de salir de las cumbres de los cielos y volver nuevamente a los mismos lugares, a fin de que lo reconozcáis como Dios que viene de arriba y como hombre nacido entre hombres, y que otra vez había de venir. Aquel a quien habían de ver y por Él golpearse los mismos que le traspasaron. He aquí el texto: "Los cielos cuentan la gloria de Dios, y la expansión denuncia la obra de sus manos. Un día emite palabra al otro día, y una noche a la otra noche declara sabiduría. No hay dicho, ni palabras, ni es oída su voz. Por toda la tierra salió su hilo, y al cabo del mundo sus palabras. En ellos puso tabernáculo para el sol. Y Él, como un novio que sale de su tálamo, alégrase cual gigante para correr el camino. Del un cabo de los cielos es su salida, y su giro hasta la extremidad de ellos, y no hay quien se esconda de su calor" (Sal. 19:1-6).

Debéis recordar que Jesús había de salir de las cumbres de los cielos y volver nuevamente a los mismos lugares, a fin de que lo reconozcáis como Dios.

64

Dios no comparte su gloria con otro

Si alguna vez se me objeta alguna Escritura que parezca contradictoria con otra, convencido como estoy que ninguna puede ser contraria a otra, confesaré que no las entiendo.

65. Y Trifón dijo:

—Importunado por tantos pasajes de la Escritura, no sé qué decir sobre la Escritura de Isaías, según la cual dice que Dios no dará a otro su gloria, hablando así: "Yo soy el Señor Dios, este es mi nombre; y a otro no daré mi gloria, ni mi alabanza a esculturas" (Is. 42:8).

Yo respondí:

—Si con sencillez y no con malicia te has callado, Trifón, al citar esas palabras sin precederlas de lo que antecede ni añadir lo que sigue, merecerías disculpa; mas si lo has hecho pensando que vas a meter mi razonamiento en un callejón sin salida y obligarme a decir que las Escrituras se contradicen entre sí, te has equivocado. Pues yo jamás tendré la audacia de pensar ni decir semejante cosa. Si alguna vez se me objeta alguna Escritura que parezca contradictoria con otra y que pudiera dar pretexto a pensarlo; convencido como estoy que ninguna puede ser contraria a otra, por mi parte, antes confesaré que no las entiendo, y a los que piensan que pueden contradecirse entre sí, pondré todas mis fuerzas en persuadirles que piensen lo mismo que yo. Ahora, con qué intención hayas tú propuesto tu dificultad, Dios lo sabe. Por mi parte, os voy a recordar cómo se dijo esa palabra, y por ella misma podréis conocer que Dios no da su gloria a nadie más que a su Cristo. Y tomaré, amigos, unas breves palabras que forman contexto con las citadas por Trifón, y otras también que siguen dentro del mismo contexto. No las voy a citar de otro pasaje, sino de uno sólo en su propio contexto. Vosotros prestadme atención. Dicen esto: "Así dice el Señor Dios, el Creador de los cielos, y el que los extiende; el que extiende la tierra y sus verduras; el que da respiración al pueblo que mora sobre ella, y espíritu a los que por ella andan: Yo el Señor te he llamado en justicia, y te tendré por la mano; te guardaré y te pondré por alianza del pueblo, por luz de las gentes; para que abras ojos de ciegos, para que saques de la cárcel a los presos, y de casas de prisión a los que están de asiento en tinieblas. Yo el Señor, este es mi nombre; y a otro no daré mi gloria, ni mi alabanza a esculturas. Las cosas primeras he aquí vinieron, y yo anuncio nuevas cosas, antes que salgan a luz, yo os las haré notorias. Cantad al Señor un nuevo cántico, su alabanza desde el fin de la tierra; los que descendéis a la mar, y lo que la hinche, las islas y los moradores de ellas. Alcen la voz el desierto y sus ciudades, las aldeas donde habita Cedar; canten los moradores de la piedra, y desde la cumbre de los montes den voces de júbilo. Den gloria al Señor, y prediquen sus loores en las islas. El Señor saldrá como gigante, y como hombre de guerra despertará celo, gritará, voceará con fuerza sobre sus enemigos" (Is. 42:5-13).

¿Entendéis cómo Dios dice que dará su gloria a quien puso por luz de los gentiles, y no a otro alguno?

Terminada mi cita, les dije:

—¿Entendéis, amigos, cómo Dios dice que dará su gloria a quien puso por luz de los gentiles, y no a otro alguno? Y no, como dijo Trifón, que Dios se reserve para sí mismo su gloria.

Entonces Trifón respondió:

—Entendido queda también eso. Termina, pues, lo que te queda de discurso.

65

Nacido de una virgen, según Isaías

Es evidente para todos, que fuera de nuestro Cristo, nadie jamás nació de una virgen en el linaje carnal de Abraham, ni se dijo de nadie tal cosa.

66. Y yo, reanudando mi razonamiento allí donde interrumpí mi demostración de que había nacido Cristo de una virgen y que así había sido profetizado por Isaías, repetí otra vez la profecía que dice así: "Habló el Señor a Acaz, diciendo: Pide para ti señal del Señor tu Dios, demandándola en lo profundo, o arriba en lo alto. Y respondió Acaz: No pediré, y no tentaré al Señor. Dijo entonces Isaías: Oíd ahora casa de David. ¿Os es poco el ser molestos a los hombres, sino que también lo seáis a mi Dios? Por tanto el mismo Señor os dará señal: He aquí que la virgen concebirá, y parirá hijo, y llamará su nombre Emmanuel. Comerá manteca y miel, para que sepa desechar lo malo y escoger lo bueno. Porque antes que el niño sepa desechar lo malo y escoger lo bueno, la tierra que tú aborreces será dejada de sus dos reyes" (Is. 7:10-16). "Porque antes que el niño sepa decir, padre mío, y madre mía, será quitada la fuerza de Damasco y los despojos de Samaria, en la presencia del rey de Asiria" (Is. 8:4). "El Señor hará venir sobre ti, y sobre tu pueblo, y sobre la casa de tu padre, días cuales nunca vinieron desde el día que Efraín se apartó de Judá, a saber, al rey de Asiria" (Is. 7:17). Ahora bien, es evidente para todos, que fuera de nuestro Cristo, nadie jamás nació de una virgen en el linaje carnal de Abraham, ni se dijo de nadie tal cosa.

66

¿Cristo por nacimiento o por méritos?

67. Y Trifón respondió:

—La Escritura no dice: "Mirad que una *virgen* concebirá y dará a luz un hijo", sino: "Mirad que una *joven* concebirá y dará a luz un hijo", y lo demás que sigue tal como tú lo dijiste. Y toda la profecía está dicha con relación a Ezequías, en quien consta haberse cumplido todo, conforme esta profecía. Por otra parte, en las fábulas de los llamados griegos se cuenta que Perseo nació de Dánae, siendo ésta virgen, pues descendió a ella en forma de lluvia de oro el que entre ellos se llama Zeus. Vergüenza os ha de dar decir vosotros cosas semejantes a ellos, y más valdría decir que ese Jesús ha nacido hombre de los hombres, y que si se demuestra por las Escrituras que es el Cristo, deberíais creer que mereció ser escogido para Cristo por haber vivido conforme a la ley de manera perfecta. Pero no nos vengáis con monstruosidades, no sea que deis pruebas de ser tan necios como los griegos.

A esto le respondí yo:

—¡De una cosa quisiera que te persuadieras, Trifón!, y en general todos los hombres, y es que, aun cuando me dirigierais mayores burlas y sarcasmos, no lograríais apartarme de mi propósito; antes bien, de las mismas razones y hechos que me objetéis para refutarme, yo seguiré sacando, junto con el testimonio de las Escrituras, las demostraciones de lo que digo. Y ahora, particularmente, no procedes rectamente ni como quien ama la verdad, al pretender volverte atrás de los acuerdos en que habíamos ya venido, a saber, que algunos de los mandamientos puestos por Moisés se deben a la dureza de corazón de vuestro pueblo, y así acabas de decir que por su conducta conforme a la ley fue Jesús elegido y hecho Cristo, y eso si se demostrara que es el Cristo.

Y Trifón dijo:

—Pues tú nos confesaste que hasta fue circuncidado y que guardó todas las otras observancias legales instituidas por Moisés.

Y yo le respondí:

Acabas de decir que por su conducta conforme a la ley fue Jesús elegido y hecho Cristo, y eso si se demostrara que es el Cristo.

Dios prometió que habrá otro pacto no establecido como se estableció el primero; sin temor ni temblor, ni sin rayos, y que mostraría qué obra entiende Dios como eterno.

—Cierto que lo confesé y lo sigo confesando; pero no confesé que se sometiera a todo eso, como si por su observancia hubiera de justificarse, sino por cumplir la dispensación que quería el que es su Padre, y Señor y Dios de todas las cosas. Pues también confieso que se dignó morir crucificado, hacerse hombre y sufrir cuanto quisieron hacer con Él los de vuestra nación. Mas ya que de nuevo, Trifón, te niegas a admitir lo que antes habías admitido, respóndeme: Los justos y patriarcas que vivieron antes de Moisés sin haber guardado nada de lo que consta por la palabra que tuvo en Moisés su principio de ordenación, ¿se salvarán en la herencia de los bienaventurados o no?

Y Trifón dijo:

—Las Escrituras me obligan a concedértelo.

—De modo semejante –le dije– te pregunto nuevamente: ¿Mandó Dios a vuestros padres que le hicieran ofrendas y sacrificios por tener necesidad de ellas o por la dureza de su corazón e inclinación a la idolatría?

—También eso –me contestó– nos fuerzan las Escrituras a admitirlo.

—¿Y no anunciaron también de antemano las Escrituras –proseguí yo– que promete Dios establecer un nuevo pacto, distinto al del monte Horeb?

—También eso lo anunciaron –respondió.

Y yo, a mi vez:

—El antiguo pacto, ¿no fue ordenado a vuestros padres por temor y temblor, hasta el punto de no poder vuestros padres ni aun oír a Dios?

También en esto convino.

—¿Qué se sigue, pues, de ahí? –dije–. Que Dios prometió que habrá otro pacto no establecido como se estableció el primero; sin temor ni temblor, ni sin rayos, y que mostraría qué mandamiento y qué obra entiende Dios como eternos y adaptados a todo el género humano, y qué es lo que mandó, como lo proclama por los profetas, atendiendo a la dureza de corazón de vuestro pueblo.

—Forzoso es –contestó– que también esto admita quien sea amante de la verdad y no de la disputa.

—No sé cómo –le dije– puedes acusar a nadie de amante de la verdad, cuando tú mismo te has mostrado así muchas veces al contradecir con frecuencia lo mismo que habías admitido.

67

La locura de la encarnación

68. Y Trifón replicó:

—Es que intentas demostrar algo increíble y poco menos que imposible, a saber, que Dios soportó nacer y ser hombre.

—Si me hubiera lanzado –respondí– a demostraros eso apoyado en enseñanzas o argumentos humanos, bien que vosotros no me aguantarais. Pero el caso es que, mientras yo os pido que reconozcáis las Escrituras que hablan copiosamente a este propósito, recitándolas las más veces literalmente, vosotros os volvéis duros de corazón para comprender el pensamiento y la voluntad de Dios. Pues bien, si estáis decididos a permanecer siempre así, yo ningún daño he de recibir de ello, sino que, teniendo lo mismo que tenía antes de tener trato con vosotros, me separaré de vosotros.

Y Trifón dijo:

— Considera, amigo, que con mucho trabajo y esfuerzo has llegado tú a poseer eso que tienes; también nosotros, pues, sólo después de examinar detenidamente las cuestiones que ocurren, debemos admitir aquello a que las Escrituras nos obligan.

A lo cual dije yo:

—No es que os pida que no luchéis por todos los medios en el examen de lo que discutimos, sino que, no teniendo nada que objetar, no contradigáis lo que una vez dijisteis admitir.

Y Trifón me contestó:

—Así lo procuraremos hacer.

—Nuevamente –proseguí yo–, a lo que ya os he preguntado, quiero añadir otras preguntas, pues por éstas me esforzaré en terminar con rapidez mi razonamiento.

—Pregunta –dijo Trifón.

Y yo dije:

—¿Os parece que hay otro a quien se deba adorar y a quien en las Escrituras se llama Señor y Dios fuera del Hacedor de todo, y fuera de su Cristo, el que por tantos testimonios de las Escrituras se os ha demostrado que se hizo hombre?

Mientras yo os pido que reconozcáis las Escrituras que hablan copiosamente a este propósito, vosotros os volvéis duros de corazón para comprender.

Si la profecía que dijo Isaías: "Mirad que una virgen concebirá", no se dirigiera a la casa de David, sino a otra casa de las doce tribus, tal vez la cosa tendría alguna dificultad.

—¿Cómo podemos confesar nosotros que lo haya –dijo Trifón–, cuando tan larga discusión entablamos sobre si en absoluto existe otro fuera del solo Padre?

Y yo dije a mi vez:

—Necesito haceros esa pregunta, no sea que penséis ahora de modo diferente de como entonces convinisteis.

—No, hombre –dijo él.

—Si, pues –dije–, realmente así lo admitís, como diga la palabra: "Su generación, ¿quién la contará?", ¿no debéis ya comprender que no es Cristo semilla de linaje humano?

Y Trifón dijo:

—Entonces, ¿cómo dice la palabra a David que de sus lomos se tomará para sí Dios un hijo y que para él levantará el reino y le sentará sobre el trono de su gloria?

Y yo dije:

—Trifón, si la profecía que dijo Isaías: "Mirad que una virgen concebirá", no se dirigiera a la casa de David, sino a otra casa de las doce tribus, tal vez la cosa tendría alguna dificultad; pero como esta profecía se refiere a la casa de David, lo que misteriosamente fue dicho por Dios a David, Isaías explicó cómo había de suceder. A no ser, amigos, que ignoréis que muchas palabras dichas de modo oscuro, en parábolas, misterios o símbolos de acciones, las explicaron los profetas que sucedieron a los que las dijeron o hicieron.

—Ciertamente –contestó Trifón.

—Si, pues, os demuestro –proseguí– que esta profecía se refiere a nuestro Cristo y no, como decís vosotros, a Ezequías, ¿no estará bien que también aquí os exhorte a no dar fe a vuestros maestros que se atreven a afirmar que en algunos puntos no es exacta la traducción hecha por vuestros setenta ancianos, que estuvieron junto a Ptolomeo, rey de Egipto? Y es así que cuando un pasaje de la Escritura los convence explícitamente de opinión insensata y personal, se atreven a decir que no está así en el texto original; y lo que piensan poder forzar y aplicar a las acciones humanas a que se imaginan convenir, eso dicen que no se dijo por razón de nuestro Jesucristo, sino por quien ellos pretenden interpretarlo. Que es lo que pasa con la presente Escritura, sobre que estamos conversando, y que os han enseñado fue dicha con referencia a Ezequías. Por otra parte, si les citamos Escrituras que expresamente demuestran que el Cristo ha de sufrir, ser adorado y llamado Dios, y son ésas que os he alegado a vosotros, convienen a la fuerza que sí se refieren al Cristo, pero tienen la audacia de decir que Jesús no es el Cristo, no obstante confesar que había de venir a sufrir, reinar y ser adorado como Dios. Yo me encargaré de demostrar que tal modo de pensar es ridículo e insensato. Mas como tengo prisa por responder a lo que tú de modo ridículo me has objetado, a esto voy a responder primero, y más adelante daré las pruebas sobre lo demás.

Y cuando un pasaje de la Escritura los convence explícitamente de opinión insensata y personal, se atreven a decir que no está así en el texto original.

68

Imitaciones del diablo

Ese que se
llama el
diablo ha
hecho decir
entre los
griegos lo
mismo que
cuanto obró
por medio
de los magos
de Egipto o
de los falsos
profetas
en tiempo
de Elías.

69. Ten por seguro, Trifón –continué diciendo–, que cuanto ese que se llama el diablo ha hecho decir entre los griegos lo mismo que cuanto obró por medio de los magos de Egipto o de los falsos profetas en tiempo de Elías; todo eso, digo, no es sino un afianzamiento de mi conocimiento y de mi fe en las Escrituras. Y así, cuando dicen que Dioniso (Baco) es hijo de Zeus (Júpiter), nacido de la unión de éste con Sémele, y le hacen descubridor de la vid y cuentan que, después de morir despedazado, resucitó y subió al cielo, e introducen un asno[35] en sus misterios, ¿no tengo derecho a ver ahí imitada la profecía del patriarca Jacob, antes citada y consignada por Moisés? De Heracles (Hércules) nos dicen que fue fuerte y recorrió toda la tierra, que fue también hijo de Zeus, que nació de Almena, y que después de muerto subió al cielo; ¿no es todo eso igualmente una imitación de la Escritura que se refiere a Cristo: "Fuerte como un gigante para recorrer su camino" (Sal. 19:5)?

Y, en fin, cuando nos presenta a Aseclepio (Esculapio) resucitando muertos y curando las demás enfermedades, ¿no diré que también en esto quiere imitar el diablo las profecías sobre Cristo? Mas como no os he citado ninguna Escritura que indique que Cristo había de cumplir estas curaciones, tendré forzosamente que recordar siquiera una. Por ella os será fácil de comprender cómo a los que eran un desierto en conocimiento de Dios, quiero decir, a los gentiles, que teniendo ojos no veían y teniendo corazón no entendían, pues adoraban objetos de materia, la Palabra les predijo que habían de renegar de éstos y poner su confianza en este Cristo. La profecía dice así: "Se alegrará el desierto y la soledad, el yermo se gozará, y florecerá como la rosa. Florecerá profusamente, y también se alegrará y cantará con júbilo, la gloria del Líbano le será dada, la hermosura del Carmelo y de Sarón. Ellos verán la gloria del Señor, la hermosura del Dios nuestro. Confortad a las

---

[35] El asno era sagrado para Baco.

manos cansadas, fortaleced las vacilantes rodillas. Decid a los de corazón apocado: Confortaos, no temáis, he aquí que vuestro Dios viene con venganza, con pago, el mismo Dios vendrá, y os salvará. Entonces los ojos de los ciegos serán abiertos, y los oídos de los sordos se abrirán. Entonces el cojo saltará como un ciervo, y cantará la lengua del mudo; porque aguas serán cavadas en el desierto, y torrentes en la soledad. El lugar seco será tornado en estanque, y el secadal en manaderos de aguas; en la habitación de chacales, en su cama, será lugar de cañas y de juncos" (Is. 35:1-7).

La fuente de agua viva que brotó de parte de Dios en el desierto del conocimiento de Dios, es decir, en la tierra de los gentiles, fue este Cristo, que, aparecido en vuestro pueblo, curó a los ciegos de nacimiento según la carne, a los sordos y cojos, haciendo por sola su palabra que unos saltaran, otros oyeran, otros recobraran la vista; y resucitando a los muertos y dándoles la vida, por sus obras incitaba a los hombres a que le reconocieran. Mas ellos, aun viendo estos prodigios, los tuvieron por apariencia mágica, y, efectivamente, tuvieron el atrevimiento de decir que era un mago y seductor del pueblo.[36] Mas Él hacía eso para persuadir a los que habían de creer en Él que, aun cuando alguno tuviere algún defecto corporal, como guarde las enseñanzas que por Él nos fueron dadas, le resucitará íntegro en su segunda venida, y juntamente le hará inmortal, incorruptible y libre de sufrimientos.

La fuente de agua viva que brotó de parte de Dios en el desierto del conocimiento de Dios, es decir, en la tierra de los gentiles, fue este Cristo.

---

[36] Teoría mantenida hoy diversamente por G. Vermes, *Jesús el judío* (Muschnik, Barcelona 1982), que presenta a Jesús entre los galileos carismáticos de su tiempo; y M. Smith, *Jesús el mago* (Martínez Roca, Barcelona 1988), que lo interpreta como un galileo paganizado, un exorcista de buena voluntad, que se creyó Hijo de Dios por su capacidad de hacer milagros.

69

Distorsión de la profecía
por los misterios de Mitra

Los que
enseñan los
misterios
de Mitra
afirman que
él nació de
una piedra,
¿cómo no
reconocer
aquí lo
que dijo
Daniel?

70. Cuando los que enseñan los misterios de Mitra[37] afirman que él nació de una piedra, y llaman "cueva" al lugar donde se inician sus creyentes, ¿cómo no reconocer aquí lo que dijo Daniel: "Una piedra cortada sin mano alguna del monte grande (Dn. 2: 34, 45), y lo mismo lo de Isaías, cuyas palabras todas intentaron imitar? Porque tuvieron el arte de introducir entre ellos hasta palabras sobre la práctica de la justicia. Tendré por fuerza que citaros las palabras dichas por Isaías, a fin de que por ellas os deis cuenta que es así. Son como siguen: "Oíd, los que estáis lejos, lo que he hecho; y vosotros los cercanos, conoced mi potencia. Los pecadores se asombraron en Sion, espanto sobrecogió a los hipócritas. ¿Quién de nosotros morará con el fuego consumidor?, ¿quién de nosotros habitará con las llamas eternas? El que camina en justicia, y habla lo recto; el que aborrece la ganancia de violencias, el que sacude sus manos por no recibir cohecho, el que tapa su oreja por no oír sangres, el que cierra sus ojos por no ver cosa mala. Éste habitará en las alturas; fortalezas de rocas serán su lugar de acogimiento; se le dará su pan, y sus aguas serán ciertas. Tus ojos verán al Rey en su hermosura; verán la tierra que está lejos. Tu corazón imaginará el espanto, y dirá: ¿Qué es del escriba?, ¿qué del pesador?, ¿qué del que pone en lista las casas más insignes? No verás a aquel pueblo espantable, pueblo de lengua oscura de entender, de lengua tartamuda que no comprendas" (Is. 33:13-19). Es evidente que en esta profecía también se habla acerca del pan que nuestro Cristo nos mandó celebrar en memoria de haberse hecho Él hombre por amor de los que creen en Él, por los que también sufrió, y del cáliz que en recuerdo de su sangre nos mandó igualmente beber con acción de gracias. La misma profecía pone de manifiesto que a

---

[37] Dios de origen persa identificado con el sol, muy adorado en el antiguo Imperio romano. El culto, predominantemente militar y restringido a los varones, se practicaba en cuevas, como aquí dice Justino.

este mismo le veremos como Rey con gloria, y sus mismas palabras están diciendo a gritos que el pueblo que fue de antemano conocido como creyente suyo, fue también conocido como temeroso del Señor. Y también están clamando estas Escrituras que quienes se imaginan conocer la letra de las Escrituras, al oír las profecías, no alcanzan inteligencia de ellas.

Cuando oigo hablar, Trifón –concluí–, de que Perseo nació de una virgen, entiendo que también eso lo quiso falsificar la serpiente engañosa.

Quienes se imaginan conocer la letra de las Escrituras, al oír las profecías, no alcanzan inteligencia de ellas.

70

La traducción griega de los Setenta

Como sé que todos los de vuestra nación los rechazan, no me detengo en discutirlos, sino que paso a las pruebas tomadas de los que todavía admitís.

71. Pero a quienes no presto fe alguna es a vuestros maestros, que rechazan dar por buena la traducción de vuestros setenta ancianos que estuvieron con Ptolomeo, rey de Egipto, sino que ellos mismos se ponen a traducir otra.[38] Quiero además que sepáis que ellos han suprimido totalmente muchos pasajes de la versión de los setenta ancianos que estuvieron con el rey Ptolomeo, por los que se demuestra que este mismo Jesús crucificado fue en términos expresos predicado como Dios y hombre y que había de ser crucificado y morir. Como sé que todos los de vuestra nación los rechazan, no me detengo en discutirlos, sino que paso a las pruebas tomadas de los que todavía admitís. Porque cuantos hasta ahora os he alegado, todos los reconocéis, excepto el texto: "Mirad que una *virgen* concebirá", que vosotros decís hay que leer: "Mirad que una *joven* concebirá". Y os prometí demostrar que esta profecía no se refiere a Ezequías, como a vosotros se os ha enseñado, sino a este Cristo mío. He aquí el momento de ofreceros mi prueba.

Y Trifón dijo:

—Antes te rogamos nos digas algunas de las Escrituras que tú dices haber sido completamente suprimidas.

---

[38] Aunque las primeras generaciones cristianas dieron por infalible esta traducción griega de la Biblia, llamada de los Setenta, la erudición moderna ha mostrado que la Septuaginta no es una obra unitaria, sino una amalgama fortuita de traducciones desconocidas de los libros de la Biblia hebrea en griego, obra de autores desconocidos y de un considerable período de tiempo, sin un definido y unitario plan o teoría de traducción. En conjunto es una traducción antigua a menudo insegura, y una interpretación del Antiguo Testamento poco fiable (Cf. Karen Jones y Moisés Silva, *Invitation to the Septuagint*. Paternoster Press, Londres 2001).

71

Pasajes bíblicos suprimidos

72. Y yo le contesté:

—Como gustéis. De los comentarios que Esdras hizo a la ley de la pascua, quitaron el siguiente pasaje: "Y dijo Esdras al pueblo: Esta pascua es nuestro salvador y nuestro refugio. Si reflexionáis y sube a vuestro corazón que hemos de humillarle en la cruz y después de eso esperamos en Él, este lugar no quedará desolado jamás, dice el Señor de los ejércitos. Mas si no le creyerais, ni oyereis su predicación, seréis la irrisión de las naciones".[39]

De las profecías de Jeremías quitaron también este pasaje: "Y yo como cordero inocente que llevan a degollar, pues no entendía que maquinaban contra mí designios, diciendo: Destruyamos el árbol con su fruto, y cortémoslo de la tierra de los vivientes, y no haya más memoria de su nombre" (Jer. 11:19). Este pasaje de Jeremías se halla todavía escrito en algunos ejemplares de las sinagogas de los judíos, pues la eliminación es de fecha reciente. Ahora bien, cuando por estas palabras se intenta demostrar que los judíos tuvieron su consejo contra Cristo mismo decidiendo quitarle la vida por el suplicio de la cruz, y que Él es indicado, conforme fue profetizado por Isaías, como el cordero que es llevado al matadero, y ahí se nos presenta como cordero inocente; al no tener qué contestar se acogen a la blasfemia. De las palabras también de Jeremías, eliminaron este pasaje: "Se acordó el Señor, el Dios santo de Israel, de sus muertos, de los que se durmieron en la tierra amontonada; y bajó a ellos para anunciarles su salvación".[40]

73. Y del salmo noventa y cinco,[41] de las palabras de David, suprimieron estas breves expresiones: "De lo alto del madero". Porque diciendo la palabra: "Decid entre las

> Este pasaje de Jeremías se halla todavía escrito en algunos ejemplares de las sinagogas de los judíos, pues la eliminación es de fecha reciente.

---

[39] No se sabe de dónde toma Justino este pasaje, que no se encuentra en los Setenta, ni en el hebreo ni en ninguna versión conocida.

[40] Este texto no se encuentra en nuestras Escrituras, pero es citado por Ireneo de Lyon en *Contra las herejías*, III, 20,4 y IV, 22.

[41] Noventa y seis en la numeración de nuestras Biblias.

Si, como tú dices, nuestros principales del pueblo han suprimido algo de las Escrituras, es cosa que sólo Dios lo sabe, sin embargo, parece increíble.

naciones: El Señor reina desde lo alto del madero",[42] sólo dejaron: "Decid entre las naciones: El Señor reina". Entre las naciones, jamás se dijo de ninguno de los hombres de vuestro linaje, como de Dios y Señor, que reinó, excepto de este que fue crucificado, de quien en el mismo salmo nos dice el Espíritu Santo que se salvó y resucitó, dándonos a entender que no es semejante a los dioses de las naciones; pues éstos no son sino imágenes de demonios. Y para que entendáis lo que digo, os voy a recitar todo el salmo, que dice así: "Cantad al Señor un cántico nuevo; cantad al Señor, toda la tierra: Cantad al Señor y bendecid su nombre. Llevad de día a día la buena nueva de su salvación. Anunciad en las naciones su gloria, en todos los pueblos sus maravillas; porque grande es el Señor, y digno sobremanera de alabanza; terrible sobre todos los dioses. Porque todos los dioses de las naciones son demonios, mas el Señor hizo los cielos. Alabanza y belleza delante de Él santidad y magnificencia en su santuario. Llevadle al Señor, familias de las naciones, llevadle al Señor gloria y honor. Llevad al Señor gloria en su nombre. Tomad sacrificios y entrad en sus atrios. Adorad al Señor en su atrio santo. Estremézcase en su presencia la tierra entera; decid entre las naciones: El Señor reina de lo alto del madero. Porque Él enderezó la tierra que no se conmoverá; juzgará a los pueblos con rectitud. Alégrense los cielos y regocíjese la tierra; estremézcase el mar y cuanto lo llena. Se alegrarán todos los árboles del bosque en la presencia del Señor; Porque viene a juzgar la tierra. Juzgará la redondez de la tierra con justicia y a los pueblos con su verdad" (Sal. 96:1-13).

Aquí Trifón puntualizó:

—Si, como tú dices, nuestros principales del pueblo han suprimido algo de las Escrituras, es cosa que sólo Dios lo sabe, sin embargo, parece increíble.

—Ciertamente –contesté yo–, parece increíble, pues es cosa más tremenda que haber fabricado el becerro de oro, cuando saciados en la tierra del maná celestial; más que

---

[42] *Desde lo alto del madero*, o desde el árbol (Sal. 96:10), no fue suprimido por los judíos, sino más bien añadido por algún copista, pues se encuentra en el texto griego, pero no en el hebreo. Los apologistas hicieron un uso amplio de este pasaje. Cf. Tertuliano, *Respuesta a los judíos*, 10.

sacrificar los hijos a los demonios y matar a los mismos profetas. Mas a la verdad –añadí– pensad, si queréis, no haber ni oído las Escrituras que os he dicho haber ellos suprimido; pues para demostrar las cuestiones que discutimos bastan y sobran tantas ya citadas y otras que os he de citar de las que aún son custodiadas entre vosotros.

Pensad, si queréis, no haber ni oído las Escrituras que os he dicho haber ellos suprimido.

72

Destinatario
del comienzo del Salmo 96

**Manda el
Espíritu
Santo que
canten sin
interrupción
al Dios
y Padre
cuantos en
toda la tierra
han conocido
este misterio
salvador,
es decir,
la pasión
de Cristo.**

74. Entonces dijo Trifón:

—Sabemos que las has citado por habértelo pedido nosotros. En cuanto al último salmo que has tomado de las palabras de David, no me parece a mí que se refiera a otro que al Padre, que hizo el cielo y la tierra. Tú, en cambio, dices que se dijo por ese Jesús sufriente, que te esfuerzas por demostrarnos ser el Cristo.

Y yo le respondí:

—Reflexionad, os ruego, sobre la expresión que el Espíritu Santo usa en este salmo, mientras yo os lo recito, y os daréis cuenta de que ni yo hablo pecaminosamente ni vosotros estáis realmente burlados, sino que así podréis entender por vosotros mismos muchas otras cosas dichas por el Espíritu Santo: "Cantad al Señor toda la tierra: Cantad al Señor y bendecid su nombre, cantad al Señor un cántico nuevo. Llevad día a día la buena nueva de su salvación y en todos los pueblos sus maravillas" (Sal. 96:1, 2). Lo que aquí manda el Espíritu Santo es que canten sin interrupción y celebren con instrumentos al Dios y Padre del universo cuantos en toda la tierra han conocido este misterio salvador, es decir, la pasión de Cristo, por la que los salvó, reconociendo que es digno de alabanza y terrible y hacedor del cielo y la tierra el que por amor del género humano obró esta salvación, a aquel que murió crucificado y a quien Él concedió ser rey sobre toda la tierra, así como también por[43] "la tierra, en que éste entrará, y me abandonarán, y desharán mi alianza, que yo establecí con ellos en ese día. Y mi furor se encenderá contra él en ese día; y los abandonaré, y esconderé de ellos mi rostro, y serán consumidos; y le hallarán muchos males y angustias, y dirá en ese día: ¿No me han hallado estos males porque no está mi Dios en medio de mí? Pero yo esconderé ciertamente mi rostro en aquel día, por todo el mal que ellos habrán hecho, por haberse vuelto a dioses ajenos" (Dt. 31:16-18).

---

[43] Aquí hay una laguna en el manuscrito.

73

El nombre de Jesús
en el libro de Éxodo

75. Además, de modo misterioso dio a entender Moisés en el libro del Éxodo que el nombre de Dios mismo era Jesús, que dice no haber sido manifestado a Abraham ni a Jacob, y nosotros lo hemos comprendido. Porque dice así: "He aquí yo envío el Angel delante de ti para que te guarde en el camino, y te introduzca en el lugar que yo he preparado. Guárdate delante de Él, y oye su voz; no le seas rebelde; porque Él no perdonará vuestra rebelión, porque mi nombre está en Él" (Éx. 23:20-22). Ahora entended que quien introdujo a vuestros padres en la tierra es llamado por el nombre de Jesús (Josué). Primero fue llamado Oseas,[44] porque si esto entendéis. reconoceréis que el nombre del mismo que dijo a Moisés: "Mi nombre está en él", era Jesús. También se llamaba Israel, y por este nombre cambió igualmente el de Jacob.

Por lo demás, por Isaías se pone de manifiesto cómo son llamados ángeles y enviados de Dios los profetas, que son efectivamente enviados para anunciar lo que Él quiere. Dice, en efecto, allí Isaías: "Envíame a mí" (Is. 6:8). Y es manifiesto a todos que fue profeta fuerte y grande el que recibió este sobrenombre de Jesús (Josué). Pues bien, si sabemos que en tantas formas se manifestó ese Dios a Abraham y a Jacob y a Moisés, ¿cómo dudamos y no creemos que pudiera, conforme al designio del Padre del universo, nacer hombre de la virgen, y eso teniendo tantas Escrituras por las que es fácil entender literalmente que así efectivamente sucedió, conforme al designio del Padre?

Si sabemos que en tantas formas se manifestó ese Dios a Abraham y a Jacob y a Moisés, ¿cómo dudamos y no creemos que pudiera nacer hombre de la virgen?

---

[44] "Estos son los nombres de los varones que Moisés envió a reconocer la tierra; y a Oseas hijo de Nun, le puso Moisés el nombre de Josué" (Nm. 13:16).

74

Pasajes bíblicos referidos a Cristo

Llamarle piedra desprendida sin mano alguna da a entender que no es Cristo obra de los hombres, sino del designio de quien le produjo, de Dios.

76. Porque cuando Daniel dice "como Hijo de hombre" al que recibe el reino eterno, ¿no da a entender eso mismo? Porque decir "como Hijo de hombre" significa que apareció y nació hombre, pero pone de manifiesto que no es de semilla humana. Y llamarle piedra desprendida sin mano alguna, eso mismo está gritando misteriosamente. Porque decir que fue cortado sin ayuda de mano alguna da a entender que no es Cristo obra de los hombres, sino del designio de quien le produjo, de Dios, Padre del universo. Y decir Isaías: "Su generación, ¿quién la contará?", es poner de manifiesto que su linaje es inexplicable. Porque nadie, que sea hombre, nacido de hombres, tiene linaje inexplicable. Y decir Moisés que Él lavaría su vestido en la sangre de la uva, ¿no es lo que ya muchas veces os he dicho haber profetizado misteriosamente? Porque Moisés dio anticipadamente a entender que Cristo tendría sangre verdadera; pero no de hombres, a la manera que no es el hombre, sino Dios, quien engendra la sangre de la uva. Y cuando Isaías le llama ángel del gran consejo,[45] ¿no significó de antemano que había Cristo de ser maestro de lo que efectivamente enseñó, una vez venido al mundo? Porque los grandes consejos del Padre acerca de todos los hombres que le han sido agradables o en adelante han de serlo, así como sobre los ángeles u hombres que se apartaron de su voluntad, sólo Cristo los enseñó sin velo alguno, diciendo: "Vendrán muchos del oriente y del occidente, y se sentarán con Abraham, e Isaac, y Jacob, en el reino de los cielos; mas los hijos del reino serán echados a las tinieblas de afuera" (Mt. 8:11, 12). "Y: Muchos me dirán en aquel día: Señor, Señor, ¿no comimos y bebimos y profetizamos y expulsamos demonios en tu nombre? Y yo les diré: Apartaos de mí" (Mt. 7:22-23). Y en otros pasajes nos dijo las palabras con que condenará a los que no son dignos

---

[45] "Porque un niño nos es nacido, hijo nos es dado; y el principado sobre su hombro, y se llamará su nombre Admirable, Consejero, Dios fuerte, Padre eterno, Príncipe de paz" (Is. 9:6).

de salvarse: "Marchad a las tinieblas de fuera que mi Padre preparó para Satanás y sus ángeles" (Mt. 25:41). Y nuevamente, en otros pasajes, dijo: "Yo os doy poder para pisar por encima de serpientes, escorpiones y escolopendras[46] y sobre todo poder del enemigo" (Lc. 10:19). Y nosotros, que creemos en nuestro Señor Jesús, que fue crucificado bajo Poncio Pilato, conjurándolos, tenemos bajo nuestro poder a todos los demonios y espíritus malos. Porque si bien es cierto que por los profetas fue misteriosamente predicado que Cristo había de sufrir y después alcanzar el señorío de todas las cosas, nadie, sin embargo, era capaz de entenderlo, hasta que Él mismo persuadió a sus apóstoles que así estaba expresamente anunciado en las Escrituras. Porque antes de ser crucificado exclamó: "Es menester que el Hijo del Hombre sufra mucho, y sea reprobado por los escribas y fariseos, y que sea crucificado y al tercer día resucite" (Lc. 9:22). Y David proclamó que había de nacer del vientre antes del sol y de la luna,[47] según designio del Padre, y manifestó que, por ser Cristo, era Dios fuerte y adorable.

Si bien es cierto que por los profetas fue misteriosamente predicado que Cristo había de sufrir y después alcanzar el señorío de todas las cosas, nadie era capaz de entenderlo.

---

[46] O *ciempiés*, no está en el original.

[47] "Antes que naciesen los montes y formases la tierra y el mundo, y desde el siglo y hasta el siglo, tú eres Dios" (Sal. 90:3, R.V.). Justino pone "sol y luna", en lugar de Lucifer, que aparece en la versión de los Setenta.

75

Profecía de Isaías

Vosotros no podéis demostrar que eso sucediera jamás a ningún judío; nosotros, en cambio, podemos demostrar que se cumplió en nuestro Cristo.

77. Entonces dijo Trifón:

—Realmente, te confieso que tales y tantos argumentos son suficientes para convencerme; pero quiero que sepas que aún estoy esperando que demuestres aquella prueba tuya que muchas veces has propuesto. Llévala, pues, cabo para nosotros, a fin de que también veamos cómo demuestras que la profecía de Isaías se refiere a ese vuestro Cristo; pues nosotros decimos que fue profecía hecha sobre Ezequías.

Y yo le respondí:

—Sea como queréis. Pero antes demostradme vosotros, ya que fue profetizado sobre Ezequías, cómo antes de saber él decir "padre" y "madre", recibió el poder de Damasco y los despojos de Samaria en presencia del rey de los asirios. Porque no se os va a consentir que interpretéis como queráis diciendo que Ezequías hizo la guerra a los de Damasco y a los de Samaria en presencia del rey de los asirios. Porque antes de que el niño sepa decir "padre" y "madre" tomará la potencia de Damasco y los despojos de Samaria, delante del rey de los asirios, dijo la palabra profética. Porque si el Espíritu profético no hubiera dicho esto con añadidura: "Antes de saber decir padre y madre, tomará la potencia de Damasco y los despojos de Samaria"; sino que hubiera dicho simplemente: "Y dará a luz un hijo y tomará la potencia de Damasco y los despojos de Samaria", pudierais decir que, como Dios preveía que Ezequías había de tomar eso, lo predijo. Pero lo cierto es que la profecía lo dijo con ese aditamento: "Antes de saber el niño decir padre y madre tomará la potencia de Damasco y los despojos de Samaria".

Ahora bien, vosotros no podéis demostrar que eso sucediera jamás a ningún judío; nosotros, en cambio, podemos demostrar que se cumplió en nuestro Cristo. Porque apenas hubo nacido, unos magos vinieron a adorarle de la Arabia, después de presentarse a Herodes, que era entonces rey de vuestra tierra. A Herodes, por su carácter impío e inicuo, es a quien la palabra llama rey de los asirios. Porque bien sabéis –añadí– que muchas veces el Espíritu Santo habla por parábolas y comparaciones, como hizo con todo el pueblo de Jerusalén, al decirle frecuentemente: "Tu padre fue un amorreo y tu madre una hetea" (Ez. 16:3).

76

La adoración de los magos
y el nacimiento de Jesús

Llegaron los magos de Arabia a Belén y adoraron al niño y le ofrecieron sus dones de oro, incienso y mirra; pero después de adorar al niño en Belén, recibieron orden por revelación que no volvieran a Herodes.

78. Este rey Herodes, habiendo llegado los magos de Arabia que decían haber visto aparecer una estrella en el cielo y conocido por ella que había nacido en vuestra tierra un rey, a quien ellos venían a adorar, se informó por los ancianos de vuestro pueblo que debía haber nacido en Belén, porque en el profeta está así escrito: "Y tú, Belén, tierra de Judá, en modo alguno eres la menor entre las ciudades principales de Judá, pues de ti ha de salir el caudillo que apacentará a mi pueblo" (Mi. 5:2; Mt. 2:2ss.). Llegaron, pues, los magos de Arabia a Belén y adoraron al niño y le ofrecieron sus dones de oro, incienso y mirra; pero después de adorar al niño en Belén, recibieron orden por revelación que no volvieran a Herodes.

Es de saber que José, el esposo de María, había querido antes echar de casa a su esposa, por creer que estaba encinta de trato con hombre, es decir, de adulterio; pero por una visión se le mandó que no arrojara a su mujer, diciéndole el ángel que se le apareció cómo lo que ella llevaba en su seno era obra del Espíritu Santo. Temeroso, pues, no la arrojó de casa; más bien, con ocasión del primer censo de Judea, en tiempo de Cirino, subió a inscribirse desde Nazaret, donde vivía, a Belén, de donde era. Porque, en efecto, José procedía por linaje de la tribu de Judá, que había poblado aquella tierra. Y él, juntamente con María, recibe orden de salir para Egipto y permanecer allí con el niño hasta que nuevamente les sea revelado que pueden volver a Judea. Mas antes, nacido que hubo el niño en Belén, como José no encontraba en aquella aldea dónde alojarse, se retiró a una cueva cercana,[48] y entonces, estando allí los dos, María dio a luz a Cristo y lo puso sobre un pesebre, donde llegando los magos de Arabia, lo encontraron.

---

[48] El dato de la "cueva" no aparece en los relatos evangélicos, y es mencionado aquí en consonancia con la profecía de Isaías.

Ya os he citado –dije– las palabras en que Isaías profetizó sobre el símbolo de la cueva, y por amor a los que hoy han acudido con vosotros las voy a recordar nuevamente. Recité de nuevo el pasaje de Isaías anteriormente mencionado, repitiéndoles que, por estas palabras de Isaías justamente el diablo hizo que los maestros de las iniciaciones de Mitra digan que las practican en un lugar que ellos llaman "cueva".[49]

Herodes, pues, como no volvieran a verle los magos de Arabia, según él se lo pidiera, sino que, siguiendo la orden que se les dio, marcharon a su país por otro camino; como José, juntamente con María y el niño, según a ellos también se les había revelado, habían ya salido para Egipto; no conociendo al niño que los magos habían venido a adorar, mandó matar sin excepción a todos los niños de Belén. Y este hecho fue profetizado por Jeremías, pues por su boca dijo así el Espíritu Santo: "Voz se ha oído en Ramá, llanto y lamento mucho. Raquel que llora a sus hijos, y no quiere consolarse" (Jer. 31:15; Mt. 2:16-18). Por la voz, pues, que había de oírse desde Ramá, es decir, desde la Arabia, pues hasta ahora se conserva en Arabia un lugar por nombre Ramá, el llanto había de llenar el lugar donde está enterrada Raquel, la mujer del santo patriarca Jacob, el que se apellidó Israel; es decir, el llanto llenaría a Belén, al llorar las mujeres a sus propios hijos asesinados y no admitir consuelo en su desgracia.

Por lo demás, al decir Isaías: "Tomará la potencia de Damasco y los despojos de Samaria", quiso significar que, apenas nacido Cristo, sería por Él vencida la potencia del demonio malo, que mora en Damasco, lo que se ha probado por su cumplimiento. Porque los magos que antes habían sido presa del demonio para la realización de toda suerte de malas acciones cumplidas por el poder del demonio, una vez que vinieron y adoraron a Cristo se ve cómo se apartaron de aquella potencia que los había combatido, la que misteriosamente nos dijo la palabra que tenía su morada en Damasco. Y por ser pecadora e inicua,

Al decir Isaías: "Tomará la potencia de Damasco y los despojos de Samaria", quiso significar que, apenas nacido Cristo, sería por Él vencida la potencia del demonio malo.

---

[49] El culto en las cuevas, símbolo de la matriz primordial y recuerdo de los tiempos primitivos, estaba muy difundido en la antigüedad. Cf. E.O. James, *El templo. El espacio sagrado de la caverna a la catedral* (Madrid 1972).

Bueno fuera que vosotros aprendierais lo que no entendéis de nosotros los cristianos, que hemos recibido la gracia de Dios, y no luchar por todos los medios por sostener vuestras propias doctrinas.

con razón llama la palabra a aquella potencia "Samaria". Ahora, que Damasco perteneció y pertenece a Arabia, aun cuando de presente esté adscrita a la llamada Siro-Fenicia, cosa que ni vosotros mismos podréis negar.

En conclusión, amigos, bueno fuera que vosotros aprendierais lo que no entendéis de nosotros los cristianos, que hemos recibido la gracia de Dios, y no luchar por todos los medios por sostener vuestras propias doctrinas, despreciando las de Dios. Por eso, a nosotros también se ha pasado esta gracia, como dice Isaías: "Este pueblo se me acerca con su boca, y con sus labios me honra, mas su corazón alejó de mí, y su temor para conmigo fue enseñado por mandamiento de hombres. Por tanto, he aquí que nuevamente excitaré yo la admiración de este pueblo con un prodigio grande y espantoso; porque perecerá la sabiduría de sus sabios, y se desvanecerá la prudencia de sus prudentes" (Is. 29:13, 14).

77

Los ángeles rebeldes

79. Y Trifón, un poco molesto, pero guardando la reverencia a las Escrituras, como se veía claro por su semblante, me dijo:

—Las palabras de Dios son santas; pero vuestras interpretaciones son artificiosas, como aparece por las que acabas de hacer y, más aún, blasfemas, pues dices que los ángeles fueron malos y se apartaron de Dios.

Y yo, en tono más suave, pues quería disponerle a que me escuchara, le respondí, diciendo:

—Amigo, admiro tu piedad y pido a Dios te dé la misma disposición para con aquel de quien está escrito que le sirven los ángeles, como dice Daniel que fue presentado, como Hijo de Hombre, al Anciano de días y le fue dado todo reino por los siglos de los siglos. Y para que reconozcas –le dije–, que no ha sido la propia audacia la que nos ha guiado en esa interpretación que tú censuras, te alegaré el testimonio del mismo Isaías, quien dice que ángeles malos han habitado y habitan también en Tanis, región de Egipto. He aquí sus palabras: "¡Ay de los hijos que se apartan, dice el Señor, para tomar consejo, y no de mí; para cobijarse con cubierta, y no de mi espíritu, añadiendo pecado a pecado! Parten para descender a Egipto, y no han preguntado mi boca; para fortificarse con la fuerza de Faraón, y poner su esperanza en la sombra de Egipto. Mas la fortaleza de Faraón se os tornará en vergüenza, y el amparo en la sombra de Egipto en confusión. Cuando estarán sus príncipes en Zoán, y sus embajadores habrán llegado a Hanes, se avergonzarán todos del pueblo que no les aprovechará, ni los socorrerá, ni les traerá provecho; antes les será para vergüenza, y aun para oprobio" (Is. 30:1-5).

También Zacarías, como tú mismo lo recordaste, dice que el diablo se puso a la derecha del sacerdote Jesús (Josué) para oponérsele y que el Señor dijo: "El Señor te reprenda, oh Satán; el Señor, que ha escogido a Jerusalén" (Zac. 3:1, 2). Y en Job está igualmente escrito –pasaje también por ti citado– que vinieron los ángeles a ponerse en

Alegaré el testimonio del mismo Isaías, quien dice que ángeles malos han habitado y habitan también en Tanis.

También Zacarías dice que el diablo se puso a la derecha del sacerdote Jesús. la presencia de Dios y que con ellos vino también el diablo (Job 1:6). Y sabemos que los magos de Egipto intentaron imitar los prodigios obrados por Dios por medio de su fiel servidor Moisés; y, en fin, no ignoráis que David dijo que los dioses de las naciones son demonios (Sal. 96:5).

78

El reino milenario
y la reconstrucción de Jerusalén

80. Trifón replicó a esto:

—Ya te he dicho, amigo, que te esfuerzas siempre por andar sobre seguro, armado con las Escrituras; pero dime ahora: ¿Realmente confesáis vosotros que ha de reconstruirse la ciudad de Jerusalén y esperáis que allí ha de reunirse vuestro pueblo y alegrarse con Cristo, con los patriarcas y profetas y los santos de nuestro linaje y hasta los prosélitos anteriores a la venida de vuestro Cristo, o es que viniste a parar a esa conclusión sólo por dar la impresión de ganarnos en las controversias?

Entonces yo le dije:

—No soy yo tan miserable, Trifón, que diga otra cosa de lo que siento. Ya antes, pues, te he confesado[50] que yo y otros muchos sentimos de esta manera, y creemos que así ha de suceder, como tú ciertamente sabes; pero, por otra parte, también te he indicado que hay muchos cristianos de fe pura y piadosa, que piensan de otro modo. Porque los que se llaman cristianos, pero son realmente herejes sin Dios y sin piedad, ya te he manifestado que sólo enseñan blasfemias, impiedades e insensateces. En cuanto a mí, para que sepáis que no sólo digo esto delante de vosotros, pienso componer, hasta donde pueda, un resumen de todos los razonamientos tenidos con vosotros y allí escribiré que confieso lo mismo que ante vosotros digo. Porque yo no he escogido seguir a hombres o a enseñanzas humanas, sino más bien a Dios y las enseñanzas que de Él vienen. Y si vosotros habéis tropezado con algunos que se llaman cristianos y no confiesan eso, sino que se atreven a blasfemar del Dios de Abraham, y de Isaac, y de Jacob, y dicen que no hay resurrección de los muertos, sino que en el momento de morir sus almas son recibidas en el cielo, no los tengáis por cristianos; como, si se examina bien la cosa, nadie tendrá por judíos a los saduceos y sectas

¿Confesáis vosotros que ha de reconstruirse la ciudad de Jerusalén y esperáis que allí ha de reunirse vuestro pueblo y alegrarse con Cristo?

---

[50] No consta que Justino aludiera previamente a este punto, no en los escritos que de él han llegado hasta nosotros.

No sólo admitimos la futura resurrección de la carne, sino también mil años en Jerusalén, reconstruida, hermoseada y dilatada como lo prometen Ezequiel, Isaías y los otros profetas.

semejantes de los genistas, meristas, galileos, helenistas, fariseos y bautistas (y no os molestéis en oír todo lo que siento), sino por gentes que se llaman judíos e hijos de Abraham, pero que sólo honran a Dios con los labios, como Él mismo clama, mientras su corazón está muy lejos de Él. Yo, por mi parte, y si hay algunos otros cristianos de recto sentir en todo, no sólo admitimos la futura resurrección de la carne, sino también mil años en Jerusalén, reconstruida, hermoseada y dilatada como lo prometen Ezequiel, Isaías y los otros profetas.

79

El milenio en Isaías y Apocalipsis

81. Isaías dijo sobre este tiempo de mil años: "He aquí que yo creo cielos nuevos y tierra nueva. No habrá más memoria de las cosas primeras, ni vendrán más al pensamiento. Más bien, gozaos y alegraos para siempre en las cosas que yo he creado. Porque he aquí que yo he creado a Jerusalén para alegría, y a su pueblo para gozo. Yo me gozaré por Jerusalén y me regocijaré por mi pueblo. Nunca más se oirá en ella la voz del llanto ni la voz del clamor. No habrá allí más bebés que vivan pocos días, ni viejos que no completen sus días. Porque el más joven morirá a los cien años, y el que no llegue a los cien años será considerado maldito. Edificarán casas y las habitarán; plantarán viñas y comerán de su fruto. No edificarán para que otro habite, ni plantarán para que otro coma; porque como la edad de los árboles será la edad de mi pueblo. Mis escogidos disfrutarán plenamente de las obras de sus manos. No se esforzarán en vano, ni darán a luz hijos para el terror; porque serán linaje bendito del Señor, y de igual manera sus descendientes. Y sucederá que antes que llamen, yo responderé; y mientras estén hablando, yo les escucharé. El lobo y el cordero pacerán juntos. El león comerá paja como el buey, y la serpiente se alimentará de polvo. No harán daño ni destruirán en todo mi santo monte, ha dicho el Señor" (Is. 65:17-25).

Lo que en estas palabras, pues, se dice: "Como la edad de los árboles será la edad de mi pueblo. Mis escogidos disfrutarán plenamente de las obras de sus manos", entendemos que significa misteriosamente los mil años. Porque como se dijo a Adán que el día que comiera del árbol de la vida moriría, sabemos que no cumplió los mil años. Entendemos asimismo que hace también a nuestro propósito aquello de "un día del Señor es como mil años" (Sal. 90:4). Además hubo entre nosotros un varón por nombre Juan, uno de los apóstoles de Cristo, el cual, en revelación que le fue hecha, profetizó que los que hubieren creído en nuestro Cristo pasarán mil años en Jerusalén; y que después de esto vendría la resurrección universal y, para decirlo brevemente, la eterna resurrección y juicio de todos

Hubo entre nosotros un varón por nombre Juan, uno de los apóstoles de Cristo, el cual, en revelación que le fue hecha, profetizó que los que hubieren creído en nuestro Cristo pasarán mil años en Jerusalén;

unánimemente (Ap. 20:4-5). Lo mismo vino a decir también nuestro Señor: "No se casarán ni serán dadas en matrimonio, sino que serán semejantes a los ángeles, hijos del Dios de la resurrección" (Lc. 20:35-36).[51]

---

[51] Ireneo de Lyon, entre otros, comparte esta misma creencia en el milenio. Cf. *Contra las herejías*, libro V.

80

Los dones proféticos
transferidos a los cristianos

82. Porque entre nosotros se dan hasta el presente carismas proféticos, de donde vosotros mismos debéis entender que los que antaño existían en vuestro pueblo, han pasado a nosotros. Mas a la manera que entre los santos profetas que hubo entre vosotros se mezclaron también falsos profetas, también ahora hay entre nosotros muchos falsos maestros. Mas ya nuestro Señor nos advirtió de antemano que nos precaviéramos de ellos, de modo que nada nos coge de sorpresa, sabiendo como sabemos que Él previó lo que había de sucedernos después de su resurrección de entre los muertos y subida al cielo.

Efectivamente, dijo que seríamos asesinados y aborrecidos por causa de su nombre y que muchos falsos profetas y falsos Cristos aparecerían en su nombre y a muchos extraviarían, lo que realmente sucede. Porque muchos, con marca falsa de verdad, han enseñado en su nombre cosas impías, blasfemas e inicuas, y lo que el espíritu impuro del diablo les inspiró en sus mentes, eso han enseñado y siguen enseñando. Por mi parte, a ellos como a vosotros, pongo todo mi empeño en sacarlos del error, sabiendo que todo el que pudiendo decir la verdad, no la dice, será juzgado por Dios, como Dios mismo lo atestiguó por boca de Ezequiel, diciendo: "Oh hijo de hombre, yo te he puesto como centinela para la casa de Israel. Oirás, pues, las palabras de mi boca y les advertirás de mi parte. Si yo digo al impío: ¡Morirás irremisiblemente!, y tú no le adviertes ni le hablas para advertir al impío de su mal camino a fin de que viva, el impío morirá por su pecado; pero yo demandaré su sangre de tu mano. Pero si tú le adviertes al impío y él no se aparta de su impiedad ni de su camino impío, él morirá por su pecado, pero tú habrás librado tu vida" (Ez. 3:17-19). Por temor, pues, de Dios nos esforzamos también nosotros en conversar de modo conforme a las Escrituras, no por amor al dinero, a la gloria o al placer, cosas que nadie nos puede echar en cara. Porque tampoco queremos vivir de modo semejante a los

No blasfeméis de Cristo ni pongáis empeño en interpretar falsamente las Escrituras.

príncipes de vuestro pueblo, a los que increpa Dios con estas palabras: "Vuestros príncipes son compañeros de ladrones, que aman los presentes y persiguen la recompensa" (Is. 1:23). Ahora, si también entre nosotros halláis algunos de esa clase, por lo menos no blasfeméis por ellos de Cristo ni pongáis empeño en interpretar falsamente las Escrituras.

81

Cumplimiento del Salmo 110

83. Vuestros maestros han tenido la audacia de afirmar que se aplica a Ezequías aquello de: "Dice el Señor a mi Señor: Siéntate a mi derecha, hasta que ponga a tus enemigos por estrado de tus pies". Se trataría de la orden que se le dio de sentarse a la derecha del templo, cuando el rey de los asirios le envió una embajada amenazante y por boca de Isaías se le dijo que no le tuviera miedo.

Por nuestra parte, sabemos y reconocemos que se cumplió lo dicho por Isaías, que el rey de los asirios se retiró sin haber conquistado Jerusalén en los días de Ezequías y el ángel del Señor exterminó a unos ciento ochenta y cinco mil del campamento de los asirios, pero es evidente que el salmo no se dijo por él. Su tenor es éste: "Dijo el Señor a mi Señor: Siéntate a mi derecha, hasta que ponga a tus enemigos por estrado de tus pies. Vara de poder enviará sobre Jerusalén y dominará en medio de tus enemigos. En el esplendor de los santos, antes del lucero de la mañana te engendré. Tú eres sacerdote para siempre, según el orden de Melquisedec" (Sal. 110:1-4).

¿Quién no confiesa que Ezequías no es sacerdote para siempre según el orden de Melquisedec? ¿Y quién no sabe que no fue él quien libró a Jerusalén? ¿Y quién no está enterado que no fue Ezequías quien envió vara de poder sobre Jerusalén ni dominó en medio de sus enemigos, sino Dios quien apartó a los enemigos de Ezequías, que lloraba y se lamentaba? Nuestro Jesús, sin embargo, sin haber aún venido glorioso, envió a Jerusalén una vara de justicia, es decir la palabra de la vocación y conversión dirigida a todas las naciones, en que dominaban los demonios, como dice David: "Los dioses de las naciones son demonios" (Sal. 96:5) y su poderosa palabra persuadió a muchos a abandonar los demonios a quienes servían y a creer por Él en el Dios omnipotente (porque los dioses de las naciones son demonios). Ya mencionamos anteriormente: "En el esplendor de los santos, antes del lucero de la mañana te engendré" y dijimos que se refiere a Cristo.

Nuestro Jesús, sin haber aún venido glorioso, envió a Jerusalén una vara de justicia, es decir, la palabra de la vocación y conversión dirigida a todas las naciones.

82

La señal del nacimiento virginal

Si también éste, de modo igual a todos los otros primogénitos, tenía que nacer de unión carnal, ¿por qué hablaba Dios de hacer un signo que no fuera común con todos los primogénitos?

84. Y aquello de: "Mirad que una virgen concebirá y dará a luz un hijo", con relación a Cristo fue dicho. Porque si éste, de quien hablaba Isaías, no había de nacer de una virgen, ¿por quién clamaba el Espíritu Santo: "Mirad que el Señor mismo os dará una señal: He aquí que una virgen concebirá y dará a luz un lijo"? Porque si también éste, de modo igual a todos los otros primogénitos, tenía que nacer de unión carnal, ¿por qué hablaba Dios de hacer un signo que no fuera común con todos los primogénitos? En cambio, sí que es verdaderamente un signo maravilloso y digno de ser creído por el género humano que de un vientre virginal naciera como verdadero niño, hecho carne, el que es primogénito de todas las criaturas, y ese es el que anticipadamente, por medio del Espíritu profético, anunció Dios de una y otra forma, como ya os he indicado, a fin de que cuando sucediera se reconociera haber sucedido por poder y designio del Hacedor de todas las cosas. De esta manera fue formada Eva de una costilla de Adán y así también al principio fueron creados todos los vivientes por la palabra de Dios.

Pero vosotros tenéis la audacia también en este pasaje de cambiar la interpretación que dieron vuestros ancianos que trabajaron con el rey de Egipto, Ptolomeo, y decís que el texto original no trae lo que ellos interpretaron, sino: "Mirad, una mujer joven concebirá"; como si fuera cosa del otro mundo que una mujer conciba por trato carnal, cosa que hacen todas las mujeres jóvenes, excepto las estériles; y aun éstas, si quiere, puede Dios hacerlas concebir. Porque la madre de Samuel, que era estéril, por voluntad de Dios dio a luz, y lo mismo la mujer del santo patriarca Abrahán y Elisabet, la que dio a luz a Juan Bautista, y otras. Así que no tenéis por qué suponer que no pueda Dios hacer lo que quiera; y, sobre todo, una vez que fue profetizado que había de suceder, no tengáis el atrevimiento de cambiar ni interpretar falsamente las profecías, ya que sólo os dañaríais a vosotros mismos, y no a Dios.

83

Autoridad
de Cristo sobre los demonios

85. Así también algunos de vosotros se atreven a interpretar la profecía que dice: "Levantad, oh príncipes, vuestras puertas; abríos, oh puertas eternas, para que entre el rey de la gloria" (Sal. 24:7), como referida a Ezequías, otros a Salomón; pero ni a éste ni a aquél ni a ninguno absolutamente de los llamados reyes vuestros puede demostrarse que se refiera dicha profecía, sino sólo a este nuestro Cristo que apareció sin gloria y deshonrado, como dijo Isaías y David, y todas las Escrituras, pero es Señor de los ejércitos, por voluntad del Padre, que se les entregó; que resucitó de entre los muertos y subió al cielo, como lo declaraban este mismo salmo y las demás Escrituras, que juntamente le anunciaban como Señor de los ejércitos, como aun ahora podéis, si queréis, convencernos, por lo que está sucediendo a vuestra vista. Y, en efecto, todo demonio se somete y es vencido, si se le conjura en el nombre de este mismo Hijo de Dios y primogénito de toda la creación, que nació de la Virgen y se hizo hombre pasible, fue crucificado por vuestro pueblo bajo Poncio Pilato y murió y resucitó de entre los muertos y subió al cielo.[52] Mas si vosotros los conjuráis en el nombre de cualquiera de vuestros reyes, justos, profetas o patriarcas, ninguno de los demonios se os someterá. Tal vez se os sometan si los conjuráis por el nombre del Dios de Abraham, el Dios de Isaac, y el Dios de Jacob. Sin embargo –añadí–, vuestros exorcistas se valen de los mismos artificios que los gentiles y usan fumigaciones[53] y encantamientos.[54]

Todo demonio se somete y es vencido, si se le conjura en el nombre de este mismo Hijo de Dios y primogénito de toda la creación.

---

[52] Ya había dicho anteriormente: "Nosotros, que creemos en nuestro Señor Jesús, que fue crucificado bajo Poncio Pilato, conjurándolos, tenemos bajo nuestro poder a todos los demonios y espíritus malos" (76). Ireneo y Tertuliano utilizan el mismo argumento, lo que demuestra que en la Iglesia había un amplio ministerio carismático y de exorcismo.

[53] Incienso.

[54] "Encantamientos", gr. *katadesmoi*, que algunos lo asocian a versos por los que los malos espíritus, una vez expulsados, no pueden regresar. En *La República*, Platón se refiere a encantamientos por los que los demonios eran llamados para ayudar a quienes practicaban tales ritos. Otros los asocian a las drogas.

Que son ángeles y potencias, a los que la palabra de esta profecía manda levantar las puertas para que entre este Señor, la palabra del mismo David lo demostró.

Que son ángeles y potencias, a los que la palabra de esta profecía de David manda levantar las puertas para que entre este Señor de los ejércitos, resucitado de entre los muertos por voluntad del Padre, Jesucristo, la palabra del mismo David lo demostró; palabra que os voy a recordar nuevamente en atención a los que no asistieron a nuestra conversación de ayer; para su beneficio voy a resumir lo dicho el otro día. Y si ahora os repito lo que ya muchas veces he dicho, no me parece cosa fuera de lugar. Al sol, a la luna y a los demás astros siempre los estamos viendo recorrer el mismo camino y traernos cambios de las estaciones; y a un hombre de cuentas, no por preguntarle muchas veces cuántas son dos y dos y haber otras tantas respondido cuatro, dejará de decir jamás que son cuatro, y cuanto se afirma con certeza siempre se dice y se afirma de igual modo. Siendo esto así, sería ridículo que quien hace objeto de su conversación las Escrituras de los profetas, las abandonara y no repitiera siempre las mismas, pensando que él podría sacar mejoras de la Escritura. La palabra, pues, de David, por la que indiqué que Dios revela que en el cielo hay ángeles y ejércitos, es ésta: "Alabad al Señor desde los cielos; Alabadle en las alturas. Alabadle, vosotros todos sus ángeles; Alabadle, vosotros todos sus ejércitos" (Sal. 148:1, 2).

Entonces, uno de los que se juntaron con ellos el segundo día, por nombre Mnaseas, dijo:

—También nosotros nos alegramos de que trates de repetir lo ya dicho en atención a nosotros.

—Escuchad, amigos míos –dije–, a la Escritura, que me dice que haga esto. Jesús nos mandó amar aun a nuestros enemigos, y lo mismo fue predicado por Isaías en un largo pasaje, en que también alude al misterio de nuestra regeneración y, en general, de todos los que esperan que Cristo ha de aparecer en Jerusalén y se esfuerzan por agradarle en sus obras. Estas son las palabras de Isaías: "Oíd palabra del Señor, vosotros los que tembláis a su palabra: Vuestros hermanos los que os aborrecen, y os niegan por causa de mi nombre, dijeron: Glorifíquese al Señor. Mas Él se mostrará con alegría vuestra, y ellos serán confundidos. Voz de alboroto de la ciudad, voz del templo, voz del Señor que da el pago a sus enemigos. Antes que estuviese de parto, parió; antes que le viniesen dolores parió hijo. ¿Quién oyó cosa semejante? ¿Quién vio cosa tal? ¿Parirá la tierra en un día? ¿Nacerá una nación de una vez? Pues en cuanto Sion estuvo de parto, parió sus hijos. ¿Yo que hago parir, no pariré? dijo el Señor. ¿Yo que hago engendrar, seré detenido?, dice el Dios tuyo. Alegraos con Jerusalén, y gozaos con ella, todos los que la amáis; llenaos con ella de gozo, todos los que os enlutáis por ella, para que maméis y os saciéis de los pechos de sus consolaciones; para que ordeñéis, y os deleitéis con el resplandor de su gloria" (Is. 66:5-11).

Sería ridículo que quien hace objeto de su conversación las Escrituras de los profetas, las abandonara.

84

El simbolismo salvífico del madero

Cristo fue simbolizado por el árbol de la vida, que se dijo haber sido plantado en el paraíso, y por todos los acontecimientos que han de suceder a todos los justos.

86. Dicho esto, añadí:

—Escuchad cómo este hombre, después de ser crucificado, de quien las Escrituras declaran que ha de venir glorioso, fue simbolizado por el árbol de la vida, que se dijo haber sido plantado en el paraíso, y por todos los acontecimientos que han de suceder a todos los justos. Moisés fue enviado con una vara a redimir a su pueblo, y con ella en sus manos y al frente de su pueblo, dividió el mar. Por ello vio brotar agua de la roca, y arrojando un madero en el agua de Mara, que era amarga, la hizo dulce. Jacob, colocando unas varas a los canales de las aguas, logró que concibieran las ovejas de su tío materno para hacerse él con las crías. Con su vara este mismo Jacob se gloría de haber pasado el río. Dijo haber visto una escalera y la Escritura nos manifestó que sobre ella estaba Dios. Que ese Dios no era el Padre, lo hemos demostrado por las mismas Escrituras. Y habiendo derramado Jacob aceite en el mismo lugar, el mismo Dios que se le apareciera le da testimonio de haber sido a él a quien ungió allí la piedra. También hemos demostrado por varios pasajes de las Escrituras que Cristo es llamado simbólicamente "piedra" e igualmente cómo a Él se refiere toda unción, sea de aceite, de mirra o de cualquier otro compuesto de bálsamo, pues dice la palabra: "Por eso te ungió, oh Dios, tu Dios, con óleo de regocijo, con preferencia a tus compañeros" (Sal. 45:7).

Y es así que de Él participaron los reyes y ungidos todos el ser llamados reyes y ungidos, a la manera que Él mismo recibió de su Padre el ser Rey y Cristo y Sacerdote y Mensajero (Ángel), y títulos semejantes que recibió de su Padre.

La vara de Aarón, que retoñó, le señaló para sumo sacerdote. Como tallo de la raíz de Jesé profetizó Isaías que había de nacer Cristo. Y David dice que el justo es como un árbol plantado junto a corrientes de las aguas, que da fruto en su tiempo y cuya hoja no cae (Sal. 1:3). El justo, dice otro texto, florece como una palma (Sal. 92:12). Desde el árbol se apareció Dios a Abraham, como está escrito:

"Junto a la encina de Mambre" (Gn. 18:1). Setenta sauces y doce fuentes halló el pueblo, una vez pasado el Jordán[55] (Éx. 15:27). David dice que Dios le consuela con su vara y su bastón (Sal. 23:4). Eliseo, habiendo arrojado un leño al río Jordán, sacó afuera el hacha de hierro con que los hijos de los profetas habían salido a cortar madera para construir la casa en que querían recitar y meditar la ley y los mandamientos de Dios. Así, a nosotros, sepultados que estábamos por los gravísimos pecados que habíamos cometido, nuestro Cristo nos redimió al ser crucificado sobre el madero y purificamos por el agua; y nos convirtió en casa de oración y de adoración. Una vara fue también la que mostró ser Judá el padre de los hijos que por un grande misterio habían nacido de Tamar (Gn. 38:25, 26).

Sepultados que estábamos por los gravísimos pecados que habíamos cometido, nuestro Cristo nos redimió al ser crucificado sobre el madero.

---

[55] No el Jordán, sino el mar Rojo. Téngase en cuenta que Justino suele citar de memoria, de ahí esos frecuentes lapsus en sus referencias.

85

Cristo y los dones del Espíritu

La Escritura dice que esos poderes del Espíritu vinieron sobre Él, no porque estuviera necesitado de ellos, sino porque reposarían en Él.

87. Habiendo yo dicho esto, tomó la palabra Trifón:

—No quiero que pienses en adelante que te hago yo mis preguntas con el solo intento de trastornar lo que tú dices, sino que quiero más bien aprender acerca de aquellos puntos sobre los que te pregunto. Dime, pues, ahora: Isaías por una parte dice: "Saldrá una vara del tronco de Isaí, y un vástago retoñará de sus raíces. Y reposará sobre Él el Espíritu del Señor; espíritu de sabiduría y de inteligencia, espíritu de consejo y de fortaleza, espíritu de conocimiento y de temor del Señor" (Is. 11:1-3). Tú me has confesado que este pasaje se aplica a Cristo, y afirmas que es Dios preexistente y que por designio del Padre nació de una virgen hecho carne. Ahora bien, ¿cómo puede demostrarse que preexiste quien está lleno de los poderes del Espíritu Santo, que ahí enumera la Palabra por boca de Isaías, como si estuviera falto de ellos?

Y yo le respondí:

—Tu pregunta es muy aguda y discreta, pues realmente parece haber ahí una dificultad. Mas escucha lo que voy a decir para que entiendas también la razón de ella. La Escritura dice que esos poderes del Espíritu ahí enumerados, vinieron sobre Él, no porque estuviera necesitado de ellos, sino porque reposarían en Él, es decir, en Él habrían de encontrar su cumplimiento, de modo que en vuestro pueblo no hubiera en adelante profetas, como antiguamente los hubo; lo cual podéis comprobar con vuestros propios ojos. Porque después de Cristo, ningún profeta se ha levantado entre vosotros. Y sabéis que los mismos profetas que fueron entre vosotros, cada uno recibió uno o dos poderes de Dios para hablar y obrar aquellas cosas que nosotros conocemos ahora por las Escrituras. Atended a lo que os digo. Salomón tuvo espíritu de sabiduría, Daniel de entendimiento y de consejo, Moisés de fortaleza y de piedad, Elías de temor e Isaías de ciencia. Lo mismo puede decirse de los otros, que tuvieron cada uno uno solo, o uno alternando con otro, como Jeremías y los doce y David y, en general, cuantos profetas hubo entre vosotros. Descansó el Espíritu, es decir, cesaron los dones del Espíritu, una vez venido aquel después del cual, cumplidos los tiempos de esta dispensación suya hecha a los hombres, tenían que cesar en vosotros y, descansando en Él, convertirse otra vez en dones que Cristo reparte entre los que en Él creen, como fue profetizado, de la misma gracia del poder de aquel Espíritu, según a cada uno le tiene por digno. Ya os dije, y lo digo otra vez, cómo fue profetizado que Él haría esto después de su ascensión a los cielos. Dijo, pues, la Escritura: "Subió a la altura, llevó cautiva la cautividad, dio dones a los hijos de los hombres" (Sal. 68:18, cf. Ef. 4:8). Y nuevamente se dice en otra profecía: "Y sucederá después esto que derramaré mi Espíritu sobre toda carne, y sobre mis siervos y sobre mis siervas, y profetizarán" (Jl. 2:28-29). Y así entre nosotros pueden verse hombres y mujeres que poseen dones (carismas) del Espíritu de Dios.

Dones que Cristo reparte entre los que en Él creen, como fue profetizado, de la misma gracia del poder de aquel Espíritu.

86

El bautismo de Jesús

Cristo no fue al Jordán porque tuviese necesidad del bautismo, ni del descenso del Espíritu Santo, como tampoco se sometió a nacer y ser sacrificado porque lo necesitara, sino por amor.

88. Fue profetizado que sobre Cristo habían de venir los poderes del Espíritu, enumerados por Isaías, no porque Él estuviera falto de poder, sino porque en adelante no habían de darse más. Sirva también de prueba lo que ya dije que hicieron los magos de Arabia, quienes apenas nacido el niño, vinieron a adorarle. Y es que desde su nacimiento tuvo su propia fuerza. Luego fue creciendo según el común desarrollo de todos los hombres. Usó de los medios convenientes de vida, dio a cada crecimiento lo que le correspondía, alimentándose de toda clase de alimentos, y permaneció oculto treinta años, poco más o menos, hasta que apareció Juan, precediéndole como heraldo de su venida y adelantándosele en el camino del bautismo, como anteriormente he demostrado.

Entonces fue cuando viniendo Jesús al río Jordán, donde Juan estaba bautizando, bajó al agua y se encendió un fuego[56] en el Jordán; y al subir del agua, los que fueron apóstoles de este nuestro Cristo escribieron que sobre Él se posó el Espíritu Santo en forma de paloma, aunque sabemos que Cristo no fue al Jordán porque tuviese necesidad del bautismo, ni del descenso del Espíritu Santo en forma de paloma, como tampoco se sometió a nacer y ser sacrificado porque lo necesitara, sino por amor del género humano, que desde Adán había caído en la muerte y en el error de la serpiente, cometiendo cada uno el mal por su propia culpa. Porque queriendo Dios hombres y ángeles dotados de libre albedrío, que cada uno hiciera aquello para lo que por Él fue capacitado, y si elegían lo que a Él es agradable, guardarlos exentos de muerte y castigo; mas si cometían el mal, castigar a cada uno como a Él le pareciera.

---

[56] Este dato del fuego, equiparado a la *Sequinah*, o gloria de Dios, acompañando el descenso del Espíritu Santo, no aparece en los Evangelios canónicos, sino en el apócrifo *Evangelio de los Ebionitas* y en otro escrito llamado *Predicación de Pablo*, cuyos autores negaban la validez del bautismo, si no iba acompañado de una manifestación ígnea o de fuego.

Su entrada en Jerusalén montado sobre un asno, según demostramos estaba profetizado, tampoco le dio el poder de ser el Cristo, sino que Él dio a los hombres una señal de ser el Cristo, a la manera que en los días de Juan hubo de darse una señal por la que los hombres reconocieran que Él era Cristo. Y en efecto, estando Juan en el Jordán, predicando el bautismo de penitencia, ceñido de un cinturón de piel y vestido de pelos de camello, sin comer más que langostas y miel silvestre, las gentes pensaban que era él el Cristo; pero él les gritaba: "Yo no soy el Cristo, sino una voz que clama. Porque va a venir otro más fuerte que yo, cuyas sandalias no soy digno de llevar" (Jn. 1:20-23; Mt. 3:11: Lc. 3:16). Cuando Jesús llegó al Jordán, se le tenía por hijo de José el carpintero, y apareció sin belleza, como las Escrituras habían anunciado, y fue considerado Él mismo como un carpintero (y fue así que hacía obras de este oficio, arados y yugos, mientras estaba entre los hombres, enseñando por ellas los símbolos de la justicia, y lo que es una vida de trabajo); y entonces fue cuando, por causa de los hombres como antes dije, se posó sobre Él el Espíritu Santo en forma de paloma, y juntamente vino del cielo una voz, la misma que fue dicha por medio de David, cuando en persona del mismo Padre dice lo que éste había de decir a Cristo: "Hijo mío eres tú, yo te he engendrado hoy" (Sal. 2:7; cf. Lc. 3:21-22). El Padre dijo que este nacimiento de su Hijo tendría lugar por los hombres, para que fuese reconocido por ellos.

Su entrada en Jerusalén montado sobre un asno tampoco le dio el poder de ser el Cristo, sino que Él dio a los hombres una señal de ser el Cristo.

87

Los sufrimientos del Mesías

Cuantos entienden las palabras de los profetas, con sólo decir que fue crucificado, dirán que éste y no otro es el Cristo.

89. Entonces dijo Trifón:

—Ten por seguro que todo nuestro pueblo espera al Cristo; y admitimos que todos los pasajes de las Escrituras que tú has citado se refieren a Él. Personalmente admito también que el nombre de Jesús dado al hijo de Navé (Nun), me movió a ceder también en este punto. Pero lo que dudamos es que el Cristo hubiera de morir tan ignominiosamente, pues en la ley se dice que es maldito el que muere crucificado. De manera que soy bastante incrédulo al respecto. Que las Escrituras han anunciado que Cristo había de sufrir, es evidente; pero yo quiero saber si puedes demostrarnos si fue maldecido por la ley a causa de su sufrimiento.

—Si Cristo –le respondí– no hubiera de sufrir; y si los profetas no hubiesen predicho que por las iniquidades de su pueblo había de ser conducido a la muerte, ser deshonrado y azotado y contado entre los malhechores y llevado como oveja al matadero; cuya generación dijo el profeta que nadie hay capaz de explicar, habría motivo de maravillarse. Pero si esto es lo que le distingue y señala a todo el mundo, ¿cómo no habíamos nosotros también de creer en Él con toda seguridad? Cuantos entienden las palabras de los profetas, con sólo decir que fue crucificado, dirán que éste y no otro es el Cristo.

88

La cruz
tipificada por la oración de Moisés

90. —Pues instrúyenos por las Escrituras –dijo Trifón– para convencernos también nosotros; porque sabemos que había de sufrir y ser conducido como oveja al matadero; pero lo que tienes que demostrarnos es que también tenía que ser crucificado y morir con una muerte tan deshonrosa y maldecida en la misma ley. Porque la verdad es que nosotros no podemos ni imaginarlo.

–Ya sabes –le contesté– que cuanto dijeron e hicieron los profetas, como vosotros mismos concedisteis, lo envolvieron en parábolas y tipos, de modo que la mayor parte de las cosas no pueden ser fácilmente entendidas por todo el mundo, por esconder la verdad por ese medio, para que quienes la buscan, la hallen y aprendan con mucho esfuerzo.

Ellos contestaron:

—Admitimos esto.

—Escuchadme, pues, lo que ahora sigue. Porque Moisés fue el primero en manifestar esta supuesta maldición de la cruz de Cristo por los signos que hizo.

—¿De qué signos hablas? –me preguntaron.

—Cuando el pueblo –contesté yo– hacía la guerra a Amalec, y el hijo de Navé, a quien se le puso de sobrenombre Jesús (Josué), mandaba la batalla, Moisés mismo oraba a Dios, extendidas a una y otra parte sus manos, y Hur Aarón se las estuvieron sosteniendo todo el día, a fin de que, por cansancio, no se le bajaran. Y era así que si en algo cedía de esta figura que imitaba la cruz, como en los libros de Moisés mismo está escrito, el pueblo era vencido; pero mientras permanecía en aquella forma, Amalec era derrotado (Éx. 17:9-12); y quien prevalecía lo hacía por la cruz. No fue porque Moisés oraba que el pueblo era más fuerte, sino porque uno que llevaba el nombre de Jesús estaba en el frente de batalla, haciendo él mismo el signo de la cruz. Porque, ¿quién de vosotros no sabe que la oración que mejor propicia a Dios es la que se hace con gemido y lágrimas, postrado el cuerpo y dobladas las rodillas? Pero sentado de ese modo sobre una piedra, Moisés no oró nunca antes ni nadie después. Por otra parte, la misma piedra, como ya he demostrado, es un símbolo de Cristo.

No fue porque Moisés oraba que el pueblo era más fuerte, sino porque uno que llevaba el nombre de Jesús estaba en el frente de batalla.

89

La cruz y los cuernos de unicornio

91. Para dar a entender por otro signo la fuerza del misterio de la cruz, dijo Dios por Moisés en la bendición con que bendijo a José: "Bendita del Señor su tierra, por los regalos de los cielos, por el rocío, y por el abismo que abajo yace, y por los regalados frutos del sol, y por los regalos de las influencias de las lunas, y por la cumbre de los montes antiguos, y por los regalos de los collados eternos, y por los regalos de la tierra y su plenitud; y la gracia del que habitó en la zarza venga sobre la cabeza de José, y sobre la mollera del apartado de sus hermanos. Él es aventajado como el primogénito de su toro, y sus cuernos, cuernos de unicornio; con ellos corneará los pueblos juntos hasta los confines de la tierra" (Dt. 33:13-17).[57] No puede decirse que los cuernos del unicornio formen otra figura que la de la cruz. En efecto, un palo de la cruz se levanta vertical, y de él sale la parte superior, cuando se le ha ajustado el palo transversal; y sus extremos aparecen a uno y otro lado, como cuernos unidos a un solo cuerno. Además, la estaca que se eleva en medio y sobre la que se apoya el cuerpo del crucificado, también es como un cuerno saliente, y tiene también éste apariencia de cuerno, configurado y clavado con los otros cuernos. Y lo que dice: "Con ellos corneará todos los pueblos juntamente hasta los confines de la tierra", es indicativo de lo que ahora se cumple en todas las naciones. Porque acorneados,

---

[57] "Desde luego, ningún unicornio o rinoceronte es aquí indicado, ni ningún Minotauro de dos cuernos, sino que Cristo es designado como un "toro" en virtud de su doble carácter: su fiereza para unos, en cuanto Juez, y su dulzura para otros, en cuanto Salvador, cuyos "cuernos" son las extremidades de la cruz. Porque incluso en la yarda de un barco –que es parte de una cruz–, este es el nombre por el que se llaman sus extremidades; mientras que el poste central del mástil es el "unicornio". Por este poder, de hecho, el de la cruz, y de esta manera astada, Él "acomete" a los pueblos universales por medio de la predicación salvífica, por un lado, llevándolos de la tierra al cielo; y, por otro lado, un día los "acometerá" mediante el juicio, arrojándolos del cielo a la tierra" (Tertuliano, *Respuesta a los judíos*, 10).

es decir, compungidos por este misterio de la cruz, gentes de todas las naciones se han convertido al culto de Dios, abandonando sus ídolos vanos y sus demonios. En cambio, a los incrédulos, el mismo signo se manifiesta para maldición y condenación, al modo como salido el pueblo de Egipto, por la figura formada al extender Moisés los brazos y por el sobrenombre de Jesús dado al hijo de Navé, Amalec era derrotado e Israel vencía.

También aquella otra figura y signo contra las serpientes que mordieron a Israel, fue evidentemente instituido para salvación de los que creen que ya desde entonces fue anunciada la muerte a la serpiente por obra de aquel que había de ser crucificado, y la salvación a los que, mordidos por ella, se refugian en aquel que mandó a su Hijo al mundo para ser crucificado. Porque no pretendía el Espíritu profético enseñarnos por Moisés a poner nuestra fe en una serpiente, siendo como fue maldecida por Dios desde el principio, y en Isaías nos da a entender que será muerta, como enemiga, por la espada poderosa que es Cristo.[58]

Acorneados, es decir, compungidos por este misterio de la cruz, gentes de todas las naciones se han convertido al culto de Dios, abandonando sus ídolos.

---

[58] "En aquel día el Señor visitará con su espada dura, grande y fuerte, sobre Leviathán, serpiente rolliza, y sobre Leviathán serpiente retuerta; y matará al dragón que está en la mar" (Is. 27:1).

90

Gracia para entender la Escritura

Se os ordenó guardar el sábado y ofrecer sacrificios y el Señor os concedió tener un lugar donde se invocara su nombre, para que no cayerais en idolatría.

92. A menos que una persona reciba suficiente gracia de Dios para entender los dichos y hechos de los profetas, de nada le servirá la apariencia de ser capaz de repetir sus expresiones o sus actos, si no sabe también dar razón de ellos. Antes bien, ¿no parecerán al vulgo despreciables, si son repetidos por gente que no los entiende? Supongamos que se os planteara la cuestión de por qué, habiendo sido gratos a Dios un Enoc, un Noé con sus hijos y demás a estos semejantes, sin haber nacido en la circuncisión ni guardado el sábado; por qué causa, digo, había Dios de exigir después de tantas generaciones que los hombres se justifiquen por otros dirigentes y otra legislación, desde Abraham hasta Moisés por la circuncisión; desde Moisés, además de la circuncisión, por otras ordenaciones, como el sábado, los sacrificios, las cenizas y ofrendas. La única respuesta que tenéis será demostrar, como anteriormente hice yo, que Dios, por ser presciente, conoció que vuestro pueblo merecería un día ser expulsado de Jerusalén y que a nadie se le permitiría entrar en ella. Porque vosotros no os distinguís, sino por la circuncisión carnal.

Abraham fue declarado justo por Dios, no por causa de la circuncisión, sino por la fe; pues antes de ser circuncidado se dijo de él: "Creyó a Dios Abraham y le fue contado por justicia" (Gn. 15:6; cf. Ro. 4:10). También nosotros, pues, que creemos en Dios por medio de Cristo en la incircuncisión de nuestra carne y poseemos una circuncisión que aprovecha a quienes la llevamos, es decir, la del corazón, esperamos aparecer justos y gratos a Dios, pues ya hemos recibido su testimonio por boca de sus profetas.

Se os ordenó guardar el sábado y ofrecer sacrificios y el Señor os concedió tener un lugar donde se invocara su nombre, para que, como dijimos antes, no cayerais en idolatría y, olvidándoos de Dios, os hicierais sacrílegos e impíos, como parece que siempre habéis sido. Que ésa sea la causa porque Dios os dio los mandamientos sobre los sábados y sacrificios, ya quedó por mí demostrado anteriormente; sin embargo, por amor a los que han venido hoy, quiero repetir casi todas las razones, porque si así no fuera, se podría acusar a Dios de no tener previsión y de no enseñar a todos a conocer y practicar las mismas normas de justicia, ya que existieron muchas generaciones antes de Moisés. Y la Escritura no sería verdadera cuando afirma que "Dios de verdad, y ninguna iniquidad en Él. Es justo y recto" (Dt. 32:4). Mas como la Escritura es verdadera, también quiere Dios que vosotros no seáis siempre insensatos y amadores de vosotros mismos, sino que os salvéis unidos a Cristo, el que agradó a Dios y fue atestiguado, como antes dije, tomando mis pruebas de las santas palabras de la profecía.

> Como la Escritura es verdadera, también quiere Dios que vosotros no seáis siempre insensatos y amadores de vosotros mismos.

91

Amor a Dios y al prójimo

El que ama
a Dios de
todo su
corazón y
con toda su
fuerza,
estando lleno
de una mente
temerosa
de Dios,
a ningún
otro Dios
honrará.

93. Porque Dios pone delante de todo el género humano lo que siempre y en todo lugar es justo; así como toda justicia; y todo el mundo reconoce que son malos el adulterio, la fornicación y el asesinato y cosas semejantes, aun cuando todos cometan esos crímenes; pero, por lo menos, cuando los están cometiendo, no pueden menos de reconocer que están cometiendo una injusticia, si se exceptúa a quienes poseídos de un espíritu impuro y corrompidos por educación, costumbres y leyes perversas, han perdido las nociones naturales o, más bien, las han apagado y las tienen inhibidas. La prueba está en que tales personas no quieren sufrir lo mismo que ellos hacen a los demás y, con toda su mala conciencia, se reprochan unos a otros lo mismo que cada uno hace. De ahí que a mí me parece haber dicho bien nuestro Señor y Salvador Jesucristo al afirmar que toda la justicia y piedad se resume en dos mandamientos, que son: "Amarás al Señor Dios tuyo con todo tu corazón y con toda tu fuerza, y al prójimo como a ti mismo" (Mt. 22:40; Mr. 12:30-31; Lc. 10:27). Porque el que ama a Dios de todo su corazón y con toda su fuerza, estando lleno de una mente temerosa de Dios, a ningún otro Dios honrará, y sí, por quererlo Dios, a aquel Ángel, que es amado por el mismo Señor y Dios.

Y quien ama a su prójimo como a sí mismo, querrá para él los mismos bienes que para sí mismo, pues nadie va a querer para sí mismo males. Así, pues, el que ama a su prójimo, pedirá en su oración y hará para su prójimo lo mismo que para sí; y prójimo del hombre no es otro que el igualmente racional, sometido a sus mismas pasiones, que es el hombre. Dividida, pues, en dos partes toda la justicia, con relación a Dios y con relación a los hombres, todo aquel, dice la Escritura, que ama al Señor Dios de todo corazón y con toda su fuerza, puede tenérselo por verdaderamente justo.

Vosotros, sin embargo, jamás habéis demostrado tener amistad o amor con Dios, ni con los profetas, ni los unos con los otros, sino que fuisteis, en todo tiempo, como está demostrado, idólatras y asesinos de los justos, hasta poner vuestras manos en el mismo Cristo. Y aun ahora os obstináis en vuestra maldad, maldiciendo a los que demuestran que ese mismo que por vosotros fue crucificado es el Cristo. Y no contentos con eso, pretendéis demostrar que fue crucificado como enemigo de Dios y maldecido por Él, cuando la crucifixión fue obra de vuestra suma insensatez. Porque, teniendo motivos por los signos hechos por Moisés para comprender que Jesús es el Cristo, no lo queréis entender; antes bien, creyendo que no tenemos argumentos, nos ponéis cuantas cuestiones os vienen a la cabeza, cuando sois vosotros los que os quedáis sin palabras cuando tropezáis con un cristiano firmemente instruido.

Teniendo motivos por los signos hechos por Moisés para comprender que Jesús es el Cristo, no lo queréis entender.

92

El sentido de la maldición del colgado de un madero

Dios hizo a Moisés fabricar la serpiente de bronce. Con esto anunciaba un misterio, por el que había de destruir el poder de la serpiente.

94. Porque, decidme, ¿no fue Dios quien mandó por medio de Moisés que no se hiciera absolutamente ninguna imagen ni representación de cosas del cielo arriba ni de la tierra abajo? Y, sin embargo, Él mismo en el desierto hizo a Moisés fabricar la serpiente de bronce y la puso como signo, por el que se curaban los que habían sido mordidos por las serpientes. Y no vamos a decir que Dios sea culpable de injusticia. Y es que, como ya he dicho, con esto anunciaba Dios un misterio, por el que había de destruir el poder de la serpiente, que fue autora de la transgresión de Adán; y a la vez, la salvación para quienes creen en el que por este signo era figurado, es decir, en aquel que había de ser crucificado y los había de librar de las mordeduras de la serpiente, que son las malas acciones, las idolatrías y las demás iniquidades. Porque si no se entiende así, dadme vosotros razón por qué Moisés puso como signo la serpiente de bronce y mandó que a ella miraran los mordidos y éstos se curaran. Y eso después que él mismo había mandado no fabricar imagen de nadie absolutamente.

Entonces, otro de los que habían venido el segundo día, dijo:

—Has dicho la verdad, pues no tenemos razón que dar. Yo mismo he preguntado muchas veces a nuestros rabinos sobre ello, y nadie me ha dado explicación. Sigue, pues, con lo que dices, pues nosotros te atendemos como a quien nos explica un misterio, porque hasta las enseñanzas de los profetas son objeto de calumnias.

Y yo proseguí:

—Así como Dios mandó hacer un signo por medio de la serpiente de bronce y no tiene culpa en ello, así, en la ley, hay una maldición contra los que mueren crucificados, pero esa maldición no cae sobre el Cristo de Dios, por quien Él salva a cuantos han hecho obras dignas de maldición.[59]

---

[59] Cf. Gálatas 3:13: "Cristo nos redimió de la maldición de la ley, hecho por nosotros maldición (porque está escrito: Maldito cualquiera que es colgado en madero)".

93

Cristo tomó la maldición
por los pecadores

95. En realidad, todo el género humano se verá que está bajo maldición. Según la ley de Moisés, maldito se llama a todo el que no persevere en el cumplimiento de lo que está escrito en la ley (Dt. 27:26); y que nadie la cumplió exactamente, ni vosotros mismos os atrevéis a contradecirlo. Unos guardaron más sus mandamientos, otros menos. Pues si los que están bajo esta ley resulta que están bajo maldición por no haberla guardado enteramente, cuánto más no estarán todas las naciones que practican la idolatría, la corrupción de los jóvenes y demás males? Si el Padre de todo quiso que su Cristo cargara con la maldición por amor al género humano, sabiendo que le había de resucitar después de crucificado y muerto, ¿por qué vosotros habláis, como de un maldito, de quien se dignó padecer todo eso por el designio del Padre? Más os valiera llorar por vosotros mismos.[60] Porque si bien es cierto que fue su Padre mismo quien hizo que sufriera todo lo que sufrió por amor del género humano, vosotros no actuasteis en obediencia a la voluntad de Dios; lo mismo que al matar a los profetas no hicisteis una obra de piedad. Y que nadie de vosotros diga: "Si el Padre quiso que Cristo sufriera, a fin de que por sus llagas venga la curación al género humano, nosotros ningún pecado cometimos". Porque si eso dijerais arrepintiéndoos de lo que pecasteis, reconociendo que Jesús es el Cristo y observando sus mandamientos, se os perdonarían vuestros pecados, como ya anteriormente dije; pero si le maldecís no sólo a Él, sino a los que creen en Él, y a éstos, apenas tenéis poder para ello, les quitáis la vida, ¿cómo no ha de requerirse de vosotros haber puesto sobre Él vuestras manos, como de hombres criminales y pecadores, ya que lleváis al extremo vuestra dureza de corazón e insensatez?

El Padre de todo quiso que su Cristo cargara con la maldición por amor al género humano, sabiendo que le había de resucitar después de crucificado y muerto.

---

[60] Cf. Lucas 23:28: "Mas Jesús, vuelto a ellas, les dice: Hijas de Jerusalén, no me lloréis a mí, mas llorad por vosotras mismas, y por vuestros hijos".

94

Significado profético de la maldición

No es que Dios maldiga a este crucificado, sino que predijo lo que habíais de hacer vosotros, por ignorar que Jesús existe antes de todo y es sacerdote eterno de Dios.

96. La verdad es que lo que se dice en la ley: "Maldito todo el que está colgado de un madero" (Dt. 21:23), más bien fortifica nuestra esperanza que pende de Cristo crucificado, pues no es que Dios maldiga a este crucificado, sino que predijo lo que habíais de hacer vosotros y los que son como vosotros, por ignorar que Jesús existe antes de todo y es sacerdote eterno de Dios, Rey y Ungido, y a la vista tenéis que así sucede. Porque vosotros maldecís en vuestras sinagogas a todos los que de él tienen el ser cristianos, y otras naciones, haciendo efectiva vuestra maldición, condenan a muerte a los simplemente se confiesan cristianos. Mas nosotros os decimos a todos: Sois hermanos nuestros; reconoced más bien la verdad de Dios. Y si ni los gentiles ni vosotros nos hacéis caso, sino que os empeñáis en que neguemos el nombre de Cristo, nosotros preferimos antes morir y nos sometemos de hecho a la muerte, porque estamos seguros que Dios nos dará todos los bienes que nos ha prometido por Cristo. Y además de todo eso, oramos por vosotros, a fin de que alcancéis misericordia de Cristo, pues él nos enseñó a rogar hasta por nuestros enemigos, diciendo: "Amad a vuestros enemigos, sed benignos y misericordiosos, como vuestro Padre celestial" (Lc. 6:35-36). Porque nosotros vemos cuán benigno y misericordioso es el Dios omnipotente, que hace salir su sol sobre ingratos y justos y hace llover sobre santos y malvados, a quienes nos enseñó también que él había de juzgar.

95

Otras predicciones de la cruz de Cristo

97. Tampoco fue sin un designio que Moisés, profeta, permaneciera hasta la tarde, manteniendo la figura de la cruz, cuando Hur y Aarón le sostenían los brazos, pues también el Señor permaneció sobre la cruz casi hasta el atardecer; y hacia el atardecer le sepultaron, para resucitar el tercer día. Lo cual fue expresado por David así: "Con mi voz clamé al Señor y me escuchó desde su monte santo. Yo me acosté, y dormí, y desperté, porque el Señor me protegió" (Sal. 3:4-5). Igualmente Isaías dijo acerca del modo como había de morir Cristo: "Extendí mis manos a un pueblo que no cree y que contradice, a los que andan por camino no bueno" (Is. 65:2; cf. Ro. 10:21). Y el mismo Isaías dijo que había de resucitar: "Se dispuso con los impíos su sepultura, mas con los ricos fue en su muerte" (Is. 53:9). En otro pasaje, en el salmo veintiuno, David también alude a la pasión y a la cruz en una misteriosa parábola: "Horadaron mis manos y mis pies. Contar puedo todos mis huesos; ellos miran, considéranme. Partieron entre sí mis vestidos, y sobre mi ropa echaron suertes" (Sal. 22:16-18). Y, en efecto, cuando le crucificaron, al clavarle los clavos, le horadaron las manos y los pies, y los mismos que le crucificaron se repartieron entre sí las vestiduras, echando cada uno la suerte sobre lo que había querido escoger. Y este mismo salmo decís que no se aplica a Cristo, pues estáis en todo ciegos y no caéis en la cuenta que a ninguno en vuestro pueblo que llevara jamás nombre de rey se le horadaron en vida las manos y los pies, ni murió por este misterio, es decir, crucificado, excepto a nuestro Jesús.

Y este mismo salmo decís que no se aplica a Cristo, y no caéis en la cuenta que a ninguno en vuestro pueblo que llevara jamás nombre de rey se le horadaron en vida las manos y los pies.

96

Carácter mesiánico del Salmo 22

Voy a recitaros el salmo entero que demuestra que era verdaderamente hombre capaz de sufrimientos.

98. Voy a recitaros el salmo entero, para que escuchéis su piedad para con el Padre y cómo a Él lo refiere todo, pidiéndole le salve de la muerte, a la vez que manifiesta quiénes son los que se habían levantado contra Él, y demuestra que era verdaderamente hombre capaz de sufrimientos. El salmo es éste: "Dios mío, Dios mío, ¿por qué me has dejado? ¿Por qué estás lejos de mi salud, y de las palabras de mi clamor? Dios mío, clamo de día, y no oyes; y de noche, y no es cosa que yo ignore.[61] Pero tú eres santo, tú que habitas entre las alabanzas de Israel. En ti esperaron nuestros padres; esperaron, y tú los libraste. Clamaron a ti, y fueron librados. Esperaron en ti, y no se avergonzaron. Mas yo soy gusano, y no hombre; oprobio de los hombres, y desecho del pueblo. Todos los que me ven, escarnecen de mí; estiran los labios, menean la cabeza, diciendo: Esperó en el Señor, líbrelo; sálvele, puesto que en Él se complacía. Pero tú eres el que me sacó del vientre, el que me haces esperar desde que estaba a los pechos de mi madre. Sobre ti fui echado desde la matriz, desde el vientre de mi madre, tú eres mi Dios. No te alejes de mí, porque la angustia está cerca; porque no hay quien ayude. Me han rodeado muchos toros; fuertes toros de Basán me han cercado. Abrieron sobre mí su boca, como león rampante y rugiente. Me he escurrido como aguas, y todos mis huesos se descoyuntaron. Mi corazón fue como cera, desliéndose en medio de mis entrañas. Se secó como un tiesto mi vigor, y mi lengua se pegó a mi paladar; y me has puesto en el polvo de la muerte. Porque perros me han rodeado, me ha cercado cuadrilla de malignos. Horadaron mis manos y mis pies. Contar puedo todos mis huesos; ellos miran, considéranme. Partieron entre sí mis vestidos, y sobre mi ropa echaron suertes. Mas tú, Señor, no te alejes; fortaleza mía, apresúrate para mi ayuda. Libra de la espada mi alma; del poder del perro mi única. Sálvame de la

---

[61] "Y no hay para mí silencio" (R.V.).

boca del león, y óyeme librándome de los cuernos de los unicornios. Anunciaré tu nombre a mis hermanos, en medio de la congregación te alabaré. Los que teméis al Señor, alabadle; glorificadle, simiente toda de Jacob; y temed de Él, vosotros, simiente toda de Israel" (Sal. 22:1-23).

99. Cuando dije esto, continué:

—Ahora voy a demostraros que este salmo entero fue dicho en relación a Cristo, para lo cual comentaré de nuevo algunos pasajes. Las mismas palabras con que empieza: "Dios, Dios mío, ¿por qué me has abandonado?" (v. 1), predijeron desde muy atrás lo que había de decir Cristo. Y, en efecto, al ser éste crucificado, dijo: "Dios mío, Dios mío, ¿por qué me has abandonado?" (Mt. 27:46; Mr. 15:34). Y a cosas también que había Él de hacer aluden las palabras siguientes: "¿Por qué estás lejos de mi salud, y de las palabras de mi clamor? Dios mío, clamo de día, y no oyes; y de noche, y no hay para mí silencio". Y fue así que la noche que iba a ser crucificado, tomando consigo a tres de sus discípulos, se dirigió al monte llamado de los Olivos, situado junto al templo de Jerusalén, y allí oró, diciendo: "Padre, si es posible, pase de mí este cáliz". Y poco después añade en su oración: "No como yo quiera, sino como tú quieras" (Mt. 26:39), mostrando así que se había hecho un hombre sufriente.

Y para que nadie objetara: ¿es que ignoraba que tenía que padecer?, se añade inmediatamente en el salmo: "Y es cosa que yo no ignoro". De la manera que tampoco Dios ignoraba nada al preguntarle a Adán dónde estaba y a Caín por el paradero de Abel, sino que quería convencer a cada uno de lo que era y que a nosotros llegara el conocimiento de todo, al quedar consignado por escrito; así Jesús dio a entender que no obraba por propia ignorancia, sino que delataba la de quienes creían que no era el Cristo, y se imaginaban que le iban a dar muerte y que, como un hombre cualquiera, permanecería para siempre en la región de los muertos o Hades.

Este salmo entero fue dicho en relación a Cristo. Las mismas palabras con que empieza predijeron desde muy atrás lo que había de decir Cristo.

97

Cristo Hijo del Hombre, de Jacob e Israel

Dijo que era el Hijo del Hombre por su nacimiento de una virgen, que era de la familia de David, de Jacob, de Isaac y de Abraham.

100. Lo que sigue: "Pero tú eres santo, tú que habitas entre las alabanzas de Israel" (v. 3), significaba que había de hacer algo digno de gloria y de admiración, resucitando al tercer día de entre los muertos, después que fue crucificado; gloria que efectivamente recibió de su Padre.[62] Porque ya he demostrado que Cristo recibe los nombres de Jacob y de Israel. Y no sólo se anuncia misteriosamente de Cristo en las bendiciones de José y de Judá, como ya demostré, sino que en el Evangelio se escribe de Él que dijo: "Todo me ha sido entregado por mi Padre". Y: "Nadie conoce al Padre, sino el Hijo, ni al Hijo conoce nadie, sino el Padre, y a quienes el Hijo se lo revelare" (Mt. 11:22). Ahora bien, a nosotros nos ha revelado cuanto por su gracia hemos entendido de las Escrituras, reconociendo que Él es el primogénito de Dios y antes que todas las criaturas[63] y, juntamente, hijo de los patriarcas, pues se dignó nacer hombre, sin hermosura, sin honor y sujeto al sufrimiento, hecho carne de una virgen del linaje de los patriarcas. De ahí que en sus propios discursos, hablando de su futura pasión, dijo que "convenía que el Hijo del Hombre padeciese mucho, y ser reprobado de los ancianos, y de los príncipes de los sacerdotes, y de los escribas, y ser muerto, y resucitar después de tres días" (Mr. 8:31; Mt. 16:21; Lc. 9:22).

Dijo que era el Hijo del Hombre por su nacimiento de una virgen, que era de la familia de David, de Jacob, de Isaac y de Abraham, o por ser Adán mismo padre de estos que acabo de mencionar, de quienes María trae su linaje. Porque sabemos que los padres de las hijas son también padres de los hijos de estas. A uno de sus discípulos, que hasta entonces había llamado Simón, Jesús le cambió el

---

[62] Cf. Juan 10:18: "Nadie me la quita, mas yo la pongo de mí mismo. Tengo poder para ponerla, y tengo poder para volverla a tomar. Este mandamiento recibí de mi Padre".

[63] Cf. Colosenses 1:15: "El cual es la imagen del Dios invisible, el primogénito de toda criatura".

nombre por Pedro, por haberle reconocido por revelación del Padre, como Cristo Hijo del Dios vivo (Mt. 16:16-18), y como Hijo de Dios le tenemos nosotros descrito en las *Memorias de los Apóstoles*,[64] y como tal le confesamos, entendiendo por una parte que, por poder y voluntad del Padre, procedió de Él antes de todas las criaturas. Porque en los discursos de los profetas es llamado Sabiduría y Día; Oriente y Espada; Piedra y Vara; Jacob e Israel, unas veces de un modo y otras de otro; y sabemos, por otra parte, que nació de la virgen como hombre, a fin de que por el mismo camino que tuvo principio la desobediencia de la serpiente, por ese también fuera destruida. Porque Eva, cuando aún era virgen e incorrupta, habiendo concebido la palabra que le dijo la serpiente, dio a luz la desobediencia y la muerte; mas la virgen María concibió fe y alegría cuando el ángel Gabriel le dio la buena noticia de que el Espíritu del Señor vendría sobre ella y el poder del Altísimo le haría sombra, por lo cual, lo nacido de ella será santo, llamado Hijo de Dios, a lo que ella respondió: "Hágase en mí según su palabra" (Lc. 1:38). Por ella fue Él nacido, a quien hemos probado que se refieren muchas Escrituras, y por quien Dios destruye la serpiente y a los ángeles y hombres que son como ella; y libra de la muerte a quienes se arrepienten de sus malas obras y creen en Él.

Eva, cuando aún era virgen e incorrupta, habiendo concebido la palabra que le dijo la serpiente, dio a luz la desobediencia; mas la virgen María concibió fe y alegría.

---

[64] *Memorias de los Apóstoles* es un término raro que sólo aparece en Justino, probablemente en analogía con los *Memorabilia* de Jenofonte (citado en *Apol.* II, 11). Para entonces los *Evangelios* ya estaban en uso. Para Justino tienen autoridad como Escritura cristiana, y para los cristianos están en el mismo nivel que los escritos proféticos, que se leen juntamente con ellos (*Apol.* I, 67). Estas *Memorias* están compuestas por los apóstoles, o por sus inmediatos seguidores (*Dial.* 103), de ahí su autoridad.

98

Rechazo y escarnio de Jesús

En cuanto a las palabras, "yo soy un gusano, y no hombre", son una predicción de lo que realmente iba a suceder; pues el *oprobio* sigue en todas partes a quienes creemos en Él.

101. El salmo prosigue: "En ti esperaron nuestros padres; esperaron, y tú los libraste. Clamaron a ti, y fueron librados. Esperaron en ti, y no se avergonzaron. Mas yo soy gusano, y no hombre; oprobio de los hombres, y desecho del pueblo" (vv. 4-6). Con lo que Cristo reconocía que sus padres eran quienes esperaron en Dios y fueron salvos por Él, aquellos que fueron padres de la virgen, de quien Él nació y se hizo hombre; y predice que será salvo por el mismo Dios, pero no se gloría de hacer nada por su propia voluntad o fuerza. Cuando estuvo en la tierra actuó de ese modo, y respondió a quien le llamo "maestro bueno": "¿Por qué me llamas bueno? Ninguno es bueno sino mi Padre que está en los cielos" (Lc. 18:18, 19). En cuanto a las palabras, "yo soy un gusano, y no hombre; oprobio de los hombres", son una predicción de lo que realmente iba a suceder; pues el *oprobio* sigue en todas partes a quienes creemos en Él. Y se dice "desecho del pueblo" porque, rechazado y deshonrado por vuestra nación, sufrió las injurias que planeasteis contra Él.

Lo que sigue: "Todos los que me veían se mofaron de mí, hablaron con sus labios, movieron su cabeza. Esperó en el Señor, que Él le libre, sálvele, pues le quiere", son igualmente una predicción de lo que le pasó. Porque los que le miraban crucificado, movían sus cabezas y retorcían sus labios y, rezongando con sus narices, decían sarcásticamente entre sí lo que está escrito en las *Memorias de los Apóstoles*: "Hijo de Dios se decía a sí mismo, baje de la cruz y que Dios le salve" (Mt. 17:39; Mr. 15:29; Lc. 23:35).

99

Permisión divina
en el sufrimiento de Cristo

102. El salmo sigue: "Mi esperanza desde que estaba a los pechos de mi madre", que se explica así: Apenas nacido en Belén, como antes dije, ya quiso matarle el rey Herodes, que se había enterado por los magos de Arabia, y por mandato de Dios, tomando José al niño, se retiró a Egipto con María, y es que el Padre había determinado que aquel a quien Él mismo había engendrado, no muriera hasta después que llegado a la edad adulta hubiera predicado su Palabra. Pero si alguno nos dice: "¿No podía Dios hacer mejor matando a Herodes?" A lo que de antemano le contesto: ¿No podía Dios al principio haber eliminado a la serpiente y no tener que decir: "Y pondré enemistad entre ti y la mujer y entre tu descendencia y la suya?" (Gn. 3:15).

Dios creó libres a los ángeles y a los hombres para obrar el bien, y determinó los tiempos hasta que Él sabe ha de ser bueno que posean libre albedrío.

¿No podía Dios crear inmediatamente multitud de hombres? Pero como Él sabía que era cosa buena, creó libres a los ángeles y a los hombres para obrar el bien, y determinó los tiempos hasta que Él sabe ha de ser bueno que posean libre albedrío. Y porque igualmente lo tuvo por bien, estableció juicios universales y particulares, sin atentar, sin embargo, a la libertad. De ahí que la Escritura dice en la construcción de la torre, en la multiplicación y confusión de las lenguas: "Y dijo el Señor: He aquí el pueblo es uno, y todos éstos tienen un lenguaje, y han comenzado a obrar, y nada les retraerá ahora de lo que han pensado hacer" (Gn. 11:6). Profecía también de lo que, por voluntad del Padre, había de suceder a Cristo son las palabras: "Se secó como un tiesto mi vigor, y mi lengua se pegó a mi paladar" (v. 15), porque la fuerza de su poderosa palabra, con que confundía siempre a los fariseos y escribas que discutían con Él y, en general, a los maestros de vuestro pueblo, quedó contenida, a modo de una fuente impetuosa de abundante agua, cuya corriente fuera desviada, pues él calló y ya ante Pilato no quiso responder a nadie una palabra, como se cuenta en las *Memorias de los Apóstoles*. Y así tuvo claro cumplimiento lo que se dice por boca de Isaías: "El Señor me ha dado

El Hijo de Dios nos dice que no puede salvarse por ser Hijo, ni por ser fuerte o sabio, sino que sin la ayuda de Dios no puede salvarse.

lengua de sabio para conocer cuándo tengo que decir palabra" (Is. 50:4).

Y de nuevo, cuando dice: "Dios mío eres tú, no te alejes" (v. 19), enseñó a todos los hombres cómo esperar en Dios, que hizo todas las cosas, y únicamente de Él buscar salvación y ayuda, y no pensar, como hace el resto de los hombres, que podemos salvarnos por nuestro nacimiento, riqueza, fuerza o sabiduría. Esto es lo que vosotros habéis hecho siempre, una vez, fabricándoos un becerro de oro, y siempre, mostrándoos ingratos y asesinos de los justos, a la vez que os engreís por vuestro nacimiento. Pues si el Hijo de Dios nos dice que no puede salvarse por ser Hijo, ni por ser fuerte o sabio, sino que sin la ayuda de Dios no puede salvarse, aunque sea impecable, como dice Isaías respecto a sus mismas palabras, que no se halló iniquidad en su boca (Is. 53:9), ¿cómo esperáis vosotros ser salvos sin esta esperanza, y no caéis en la cuenta de vuestro engaño?

100

Jesús ante sus enemigos

103. Lo que seguidamente se dice en el salmo: "Porque la angustia está cerca; porque no hay quien ayude. Me han rodeado muchos toros; fuertes toros de Basán me han cercado" (vv. 11-14), fue igualmente anticipo de lo que realmente le sucedió. Porque la noche en que gentes de vuestro pueblo, enviadas por los fariseos, escribas y maestros, mandaron contra Él para prenderle en el monte de los Olivos, allí le rodearon aquellos que la palabra llama novillos bravos y tempranamente acometedores. Y al añadir: "fuertes toros me cercaron", proféticamente señaló a los que obraron de modo semejante a los novillos cuando Jesús fue conducido ante vuestros maestros. Y los llamó *toros* la palabra, porque sabemos que de los toros proceden los novillos. Así, pues, como los toros son padres de los novillos, así también vuestros rabinos fueron causa de que sus hijos salieran a prender a Jesús en el monte de los Olivos y le condujeran ante ellos. También las palabras: "No hay quien me ayude", son expresión de lo sucedido, que nadie, ni una sola persona salió en defensa de su inocencia.

Las palabras "Abrieron contra mí su boca, como león rugiente", significan al que entonces era el rey de los judíos y también se llamaba Herodes, sucesor del otro Herodes que, al nacer Jesús, mató a todos los niños por aquel tiempo nacidos en Belén, creyendo que entre ellos cogería sin remedio a aquel de quien le habían hablado, a su llegada, los magos de Arabia; y es que no sabía el plan del que es más fuerte que todos, el cual había mandado a José y María que tomaran al niño y se retiraran con Él a Egipto, y permanecieran allí hasta que nuevamente se les revelara que podían volver a su propia tierra. Y allí, efectivamente, estuvieron retirados, hasta que murió Herodes, el asesino de los niños de Belén, y le sucedió Arquelao. Pero éste murió antes de que Cristo llegara, según la voluntad del Padre, a la dispensación por éste dispuesta de morir crucificado. A Arquelao, pues, le sucedió Herodes y tomó el poder que le correspondía, y este fue a quien Pilato, por congraciarse con él, le remitió atado

Al añadir: "fuertes toros me cercaron", proféticamente señaló a los que obraron de modo semejante a los novillos cuando Jesús fue conducido ante vuestros maestros.

Quizá dio a entender por león que ruge al diablo, a quien Moisés llama serpiente, pero en Job y Zacarías es llamado diablo.

a Jesús. Y sabiendo Dios de antemano que esto había de suceder, había ya dicho así: "Le encadenaron y le llevaron al asirio como regalo para el rey" (Os. 10:6).

O quizá dio a entender por león que ruge al diablo, a quien Moisés llama serpiente, pero en Job y Zacarías es llamado diablo, y Jesús se dirige a él como Satanás, mostrando que es un nombre compuesto, adquirido por él de los mismos hechos que hacía. Porque *Satán*, en la lengua de hebreos y sirios, vale tanto como "apóstata", y *nas*, en hebreo, quiere decir "serpiente".[65] De ambos nombres se compone el de Satanás. Y fue así que, apenas Jesús salió del río Jordán y se había oído la voz que le decía: "Mi Hijo eres tú, yo te he engendrado hoy" (Lc. 3:22), se escribe en las *Memorias de los Apóstoles* que, acercándose el diablo le tentó hasta decirle: "Adórame". A lo que Cristo le contestó: "Vete, Satanás, que escrito está: Al Señor tu Dios adorarás y a Él solo servirás" (Mt. 4:10). Y es que, como había logrado engañar a Adán, esperaba que también podría hacer algo a Cristo.

---

[65] La identificación de la serpiente de Génesis con Satanás aparece por primera vez en la literatura apocalíptica intertestamentaria. La palabra hebrea *Satán* quiere decir adversario, que los redactores de la Septuaginta tradujeron como *Diábolos*, que en griego significa acusador o agresor, de donde procede nuestro vocablo Diablo.

101

Sufrimiento interior del Hijo

104. Las palabras: "Me he escurrido como aguas. Todos mis huesos se descoyuntaron; mi corazón fue como cera" (v. 14), fue también profecía de lo que sucedió aquella misma noche en que fueron a prenderte en el monte de los Olivos. Porque en las *Memorias* que ya dije fueron compuestas por los Apóstoles y quienes le siguieron, se escribe que derramó un sudor como gotas de sangre, mientras que oraba y decía: "Pase, si es posible, este cáliz" (Lc. 22:42), evidentemente por temblarle su corazón y sus huesos, como si su corazón fuese cera que se derretía en su interior. De donde podemos ver cómo verdaderamente quiso el Padre que su Hijo, por amor nuestro, pasara por estos sufrimientos y no se nos ocurra decir que, siendo como era Hijo de Dios, no le afectaba nada de lo que se le hacía y le pasaba.[66]

Lo de: "Se secó como un tiesto mi vigor, y mi lengua se pegó a mi paladar", era, como antes dije, profecía de su silencio, pues Él, que había convencido de ignorantes a vuestros maestros, no respondió en su pasión una palabra a nadie.

Las palabras: "Me has puesto en el polvo de la muerte, porque perros me han rodeado, cuadrilla de malvados me ha cercado. Contaron uno a uno todos mis huesos. Ellos me consideraron y me contemplaron. Y dividieron entre sí mis vestidos, y sobre mi vestidura echaron suertes" (vv. 15-18), anunciaban, como antes dije, la muerte a que había de condenarle la sinagoga de malvados, a la que llama perros y cazadores, porque los mismos que le fueron a dar caza se reunieron también, acuciados como estaban por condenarle a muerte. Lo que consta haber sucedido por las *Memorias de los Apóstoles*. Y ya quedó indicado cómo los soldados, después de crucificarle, se repartieron entre sí las vestiduras de Cristo.

Podemos ver cómo quiso el Padre que su Hijo, por amor nuestro, pasara por estos sufrimientos y no se nos ocurra decir que, siendo como era Hijo de Dios, no le afectaba nada de lo que se le hacía y le pasaba.

---

[66] Alude aquí Justino a los docetas y otros herejes gnósticos que negaban la realidad del sufrimiento de Cristo.

102

El alma encomendada a Dios

Dios nos enseñó por su mismo Hijo a luchar con todas nuestras fuerzas por ser justos y pedir a la salida de este mundo que nuestra alma no caiga en poder de ninguna potencia.

105. El salmo prosigue: "Mas tú, Señor, no te alejes; fortaleza mía, apresúrate para mi ayuda. Libra de la espada mi alma; del poder del perro mi unigénita. Sálvame de la boca del león, y óyeme librándome de los cuernos de los unicornios" (vv. 19-21).

Y todo ello es enseñanza y anuncio de lo que en Él hay y de lo que le había de suceder. Porque ya he indicado, tal como por las *Memorias* hemos aprendido, que Él es el unigénito del Padre del universo, particularmente nacido de éste como Verbo y Potencia y luego, como hombre, nacido de la virgen. Predicho estaba igualmente que moriría crucificado, pues las palabras: "Libra de la espada a mi alma y del poder del perro mi unigénita. Sálvame de la boca del león, y óyeme librándome de los cuernos de los unicornios", daban igualmente a entender por qué suplicio había de morir, es decir, por la cruz. Porque ya anteriormente os he interpretado que "los cuernos del unicornio" sólo pueden aludir a la forma de la cruz. Y pedir que librara su alma de la espada, de la boca del león y del perro, era pedir que nadie se apoderara de su alma, a fin de que nosotros, cuando lleguemos al término de nuestra vida, pidamos lo mismo a Dios, que puede alejar de nosotros todo ángel desvergonzado y malo, para que no se apodere de nuestra alma. Y que las almas sobreviven, ya os lo he demostrado por el hecho de que el alma de Samuel fue evocada por la pitonisa, como se lo pidió Saúl (1º S. 28:12, 13). Por donde se ve que todas las almas de hombres tan justos y profetas como Samuel caían bajo el poder de potencias semejantes a la que obraba en aquella pitonisa, como por los hechos mismos hay que confesar.

De ahí que Dios nos enseñó por su mismo Hijo a luchar con todas nuestras fuerzas por ser justos y pedir a la salida de este mundo que nuestra alma no caiga en poder de ninguna potencia semejante. Y fue así que en el momento de entregar su espíritu sobre la cruz, dijo: "Padre, en tus manos encomiendo mi espíritu" (Lc. 23:46), según he sabido también por las *Memorias*.

Porque Él exhortó a sus discípulos a superar la conducta de los fariseos, y si no, que supieran que no habían de salvarse. En las *Memorias* está escrito que dijo: "Si vuestra justicia no fuere mayor que la de los escribas y de los fariseos, no entraréis en el reino de los cielos" (Mt. 5:20).

Si vuestra justicia no fuere mayor que la de los escribas y de los fariseos, no entraréis en el reino de los cielos.

103

Triunfo y soberanía de Jesús

Que Él había de levantarse como una estrella del linaje de Abraham, lo manifestó Moisés.

106. El resto del salmo pone de manifiesto que Él sabía que su Padre había de concederle cuanto le pedía y que había de resucitarle de entre los muertos, y exhortó a todos los que temen a Dios que le alabaran, pues por el misterio de su muerte en la cruz había tenido misericordia de todo el género humano de los creyentes. Y Él se puso en medio de sus hermanos, sus apóstoles, quienes después de la resurrección se persuadieron de que Él ya les había dicho de antemano que todo aquello lo tenía que sufrir y que todo estaba anunciado por los profetas, y se arrepintieron de haberle abandonado cuando fue crucificado, y estando con ellos, entonó un himno a Dios, como consta en las *Memorias de los Apóstoles* y lo declaran las palabras que restan del salmo: "Anunciaré tu nombre a mis hermanos; en medio de la congregación te alabaré. Los que teméis al Señor, alabadle; glorificadle, simiente toda de Jacob; y temed de Él, vosotros, simiente toda de Israel" (vv. 22, 23).

Y cuando se dice que Jesús cambió el nombre a uno de sus apóstoles por Pedro y que se escriba en las *Memorias* que lo mismo hizo con los hijos de Zebedeo, a quienes cambió el suyo por el de Boanerges, es decir, "hijos del trueno", significaba que Él era el que había dado los nombres de Jacob y de Israel, y a Oseas el sobrenombre de Jesús (Josué), y por este nombre de Jesús fue introducido en la tierra prometida a los patriarcas lo que quedó del pueblo que salió de Egipto. Y que Él había de levantarse como una estrella del linaje de Abraham, lo manifestó Moisés cuando dijo: "Se levantará una estrella de Jacob, y un caudillo de Israel" (Nm. 24:17). Y otra Escritura dijo: "He aquí a un hombre. Su nombre es Oriente" (Zac. 6:12, LXX). Levantándose, pues, en el cielo una estrella apenas hubo nacido Cristo, como se escribe en las *Memorias* de sus apóstoles, reconociéndole por ella los magos de Arabia, vinieron y le adoraron.

104

La señal de Jonás

107. Y como había de resucitar al tercer día después de ser crucificado, se escribe en las *Memorias* que algunos de vuestra nación dudando de su afirmación le pidieron un signo. Él les contestó: "La generación mala y adúltera demanda señal; mas señal no le será dada, sino la señal de Jonás profeta" (Mt. 12:39). Y aunque, esto lo dijo algo ocultamente, fue entendido por la audiencia que después de su crucifixión, resucitaría al tercer día. Y puso de manifiesto que vuestra generación era más perversa y más adúltera que los habitantes de la ciudad de Nínive, porque éstos, al predicarles Jonás, después que un enorme pez le vomitó de su vientre al tercer día de haberle tragado, que a los tres días perecerían en masa, pregonaron un ayuno general de todos los vivientes, hombres y animales; vestirse de sacos, gemir intensamente, arrepentirse sinceramente de corazón y apartarse de la iniquidad. Y es que tenían fe que Dios es misericordioso y benigno para con todos los que se apartan de la maldad, de manera que hasta el mismo rey de aquella ciudad, y sus magnates igualmente, permanecieron vestidos de saco en el ayuno y súplicas a Dios, hasta obtener que su ciudad no fuera destruida. Jonás, sin embargo, se molestó de que la ciudad no hubiera sido destruida al tercer día, como él había predicado, y fue entonces cuando la providencia de Dios hizo brotar una hiedra[67], a cuya sombra se sentó el profeta para defenderse del calor; la hiedra había brotado de repente sin que Jonás la plantara ni regara, para procurarle sombra; y por otra providencia, Dios hizo que se secara, de lo que Jonás tuvo pena. Y entonces fue cuando Dios le reprendió que no tenía razón de estar apenado por no haber sido destruida la ciudad de los ninivitas, diciendo: "Tuviste tú lástima de la calabacera, en la cual no trabajaste, ni tú la hiciste crecer; que en espacio de una noche nació, y en espacio de otra noche pereció, ¿y no tendré yo piedad de Nínive, aquella grande ciudad donde hay más de ciento veinte mil personas que no conocen su mano derecha ni su mano izquierda, y muchos animales?" (Jon. 4:10-11).

Tenían fe que Dios es misericordioso y benigno para con todos los que se apartan de la maldad.

---

[68] Leyó el gr. *kikuwna* por *sikuwna*.

105

Oposición judía al cristianismo

A pesar de que todo vuestro pueblo conoce esta historia de Jonás, apenas supisteis que había resucitado de entre los muertos, no sólo no hicisteis penitencia, sino que habéis llegado a calumniarle.

108. A pesar de que todo vuestro pueblo conoce esta historia de Jonás y de que Cristo, estando entre vosotros, os dijo que os había de dar el signo de Jonás, exhortándoos a que por lo menos después de su resurrección de entre los muertos os arrepintierais de vuestras malas acciones y, como los ninivitas, clamarais con lágrimas a Dios, a fin de que vuestra nación y ciudad no fuera tomada y destruida, como en efecto lo ha sido; vosotros, apenas supisteis que había resucitado de entre los muertos, no sólo no hicisteis penitencia, sino, como antes dije, escogisteis a hombres especiales y los enviasteis por toda la tierra que fueran repitiendo a voz de pregón que una secta sin Dios y sin ley se había levantado en nombre de un Jesús de Galilea, que fue un impostor. "Nosotros –decíais– le crucificamos; pero sus discípulos, habiéndole robado del sepulcro en que, desclavado de la cruz, fue colocado, engañan ahora al pueblo diciendo que ha resucitado de entre los muertos y subido a los cielos." Y habéis llegado a calumniarle de haber enseñado esas doctrinas impías, inicuas y sacrílegas que vosotros propaláis por todo el género humano contra los que le confesamos por Cristo, por Maestro e Hijo de Dios.

En fin, después de tomada vuestra ciudad y desolada vuestra tierra, tampoco os arrepentís, sino que tenéis el atrevimiento de maldecirle a Él y a todos los que creen en Él. Nosotros, sin embargo, no os aborrecemos a vosotros, ni a quienes por culpa vuestra piensan de nosotros todas esas abominaciones, sino rogamos que al menos ahora os arrepintáis y alcancéis todos misericordia de Dios, el compasivo y misericordioso Padre de todos.

106

La conversión de los gentiles predicha por Miqueas

109. Que los gentiles habían de arrepentirse de la maldad en que anduvieron antes errantes, después de oír la predicación de la doctrina de los apóstoles salidos de Jerusalén, permitidme que os lo muestre por unas breves palabras de Miqueas, uno de los doce profetas: "Acontecerá en los postreros tiempos, que el monte de la casa del Señor será constituido por cabecera de montes, y más alto que los collados, y correrán a Él pueblos. Y vendrán muchas gentes, y dirán: Venid, y subamos al monte del Señor, y a la casa del Dios de Jacob; y nos enseñará en sus caminos, y andaremos por sus veredas: porque de Sion saldrá la ley, y de Jerusalén la palabra del Señor. Y juzgará entre muchos pueblos, y corregirá fuertes gentes hasta muy lejos; y martillarán sus espadas para azadones, y sus lanzas para hoces; no alzará espada gente contra gente, ni más se ensayarán para la guerra. Y cada uno se sentará debajo de su vid y debajo de su higuera, y no habrá quien amedrente; porque la boca del Señor de los ejércitos lo ha hablado. Bien que todos los pueblos anduvieren cada uno en el nombre de sus dioses, nosotros con todo andaremos en el nombre del Señor nuestro Dios para siempre y eternamente. En aquel día, dice el Señor, juntaré la coja, y recogeré la descarriada, y a la que afligí, y pondré a la coja para sucesión, y a la descarriada para nación robusta, y el Señor reinará sobre ellos en el monte de Sion desde ahora para siempre" (Mi. 4:1-7).

Que los gentiles habían de arrepentirse de la maldad en que anduvieron antes errantes, permitidme que os lo muestre por unas palabras de Miqueas.

107

La transformación operada por Cristo en el mundo

Los insensatos no entienden lo que todos mis razonamientos han demostrado, a saber, que están anunciados dos advenimientos de Cristo.

110. Cuando terminé estas palabras, proseguí:

—Señores, sé muy bien que vuestros rabinos reconocen que todas las palabras de este pasaje se refieren a Cristo; pero también tengo noticia de sus afirmaciones sobre que todavía no ha venido el Cristo, y, si hubiera venido, no se sabe quién es. Cuando se presente claro y glorioso, entonces se reconocerá quién es, dicen ellos. Y entonces, añaden, se cumplirá lo que se dice en este pasaje de la profecía, como si ahora no tuvieran sus palabras cumplimiento ninguno. Los insensatos no entienden lo que todos mis razonamientos han demostrado, a saber, que están anunciados dos advenimientos de Cristo; uno, en que se predijo había de sufrir, sin gloria, sin honor, y ser crucificado; otro, en que vendrá de los cielos con gloria, cuando el hombre de la apostasía,[68] el que profiere insolencias contra el Altísimo, se atreva a cometer iniquidades contra nosotros los cristianos, que somos los que, conociendo la verdadera adoración de Dios por la ley y por la palabra que salió de Jerusalén por obra de los apóstoles de Jesús, nos hemos refugiado en el Dios Jacob y en el Dios Israel. Nosotros, los que estábamos antes llenos de guerra y de muertes mutuas y de toda maldad, hemos renunciado en toda la tierra a los instrumentos guerreros y hemos cambiado las espadas en arados y las lanzas en útiles del campo y cultivamos la piedad, la justicia, la caridad, la fe, la esperanza, que nos viene de Dios Padre por su Hijo crucificado. Cada uno de nosotros se sienta debajo de su parra, es decir, cada uno posee su propia mujer legítima. Pues ya sabéis que la palabra profética dice: "Y su mujer como una viña fértil" (Sal. 128:3).

---

[68] Cf. 2ª Tesalonicenses 2:3: "No os engañe nadie en ninguna manera; porque no vendrá sin que venga antes la apostasía, y se manifieste el hombre de pecado, el hijo de perdición".

108

Valor y coraje de los creyentes

Y cosa patente es que nadie hay capaz de intimi-
darnos ni someternos a servidumbre a los que en toda la
tierra creemos en Jesús. Se nos decapita, se nos crucifica,
se nos arroja a las fieras, a la cárcel, al fuego, y se nos
somete a toda clase de tormentos; pero a la vista de todos
está que no apostatamos de nuestra fe, antes bien, cuanto
mayores son nuestros sufrimientos, tanto más se multipli-
can[69] los que abrazan la fe y adoran a Dios en el nombre
de Jesús. Porque así como la viña a la que se podan los
sarmientos que ya han dado frutos, para que broten otros
vigorosos y fértiles, así nos sucede a nosotros. Porque la
viña plantada por Dios y por el Salvador Cristo es su
pueblo.

El resto de la profecía se cumplirá en su segundo
advenimiento. Porque hablar de la atribulada y expulsada
es decir que, en cuanto de vosotros y de todos los demás
hombres depende, cada cristiano es expulsado no sólo de
sus propias posesiones, sino del mundo entero, pues a
ninguno le consentís el derecho a la vida. Vosotros, sin
embargo, decís que eso ha sucedido a vuestro pueblo; pero
si vosotros sois arrojados después que se os ha derrotado
en la guerra, con razón sufrís eso, como lo atestiguan todas
las Escrituras. Nosotros, sin embargo, que nada semejante
hemos hecho una vez que reconocimos la verdad de Dios,
recibimos de Él testimonio de que se nos quita de la tierra
juntamente con Cristo, el más justo y único sin mancha de
pecado. Clama, en efecto, Isaías: "Perece el justo, y no hay
quien lo percibe; y los píos son recogidos, y no hay quien
entienda que delante de la aflicción es recogido el justo"
(Is. 57:1).

Se nos decapita, se nos crucifica, se nos arroja a las fieras; pero a la vista de todos está que no apostatamos de nuestra fe.

---

[69] De aquí que Tertuliano dijera que "semilla de creyentes es la sangre de cristianos" (*Apología*, 50,10).

109

Salvación por la sangre de Cristo

Como a los que estaban en Egipto los salvó la sangre del cordero pascual, así a los creyentes los salvará de la muerte la sangre de Cristo.

111. Al explicar el símbolo de los dos machos cabríos ofrecidos en el ayuno, indiqué ya que por ellos quiso Moisés significar misteriosamente los dos advenimientos de Cristo. Y lo mismo también era de antemano simbólicamente anunciado y dicho en lo que hicieron Moisés y Josué. Porque uno de ellos permaneció sobre el collado hasta el atardecer con los brazos extendidos, gracias a que se los sostuvieron, lo que no era figura de otra cosa que de la cruz. Y el otro, a quien se le cambió el nombre por el de Jesús (Josué), dirigía la batalla y vencía Israel. Una cosa era de considerar en aquellos dos hombres santos y profetas de Dios, a saber, que uno solo de ellos no era capaz de llevar sobre si ambos misterios, quiero decir, la figura de la cruz y la figura de la imposición del nombre. Sólo uno hay y hubo y habrá que tenga ese poder, y es aquel ante cuyo nombre tiembla toda potestad, con la angustia de ser por Él destruida. No fue, pues, nuestro Cristo maldecido por la ley por haber sufrido y morir crucificado, sino que Él sólo manifestó que había de salvar a los que no se aparten de su fe.

Los que se salvaron en Egipto cuando perecieron los primogénitos de los egipcios, debieron su salvación a la sangre del cordero pascual con que estaban a uno y otro lado untados los umbrales y dinteles de las puertas. Y es que el cordero pascual era Cristo, que había de ser sacrificado más tarde, como dijo Isaías: "Fue llevado como oveja al matadero" (Is. 53:7). Y escrito está que en el día de pascua le prendisteis y durante la pascua le crucificasteis. Ahora bien, como a los que estaban en Egipto los salvó la sangre del cordero pascual, así a los creyentes los salvará de la muerte la sangre de Cristo. Pues ¿acaso iba Dios a equivocarse, de no hallar ese signo sobre las puertas? No seré yo quien eso diga, sino que de antemano anunciaba la salvación que por la sangre de Cristo había de venir a todo el género humano.

La misma señal de la cinta de grana que dieron en Jericó los exploradores mandados por Josué, hijo de

Navé, a la ramera Rahab, diciéndole que la colgara de la ventana por donde los había bajado para burlar a los enemigos, fue igualmente símbolo de la sangre de Cristo. Por ella se salvarán los que antes se daban a la fornicación y a la iniquidad, gentes de todas las naciones, que reciben el perdón de sus pecados y no continúan en el pecado.

Por la sangre de Cristo se salvarán los que antes se daban a la fornicación, gentes de todas las naciones, que reciben el perdón de sus pecados y no continúan en el pecado.

110

La letra y su significado espiritual

¿Vamos a entender estos pasajes tan insensatamente como los explican vuestros rabinos, en vez de ver en ellos símbolos?

112. Pero vosotros, al explicar eso bajamente,[70] tenéis que acusar a Dios de mucha flaqueza, si entendéis las cosas tan desnudamente y no penetráis en la fuerza de lo que se dice. Según eso, al mismo Moisés se le pudiera condenar por transgresor de la ley, pues habiendo mandado que no se hiciera imagen alguna ni de lo que hay en el cielo ni de lo que hay en la tierra o en el mar, luego fue él quien hizo fabricar la serpiente de bronce y, colocándola sobre una cruz, mandó que a ella miraran los mordidos, y los que miraban se curaban. ¿Luego habrá que entender que fue la serpiente la que salvó entonces al pueblo, la que, como ya he dicho, Dios maldijo al principio y matará con su grande espada, como exclama Isaías?[71] ¿Vamos a entender estos pasajes tan insensatamente como los explican vuestros rabinos, en vez de ver en ellos símbolos? ¿No referiremos la cruz de la serpiente a la imagen de Jesús al ser crucificado, ya que también Moisés con sus brazos extendidos y el nombre de Jesús (Josué) dado al hijo de Navé hacían que venciera vuestro pueblo? De este modo cesa toda dificultad sobre el modo de obrar del legislador; porque no abandonó a Dios, para persuadir al pueblo que pusiera su confianza en aquella bestia por la que tuvo principio la transgresión y la desobediencia. Y eso con mucha inteligencia y misterio sucedió y fue dicho por el bienaventurado profeta, y si se tiene exacto conocimiento de ellos, nada hay que pueda con razón reprocharse en los dichos o hechos de todos los profetas en general.

Pero vuestros rabinos sólo os exponen por qué en este pasaje no se nombran camellos hembras, o qué son los llamados camellos hembras, o por qué se señalan tantas y tantas medidas de aceite, tantas y tantas de flor de harina en las ofrendas, y aun eso interpretado bajamente y a ras

---

[70] Es decir, de un modo terrenal; conforme a la letra y no su significado espiritual.

[71] "En aquel día el Señor visitará con su espada dura, grande y fuerte, sobre Leviathán, serpiente rolliza, y sobre Leviathán serpiente retuerta; y matará al dragón que está en la mar" (Is. 27:1).

de tierra; en cambio, las grandes cuestiones, las que realmente merecen ser investigadas, no se atreven jamás a plantearlas ni explicarlas; es más, os tienen puesto mandato que ni nos escuchéis cuando nosotros las explicamos ni tengáis en absoluto trato con nosotros. Siendo esto así, ¿no será razón que oigan lo que les dijo nuestro Señor Jesucristo? "Sepulcros blanqueados, que por fuera aparecen hermosos y por dentro están llenos de huesos de cadáveres. Vosotros pagáis el diezmo de la hierbabuena y, en cambio, os tragáis un camello, guías de ciegos" (Mt. 23:24-27). Por tanto, si vosotros no rechazáis las enseñanzas de los que se exaltan a sí mismos y quieren ser llamados "Rabí, Rabí"; si no os acercáis a las palabras proféticas con tal decisión que estéis dispuestos a sufrir de parte de vuestra propia gente lo mismo que los profetas sufrieron, ningún provecho absolutamente sacaréis de sus escritos.

Si no os acercáis a las palabras proféticas con tal decisión que estéis dispuestos a sufrir de parte de vuestra propia gente, ningún provecho sacaréis de sus escritos.

111

Josué, tipo de Cristo

Josué les dio una herencia momentánea, pero Jesús, después de la santa resurrección, nos dará una posesión eterna.

113. Lo que quiero decir es esto. Jesús (Josué), llamado antes Oseas, como ya muchas veces he dicho, el que fue enviado junto con Caleb como explorador de la tierra de Canaán, recibió el nuevo nombre de Moisés; pero tú no quieres averiguar por qué hizo eso, no se te presenta ahí dificultad, no tienes interés en preguntar. De ahí que Cristo se te pase por alto, y que leyendo no entiendas, y que ni aun ahora, al oír que Jesús es nuestro Cristo, no reflexiones que no sin motivo y por casualidad se le puso este nombre. En cambio, por qué al primer nombre de Abraham se le añadió una "a", lo haces objeto de ciencia divina, y con aparato semejante nos explicas por qué al de Sara se le dio una "r" más.[72] ¿Por qué no investigas de modo semejante por qué a Oseas, hijo de Navé, se le cambió por Jesús (Josué) el nombre recibido de su padre? Porque no sólo se le cambió el nombre, sino que, habiendo sido sucesor de Moisés, fue el único, de los que a su edad salieron de Egipto, que introdujo en la tierra santa al resto que quedó del pueblo. Y así como él, y no Moisés, fue quien introdujo al pueblo en la tierra santa, y se la distribuyó por suerte a los que con él entraron; así Jesús, el Cristo, hará volver la dispersión del pueblo y a cada uno dará la tierra buena, aunque ya no como aquélla. Porque Josué les dio una herencia momentánea, por no ser el Cristo que es Dios, ni Hijo de Dios; pero Jesús, después de la santa resurrección,[73] nos dará una posesión eterna. Aquél hizo parar el sol, después que se le cambió su nombre por el de Jesús y hubo recibido fortaleza del espíritu del mismo Jesús. Porque ya he demostrado que Jesús fue quien se apareció a Moisés y Abraham y a los otros patriarcas en general y conversó con ellos, sirviendo así a la voluntad del Padre; y aunque vino para nacer hombre de la virgen María, Él es eterno. Porque Él es en quien primero y por quien luego el Padre ha de renovar

---

[72] Según los LXX, Sara fue cambiada por Sarra, y Abram por Abraam.
[73] O "resurrección de los santos".

el cielo y la tierra. Este es el que ha de brillar en Jerusalén como una luz eterna. Este es el rey de Salem y sacerdote eterno del Altísimo, según el orden de Melquisedec.

Josué se dice haber circuncidado por segunda vez al pueblo con cuchillos de piedra, y esto era anuncio de la circuncisión con que Jesucristo nos circuncidó a nosotros de las piedras y demás ídolos, y juntó un montón, es decir, reunió juntos a los circuncidados de la incircuncisión, o sea, del error del mundo, con cuchillos de piedra, que son las palabras de nuestro Señor Jesús. Porque queda demostrado por mí que Cristo fue predicado por los profetas bajo las comparaciones de "piedra" y "roca". Por los cuchillos de piedra entendemos, pues, las palabras de Cristo, por las que tantos que procedían de la incircuncisión recibieron la circuncisión del corazón, aquella justamente que Dios desde entonces exhortó a recibir aun aquellos que ya llevaban la que tuvo principio en Abraham, como lo prueba el hecho de habernos contado que Jesús (Josué) circuncidó por segunda vez con cuchillos de piedra a los que entraron en aquella tierra santa.

Por cuchillos de piedra entendemos las palabras de Cristo, por las que tantos que procedían de la incircuncisión recibieron la circuncisión del corazón.

112

Cómo leer las profecías

114. Porque a veces el Espíritu Santo hacía cumplir acciones que eran figuras de lo porvenir; otras, pronunciaba palabras sobre lo que había de acontecer, hablando como si estuvieran teniendo lugar o ya hubieran sucedido. Si los lectores no perciben este arte, no podrán seguir debidamente los discursos de los profetas.

Voy a citar, a modo de ejemplo, algunos pasajes para que comprendáis lo que digo. Cuando el Espíritu Santo dice por Isaías: "Como oveja fue llevado al matadero y como cordero ante quien le trasquila" (Is. 53:7), habla como si la pasión se hubiera ya cumplido. Lo mismo cuando dice: "Extendí mis manos a un pueblo que no cree y contradice" (Is. 65:2). Y lo otro: "Señor ¿quién ha creído nuestro anuncio?" (Is. 53:1), las palabras están dichas como si contaran algo ya acontecido.

Y ya he demostrado que en muchas partes se le llama por comparación *piedra* a Cristo y en lenguaje figurativo Jacob e Israel. Si cuando dice el profeta: "Miraré los cielos obras de tus dedos" (Sal. 8:3), no lo entenderé neciamente, como pretenden vuestros rabinos, que se imaginan que el Padre de todo, el Dios ingénito, tiene manos, y pies, y dedos, y alma, como un ser compuesto, y por esta razón enseñan que fue el Padre mismo quien se apareció a Abraham y a Jacob.

Dichosos, pues, nosotros que hemos recibido la segunda circuncisión, hecha con cuchillos de piedra. Porque vuestra primera circuncisión fue hecha y sigue haciéndose con cuchillos de hierro, Pues seguís duros de corazón; pero nuestra circuncisión, que es la segunda, aparecida después de la vuestra, se hace con piedras puntiagudas, es decir, con las palabras de la Piedra angular que se desprendió sin que mano alguna la tocara[74], predicada por los apóstoles, que nos circuncidan de la idolatría y de toda maldad absolutamente. Y están nuestros corazones tan circuncidados de todo mal, que hasta nos alegramos de morir por

---

[74] Cf. Daniel 2:34.

el nombre de esa magnífica Piedra, que hace brotar en los corazones de los que por Él aman al Padre del universo una fuente de agua viva,[75] en que se sacian todos los que quieren beber el agua de la vida.

Pero vosotros no me entendéis cuando os digo esto, pues tampoco habéis entendido lo que está profetizado que Cristo haría, y cuando nosotros os llevamos a las Escrituras, no nos creéis. Jeremías, en efecto, grita así: "Porque dos males ha hecho mi pueblo: me dejaron a mí, fuente de agua viva, por cavar para sí cisternas, cisternas rotas que no detienen aguas" (Jer. 2:13). "¿Acaso es un desierto el lugar donde está el monte Sion, porque di a Jerusalén libelo de repudio delante de vosotros?" (Jer. 3:8).

Magnífica Piedra, que hace brotar en los corazones de los que por Él aman al Padre del universo una fuente de agua viva.

---

[75] Cf. Juan 7:38.

113

Profecía de Zacarías

Voy a demostrar que la revelación dada en vuestro pueblo en Babilonia, en los días del sacerdote (Josué), fue una predicción de las cosas que serían realizadas por nuestro sacerdote, que es Dios.

115. Pero deberíais creer a Zacarías cuando muestra en parábolas el misterio de Cristo y lo anuncia oscuramente. He aquí sus palabras: "Canta y alégrate, hija de Sion: porque he aquí vengo, y moraré en medio de ti, ha dicho el Señor. Y se unirán muchas gentes al Señor en aquel día, y me serán por pueblo, y moraré en medio de ti; y entonces conocerás que el Señor de los ejércitos me ha enviado a ti. Y el Señor poseerá a Judá su heredad en la tierra santa, y escogerá aún a Jerusalén. Calle toda carne delante del Señor, porque Él se ha despertado de su santa morada. Y me mostró a Josué (Jesús), el gran sacerdote, el cual estaba delante del ángel del Señor; y Satán estaba a su mano derecha para serle adversario. Y dijo el Señor a Satán: El Señor te reprenda, oh Satán; el Señor, que ha escogido a Jerusalén, te reprenda. ¿No es éste tizón arrebatado del incendio?" (Zac. 2:10–3:2).

Y como Trifón iba a responder y ponerme alguna objeción, yo le dije:

—Espera un poco primero y escucha lo que voy a decir. Porque no te voy a dar la interpretación que tú supones, partiendo de que no hubo ningún sacerdote por nombre Jesús (Josué) en Babilonia, donde estaba cautivo vuestro pueblo. Y si eso hiciera, demostraría que sí hubo un sacerdote Jesús en vuestro pueblo, pero que no fue ese el que vio en su revelación el profeta, pues tampoco al diablo y al ángel del Señor los vio con sus propios ojos y en estado normal, sino en éxtasis, por la revelación que se le hizo. Lo que ahora digo es que así como la Escritura no dice que el hijo de Navé (Nun) realizó por el nombre de Jesús prodigios y grandes obras que anunciaban de antemano las que habría de hacer nuestro Señor; así ahora voy a demostrar que la revelación dada en vuestro pueblo en Babilonia, en los días del sacerdote Jesús (Josué), fue una predicción de las cosas que serían realizadas por nuestro sacerdote, que es Dios, y Cristo el Hijo de Dios Padre de todo.

Ya me maravillaba yo cómo hace poco mientras yo hablaba, os habéis estado callados, y cómo no me interrumpisteis al decir que el hijo de Navé (Nun) fue el único de los de su edad de los salidos de Egipto que entró en la tierra santa junto con los que se describen como más jóvenes, de la siguiente generación. Porque sois como las moscas en correr y cebaros sobre las heridas. Porque aunque uno pudiera decir bien mil cosas, si ocurre que una palabra pequeña os desagrada o no la entendáis, o no es exacta, ya no hacéis caso alguno de todo lo bien dicho y os aferráis a aquella palabra y todo vuestro empeño es presentarla como una impiedad o un crimen. Con lo que merecéis que, juzgados vosotros por Dios con el mismo juicio, tengáis que dar más estrecha cuenta de vuestros grandes pecados, ya por vuestras malas acciones, ya por vuestras falsas interpretaciones, que presentáis adulterando la Escritura. Porque con el juicio con que vosotros juzgáis, es justo se os juzgue a vosotros.

Aunque uno pudiera decir bien mil cosas, si ocurre que una palabra pequeña os desagrada o no la entendáis, o no es exacta, ya no hacéis caso alguno de todo lo bien dicho.

114

Vestidos de justicia

El diablo nos ataca como eterno adversario y quiere arrastrar a todos hacia sí; pero el ángel del Señor, es decir, el poder de Dios, le increpa y se aparta de nosotros.

116. Mas para daros razón de la revelación hecha sobre el santo Jesucristo, tomo otra vez la palabra del profeta, y afirmo que aquella revelación se ha cumplido en nosotros, que hemos creído en Cristo el Sumo Sacerdote, a saber, en este crucificado. Porque nosotros, que vivíamos entre fornicaciones y, sencillamente, en toda clase de sucias acciones, con ayuda de la gracia que de nuestro Jesús nos ha venido por voluntad de su Padre, nos hemos despojado de todas las impurezas de que estábamos revestidos. El diablo nos ataca como eterno adversario y quiere arrastrar a todos hacia sí; pero el ángel del Señor, es decir, el poder de Dios que nos es enviado por Jesucristo, le increpa y se aparta de nosotros.

Hemos sido como sacados del fuego, primero purificados de nuestros anteriores pecados y luego librados de la tribulación e incendio en que quieren abrasarnos el diablo y todos sus ministros. Pero también de manos de éstos nos arranca Jesús, Hijo de Dios, que nos prometió, si guardamos sus mandamientos, vestirnos de las vestiduras que nos tiene preparadas y prepararnos un reino eterno. Porque a la manera que aquel Jesús (Josué), a quien el profeta llama sacerdote, apareció con vestiduras sucias por haber tomado, como se dice, por mujer a una ramera,[76] pero al que luego se llama tizón sacado del fuego (Zac. 3:2) por haber recibido remisión de sus pecados y haber sido increpado al diablo que se le oponía, así nosotros, que hemos creído como un solo hombre en el Dios Hacedor del universo, por el nombre de su Hijo primogénito nos despojamos de nuestras vestiduras sucias, es decir, de nuestros pecados, y, abrasados por la palabra de su llamamiento, somos el verdadero linaje del sumo sacerdote de

---

[76] Justino confunde a Josué hijo de Josadac con Oseas el profeta, o se refiere a una tradición judía para la que la "vestidura sucia" significa o un matrimonio ilícito o los pecados del pueblo o la miseria de la cautividad.

Dios,[77] como Él mismo lo atestigua diciendo que en todo lugar los gentiles le ofrecemos sacrificios agradables y puros. Ahora bien, Dios no acepta sacrificios más que de sus sacerdotes.

Somos el verdadero linaje del sumo sacerdote de Dios, Dios no acepta sacrificios más que de sacerdotes.

---

[77] "Y tomaré también de ellos para sacerdotes y levitas, dice el Señor" (Is. 66:21; cf. Ro. 15:15-17; 1ª P. 2:9).

115

Los sacrificios agradables profetizados

Las oraciones y acciones de gracias ofrecidas por hombres dignos son los únicos sacrificios perfectos y agradables a Dios.

117. Así, pues, Dios atestigua de antemano que le son agradables todos los sacrificios que se le ofrecen en el nombre de Jesucristo, los sacrificios que éste nos mandó ofrecer, es decir, los de la Eucaristía del pan y del vino, que celebran los cristianos en todo lugar de la tierra. En cambio, Dios rechaza los sacrificios que vosotros le ofrecéis por medio de vuestros sacerdotes, cuando dice: "Yo no recibo contentamiento en vosotros, dice el Señor de los ejércitos, ni de vuestra mano me será agradable el presente. Porque desde donde el sol nace hasta donde se pone, es grande mi nombre entre las gentes; y en todo lugar se ofrece a mi nombre perfume, y presente limpio, porque grande es mi nombre entre las gentes, dice el Señor de los ejércitos. Y vosotros lo habéis profanado" (Mal. 1:10-12). Vosotros seguís aún ahora, por amor a la discusión, que Dios no acepta los sacrificios de los que moraban en Jerusalén, y eran llamados israelitas; y decís que a Dios le agradan las oraciones de los individuos de esa nación entonces en la dispersión, y estas oraciones son las que se llama sacrificios.

Ahora bien, que las oraciones y acciones de gracias ofrecidas por hombres dignos son los únicos sacrificios perfectos y agradables a Dios, yo mismo os lo concedo. Justamente esos solos son los que los cristianos han aprendido a ofrecer hasta en la conmemoración del pan y del vino, en que se recuerda la pasión que por su amor sufrió el Hijo de Dios. Pero vuestros sumos sacerdotes y vuestros rabinos han hecho que su nombre fuera profanado y blasfemado por toda la tierra, por esas sucias vestiduras –vuestras blasfemias– echáis sobre todos los que se han hecho cristianos por el nombre de Jesús; pero Dios muestra que quiere quitarlas de nosotros, cuando resucite a todos de los muertos, a unos, incorruptibles, inmortales y libres de dolor y los coloque en su reino eterno e indestructible, y a otros los envíe al eterno castigo del fuego.

A vosotros mismos os engañáis, vosotros y vuestros maestros, al interpretar las palabras de Malaquías como dichas de la gente de vuestro pueblo que vivía en la dispersión, cuyas oraciones llamaría sacrificios puros y agradables a Dios. Reconoced que mentís y que tratáis en todo de engañaros a vosotros mismos. Porque, en primer lugar, ni aun ahora vuestro pueblo se extiende de Oriente a Occidente, sino que hay naciones donde jamás habitó nadie de vuestra raza. En cambio, no hay raza alguna de hombres, llámense bárbaros o griegos o con otros nombres cualesquiera, sea que habiten en casas o se llamen nómadas sin viviendas o moren en tiendas de pastores, entre los que no se ofrezcan por el nombre de Jesús crucificado oraciones y acciones de gracias al Padre y Hacedor de todas las cosas.[78] En segundo lugar, cuando el profeta Malaquías dijo aquellas palabras, todavía no estabais dispersos por todas las partes de la tierra en que estuvisteis después, como por las mismas Escrituras se demuestra.

No hay raza alguna de hombres, llámense bárbaros o griegos sea que habiten en casas o en tiendas de pastores, entre los que no se oferzcan por el nombre de Jesús oraciones y acciones de gracias al Padre.

---

[78] Testimonio asombroso de extensión y catolicidad del cristianismo ya en el siglo II.

116

Cristo
y los cristianos en las profecías

Nosotros no hemos creído en Cristo en vano, ni fuimos engañados por quienes así nos enseñaron, sino que esto ha sucedido por maravillosa providencia de Dios.

118. Así que más os valiera poner fin a vuestra porfía y arrepentíos antes de que llegue el día del juicio, cuando todas vuestras tribus se lamentarán[79] por haber traspasado a este Cristo, como por la Escritura os he demostrado que está predicho. También he explicado que juró el Señor "según el orden de Melquisedec" (Sal. 90:4) y qué se predecía con eso. Dije también antes cómo se refería a la sepultura y resurrección de Cristo la profecía de Isaías cuando dice: "Su sepultura es quitada de en medio" (Is. 53:8); y que Él es juez de vivos y de muertos, en varios lugares lo he afirmado.

El mismo Natán, hablando con David sobre Cristo, dijo así: "Yo seré para Él padre y Él será para mí hijo, y no apartaré de Él mi misericordia, como hice con los que fueron antes de Él. Y le colocaré en mi casa, y en su propio reino para siempre" (2º S. 7:14-15). Y a éste y no otro designa Ezequiel como príncipe en la casa (Ez. 44:3). Porque Él es sacerdote escogido y rey eterno, el Cristo, como Hijo de Dios; en cuya segunda venida no penséis que Isaías ni los otros profetas digan han de ofrecerse sobre el altar sacrificios de sangre o libaciones, sino alabanzas y acciones de gracias verdaderas y espirituales.

Nosotros no hemos creído en Cristo en vano, ni fuimos engañados por quienes así nos enseñaron, sino que esto ha sucedido por maravillosa providencia de Dios, para que se viera que por el llamamiento del nuevo y eterno testamento, es decir, de Cristo, nosotros somos más inteligentes y más religiosos que vosotros, que os tenéis por amantes de Dios y sabios, pero no lo sois. Isaías, maravillado de esto, dijo: "Los reyes cerrarán sobre Él sus bocas; porque verán lo que nunca les fue contado, y entenderán lo que jamás habían oído. ¿Quién ha creído a nuestro anuncio? ¿y sobre quién se ha manifestado el brazo del Señor?" (Is. 52:15–53:1).

---

[79] Cf. Zacarías 12:10; Juan 19:37; Apocalipsis 1:28.

Al decir esto, Trifón –le dije–, no hago sino repetir, hasta donde me es posible, las mismas cosas, en atención a los que hoy han venido contigo, si bien lo hago brevemente y recontándolo mucho.

Y Trifón me dijo:

—Haces muy bien, y aun cuando repitieras lo mismo más ampliamente, ten por seguro que yo y mis compañeros nos alegraríamos de escucharte.

**Porque Él
es sacerdote
escogido
y rey eterno,
el Cristo,
como Hijo
de Dios.**

117

El pueblo santo prometido, de la misma fe de Abraham

Después que el Justo fue crucificado nosotros hemos florecido como pueblo nuevo, y hemos brotado como espigas recientes y fértiles.

119. Y yo dije a mi vez:

—¿Creéis acaso, amigos, que nosotros íbamos a poder entender estos misterios en las Escrituras, si no hubiéramos recibido gracia para entenderlos por voluntad de aquel que los quiso? Así había de cumplirse lo que fue dicho en tiempos de Moisés: "Le despertaron a celos con los dioses ajenos; le provocaron con abominaciones. Sacrificaron a los diablos, no a Dios; a dioses que no habían conocido, a nuevos dioses venidos de cerca, que no habían temido vuestros padres. De la Roca que te crió te olvidaste: Te has olvidado del Dios tu creador. Y lo vio el Señor, y se encendió en ira, por el menosprecio de sus hijos y de sus hijas. Y dijo: Esconderé de ellos mi rostro, veré cuál será su postrimería, que son generación de perversidades, hijos sin fe. Ellos me movieron a celos con lo que no es Dios; me provocaron con sus vanidades; yo también los moveré a celos con un pueblo que no es pueblo, con gente insensata los haré ensañar. Porque fuego se encenderá en mi furor, y arderá hasta el profundo; y devorará la tierra y sus frutos, y abrasará los fundamentos de los montes. Yo amontonaré males sobre ellos" (Dt. 32:16-23).

Después que el Justo fue crucificado nosotros hemos florecido como pueblo nuevo, y hemos brotado como espigas recientes y fértiles, tal como habían dicho los profetas: "Se unirán muchas gentes al Señor en aquel día, y me serán por pueblo, y moraré en medio de ti; y entonces conocerás que el Señor de los ejércitos me ha enviado a ti" (Zac. 2:11). Pero nosotros no sólo somos pueblo, sino pueblo santo, como ya he demostrado: "Y les llamarán pueblo santo, redimidos del Señor" (Is. 62:12). No somos, pues, un pueblo despreciable, ni una tribu bárbara, ni nación de carios o frigios, sino que a nosotros nos escogió Dios y a los que no preguntamos por Él se nos mostró patente: "Dije a gente que no invocaba mi nombre: Heme aquí, heme aquí" (Is. 65:1).

Esta es la nación que Dios antaño prometiera a Abraham al anunciarle que le haría padre de muchas naciones, no refiriéndose a árabes, egipcios e idumeos; pues Ismael también fue padre de un gran pueblo, y lo mismo Esaú, y aun ahora son los ammonitas una gran muchedumbre. En cuanto a Noé, padre fue del mismo Abraham y, en general, de todo el género humano, sea cual fuere la línea de los antepasados.

¿Qué ventaja, pues, le concedió aquí Cristo a Abraham? El haberle llamado por su voz con el mismo llamamiento que a nosotros, al decirle que saliera de la tierra en que habitaba. Por la misma voz nos llamó también a nosotros y ya hemos salido de aquella manera en que vivíamos y malvivíamos al hilo de los otros moradores de la tierra, y con Abraham heredaremos la tierra santa, posesionándonos de una herencia por eternidad sin término, porque somos hijos de Abraham por tener su misma fe.[80] Y así como Abraham creyó a la voz de Dios y le fue reputado a justicia, también nosotros hemos creído a la voz de Dios, pues nos ha hablado nuevamente por boca de los apóstoles de Cristo, después que fue anunciado por los profetas, y por esa fe hemos renunciado hasta la muerte a todo lo del mundo. Dios le promete, pues, un pueblo de fe igual a la suya, pueblo religioso y justo, alegría de su padre, y no a vosotros, que no tenéis fe.

Así como Abraham creyó a la voz de Dios, también nosotros hemos creído a la voz de Dios, pues nos ha hablado nuevamente por boca de los apóstoles de Cristo.

---

[80] Cf. Gálatas 3:7.

118

La descendencia de la simiente

Jesús ha
venido,
y es esperado
que venga de
nuevo sobre
las nubes,
cuyo nombre
vosotros
profanáis y
hacéis
que sea
profanado
por toda
la tierra.

120. Mirad, sin embargo, cómo las mismas promesas se hacen a Isaac y Jacob. Con Isaac, en efecto, habla así: "Y daré a tu simiente todas estas tierras; y todas las gentes de la tierra serán benditas en tu simiente" (Gn. 26:4). Y con Jacob: "Todas las familias de la tierra serán benditas en ti y en tu simiente" (Gn. 28:14). No dice ni a Esaú ni a Rubén, ni a otro alguno, sino sólo a aquellos de quienes, por la dispensación de la virgen María, había de descender Cristo. Si consideras la bendición de Judá, verás sin duda lo que digo. Y es que la simiente se divide desde Jacob y va bajando por Judá, Fares, Jesé y David. Todo esto era un símbolo, que algunos de vuestro pueblo se hallarían entre los hijos de Abraham por encontrarse también en la parte de Cristo; otros, en cambio, son desde luego hijos de Abraham, pero semejantes a la arena de la orilla del mar, que es infecunda y sin fruto; mucha, ciertamente, e imposible de contar; pero que no produce absolutamente nada, y sólo sirve para beberse el agua del mar.

Tal se comprueba que es una grande muchedumbre de vuestra gente, que se beben las doctrinas de amargura y de impiedad y vomitan la Palabra de Dios. Por tanto dice en la bendición de Judá: "No será quitado el cetro de Judá, y el legislador de entre sus pies, hasta que venga Shiloh; y a Él se congregarán los pueblos" (Gn. 49:10). Es evidente que esto no se dijo por Judá, sino por Cristo; porque nosotros, gentes de todas las naciones, no esperamos a Judá, sino a Jesús, que fue quien también sacó a vuestros padres de Egipto. Porque la profecía se refirió a este advenimiento de Cristo: "Hasta que venga Shiloh; y a él se congregarán los pueblos".

Jesús, por tanto, ha venido, como largamente hemos demostrado, y es esperado que venga de nuevo sobre las nubes, cuyo nombre vosotros profanáis y hacéis que sea profanado por toda la tierra.

Si me fuera posible, señores –proseguí–, discutir con. vosotros sobre la expresión que vosotros interpretáis, diciendo que el original es: "Hasta que venga lo que le está reservado"; pues no lo interpretaron así los LXX, sino:

"Hasta que venga aquel a quien está reservado". Pero como lo que sigue indica que se dijo de Cristo, porque se dice: "Y a Él se congregarán los pueblos", no voy a discutir con vosotros por una mera controversia verbal, así como tampoco he intentado fundar mi demostración de Jesucristo sobre Escrituras no reconocidas de vosotros, como los pasajes, que os cité del profeta Jeremías, de Esdras y de David, sino sobre las que hasta ahora reconocéis; las que si vuestros maestros las hubieran entendido, sabed bien que las hubieran hecho desaparecer, como ha sucedido con la muerte de Isaías, a quien serrasteis con una sierra de madera.[81] También eso fue misterio de Cristo, que ha de cortar en dos partes a las gentes de vuestro pueblo, y a los que lo merezcan les concederá un reino eterno con los santos patriarcas y profetas, y a los demás los enviará al castigo del fuego inextinguible con los que, procedentes de todas las naciones, son como ellos incrédulos y no se arrepienten, pues ya dijo Él: "Porque vendrán de Occidente y de Oriente y se sentarán a la mesa con Abraham, Isaac y Jacob en el reino de los cielos; mas los hijos del reino serán arrojados a las tinieblas de fuera" (Mt. 8:11, 12).

Y he mencionado todo esto sin tomar en consideración otra cosa que la verdad, y rechazando ser atemorizado por nadie, aunque hubiera de ser inmediatamente despedazado por vosotros. La prueba es que sin preocuparme de nadie de mis paisanos, quiero decir, de los samaritanos, he comunicado por escrito al César[82] que están engañados siguiendo al mago Simón, de su propio pueblo, que afirman ellos ser Dios por encima de todo principio, potestad y potencia.

Tampoco he intentado fundar mi demostración de Jesucristo sobre Escrituras no reconocidas de vosotros, sino sobre las que hasta ahora reconocéis.

---

[81] La tradición de la muerte de Isaías aserrado por la mitad durante el reinado de Manasés es anterior a Justino y de origen judío, tradición de la que se hace eco Hebreos 11:37.

[82] Se refiere a las *Apologías*.

119

La fe de los gentiles
confirma la divinidad de Cristo

Si en Cristo son bendecidas todas las naciones y nosotros que venimos de todas las naciones creemos en Él; luego Él es el Cristo y nosotros somos los bendecidos en Cristo.

121. Como ellos guardaran silencio, proseguí:

—Cuando la Escritura habla de Cristo por boca de David, ya no dice que las naciones serán bendecidas en su simiente, sino en Él. He aquí las palabras: "Será su nombre para siempre, se perpetuará su nombre mientras el sol dure; y benditas serán en Él todas las gentes" (Sal. 72:17). Ahora bien, si en Cristo son bendecidas todas las naciones y nosotros que venimos de todas las naciones creemos en Él; luego Él es el Cristo y nosotros somos los bendecidos en Cristo. Dios, como está escrito,[83] permitió antaño que fuera adorado el sol; pero no se ve que nadie estuviera dispuesto a morir por su fe en el sol; en cambio, por el nombre de Jesús, es fácil ver cómo gentes de todo linaje de hombres lo han soportado y soportan todo antes que renegarle. Y es que la palabra de su verdad es más abrasadora y más luminosa que las potencias del sol y penetra hasta las profundidades del corazón y de la inteligencia. De ahí que la Palabra dijera: "Sobre el sol se levantará su nombre". Y otra vez: "Oriente es su nombre", dice Zacarías (Zac. 6:12). Y el mismo Zacarías, hablando sobre Él, había dicho: "Y la tierra lamentará, cada linaje de por sí" (Zac. 12:12), pues si, en su primera venida, que fue sin gloria, sin hermosura y con desprecio, tanto brilló y tanta fuerza tuvo Cristo que en ninguna nación es desconocido y en todo lugar los hombres se arrepienten de su maldad, y los mismos demonios se someten a su nombre y le temen todos los imperios y reinos más que a todo el mundo de los muertos, ¿no destruirá absolutamente en su venida gloriosa a todos los que le han odiado y apostatado de Él inicuamente, y no concederá descanso a los suyos, dándoles todo lo que esperan?

---

[83] "Y porque alzando tus ojos al cielo, y viendo el sol y la luna y las estrellas, y todo el ejército del cielo, no seas incitado, y te inclines a ellos, y les sirvas; que el Señor tu Dios los ha concedido a todos los pueblos debajo de todos los cielos" (Dt. 4:19).

A nosotros, por tanto, se nos ha concedido escuchar y entender y ser salvados por medio de Cristo y reconocer todo lo revelado por el Padre. Por eso le dijo: "Gran cosa es para ti ser llamado Hijo mío, levantar las tribus de Jacob y reunir las dispersiones de Israel. Te he puesto por luz de las naciones, para que seas su salvación hasta los confines de la tierra" (Is. 49:6).

A nosotros se nos ha concedido escuchar y entender y ser salvados por medio de Cristo.

120

La heredad de los gentiles

Si la ley fuese capaz de iluminar a las naciones y a quienes la poseen, ¿qué falta hacía un nuevo pacto? Pero ya que Dios anunció que mandaría un nuevo pacto.

122. Vosotros pensáis que estas palabras se refieren a los extranjeros y a los prosélitos; pero en realidad se refieren a nosotros que hemos sido iluminados por Jesús. En otro caso, también por celos hubiera dado Cristo testimonio; pero la verdad es que, como Él mismo dijo, os habéis hecho doblemente hijos del infierno (Mt. 23:15). Por tanto, lo que fue dicho por los profetas no se dijo de esas personas, sino de nosotros, de quienes dice la Escritura: "Guiaré los ciegos por camino que no sabían, les haré pisar por las sendas que no habían conocido. Vosotros sois mis testigos, dice el Señor, y mi siervo que yo escogí" (Is. 42:16; 43:10). ¿De quiénes, pues, da Cristo testimonio? Evidentemente, de los que han creído. Pero los prosélitos no sólo no creen, sino que blasfeman doblemente que vosotros el nombre de Jesús y quieren matar y atormentar a los que creemos en Él, porque en todo ponen empeño por asemejarse a vosotros. Y otra vez en otro pasaje clama Dios: "Yo el Señor te he llamado en justicia, y te tendré por la mano; te guardaré y te pondré por alianza del pueblo, por luz de las gentes; para que abras ojos de ciegos, para que saques de la cárcel a los presos, y de casas de prisión a los que están de asiento en tinieblas" (Is. 42:6-7). Estas palabras, amigos, también se refieren a Cristo y a las naciones por Él iluminadas. ¿O es que otra vez vais decir que se habla de la ley y de los prosélitos?

Aquí, como si estuvieran en el teatro, rompieron a gritos algunos de los que habían llegado el segundo día:

—¿Pues qué? ¿No se habla ahí de la ley y de los iluminados por ella? Y estos son los prosélitos.

—¡De ninguna manera! –contesté yo, mirando a Trifón–; pues si la ley fuese capaz de iluminar a las naciones y a quienes la poseen, ¿qué falta hacía un nuevo pacto? Pero ya que Dios anunció que mandaría un nuevo pacto y una ley y mandamiento eterno, no hemos de entender la vieja ley y sus prosélitos, sino a Cristo y los suyos, a nosotros los gentiles, a quienes Él ha iluminado, como en algún lugar dice la Escritura: "En el tiempo propicio te escuché y en el día de la salvación te ayudé, y te puse por alianza de las naciones, para restablecer la tierra y heredar las heredades asoladas" (Is. 49:8). ¿Cuál es la herencia de Cristo? ¿No son las naciones? ¿Cuál es el pacto o alianza de Dios? ¿No es Cristo? Como dice en otra parte: "Hijo mío eres tú, yo te he engendrado hoy. Pídeme y te daré las naciones por tu herencia y por posesiones tuyas los confines de la tierra" (Sal. 2:7, 8).

¿Cuál es
la herencia
de Cristo?
¿No son las
naciones?
¿Cuál es
el pacto o
alianza
de Dios?
¿No es Cristo?

121

Los cristianos son el verdadero Israel

Si sois sabios, lo sois sólo para obrar el mal; pero impotentes para conocer el oculto designio de Dios y la alianza fiel del Señor.

123. Por tanto, como todo esto se refiere a Cristo y a los gentiles, deberíais de pensar que lo anterior se refiere a ellos de la misma manera. Porque los prosélitos para nada necesitan de un nuevo pacto, cuando ya está puesta una sola y única ley para todos los circuncisos. Acerca de éstos dice en efecto la Escritura: "A ellos se unirán extranjeros, los cuales se adherirán a la familia de Jacob" (Is. 14:1). Y los prosélitos, que son circuncidados para que puedan acceder al pueblo, se hacen nativos de la tierra, mientras que nosotros que hemos merecido ser llamados pueblo de Dios, somos todavía gentiles, porque no hemos sido circuncidados.

Por otra parte, es ridículo pensar que a los prosélitos se les han abierto los ojos y a vosotros no; que vosotros seáis llamadas ciegos y sordos, y ellos iluminados. Y resultará, en fin, el colmo de la ridiculez, si decís que la ley fue dada para los prosélitos y vosotros no la habéis ni conocido. En otro caso, temeríais la ira de Dios y no tendríais que pasar por la vergüenza de otros llamar hijos inicuos y errantes, cuando Dios dice a cada paso: "Hijos en quienes no hay fidelidad" (Dt. 32:20). Y: "¿Quién es ciego, sino mi siervo? ¿Quién es sordo, sino mi mensajero que he enviado? ¿Quién es ciego como el emisario, y ciego como el siervo del Señor?" (Is. 42:19, 20). ¿Os parece bien esta alabanza de Dios y conveniente este testimonio a siervos de Dios? No os avergüenza por más veces que lo oigáis, no os estremecéis ante las amenazas de Dios, sino que sois pueblo necio y duro de corazón. "He aquí que volveré a hacer maravillas con este pueblo –dice el Señor–, maravilla sobre maravilla. Entonces perecerá la sabiduría de sus sabios, y el entendimiento de sus entendidos se eclipsará" (Is. 29:14). Y con razón, pues no sois sabios ni prudentes, sino ásperos y astutos. Si sois sabios, lo sois sólo para obrar el mal; pero impotentes para conocer el oculto designio de Dios y la alianza fiel del Señor o hallar los senderos eternos. Por lo tanto –dice la Escritura–, "sembraré la casa de Israel y la casa de Judá con simiente de hombres y con simiente de animales" (Jer. 31:27). Y por boca de

Isaías dice sobre el otro Israel: "En aquel día Israel será tercero con Egipto y con Asiria, una bendición en medio de la tierra. Porque el Señor de los ejércitos los bendecirá diciendo: Benditos sean Egipto mi pueblo, Asiria obra de mis manos e Israel mi heredad" (Is. 19:24, 25).

Ahora bien, si Dios bendice a este pueblo y le llama Israel y clama que es herencia suya, ¿por qué no os convertís vosotros, y no que estáis engañándoos a vosotros mismos, como si fuerais el solo Israel, y maldiciendo al pueblo que es bendecido Por Dios? Pues cuando hablaba a Jerusalén y a su comarca, dijo también así: "Y engendraré para vosotros hombres, que serán mí pueblo Israel. Ellos os heredarán y seréis posesión suya, y no sucederá ya que estéis sin sus hijos" (Ez. 16:12).

—¿Cómo –dijo entonces Trifón–, sois vosotros Israel y de vosotros dice todo eso la Escritura?

—Si no hubiéramos ya –le contesté– tratado largamente esa cuestión, dudaría si me preguntas eso por no entenderlo; pero como ya quedó demostrado y tú conviniste en ello, no creo que se trate ahora de ignorancia tuya ni que tengas otra vez ganas de contienda, sino que me provocas a que repita la demostración también a estos.

Como Trifón me asintiera con los ojos, proseguí:

—Nuevamente en Isaías, si tenéis oídos para oír, hablando Dios sobre Cristo le llama por comparación Jacob e Israel. Dice así: "He aquí mi siervo, a quien sostendré; mi escogido en quien se complace mi alma. Sobre Él he puesto mi Espíritu, y Él traerá justicia a las naciones. No gritará ni alzará su voz, ni la hará oír en la calle. No quebrará la caña cascada, ni apagará la mecha que se está extinguiendo; según la verdad traerá justicia. No se desalentará ni desfallecerá hasta que haya establecido la justicia en la tierra. Y las costas esperarán su ley" (Is. 42:1-4; cf. Mt. 12:18-21). Por tanto, como de aquel solo Jacob, que fue también llamado Israel, toda vuestra nación ha tomado los nombres de Jacob y de Israel, así nosotros, por Cristo, que nos ha engendrado para Dios, nos llamamos y somos verdaderos hijos de Jacob, y de Israel, y de Judá, y de David, y de Dios nosotros los que guardamos los mandamientos de Cristo.

Nosotros, por Cristo, que nos ha engendrado para Dios, nos llamamos y somos verdaderos hijos de Jacob, y de Israel.

122

"Dioses" e hijos de Dios

A los hombres se les concede llegar a ser dioses y que todos pueden convertirse en hijos del Altísimo, y cada cual será juzgado y condenado por Él mismo como Adán y Eva.

124. Como vi que se alborotaban cuando dije que también somos nosotros hijos de Dios, me adelanté a sus preguntas y dije:

—Escuchad, amigos, cómo el Espíritu Santo dice de este pueblo que son todos hijos del Altísimo y que en medio de su asamblea estará Cristo, haciendo justicia de todo linaje de hombres. Las palabras las dice David, según vuestro texto, así: "Dios está de pie en la asamblea divina; en medio de los dioses ejerce el juicio: ¿Hasta cuándo juzgaréis injustamente y entre los impíos haréis distinción de personas? Rescatad al necesitado y al huérfano; haced justicia al pobre y al indigente. Librad al necesitado y al menesteroso; libradlo de la mano de los impíos. Ellos no saben ni entienden; andan en tinieblas. Todos los cimientos de la tierra son conmovidos. Yo os dije: Vosotros sois dioses; todos vosotros sois hijos del Altísimo. Sin embargo, como un hombre moriréis y caeréis como cualquiera de los gobernantes. Levántate, oh Dios; juzga la tierra, porque tú poseerás todas las naciones" (Sal. 82:1-8). Pero en la versión de los LXX se dice: "Mirad que como hombres morís y como uno de los príncipes caéis", aludiendo a la desobediencia de los hombres, quiero decir, de Adán y de Eva, y a la caída de uno de los príncipes, de aquel que se llama serpiente y cayó grandemente por haber engañado a Eva.

Pero mi intención no es tratar este punto, sino demostraros que el Espíritu Santo reprende a los hombres, porque habiendo sido creados como Dios libres de dolor y muerte, con tal de guardar sus mandamientos, y habiéndoles concedido ser llamados hijos de Dios, son ellos los que, por hacerse semejantes a Adán y a Eva, se procuran a sí mismos la muerte. Sea la interpretación del salmo la que vosotros queráis, aun así queda demostrado que a los hombres se les concede llegar a ser dioses y que todos pueden convertirse en hijos del Altísimo, y cada cual será juzgado y condenado por Él mismo como Adán y Eva. Por lo demás, que a Cristo le llama Dios, es algo que está suficientemente probado.

123

Significado del nombre de Israel

125. Quisiera saber de vosotros, amigos, qué quiere decir el nombre de Israel.

Como todos se callaron, proseguí:

— Yo voy a decir lo que sé; porque ni me parece bien que quien lo sabe no lo diga, ni sospechando que vosotros lo sabéis, por envidia o por ignorancia voluntaria os engañéis a vosotros mismos, estar continuamente solícitos, sino que voy a decirlo todo sencilla y noblemente, como dijo mi Señor: "Salió el sembrador a sembrar su semilla, y una parte cayó en el camino, otra entre espinas, otra entre piedras, y otra en tierra buena" (Mt. 13:3-8). Confiando, pues, que en alguna parte habrá tierra buena, hay que hablar. Porque aquel Señor mío, como fuerte y poderoso, vendrá a requerir sus talentos de cada uno, y no condenará a su administrador que puso en el banco su dinero, pues sabía que su Señor, que es poderoso, había de venir a requerírselo, y de ningún modo lo enterró en el suelo (Mt. 25:15 y ss.).

Así, pues, el nombre de Israel significa "hombre que vence a la fuerza". Porque *Isra* quiere decir "hombre que vence", y *el*, "fuerza".[84] Lo cual fue profetizado que haría Cristo, hecho hombre, por el misterio de aquella lucha que Jacob sostuvo con el que se le apareció por cumplir el designio del Padre, pero que era Dios, por ser el Hijo primogénito anterior a todas las criaturas. Y fue así que cuando se hizo hombre, como antes dije, se le acercó el diablo, es decir, aquella fuerza que se llama serpiente y Satanás, para tentarle y derribarle, exigiendo que le adorara. Pero él le destruyó y derribó, mostrándole que era perverso, pues exigía contra las Escrituras ser adorado como Dios, convertido en apóstata de la sentencia divina. Porque Jesús respondió: "Escrito está: Al Señor Dios tuyo adorarás y a Él solo servirás. Y vencido y confundido se

Israel significa "hombre que vence a la fuerza". Lo cual fue profetizado que haría Cristo, hecho hombre, por el misterio de aquella lucha que Jacob sostuvo.

---

[84] Israel, en hebreo *yisra'el*, significa literalmente "Dios lucha", o "Dios se esfuerza", toda vez que *El* es el genérico semita para Dios; que de haber conocido bien Justino se hubiera ajustado más a su argumento.

Todos los que por Él se refugian en el Padre son el Israel bendecido.

retiró por entonces el diablo" (Mt. 4:10). Pero como nuestro Cristo había de ser imposibilitado, a saber, mediante el dolor y la experiencia del sufrimiento, también esto lo anunció de antemano por el hecho de tocar el muslo de Jacob y entorpecérselo. Pero el nombre de Israel era suyo de antiguo y con él llamó al bienaventurado Jacob, bendiciéndole con su propio nombre y anunciando así que todos los que por Él se refugian en el Padre son el Israel bendecido. Mas vosotros, que nada de esto comprendéis ni estáis preparados para comprenderlo, esperáis absolutamente salvaros por el solo hecho de ser hijos de Jacob según la descendencia de la carne; pero que también en esto os engañáis a vosotros mismos, es cosa que tengo demostrada de muchas maneras.

124

Nombres y títulos dados a Cristo

126. Mas ¿quién es este que es una vez llamado Ángel Consejero, Varón por Ezequiel, como Hijo del Hombre por Daniel, Niño por Isaías, Cristo y Dios adorable por David, y Cristo y Piedra por muchos, y Sabiduría por Salomón, y José y Judá y Estrella por Moisés, y Oriente por Zacarías, Paciente, Jacob e Israel por el mismo Isaías, y recibe los nombres de Vara y Flor y Piedra angular e Hijo de Dios? Si lo supierais, Trifón, no blasfemaríais contra el que ya ha venido, que nació y sufrió y subió al cielo, y que vendrá otra vez, y entonces se lamentarán vuestras doce tribus.

Si comprendierais lo que han dicho los profetas, no negaríais que Él es Dios, Hijo del solo e ingénito e inefable Dios.

Porque si comprendierais lo que han dicho los profetas, no negaríais que Él es Dios, Hijo del solo e ingénito e inefable Dios. En algún pasaje del Éxodo dice, en efecto, Moisés: "Habló Dios a Moisés y le dijo: Yo soy el Señor y me aparecí a Abraham y a Isaac, y a Jacob, Dios de ellos, pero no les revelé mi nombre, y establecí con ellos mi alianza" (Éx. 6:2-4) Y otra vez dice, así: "Luchaba contra Jacob un hombre"; y luego afirma que es Dios: "Vi a Dios cara a cara y se salvó mi alma", dice que dijo Jacob (Gn. 32:24, 30). Y aun escribió también que al lugar en que luchó y se le apareció y le bendijo, le llamó Jacob "Cara de Dios" (Peniel). De modo semejante cuenta Moisés que Dios se apareció a Abraham junto a la encina de Mambre, cuando estaba sentado a la puerta de su tienda al mediodía. Luego, contando esto, prosigue: "Y levantando sus ojos vio y he aquí a tres hombres de pie delante de él; y habiéndoles visto, corrió a su encuentro" (Gn. 18:2). Poco después uno de ellos le promete a Abraham un hijo: "¿Cómo es que se ha echado a reír Sara diciendo: Conque yo voy a dar a luz? Ya soy vieja. ¿Es que hay cosa imposible para Dios? Para este tiempo, volveré a su hora, y Sara tendrá un hijo. Y se separaron de Abrahán" (vv. 8-14). Y nuevamente dice sobre ellos: "Y levantándose de allí los hombres miraron hacia Sodoma" (v. 16). Luego le dice a Abraham quién era y quién es: "¿Encubriré yo a Abraham lo que voy a hacer?" (v. 17). Repetí entonces aquellos pasajes, por los que se demuestra que quien se describe como

Fue Él mismo, que era Dios y Ángel enviado por el Padre, quien dijo e hizo aquellas cosas.

Dios, que se apareció a Abraham y a Isaac, y a Jacob, y a los demás profetas, está subordinado al Padre y sirve a su voluntad.

Entonces añadí un punto que no había dicho antes. Así también, cuando el pueblo deseó comer carne y Moisés no cree al que allí también es llamado Ángel que le prometía que Dios se la daría hasta que se hartaran, se pone de manifiesto que fue Él mismo, que era Dios y Ángel enviado por el Padre, quien dijo e hizo aquellas cosas. La Escritura, en efecto, prosigue diciendo: "Entonces el Señor respondió a Moisés: ¿Acaso se ha acortado la mano del Señor? Ahora verás si se cumple para ti mi palabra, o no" (Nm. 11:23). Y de nuevo en otro pasaje dice así: Y el Señor me dijo: "No cruzarás este Jordán. El Señor tu Dios es el que cruza delante de ti. Él destruirá estas naciones delante de ti" (Dt. 31:2, 3).

125

Pasajes que refieren al Hijo, no al Padre

127. Hay otras expresiones semejantes dichas por el legislador y por los profetas, y supongo que ya he citado bastantes. Cuando Dios dice: "Abraham estaba aún delante del Señor" (Gn. 18:22)., o: "Moisés respondió delante del Señor" (Éx. 6:29), o cuando: "Bajó el Señor a ver la torre que habían edificado los hijos de los hombres" (Gn. 11:5), o: "Cerró Dios el arca de Noé desde fuera" (Gn. 7:16), no imaginéis que es el Dios ingénito quien sube o baja de ninguna parte. Porque el Padre inefable y Señor de todas las cosas no baja ni llega a ninguna parte, ni se pasea, ni duerme ni se levanta, sino que permanece siempre en su propia región dondequiera que ésta se halle mirando con penetrante mirada, oyendo agudamente, pero no con ojos ni orejas, sino por una potencia inefable. Y todo lo vigila, y todo lo conoce, y nadie de nosotros le está oculto, sin que tenga que moverse Él, que no cabe en un lugar ni en el mundo entero y era antes de que el mundo existiera. ¿Cómo, pues, pudo éste hablar a nadie y aparecerse a nadie, ni circunscribirse a una porción mínima de tierra, cuando el pueblo no pudo resistir la gloria de su enviado en el Sinaí; cuando el mismo Moisés no pudo entrar en la tienda que él había hecho, si estaba llena de la gloria de Dios; cuando el sacerdote no tuvo fuerzas para estar de pie delante del templo cuando Salomón llevó el arca a la casa que el mismo Salomón había edificado en Jerusalén?

Luego ni Abraham, ni Isaac, ni Jacob, ni ningún otro de los hombres vio jamás al que es Padre inefable y Señor de todas las cosas absolutamente y también de Cristo mismo, sino a su Hijo, que es también Dios por voluntad de aquél, y ángel (mensajero) por estar al servicio de sus designios, el mismo que el Padre quiso naciera hombre por medio de la Virgen y que en otro tiempo se hizo fuego para hablar con Moisés desde la zarza. Porque si no entendemos así las Escrituras, habrá que admitir que el Padre y Señor de todo no estaba en el cielo cuando nos cuenta Moisés: "Y el Señor llovió sobre Sodoma fuego y azufre

Ni Abraham, ni Isaac, ni Jacob, ni ningún otro vio jamás al que es Padre inefable y Señor de todas las cosas, sino a su Hijo, que es también Dios.

El Padre quiso naciera hombre por medio de la Virgen y en otro tiempo se hizo fuego para hablar con Moisés.

de parte del Señor desde el cielo" (Gn. 19:24), lo mismo que cuando nos dice David: "Levantad, oh príncipes, vuestras puertas, y levantaos, puertas eternas, y entrará el rey de gloria" (Sal. 24:7), y, en fin, cuando nos dice: "Dijo el Señor a mi Señor: Siéntate a mi derecha, hasta que ponga a tus enemigos por estrado de tus pies" (Sal. 110:1).

126

Lo personal e impersonal en Dios

128. He demostrado suficientemente que Cristo, que es Señor y Dios, Hijo de Dios, se apareció antes en poder como Hombre y como Ángel y también en la gloria del fuego, como en la visión de la zarza y en el juicio contra Sodoma. Citaré, sin embargo, nuevamente todo lo que antes escribí, tomado del Éxodo, tanto acerca de la visión de la zarza como sobre el nombre de Jesús, y proseguí:

—Y no creáis, amigos, que repito todo esto mucho por pura palabrería, sino porque sé que algunos quieren salir al paso de mi interpretación, diciendo que el poder que se aparece a Moisés, a Abraham o a Jacob, de parte del Padre de todo, se llama Ángel cuando viene a los hombres, porque por Él se trae a los hombres los mensajes del Padre; y Gloria, porque a veces aparece en magnificencia inmensa; otras veces recibe nombre de Varón y Hombre porque se aparece en tales formas, según la voluntad del Padre; y se le llama Palabra, porque lleva a los hombres lo que el Padre les habla. Este poder sería inseparable e indivisible del Padre –dicen–, del modo como la luz del sol que ilumina la tierra es inseparable e indivisible del sol que está en el cielo. Y como éste, al ponerse, se lleva consigo la luz, así, según esta teoría, cuando el Padre quiere, hace surgir de sí cierto poder y cuando quiere, nuevamente lo recoge hacia sí. De este modo, enseñan, hizo a los ángeles.

Pero está demostrado que hay ángeles que siempre existen y nunca son reducidos a aquellos de los que surgen. Y que este poder que la palabra profética llama Dios y Ángel, no es sólo distinto por el nombre, como la luz del sol, sino numéricamente diferente, ya lo he discutido brevemente con anterioridad cuando afirmé que este poder fue engendrado por el Padre, por su poder y voluntad, pero no por escisión o corte, como si la esencia del Padre se dividiera; como todas las otras cosas que se dividen o cortan no son lo mismo antes y después de dividirse. Allí puse el ejemplo de lo que vemos de los fuegos, que se encienden de otro y cómo, sin embargo, no disminuye para nada aquel del que pueden encenderse otros muchos, sino que permanece el mismo.

Fue engendrado por el Padre, por su poder y voluntad, pero no por escisión o corte, como si la esencia del Padre se dividiera.

127

El sentido
de la generación de la Sabiduría

Entended que esta sabiduría es engendrada por el Padre antes de todas las criaturas; y todo lo engendrado es numéricamente distinto del que lo engendra.

129. Voy a repetir ahora las razones en que fundé mi demostración. Cuando dice la Escritura: "Llovió el Señor fuego de parte del Señor desde el cielo", la palabra profética señala a dos en número, uno sobre la que dice haber bajado a ver el clamor de Sodoma; otro en los cielos, que es el Señor del Señor que está en la tierra como Padre y Dios que es, causa de su poder y de su ser Señor y Dios.

Igualmente, cuando la palabra registra que Dios dijo al principio: "Mirad que Adán se ha hecho como uno de nosotros" (Gn. 3:22), ese "como uno de nosotros" es también expresión de número, y esas palabras no admiten explicación tropológica, como pretenden los sofistas incapaces de decir la verdad ni de entenderla.

En la Sabiduría se dice también: "El Señor me poseía en el principio de su camino, ya de antiguo, antes de sus obras. Eternamente tuve el principado, desde el principio, antes de la tierra. Antes de los abismos fui engendrada; antes que fuesen las fuentes de las muchas aguas. Antes que los montes fuesen fundados, antes de los collados, era yo engendrada" (Pr. 8:22-25). Terminada la cita añadí:

—Entended, oyentes, si es que habéis prestado atención, que esta sabiduría es engendrada por el Padre antes de todas las criaturas, según declara la Escritura; y todo lo engendrado es numéricamente distinto del que lo engendra, como cualquiera admitirá.

128

La alegría de los gentiles

130. Y como todos convinieron, proseguí:

—Ahora os voy a citar unas palabras que antes no recordé. Fueron dichas en parábola por el fiel siervo de Dios Moisés y son éstas: "¡Alabadle, vosotros todos sus ángeles! ¡Alabadle, vosotros todos sus ejércitos!" (Sal. 148:2). Y añadí el siguiente pasaje: "Regocijaos, naciones, con su pueblo. Porque Él vengará la sangre de sus siervos. Él tomará venganza de sus enemigos y expiará la tierra de su pueblo" (Dt. 32:43). Al decir Moisés esto declara que las naciones nos alegramos con su pueblo, es decir, con Abraham, Isaac y Jacob y los profetas, y, en general, con todos los que en ese pueblo han agradado a Dios, según lo que anteriormente convenimos; pero no vamos a entender a todos los de vuestro linaje, pues sabemos por Isaías que los miembros de los que han sido transgresores serán devorados por un gusano y un fuego que no tienen descanso, permaneciendo inmortales, de modo que sean espectáculo para toda carne.[85]

En adición a estos, quiero, señores, citar otras palabras del mismo Moisés, por las que podéis comprender cómo de antiguo dispersó Dios a todos los hombres según sus linajes y lenguas, escogiendo para sí a vuestro pueblo inútil, desobediente y desleal; mostrando, en cambio, que los escogidos de todas las naciones obedecen a su designio por Cristo, pues a éste le llama Jacob y le da nombre de Israel, preciso es que aquellos sean, como antes dije largamente, el verdadero Jacob e Israel. Y es así que al decir: "Alegraos, naciones, con su pueblo" (Dt. 32:43), da a las naciones la misma herencia y la misma denominación que al pueblo de Dios; mas cuando habla de que las naciones se alegran con su pueblo, usa la palabra "nación" para reproche vuestro. Pues vosotros le irritasteis dándoos a la idolatría; mas a ellos, que eran idólatras, Él les concedió la gracia de conocer su voluntad y de tener parte en su herencia.

> Vosotros le irritasteis dándoos a la idolatría; mas a ellos, que eran idólatras, Él les concedió la gracia de conocer su voluntad y de tener parte en su herencia.

---

[85] "Entonces saldrán y verán los cadáveres de los hombres que se rebelaron contra mí; porque su gusano nunca morirá, ni su fuego se apagará. Y serán un horror para todo mortal" (Is. 66:24).

129

Privilegios e ingratitud del pueblo judío

Si vosotros quisierais decir la verdad, habríais de confesar que somos más fieles para Dios los que hemos sido llamados por Él por el despreciado y lleno de oprobio misterio de la cruz.

131. Pero voy a citar las palabras por las que se ve cómo Dios dividió a todas las naciones: "Pregunta a tu padre, y él te declarará; a tus ancianos, y ellos te dirán. Cuando el Altísimo repartió heredades a las naciones, cuando separó a los hijos del hombre, estableció las fronteras de los pueblos según el número de los hijos de Israel. Porque la porción del Señor es su pueblo; Jacob es la parcela de su heredad" (Dt. 32:7-9). Esto dicho, hice notar que los LXX tradujeron: "Puso los términos de las naciones conforme al número de los ángeles de Dios"; pero como de esta variante no se menoscaba para nada mi razonamiento, he citado vuestra exposición. Y si vosotros quisierais decir la verdad, habríais de confesar que somos más fieles para Dios los que hemos sido llamados por Él por el despreciado y lleno de oprobio misterio de la cruz; por cuya confesión y obediencia y piedad somos condenados a tormentos hasta la muerte por los demonios y por el ejército del diablo, gracias a la ayuda que vosotros les prestáis; nosotros, que lo soportamos todo antes que negar a Cristo ni siquiera de palabra, por quien fuimos llamados a la salvación que nos fue preparada por nuestro Padre, somos más fieles que vosotros, que fuisteis rescatados de Egipto con brazo excelso y gran gloria, cuando el mar se os partió y convirtió en camino seco y en él mató Dios a los que os perseguían con grandísimo ejército y espléndidos carros, hundiéndolos en las mismas aguas que os habían dejado paso. Alumbrados por una columna de luz tuvisteis el privilegio sobre todo otro pueblo del mundo de usar una luz propia, indeficiente y nunca apagada; alimentados por una del cielo, el maná, pan de los ángeles, para que vivierais sin necesidad de masar; convertido en dulce el agua de Mera; se os dio un signo del que había de ser crucificado en ocasión, como ya dije, de haberos mordido las serpientes, puesto que Dios, para quien os mostrasteis siempre ingratos, se anticipó a manifestaros graciosamente todos sus misterios antes de sus propios tiempos; y otro por la figura que formó Moisés al extender

sus brazos, y por el nombre de Jesús dado al hijo de Navé,[86] cuando combatían a Amalec. Y Dios mandó que se consignara por escrito este hecho, para que el nombre de Jesús entrara por vuestros oídos, diciéndoos que este es quien había de borrar de debajo del cielo el recuerdo de Amalec.

Ahora bien, que el recuerdo de Amalec sigue aún después del hijo de Navé es cosa patente; en cambio, que por Jesús crucificado, de cuya vida eran anuncio todos aquellos símbolos hablan del exterminio de los demonios; que todos los principados y reinos habían de reverenciar su nombre, y que de todo linaje de hombres habían de mostrarse piadosos y pacíficos los que en Él creen, son cosas que Dios está haciendo manifiestas, y ese es, Trifón, el sentido de las palabras por mí citadas. Además, con motivo del deseo de comer carne, se os dio una muchedumbre de codornices, que no era posible contar; os brotó agua de una roca; una nube os seguía para daros sombra contra el calor y protección contra el frío, declarando la figura y significado de un nuevo cielo; las suelas de vuestros calzados no se rompían, ni se gastaban, ni vuestros vestidos se deshacían, sino que crecían con los jóvenes que los llevaban.

Y no obstante esto, fabricasteis el becerro de oro y fornicasteis con las hijas de los extranjeros y os disteis con afán a la idolatría; y aun después nuevamente, cuando ya se os había entregado la tierra con tan grande prodigio, que fuisteis testigos de la detención del sol por orden de aquel hombre que recibió el nombre de Jesús (Josué) y que no se puso durante treinta y seis horas, y los demás prodigios que en favor vuestro fueron hechos según los tiempos. Uno más solamente me parece recordar ahora, por contribuir a que comprendáis a Jesús, en quien nosotros hemos reconocido al Cristo, Hijo de Dios, el que fue crucificado y resucitó y subió a los cielos y que otra vez ha de venir a juzgar a todos los hombres, hasta al mismo Adán.

Dios mandó que se consignara por escrito este hecho, para que el nombre de Jesús entrara por vuestros oídos, diciéndoos que este es quien había de borrar de debajo del cielo el recuerdo de Amalec.

---

[86] Josué, hijo de Nun.

130

El poder del nombre de Jesús

Llegadas al campo de Oseas, allí se pararon, por lo que se os demostraba que fueron guiadas por el poder del nombre.

132. Ya sabéis, pues, proseguí, que cuando el arca del testimonio fue robada por los habitantes de Asdod, enemigos del pueblo de Israel, y fueron heridos por una llaga terrible y sin remedio, decidieron ponerla encima de un carro al que uncieron novillas recién paridas, pues querían probar si habían sido heridos por poder de Dios a causa del arca del testimonio y si quería Dios que fuera devuelta donde la habían robado. Hecho esto, las novillas, sin que nadie las guiara, no marcharon al lugar de donde había sido tomada el arca, sino al campo de un hombre llamado Oseas[87] (1º S. 5:1–6:14), del mismo nombre de aquel a quien se le cambió el nombre por el de Jesús, como ya queda dicho, y fue quien introdujo al pueblo en la tierra y se la distribuyó por suertes. Llegadas, pues, al campo de Oseas, allí se pararon, por lo que se os demostraba que fueron guiadas por el poder del nombre, así como antes el pueblo, que había quedado de los que salieron de Egipto fue guiado a la tierra por el que recibió el nombre de Jesús y antes se había llamado Oseas.

---

[87] O Josué en la versión española: "La carreta llegó al campo de Josué, de Bet-semes, y se detuvo allí" (1º S. 6:14).

131

La inveterada maldad de los judíos

133. No obstante todos estos grandes prodigios y maravillas obradas en vuestro favor y por vosotros vistas, según los tiempos, sois reprendidos por los profetas de haber llegado hasta sacrificar a vuestros hijos a los demonios, y a todo esto habéis añadido tan grandes crímenes como cometisteis contra Cristo y aún estáis cometiendo. Por lo cual espero se os conceda alcanzar misericordia y salvación de Dios y de su Cristo. Porque Dios, sabiendo que habíais de obrar así, por boca del profeta Isaías os maldijo así: "La apariencia del rostro de ellos los convence; que como Sodoma predican su pecado, no lo disimulan. ¡Ay del alma de ellos! Porque allegaron mal para sí. Decid al justo que le irá bien; porque comerá de los frutos de sus manos. ¡Ay del impío! Mal le irá, porque según las obras de sus manos le será pagado. Los exactores de mi pueblo son muchachos, y mujeres se enseñorearon de él. Pueblo mío, los que te guían te engañan, y tuercen la carrera de tus caminos. El Señor está en pie para litigar, y está para juzgar los pueblos. El Señor vendrá a juicio contra los ancianos de su pueblo y contra sus príncipes; porque vosotros habéis devorado la viña, y el despojo del pobre está en vuestras casas. ¿Qué pensáis vosotros que majáis mi pueblo, y moléis las caras de los pobres?, dice el Señor de los ejércitos" (Is. 3:9-15).

En otro pasaje dice el mismo profeta al mismo propósito: "¡Ay de los que traen la iniquidad con cuerdas de vanidad, y el pecado como con coyundas de carreta, los cuales dicen: Venga ya, apresúrese su obra, y veamos; acérquese, y venga el consejo del Santo de Israel, para que lo sepamos! ¡Ay de los que a lo malo dicen bueno, y a lo bueno malo; que hacen de la luz tinieblas, y de las tinieblas luz; que ponen lo amargo por dulce, y lo dulce por amargo! ¡Ay de los sabios en sus ojos, y de los que son prudentes delante de sí mismos! ¡Ay de los que son valientes para beber vino, y hombres fuertes para mezclar bebida; los que dan por justo al impío por cohechos, y al justo quitan su justicia! Por tanto, como la lengua del fuego consume las aristas, y la llama devora la paja, así será su raíz como

No obstante todos estos grandes prodigios sois reprendidos por los profetas de haber llegado hasta sacrificar a vuestros hijos y a todo esto habéis añadido crímenes contra Cristo.

Todavía está verdaderamente levantada vuestra mano para obrar el mal, pues ni aun después de matar a Cristo os habéis arrepentido, sino que nos odiáis a nosotros que por Él hemos creído.

pudrimiento, y su flor se desvanecerá como polvo; porque desecharon la ley del Señor de los ejércitos, y abominaron la palabra del Santo de Israel. Por esta causa se encendió el furor del Señor contra su pueblo, y extendió contra él su mano, y golpeó; y se estremecieron los montes, y sus cadáveres fueron arrojados en medio de las calles. Con todo esto no ha cesado su furor, antes está su mano todavía extendida" (Is. 5:18-25). Porque todavía está verdaderamente levantada vuestra mano para obrar el mal, pues ni aun después de matar a Cristo os habéis arrepentido, sino que nos odiáis a nosotros que por Él hemos creído en el Dios y Padre de todo y, siempre que tenéis poder para ello, nos quitáis la vida. Vosotros le estáis maldiciendo sin cesar y a los que de Él venimos, siendo así que todos nosotros rogamos por vosotros, y por los hombres todos en general, como nos enseñó a hacer nuestro Cristo y Señor, quien nos mandó orar por nuestros enemigos, amar a los que nos aborrecen y bendecir a los que nos maldicen.

132

Tipología
de los casamientos de Jacob

134. Si, pues, las enseñanzas de los profetas y aun las de Jesús mismo conmueven, es mejor para vosotros que sigáis a Dios que no a vuestros maestros, insensatos y ciegos, que aun ahora os permiten tener cuatro y cinco mujeres, y si uno ve a una hermosa y desea tenerla, cuentan lo que hizo Jacob, el que fue llamado Israel, y los demás patriarcas, y afirman que no se comete pecado alguno haciendo lo que ellos hicieron. Miserables e insensatos aun en esto; pues, como anteriormente dije, en cada una de estas acciones se cumplían dispensaciones de grandes misterios. Voy a explicar qué dispensación y profecía se cumplía en los casamientos de Jacob, a fin de que también aquí reconozcáis cómo vuestros maestros jamás miraron al motivo divino por el que se realizaba cada acto, sino siempre a las pasiones de corrupción. Por lo tanto, atended a lo que digo.

Los casamientos de Jacob eran figura de la acción que había de cumplir Cristo. A Jacob, en efecto, no le era lícito tomar al mismo tiempo a dos hermanas en matrimonio. Sirve, pues, a Labán por sus dos hijas y, engañado en la más joven, le sirvió nuevamente otros siete años. Pero Lía era vuestro pueblo y sinagoga, y Raquel nuestra Iglesia. Por una y otra, así como por los esclavos de ambas, está hasta ahora sirviendo Cristo. Pues como Noé dio por siervos de dos de sus hijos a la descendencia del tercero, ahora vino Cristo para el restablecimiento de ambos, de los libres y de los que entre ellos son esclavos, concediendo los mismos privilegios a todos los que guarden sus mandamientos, al modo que los hijos que a Jacob le nacieron de las esclavas y de las libres, todos fueron hijos de igual honor. Mas conforme al orden y conforme a la presciencia fue predicho cómo sería cada uno.

Jacob sirvió a Labán por los ganados manchados y multiformes; también Cristo sirvió con servicio hasta la cruz por los hombres de todo linaje, variados y multiformes, ganándoselos por su sangre y por el misterio de la cruz. Lía tenía los ojos enfermos, y muy enfermos también

Los casamientos de Jacob eran figura de la acción que había de cumplir Cristo. Lía era vuestra sinagoga, y Raquel nuestra Iglesia.

Raquel robó los dioses de Labán y los escondió hasta el día de hoy, y también para nosotros se terminaron los dioses tradicionales.

están los ojos de vuestra alma. Raquel robó los dioses de Labán y los escondió hasta el día de hoy, y también para nosotros se terminaron los dioses tradicionales, hechos de materia. Todo el tiempo fue Jacob odiado de su hermano, y ahora nosotros, y nuestro Señor mismo, somos odiados por vosotros y, en general, por todos los hombres, siendo como somos todos hermanos por naturaleza. Jacob fue llamado Israel; y quien es y se llama Jesús está demostrado que es Israel y Mesías o Cristo.

133

El rey de Israel
y la simiente de Jacob

135. Y cuando dice la Escritura: "Yo el Señor, Santo vuestro, Criador de Israel, vuestro Rey" (Is. 43:15), ¿no entendéis que habla verdaderamente de Cristo, el rey eterno? Porque bien sabéis que Jacob, el hijo de Isaac, no fue nunca rey. Por eso, la Escritura misma, explicándonos a quién llama rey Jacob e Israel, dijo así: "Jacob es mi siervo, yo lo sostendré; mi escogido en quien mi alma toma contentamiento; he puesto sobre Él mi espíritu, dará juicio a las gentes. No clamará, ni alzará, ni hará oír su voz en las plazas. No quebrará la caña cascada, ni apagará el pábilo que humeare: sacará el juicio a verdad. No se cansará, ni desmayará, hasta que ponga en la tierra juicio; y las islas esperarán su ley" (Is. 42:1-4). ¿Acaso los que vienen de las naciones, y aun vosotros mismos, confían en el patriarca Jacob, y no más bien en Cristo? Por tanto, como llama a Cristo Jacob e Israel, así nosotros, que hemos salido, como piedra de una cantera, del vientre de Cristo, somos el verdadero linaje de Israel. Mas atendamos mejor al pasaje de la Escritura: "Sacaré simiente de Jacob, y de Judá heredero de mis montes; y mis escogidos poseerán por heredad la tierra, y mis siervos habitarán allí. Y será Sarón para habitación de ovejas, y el valle de Acor para ma- jada de vacas, a mi pueblo que me buscó. Pero vosotros los que dejáis al Señor, que olvidáis el monte de mi santidad, que ponéis mesa a los demonios y suministráis libaciones para el demonio;[88] yo también os destinaré al cuchillo, y todos vosotros os arrodillaréis al degolladero, por cuanto llamé, y no respondisteis; hablé, y no oísteis; sino que hicisteis lo malo delante de mis ojos, y escogisteis lo que a mí desagrada" (Is. 65:9-12).

Hasta aquí las palabras de la Escritura; pero vosotros mismos habéis de convenir que otra es la descendencia de Jacob de la que aquí se habla, y que no se refiere, como

Nosotros, que hemos salido, como piedra de una cantera, del vientre de Cristo, somos el verdadero linaje de Israel.

---

[88] "Que ponéis mesa para la fortuna, y suministráis libaciones para el destino" (v. 11. R.V.).

Hay dos casas de Jacob: uno que nace de la carne y de la sangre; otro de la fe y del Espíritu.

pudiera pensarse, a vuestro pueblo. Porque no es posible para la simiente de Jacob dejar una entrada a los nacidos de Jacob, ni para Dios aceptar las mismas personas a las que reprocha su indignidad para la herencia, y luego prometérsela de nuevo. Pero como dice el profeta: "Venid, oh casa de Jacob, y caminemos a la luz del Señor. Ciertamente tú has dejado tu pueblo, la casa de Jacob, porque son henchidos de oriente, y de agoreros, como los filisteos" (Is. 2:5-6); así hay que entender aquí dos simientes de Judá, y dos linajes, como hay dos casas de Jacob: uno que nace de la carne y de la sangre; otro de la fe y del Espíritu.

134

Quien rechaza a Cristo rechaza al que le envió

136. Porque mirad ahora cómo habla Dios al pueblo, diciendo un poco antes: "Así ha dicho el Señor: Como si alguno hallase mosto en un racimo, y dijese: No lo desperdicies, que bendición hay en él; así haré yo por mis siervos, que no lo destruiré todo" (Is. 65:8); y añade luego: "Mas sacaré simiente de Jacob, y de Judá" (v. 9). La cosa, pues, es clara: Si de ese modo se irrita contra aquellos y les amenaza dejar una porción mínima, luego los que anuncia que sacará son otros, que habitarán en su monte santo. Y éstos son los que Él dijo que sembraría y engendraría. Porque vosotros, ni soportáis que os llame, ni le oís cuando os habla, sino habéis obrado el mal delante del Señor. Y el colmo de vuestra maldad es que, después que le asesinasteis seguís odiando al Justo y a los que a Él le deben el ser lo que son: piadosos, justos y humanos. Por eso: "¡Ay de ellos, porque para sí mismos han producido el mal! Dicen, atemos al Justo, porque nos es molesto" (Is. 3:9, 10, LXX).[89]

Porque es cierto que vosotros no sacrificasteis a Baal, como vuestros padres, ni tampoco entre bosques ni lugares altos ofrecisteis panes cocidos al ejército del cielo; pero no recibisteis a Cristo, y quien no le conoce, no conoce la voluntad de Dios; y quien le insulta y odia, odia e insulta al que le envió. Y el que en Cristo no cree, no cree en la predicción de los profetas, que le proclamaron y le anunciaron a todo el mundo.

No recibisteis a Cristo, y quien no le conoce, no conoce la voluntad de Dios. Y el que en Cristo no cree, no cree en los profetas, que le proclamaron.

---

[89] "Decid a los justos que les irá bien, que comerán del fruto de sus hechos" (v. 10. R.V.).

135

"Eliminemos al Justo"

No os burléis jamás del Rey de Israel, siguiendo a vuestros maestros fariseos, que así os enseñan a hacer después de vuestra oración.

137. No pronunciéis, hermanos, mala palabra contra aquel Jesús que fue crucificado, ni hagáis mofa de sus heridas, por las que todos pueden ser curados, como lo hemos sido nosotros. Bueno fuera que, siguiendo las palabras de la Escritura, circuncidarais vuestra dureza de corazón, circuncisión que no tenéis por la opinión que lleváis dentro. Porque la circuncisión fue dada por señal, no por obra de justicia, como nos fuerzan a admitir las Escrituras. No os pongáis, pues, de acuerdo para injuriar al Hijo de Dios, no os burléis jamás del Rey de Israel, siguiendo a vuestros maestros fariseos, que así os enseñan a hacer después de vuestra oración los presidentes de vuestras sinagogas, porque si el que toca a los que agradan a Dios, es como si le tocara a Él en la niña de los ojos (Zac. 2:8), mucho más será el que toca a su Amado. Y que Jesús sea ese Amado de Dios, está demostrado suficientemente.

Como ellos callaban, yo proseguí:

—Yo, amigos, os cito ahora las Escrituras como la interpretaron los Setenta; porque cuando las cité antes como las tenéis vosotros, quise probar qué opinión teníais sobre el particular. Porque al traeros el pasaje "¡Ay de aquellos, pues tomaron designio malo contra sí mismos, diciendo...", luego proseguí conforme a los Setenta: "Eliminemos al Justo, porque nos es molesto". En cambio, al principio de nuestra conversación, os lo cité como vosotros queréis que fue dicho: "Atemos al justo, porque nos es molesto". Pero os distrajisteis con alguna otra cosa y me parece que habéis oído mis palabras sin atenderlas. Pero como también ahora está el día par terminar, pues el sol llega ya a poniente, voy a añadir un solo punto a lo ya dicho, y pondré fin a mi discurso. Cierto que eso mismo ya está en lo anteriormente dicho, pero me parece justo repetirlo de nuevo.

136

Simbolismo cristiano del arca de Noé

138. —Sabéis, señores –proseguí–, que en Isaías le dice Dios a Jerusalén: "En el diluvio de Noé te he salvado".[90] Lo que Dios quiso decir con eso es que en el diluvio se cumplió el misterio de los que se salvan. En efecto, el justo Noé con los demás hombres del diluvio, a saber, su mujer, sus tres hijos y las mujeres de su hijos, ocho en número, representaban el día que por su número es octavo, en que apareció nuestro Cristo, resucitado de entre los muertos, aunque el primero por su poder. Y es así que Cristo, primogénito que es de toda la creación, vino también a ser principio de un nuevo linaje, por Él regenerado con el agua de la fe y el madero, que contenía el misterio de la cruz, al modo que también Noé se salvó con los suyos llevado en el madero del arca sobre las aguas.

Así, pues, cuando dice el profeta: "En tiempo de Noé te he salvado", habla, como antes dije, con el pueblo que tiene para con Dios la misma fe que Noé y los mismos misterios de salvación. Y, en efecto, teniendo Moisés la vara entre sus manos, condujo a vuestro pueblo a través del mar. Claro que vosotros suponéis que el profeta habla sólo de vuestro pueblo o tierra; pero como consta por las Escrituras que fue inundada toda la tierra y el agua se elevó quince codos por encima de todos los montes, es evidente que no hablaba de la tierra, sino del pueblo que obedece a Dios, a quien también había preparado de antemano descanso en Jerusalén, como se demuestra por los mismos símbolos que se dan en el diluvio. Quiero decir, que por el agua, la fe y el madero, escaparán del futuro juicio de Dios los que de antemano fueron previstos y se arrepienten de sus pecados.

Cristo vino a ser principio de un nuevo linaje, por Él regenerado con el agua de la fe y el madero, que contenía el misterio de la cruz.

---

[90] No corresponde a ninguna cita exacta de la Escritura. Algunos señalan Is. 44:8, 9.

137

Sentido profético
de las bendiciones y maldiciones de Noé

Vino Cristo a llamar a la amistad, arrepentimiento y convivencia a todos los santos en la misma tierra, cuya posesión les promete.

139. Otro misterio fue profetizado en tiempo de Noé, que vosotros no conocéis, y es el siguiente. Las bendiciones con que Noé bendijo a dos de sus hijos, también maldijo al hijo de su hijo, pues el Espíritu profético no quiso que maldijera a su propio hijo, que fue junto con los otros bendecidos por Dios. Pero ya que el castigo del pecado había de pasar a toda la descendencia del hijo que se burló de la desnudez de su padre, la maldición empezó por su hijo. En lo que dijo Noé predijo en sus palabras que los descendientes de Sem ocuparían las posesiones y moradas de Canaán, y a la vez que los descendientes de Jafet se apoderarían de la propiedad que los descendientes de Sem hubieran arrebatado a los de Canaán, del mismo modo que ellos lo habían arrebatado a los hijos de Canaán. Y que así sucedió. Porque vosotros, los que traéis de Sem vuestro linaje atacasteis a la tierra de los hijos de Canaán y la poseisteis. Y es manifiesto que los hijos de Jafet viniendo sobre vosotros según el juicio de Dios, os arrebataron y retuvieron vuestra tierra. He aquí, en fin, el texto mismo: "Y despertó Noé de su vino, y supo lo que había hecho con él su hijo el más joven; y dijo: Maldito sea Canaán; siervo de siervos será a sus hermanos. Dijo más: Bendito Jehová el Dios de Sem, y que le sea Canaán siervo. Engrandezca Dios a Jafet, y habite en las tiendas de Sem, y le sea Canaán siervo" (Gn. 9:24-27).

Según esto, habiendo sido bendecidos dos pueblos, el de Sem y el de Jafet, decretado que primero los descendientes de Sem habían de poseer las moradas de Canaán y que luego los de Jafet sucederían a los Sem en las mismas posesiones; entregado un solo pueblo, el de Canaán, a la servidumbre de los otros dos, vino Cristo conforme a la virtud que le fue dada por el Padre omnipotente, a llamar a la amistad, arrepentimiento y convivencia a todos los santos en la misma tierra, cuya posesión, como anteriormente fue demostrado, les promete.

De ahí que hombres de toda procedencia, sean libres o esclavos, que creen en Cristo y reconocen la verdad de sus palabras y las de los profetas, tienen la seguridad de que han de vivir junto con Él en aquella tierra y heredar los bienes eternos e incorruptibles.

Hombres de toda procedencia que creen en Cristo tienen la seguridad de que han de vivir junto a Él.

138

La libertad
de todos los pueblos en Cristo

Jacob, siendo como era figura de Cristo, se unió a las esclavas de sus dos mujeres libres y engendró de ellas hijos, para anunciar que Cristo había de recibir igualmente a los libres que a los esclavos.

140. De ahí que Jacob, como ya he dicho, siendo como era figura de Cristo, se unió a las esclavas de sus dos mujeres libres y engendró de ellas hijos, para anunciar anticipadamente que Cristo había de recibir igualmente a los libres que a cuantos canaanitas eran esclavos entre los pueblos de Jafet, y a todos los haría hijos herederos. Que tales seamos nosotros no podéis vosotros comprenderlo por no ser capaces de beber de la fuente viva de Dios, sino de las cisternas rotas que no pueden retener el agua, como dice la Escritura (Jer. 2:13). Y esas cisternas rotas, incapaces de retener el agua, son las que os han cavado vuestros mismos maestros, como expresamente declara la Escritura, "enseñando por doctrinas mandamientos de hombres" (Is. 29:13). Además de eso se engañan a sí mismos y a vosotros dando por supuesto que, de todos modos, a cuantos descienden según la carne de Abraham, por más que sean pecadores, incrédulos y desobedientes a Dios, ha de dárseles el reino eterno; cosa que las Escrituras demuestran que no es el caso. Pura fantasía. Si así fuera no hubiera dicho Isaías: "Si el Señor de los ejércitos no hubiera hecho que nos quedasen muy cortos residuos, como Sodoma fuéramos, y semejantes a Gomorra" (Is. 1:9). Y Ezequiel: "Y si estuvieren en medio de ella Noé, Daniel, y Job, vivo yo, dice el Señor, no librarán hijo ni hija; ellos por su justicia librarán su vida" (Ez. 14:20). "El alma que pecare, esa morirá, el hijo no llevará por el pecado del padre, ni el padre llevará por el pecado del hijo, la justicia del justo será sobre él, y la impiedad el impío será sobre él" (Ez. 18:20). Y otra vez Isaías: "Verán los cadáveres de los hombres que se rebelaron contra mí; porque su gusano nunca morirá, ni su fuego se apagará; y serán abominables a toda carne" (Is. 66:24).

Y nuestro Señor, según la voluntad del que le envió, que es el Padre y Señor de todo no hubiera dicho: "Vendrán muchos del oriente y del occidente, y se sentarán con Abraham, e Isaac, y Jacob, en el reino de los cielos; mas los hijos del reino serán echados a las tinieblas de afuera;

allí será el lloro y el crujir de dientes" (Mt. 8:11, 12). Ya queda probado anteriormente[91] que los que fueron preconocidos que serían injustos, lo mismo ángeles que hombres, no son malos por culpa de Dios, sino que por propia culpa cada uno aparecerá como lo que es.

Los injustos no son malos por culpa de Dios, sino por propia culpa.

---

[91] En los capítulos 88 y 102.

139

El libre albedrío
en hombres y ángeles

Dios, queriendo que ángeles y hombres siguieran su voluntad, determinó crearlos libres para practicar el bien, dotados de razón.

141. Para que no tengáis pretexto diciendo que era necesario que Cristo fuera crucificado y que hubiera en vuestro pueblo transgresores de la ley y que no podía ser de otra manera, me adelantaré a decir brevemente que Dios, queriendo que ángeles y hombres siguieran su voluntad, determinó crearlos libres para practicar el bien, dotados de razón para conocer de dónde vienen y a quién deben el ser que antes no tenían, y les impuso una ley por la que han de ser juzgados, si no obran conforme a la recta razón. Luego, por culpa propia seremos convictos de haber sido malos, hombres y ángeles, si no nos arrepentimos. Y si la Palabra de Dios anuncia absolutamente que han de ser castigados algunos ángeles y hombres, eso se predice porque Él de antemano conoció que serían malos y no se arrepentirían, pero no porque Dios mismo los hiciera así. De manera que, si se arrepienten, todos los que quieran pueden alcanzar de Dios misericordia,[92] y la Escritura los llama de antemano bienaventurados. "Bienaventurado el hombre a quien el Señor no atribuye iniquidad" (Sal. 32:2), es decir, el que arrepentido de sus pecados, recibe de Dios perdón. No como vosotros y otros a vosotros semejantes, que os engañáis en este punto a vosotros mismos diciendo que, por pecador que se sea, con tal de conocer a Dios, no imputa el Señor el pecado. Una prueba de esta interpretación la tenemos en David, cuyo único pecado, el de vanagloria, no le fue perdonado hasta que lo lloró y lamentó de la manera que está escrito (2º S. 12). Pues si a un hombre tal no le fue concedido perdón antes de arrepentirse, sino cuando lloró e hizo todo aquello, él, tan gran rey y profeta, ¿cómo los impuros y que en

---

[92] "No fuimos creados para la muerte, sino que morimos por nuestra propia culpa. La libertad nos perdió; esclavos quedamos los que éramos libres; por el pecado fuimos vendidos. Nada malo fue por Dios hecho, fuimos nosotros los que produjimos la maldad; y los que la produjimos, somos también capaces de rechazarla" (Taciano, *Discurso contra los griegos*, 11).

todo han sido insensatos pueden tener esperanzas de que no les impute el Señor sus pecados?

Y este solo hecho de la transgresión de David con la mujer de Urías, señores –dije–, demuestra que no tenían los patriarcas muchas mujeres, como si se entregaran a la disolución, sino que por ellos se cumplía cierta dispensación y se prefiguraban todos los misterios. Porque si hubiera estado permitido tomar la mujer que se quisiera y como y cuantas se quisiera, tal como lo practican los hombres de vuestra raza por toda la tierra por donde habitan o son enviados, llevándose con nombre de matrimonio a las mujeres, mucho más se le hubiera permitido hacer eso a David.

Con estas palabras, amado Marco Pompeyo, di fin a mi discurso.

La transgresión de David con la mujer de Urías demuestra que no tenían los patriarcas muchas mujeres.

140

Despedida y exhortación final

Os exhorto a que os entreguéis con gran diligencia al gran combate de vuestra salvación, y os esforcéis por poner por encima de vuestros rabinos al Cristo.

142. Entonces Trifón, después de un poco tiempo, dijo:

—Ya ves que nuestro encuentro aquí no fue intencional; sin embargo, te confieso que me ha complacido extraordinariamente tu conversación y pienso que lo mismo que yo sienten mis compañeros, pues hemos encontrado más de lo que esperábamos, y aún más de lo que era posible esperar. Y si pudiéramos hacer con más frecuencia, examinando estos mismos temas, aún sería mayor el provecho. Pero como está esperando embarcarte y hacerte a la mar, no dudes en acordarte de nosotros como de amigos donde quiera que vayas.

—Por mi parte –le contesté–, si tuviera que permanecer aquí, quisiera hacer lo mismo cada día. Pero ya que, con la ayuda y voluntad de Dios, espero tomar un barco, os exhorto a que os entreguéis con gran diligencia al gran combate de vuestra salvación, y os esforcéis por poner por encima de vuestros rabinos al Cristo del Dios omnipotente.

Después de esto, se marcharon deseándome seguridad en el viaje y en todo lo demás. Y yo, orando por ellos, les dije:

—Nada mejor os puedo desear, señores, que esto, que reconociendo de que por este camino se da inteligencia a todo hombres, podáis ser de la misma opinión que nosotros, y creáis que Jesús es el Cristo de Dios.

Índice de Conceptos Teológicos

420

Títulos de la colección Patrística

Obras escogidas de Agustín de Hipona Tomo I
La verdadera religión
La utilidad de creer
El Enquiridion

Obras escogidas de Agustín de Hipona Tomo II
Confesiones

Obras escogidas de Agustín de Hipona Tomo III
La ciudad de Dios

Obras escogidas de Clemente de Alejandría
El Pedagogo

Obras escogidas de Ireneo de Lyon
Contra las herejías
Demostración de la enseñanza apostólica

Obras escogidas de Juan Crisóstomo
La dignidad del ministerio
Sermón del Monte. Salmos de David

Obras escogidas de Justino Mártir
Apologías y su diálogo con el judío Trifón

Obras escogidas de los Padres Apostólicos
Didaché
Cartas de Clemente. Cartas de Ignacio Mártir. Carta y Martirio de Policarpo.
Carta de Bernabé. Carta a Diogneto. Fragmentos de Papías. Pastor de Hermas

Obras escogidas de Orígenes
Tratado de los principios

Obras escogidas de Tertuliano
Apología contra gentiles. Exhortación a los Mártires. Virtud de la Paciencia.
La oración cristiana. La respuesta a los judíos.